쉽고 친근한
생활속의 심리학 이야기

UPGRADE

유쾌한
심리학

박지영 지음

신영북스

유쾌한 심리학

나, 그리고 너
심리학의 은밀한 매력

— 이훈진(서울대 심리학과 교수)

내 속엔 내가 너무도 많아
당신의 쉴 곳 없네.
내 속엔 헛된 바램들로
당신의 편할 곳 없네…

시인과 촌장이 불렀던 명곡 「가시나무」 가사는 심리학적으로도 흥미롭다. 그렇다. "내 속엔 내가 너무도 많다." 인간의 마음처럼 복잡다단하고 변화무쌍한 것도 없다. 그러나 거대한 우주를 지배하는 보이지 않는 질서가 있듯이, 인간의 심리도 제각기 다른 듯하지만 그 안에는 카오스적인 질서가 있다. 심리학은 바로 이러한 인간의 심리와 행동을 과학적으로 연구하는 학문이다. 비유하자면, 심리학은 호기심 많은 꼬마다. 사람들의 특정한 행동들, 어떤 집단이나 사회에 발생하는 특정한 양상 등에 심리학은 돋보기를 들이댄다.

살다보면 문득 궁금해질 때가 있을 것이다. 왜 사람의 마음은 변할까, 왜 사랑의 열정은 영원히 계속되지 않고 식어버릴까, 왜

기억은 갈수록 희미해질까, 왜 인간관계에서 스트레스를 받을까 등등. 그런 문제들에 호기심을 갖는 데서 심리학은 출발한다.

인간의 마음에 대해 관심을 가진 역사는 길다. 그러나 심리학이 학문으로 태동한 역사는 짧다. 분트(Wundt)가 라이프치히 대학에 심리학 실험실을 설치한 1879년을 심리학의 시작으로 보면 이제 120년을 넘어섰다. 그러나 짧은 기간 동안 심리학은 무섭게 현대 사회와 사람 속으로 파고들었다. 현대사회에서 심리학이 적용 또는 응용되는 분야는 셀 수 없이 많다.

일상 속의 한 가지 예로, 자동차 카풀제가 정착되지 않는 이유는 무엇일까? 현실적인 시행의 어려움 등의 이유도 있겠지만, 심리학은 재미있는 해석을 제시한다. 사람들은 자동차 안에서 개인적인 전화를 하거나, 여자들의 경우 화장을 고치는 등 자동차를 사적인 공간으로 여긴다는 것이다. 자, 재미있지 않은가?

이 책에는 대개의 심리학 개론서에 등장하는 어려운 문구는 거의 없다. 대신에 일상 속에서 벌어지는 '심리라는 이름의 미로 찾기' 사례들이 풍성하게 페이지를 채우고 있다. 인상에서부터 호감과 애정을 거쳐 기억과 스트레스, 사회행동과 군중행동에 이르는 명쾌한 사례들을 술술 읽어내려가다 보면 어느새 심리학의 은밀한 매력과 인간이라는 존재를 훨씬 너그럽게 받아들이게 된 스스로를 발견할 것이다. 그리고 그렇게 됐다면 이 책은 100% 당신의 것이 된 것이다.

인간 이해의 학문, 심리학

— 박지영

　다른 사람들로부터 이해만 받으려는 사람들이 있습니다. 이들은 다른 사람들이 자기를 이해해주지 못하면 속상해합니다. 나의 재능과 능력을 알아주지 못하고, 나의 처지와 사정을 알아주지 못하고, 나의 진심을 알아주지 못하는 그들에 대해 야속해하는 것입니다. 다른 한편으로 많은 사람들을 이해해주려는 사람들도 있습니다. 이들은 타인의 처지를 동정하고 그들에게 감정이입하며, 되도록 그들의 입장에서 생각하여 따뜻한 위로를 전해주는 사람들입니다.

　이해를 받는 것이 좋을까요, 아니면 이해를 해주는 것이 좋을까요? 예를 들어보면 정답이 나옵니다. 한 아이가 울고 있을 때 어른은 아이가 왜 우는지 비교적 정확하게 알아낼 수 있습니다. 맞았기 때문인지, 매운 것을 먹어서인지, 용돈을 못 받아서인지, 혼이 나서인지, 아니면 따돌림을 당해서인지…. 하지만 어른이 울고 있을 때 아이는 어른이 왜 울고 있는지 정확히 알아내기가 어렵습니다. 돌아가신 부모님이 생각나서인지, 가족에게 좋지 않은 일이 생겨서인지 등등.

　사람은 다른 사람을 이해해주고 또 이해받으면서 살아가야 하

_7

는 존재입니다. 그러기 위해서는 우선 이해를 해주어야 합니다. 이해란 것은 물건과 마찬가지여서 자기가 갖고 있어야 다른 사람에게 줄 수 있는 것입니다. 위 사례에서처럼 어른의 인지능력은 아이보다 우월하기 때문에 아이를 이해할 수 있지만, 아이는 어른을 이해하기 어려운 것입니다.

사람을 이해하기 위해서는 나름의 지식이 필요합니다. 인간의 행동과 마음에 대한 지식, 그것이 심리학입니다. 심리학을 알게 되면 인간 이해의 폭이 한층 넓어질 수 있고 불필요하게 생길 수 있는 오해를 줄일 수 있습니다. 그래서 심리학이 많은 도움이 될 수 있습니다. 물론 심리학이 특수한 상황 곳곳에 적용되기보다는 많은 사람들이 행동할 개연성을 연구하는 것이긴 하지만, 엄격한 통계적 방법으로 연구하기에 누구든 심리학의 연구 결과에서 자유로울 수는 없을 것입니다.

한 시점과 또 다른 한 시점의 사이가 시간(時間)이고, 한 지점과 또 다른 한 지점의 사이가 공간(空間)이듯이, 한 사람과 또 다른 한 사람의 사이가 인간(人間)입니다. 인간이기 위해서는 다른 사람들과의 관계가 필수적입니다. 그 핵심은 다른 사람에 대한 이해라고 저는 생각합니다. 심리학은 사람과 사람의 사이를 이해로 메워줄 수 있을 것입니다.

이 책이 이런 목적에 조금이나마 도움이 될 수 있기를 바랍니다. 감사합니다.

2010. 9
박지영

너와 나의 '다름'을 유쾌하게 인정합시다

— 박지영

화장실 갈 때 마음 다르고 나올 때 마음 다릅니다. 보행자로서 횡단보도에 서 있을 때는 왜 이리 늦게 파란불이 켜질까 짜증이 나고, 운전자나 승객으로 차에 타고 있으면 빨간 차량신호등이 너무 자주 켜진다고 생각합니다. 많은 공부를 한 학자들조차 똑같은 현상을 놓고도 달리 해석합니다. 정치가들도 정책이 서로 맞니 그르니 서로 따지고 듭니다. 국민을 위한다는 명분은 모두 똑같은데 말입니다.

이 모든 것은 입장차이에서 비롯됩니다. 화장실에 갈 때와 나올 때, 보행자일 때와 승객일 때, 성장우선을 바라는 학자와 분배우선을 바라는 학자, 그리고 여당이냐 야당이냐에 따라 똑같은 현상을 놓고도 서로 달리 봅니다.

이들 모두의 시각은 틀린 것이 아닙니다. 단지, 서로 다를 뿐입니다. 입장이 다를 뿐이라는 말입니다. 그 때문에 보는 시각이 달라지고 견해차이가 생기는 것뿐입니다. 아마도 독자 여러분도 살아오면서 친구간, 형제간, 부부간, 동료간, 선후배간, 부모·자식간, 아니면 처음 만나는 사람과의 관계에서 이러한 입장차이로 인해 그다지 유쾌하지 못한 일을 많이 경험했을 것입니다. 그래서 생활하면서 언쟁이 붙기도 하고, 또는 기분이 상해 상대방에게 섭섭한 감정을 드러내기도 하고, 또 어떨 때는 앞으로 다시는 안 볼 것처럼 주먹다짐을 하기도 하죠. 그러나 상대방 입장에서 생각해 보면 상대방의 견해가 맞습니다. 상대방의 입장에서 생각해보면 상대방을 이해할 수 있다는 말입니다. 그렇게 되면 서로 얼굴 붉히는 일은 없어지겠죠. 인간 이해의 가장 기본이 되는 것이 입장을 바꿔보는 것이라는 게 저의 생각입니다.

심리학은 인간을 이해하기 위한 학문입니다. 이 책을 펼쳐 든 여러분들은 심리학, 즉 인간 이해에 관심이 많을 것이라고 저는 생각합니다. 이 책 말고도 다른 여러 심리학 서적을 접해보았을지도 모릅니다. 그러나 방대한 분량, 어려운 전문용어, 그리고 쉽게 이해되지 않는 내용 때문에 기겁하여 덮어버린 경험이 있을지도 모릅니다.

그러나 이 책은 쉽게, 그리고 재미있게 심리학을 풀어 쓴 책입니다. 심리학 개론서 체계로 내용을 구성했으며, 실생활에서 벌어졌던 일 또는 일어날 수 있는 일들을 사례로 들어 설명했기 때문에 재미있게 읽어나갈 수 있을 것입니다. 그리고 각 장마다 실생활과 관련있는 연구결과들을 소개함으로써 한껏 흥미를 돋우려고 했으며, 관련 이론들을 각 페이지에 넣음으로써 학문적으로 접근하려는 독자들을 위해 나름대로의 배려를 하고자 했습니다.

하지만 막상 출판의 시점에 이르니 부끄러움이 앞섭니다. 책을 낼 만한 위치에 있지 못한 사람이 뻔뻔스럽게 출간했다는 부끄러움입니다. 또 심리학에 대해 잘 알지도 못하는 필자로 인해 혹 심리학에 대한 또 다른 오해를 심어주지 않을까 하는 걱정 또한

있습니다. 그것은 이 책의 구성도 심리학의 개론서와 맞추려고
노력하였고, 여러 이론들을 실었으나, 심리학에서 중요한 다른
영역들(심리학사, 방법론, 발달, 상담, 산업 심리학 등)을 수록하지
못함으로써 심리학이 가벼운 학문이라는 인상을 심어주지 않을까
하는 걱정입니다. 인간의 행동에 대한 나름대로의 틀을 심어줌으
로써 인간을 단순화시켜 버리지 않을까라는 걱정 또한 있습니다.

　하지만 이 책을 읽어나가는 과정에서 여러분들이 다른 사람의
마음과 행동, 더 나아가서는 자신의 마음과 행동까지 이해할 수
있는 눈을 키우고, 그래서 상대방을 이해하고 또 더 나아가 궁극적
으로 여러분 자신도 이해를 받을 수 있다면, 그리하여 책제목처럼
서로가 서로에 대해 '유쾌'해지고 또한 심리학에 대한 기본적인
지식을 여러 독자들께서 얻을 수 있다면 저로서는 그런 걱정을
조금이나마 줄이고, 대신 커다란 기쁨과 보람을 느낄 것입니다.

　많은 분들께 감사의 말씀을 전합니다. 첫 번째 독자가 되어주신
이혜영 선생과 문지윤 선생께 우선 감사드립니다. 그리고 추천의
말씀을 해주신 알바트로스창업투자(주)의 이영민 대표이사님과
동아일보 신연수 기자님, 추천사를 통해 이 책의 격을 한껏 높여주
신 서울대 심리학과 이훈진 교수님께 특히 감사의 말씀을 드립니
다. 그리고 존경하는 부모님을 비롯해 저를 아끼고 사랑해주시는
많은 분들께 애틋한 저의 마음을 전합니다.

2003. 4

박지영

차 례

학습

기억

망각

동기

정서

스트레스와 대처

❄ 감각과 지각

❄ 성격

사회행동

도움행동

군중행동

환경

진화

네가 나를 모르는데

　　혼기가 다된 미스(Miss)는 뛰어난 미모와 지성을 지니고 있었다. 그런 만큼 남자를 고르는 눈도 높았다. 그러나 그 눈의 초점은 남자의 내면보다는 경제력에 고정되어 있었다. 수도 없이 맞선을 봤지만 번번이 깨진 것은 바로 그 때문이었다. 미스는 비록 지방에서 근무하기는 하지만, 그 회사는 규모 면에서 재계순위에 들 만큼 크고 이름 있는 회사였다.

　　어느 날 미스의 부서에 한 청년이 발령을 받아 새로 들어왔다. 그는 본사에서 내려왔는데, 훌륭한 용모와 학력을 지니고 있었다.

　　그 지방에 연고가 없는 그는 미스의 집에 방 한 칸이 비어 있다는 이야기를 듣고 그 집에 하숙을 했다. 미스에게 마음을 빼앗긴 그는 조심스럽게 접근하기 시작했다. 미스도 그에게 관심이 없는 것은 아니었으나 그에게는 돈이 없었다. 회사동료로서 그리고 같은 집에 사는 정으로 친하게 지내는 관계일 뿐이었다. 미스의 부모는 비록 그가 양친이 안 계시고 돈도 없지만 그만한 사람이면 됐다면서 다시 한번 생각해보라고 미스에게 이야기하기도 했다.

　　몇 달이 지난 어느 날, 그는 미스에게 비장하게 청혼을 했다. 그러나 미스의 반응은 냉담했다.

　　바로 그 다음날 회사는 아침부터 발칵 뒤집혔다. 회장의 손자가 본사로 발령이 났는데, 그가 지금 이 지점에서 근무를 하고 있다는 것이었다. 일선업무를 알아야만 경영을 할 수 있다며 회장이 지방으로 직접 발령을 냈으며, 또 다른 사람들이 손자의 신분을 알면 수업(?)에 차질이 있다며 신분을 비밀에 부친 것도 밝혀졌다. 그러나 회장의 손자가 누구인지는 아무도 몰랐다. 인사담당자조차도….

… 그의 자리가 비어 있은 지 몇 시간이 지나 미스는 그가 회장의 손자라는 이야기를 들었다. 놀란 미스는 집으로 전화를 걸어 그를 잠깐 붙잡아 두도록 했다. 그러나 그는 벌써 짐을 싸서 역으로 나갔다는 말만 들었다. 미스는 뛰어나갔다. 그러나 역에 도착했을 때 기차는 저 멀리 떠나가고 있었다.

한 편의 단막극은 이렇게 끝난다. 안타까운 이야기다. 몇 달을 사귀면서도 왜 미스는 그가 회장의 손자라는 것을 눈치채지 못했을까? 왜 그는 자신의 신분을 사랑하는 사람에게까지 말하지 않았을까? 그의 됨됨이에 만족한 미스의 부모는 왜 미스에게 강하게 몰아붙이지 않았을까? 살아가면서 사람을 제대로 본다는 것, 더 나아가서 주변과 환경을 제대로 파악하는 것이 얼마나 어려운 일인가를 이 드라마는 보여준다. 그러면서 인간관계에서나 실생활에서 일어날 수 있는 여러 이야기들을 함축하고 있다.

이 책은 인간이해를 목적으로 한다. 이 목적을 위해 일상 속에서 벌어지는 여러 상황을 심리학 이론들을 빌려 설명할 것이다. 우선 사람이 대인관계의 첫 만남에서 형성하게 되는 인상에서부터 시작하여 사람의 내적 상황(기억, 동기, 태도 등)을 알아본 다음, 사회상황에서 인간의 행동을 살펴볼 것이다.

준비되셨습니까?

그럼 출발합니다.

인상

*사회심리학(social psychology)은 사회적 상황들
속에서의 개인행동의 본질과 원인들을 이해하고자
하는 학문이다. 인상은 사회심리학 중 사회지각의
내용으로서 다른 사람을 지각하는 방식을 다룬다.*

왜 첫인상이 중요한가? ─ 인상의 형성

사람의 사회행동은 외부의 자극을 어떻게 파악하느냐에 따라
시작된다. 이를 위해 우리는 먼저 그 사람이나 상황으로부터 정
보를 입수한다. 그리하여 그 사람이나 상황의 동기, 성격, 배경
등을 나름대로 판단하여 우리의 행동을 결정한다. 다른 사람에
대한 지각, 즉 대인지각뿐만 아니라 사회상황에 대한 지각을 포
함하여 사회지각이라고 한다.

사회지각을 연구하는 중요한 이유는 사람들이 자극을 어떻게
인식하느냐에 따라 그들의 행동이 크게 영향을 받기 때문이다.
가령, 내 앞에 서 있는 사람이 나에게 사기꾼으로 보이느냐 안

보이느냐에 따라 그를 대하는 나의 행동이 달라진다. 실제로 그가 사기꾼인지 아닌지는 크게 중요하지 않다. 그가 어떻게 보이는지가 더 직접적으로 우리의 행동을 결정한다.

어느 호텔에 한 접객주임이 새로 채용되어 고용인들에게 청소를 시키고 있었다. 그런데 저쪽 귀빈실 고급소파에 인상도 좋지 않고 옷차림도 지저분한 한 노인이 걸터앉아 담배를 피우고 있었다.
주임은 아무래도 고급호텔의 분위기를 흐릴 것 같아 슬며시 그에게 다가가 조그만 쪽지를 건네주었다. 거기에는 '남의 눈에 띄지 않게 즉시 이곳을 떠나주시오'라고 쓰여 있었다. 그런데 며칠 지나지 않아 이번에는 접객주임에게 이런 메모가 전달되었다. '남의 귀에 소문나지 않게 이 호텔을 떠나주시오.' 그 노인은 호텔경영주였다.

우리는 다른 사람을 처음 만날 때 자기도 모르는 사이에 그에 대해 판단을 해보는 일이 많다. 우리 앞에 나타난 사람의 겉모습을 보고 우리는 일단 그 사람의 신분, 직업 등을 대충 알 수 있고, 더 나아가 그의 성격, 취미, 능력, 감정 등을 짐작한다.
물론 아주 제한되고 단편적인 정보에 근거하여 인상을 형성함에도 불구하고 우리는 그가 갖고 있는 특성들에 대해 모두 알았다는 식의 결론을 짓는다. 그것이 맞고 맞지 않고는 나중 문제다.
이렇게 한번 형성된 인상은 일관성이 유지되는 경향이 강하다. 웬만해서는 바뀌지 않는다. 그래서 일단 인상이 형성되고 나면 원래의 인상과 맞지 않는 진짜 정보가 들어오더라도 무시되거나 원래 인상에 맞게 왜곡된다. 그래서 첫인상이 중요하다.

옷이 날개 ─ 인상형성의 단서들

우리가 인상형성을 하는 데에는 몇 가지 단서가 있다. 첫 번째는 그 사람의 옷차림이다. 가장 눈에 잘 띄기 때문이다. '옷이 날개'라는 말도 있듯이 옷에 따라 그 사람에 대한 인상이 달라진다. 1960년 닉슨이 대통령 선거에서 케네디에게 진 것은 TV토론회 때 회색 옷을 입었기 때문이라는 주장도 있다. 감색 옷을 입은 케네디가 한결 젊고 깔끔한 인상을 줬다는 것이다.

또 미국의 퍼스트 레이디였던 힐러리에 대한 여론은 처음에는 좋지 않았다. 그녀는 곧 테가 두꺼운 안경을 벗고 콘택트렌즈로 바꾸었다. 두꺼운 테가 자기주장이 강한 여자라는 인상을 주었다고 생각했기 때문이다. 밤색머리도 금발로 염색하고 스커트 길이

▶ 빌 클린턴과 힐러리 클린턴이 1982년 6월 8일 아칸소 주지사 선거에서 당선돼 환호하던 모습. 힐러리의 머리색은 지금 같은 금발이 아니다.

도 짧게 했다. 그러자 그녀의 인기는 뛰어올랐다.

그러므로 체육복에 슬리퍼를 신고 그이의 집에 첫인사를 드리러 가거나 면접시험을 보러 간다면 열에 아홉은 실망스런 결과를 보기 일쑤다. 단정한 차림으로 가게에 갔을 때 외상으로 물건 사기가 쉽다는 연구결과도 있다. 또 옷차림은 예의와도 관련이 있다. '의식주'에서 '의'가 가장 먼저 나오는 이유는 먹고 자는 것보다 예의가 더 중요하기 때문이다.

그러나 옷은 쉽게 바꿔 입을 수 있다. 따라서 옷차림은 인상형성의 단서이긴 하지만 사람의 아주 깊은 내면까지는 알아낼 수 없다. 그럼에도 불구하고 다른 정확한 단서가 없을 때에는 눈에 가장 잘 띄는 옷과 같은 단서를 토대로 하여 인상을 형성하게 된다.

대통령후보 이미지 메이킹

대통령 선거 때 후보자들은 저마다 '대통령다운' 옷차림을 연출한다. 누가 더 대통령직에 잘 어울리는지 경쟁을 하는 것이다. 여기저기 걸려 있는 광고선전물이나 캠페인 포스터에도 한 나라의 대통령 이미지로 보이는 옷차림과 그에 걸맞은 표정을 연출한다.

양복 선택도 선거구에 따라 투표자들에게 호소력 있는 것으로 기획한다. 예를 들어 중하류층의 투표자들 모임에는 그들에게 친근감 있으면서 믿을 수 있고 어쩐지 '우리의 리더' 같은 느낌이 드는 부드러운 스타일을 내세운다. 상류나 엘리트층을 대할 경우에는 '우리는 통하는 사이'를 암암리에 강조하면서도, 투표인들과 비교했을 때에는 스스로의 남다른 능력과 권위로써 이들을 다스릴 수 있는 압도감을 나타내려고 시도하는 경향이 있다.

못생긴 여자는 용서할 수 없다? — 외모의 중요성

보좌관이 각하에게 말했다. "각하, 괜찮은 친구가 한 명 있는데 한번 중용해보십시오." 각하는 그 친구를 다음날 보기로 했다.

다음날, 보좌관의 친구를 만난 각하는 한마디 말도 않고 그냥 돌려보냈다. 보좌관이 왜 그런지 궁금해서 이유를 물었다. 각하는 대답했다. "남자 나이 마흔이 넘으면 자기 얼굴에 책임을 져야 하는데, 그 친구는 아니야."

각하는 미국 16대 대통령 링컨이다.

옷보다 더 뚜렷한 단서로는 용모, 표정, 몸가짐, 목소리 등이 있다. 용모는 우리의 생각 이상으로 사람에 대한 인상과, 더 나아가 그에 대한 행동에 커다란 영향을 끼친다는 사실이 밝혀지고 있다. 미국의 한 심리학자는 사람의 인상을 결정하는 데 외모가 55%, 음성이 38%라는 결과를 내놓고 있다. 이 두 가지를 빼면 나머지는 7%밖에 되지 않는다.

유치원생 정도의 나이가 되면 누가 잘생기고 누가 못생겼는지를 알 수가 있다. 또 호감에 있어서도 신체적 매력이 가장 중요한 요인이 된다(42쪽 매력 참조). 그러므로 꼭 마흔이 넘어서 자기 얼굴에 책임을 져야 하는 것은 아니다. '과거가 있는 여자는 용서해도 못생긴(=인상이 안 좋은) 여자는 용서할 수 없다'는 말이 꼭 여자에게만 해당되는 것은 아니겠지만 안타깝게도 사실이다.

헤어스타일에 신경 써라

 사람의 이미지와 인상을 한눈에 결정하는 것은 바로 헤어스타일이라고 한다. 첫인상과 헤어스타일의 상관관계에 관한 예일대의 연구에 따르면, 가장 자신감 있고 활동적인 여성으로 보이게 하는 헤어스타일은 맥 라이언처럼 짧고 볼륨을 살려 자연스럽게 연출한 스타일. 새로운 사람을 만날 때나 새로운 직업을 찾을 때 등 전략적 이미지 변화에 가장 적합한 스타일이다.

(사진 : 위 왼쪽부터 시계방향으로 맥 라이언, 기네스 펠트로, 브래드 피트, 샌드라 블록)

 섹시하고 부유해 보이는 스타일은 기네스 펠트로나 크리스티나 아길레라 같은 긴 생머리의 금발. 샌드라 블록, 리브 타일러처럼 중간 길이의 갈색 머리는 지적이며 성격도 좋은 것으로 받아들여진다.

 남성의 경우 가장 섹시한 스타일은 영화 〈세븐〉의 브래드 피트처럼 앞머리를 스포츠 스타일로 세운 짧은 머리로, 자기중심적이며 자신감 넘치는 스타일로 보인다.

 가장 지적이고 부유한 느낌을 주는 스타일은 신사복 모델처럼 중간 길이에 옆 가르마를 탄 헤어스타일. 동시에 가장 속좁고 계산적인 스타일로도 받아들여진다.

 야생마 같은 긴 머리는 가장 덜 지적이며 부주의한 부류로 인식되고 있다. 긴 머리 남성은 근육만 있을 뿐 머리는 텅 비었다는 선입견이 확실하게 작용하고 있다는 것이다.

그 사람 그렇게 안 봤는데 — 인상의 정확성

 1980년 미국 시라큐스 비행장. 몇몇 여행자들은 몇 가지 밀수품을 갖고 세관대를 통과해보라는 권유를 받았다. 성공적으로 일을

수행하면 100달러까지 받을 수 있었다. 임의로 '밀수꾼'이 된 이들
은 작은 카메라 혹은 흰 가루가 들어 있는 작은 주머니를 받았다.

밀수꾼이 세관대를 통과하는 과정은 비디오카메라로 촬영됐다.
실제로 속였던 사람들이 나타낸 특수한 비언어적 행동(몸가짐, 자
세, 시선회피, 말더듬기 등)들이 기록되었다. 이 테이프를 다른 관찰
자에게도 보여주어 누가 밀수꾼이고 아닌지를 알아내게 했다.

밀수꾼과 일반 여행객 사이에는 누가 밀수꾼이고 아닌지 구별할
만한 행동상의 차이가 없었다. 또한 밀수꾼들이 혐의가 될 만한
행동을 나타내고 있었다 하더라도 밀수꾼들마다 서로 달랐다. 실제
로 세관원들도 그리고 테이프만을 본 관찰자들도 밀수꾼과 일반
여행객을 구분할 수 없었다.

그러나 관찰자들은, 실제의 밀수꾼들이 안절부절못하고 답변을
하는 데 시간이 걸리며 세관원과의 시선을 회피할 것이라는 데에는
상당히 의견이 일치했다. 즉 누가 밀수꾼이고 누가 아닌지 구분해내
지는 못했지만 밀수꾼들이 이러이러할 것이라는 데 대해선 모두가
'틀린' 생각을 갖고 있었다.

일반적으로 사람들은 다른 사람을 보는 자기의 눈을 과신하고
또 자신만만하게 생각하고 있지만, 많은 경우 정확하지 않다. 사기
를 당한 후 맨 처음 내뱉는 말이 대개는 이 말이다. "그 사람
그렇게 안 봤는데."

하지만 그럴 수밖에 없는 것이, 자기나 타인, 사회상황을 평가
하는 사회지각은 자기가 파악한 것이 정확한지 아닌지를 알아낼
만한 분명한 기준이 없기 때문이다. 무게나 길이라면 저울이나

자를 이용하면 되겠지만, 사회지각에서는 저울이나 자와 같은 역할을 하는 도구가 없다.

또 자기가 파악한 것이 아주 단편적인 것이기에 사람들은 타인의 옷차림이나 행동 등에서 자기가 받은 개별적인 생각들을 모아 전반적인 인상으로 종합하게 된다. 그래서 진짜 거지도 암행어사 행세를 조금만 자연스럽게 한다면 사또의 융숭한 대접을 받는다.

한 입에 알 수 있다—인상의 일관성

어느 문학지망생이 비평가에게 자기가 쓴 한 편의 소설을 보냈으나 바로 되돌아왔다. 지망생은 자기의 '역작'을 다 읽어주지 않은 데 대한 서운함의 편지를 보냈다. 며칠 뒤 지망생은 다음과 같은 내용의 답장을 받았다.

'전 썩은 사과를 다 먹고 난 다음 그 사과가 썩었다는 것을 알 만큼 우둔하지 않습니다. 한 입만 먹어봐도 알 수 있습니다.'

우리가 어떤 사람에 대한 첫인상을 형성할 때 그것은 주로 '좋다—나쁘다'(평가차원), '강하다—약하다'(능력차원), 그리고 '적극적이다—소극적이다'(활동차원) 중 한 가지가 된다. 이 가운데 가장 중요하고도 강력한 것은 평가(evaluation)차원이다. 우리가 모르는 사람을 처음 만났을 때 내가 이 사람을 좋아하는가 싫어하는가, 또 얼마나 좋아하고 얼마나 싫어하는가가 인상의 대부분을 좌우한다는 말이다.

인상을 형성하는 데에는 초두효과, 후광효과, 마이너스 효과
등이 영향을 미친다. 이 때문에 일단 인상이 형성되면 쉽게 바뀌지
않는다.

초두효과

어떤 사람에 대한 상반되는 정보가 시간간격을 두고 주어진다
면 앞의 정보가 뒤의 정보보다 인상형성에 더 큰 영향을 미친다.
다음 이야기를 보자.

(1) 짐(Jim)은 문구를 사기 위해 집을 나섰다. 그는 친구 두 명
과 함께 햇빛이 쨍쨍한 거리를 걸어갔다. 문구점에 들어섰을 때
사람들이 많았다. 짐은 직원이 자기에게 눈을 돌릴 때까지 아는
사람과 이야기를 나누었다. 문구점을 나설 때 그는 그 가게로 들
어오는 학교친구를 만나 이야기했다. 학교로 가면서 그는 지난번
에 소개받았던 여학생을 만나 잠시 이야기했다.

(2) 방과 후에 짐은 혼자 교실을 나서 집으로 걸어가기 시작했다.
거리는 햇빛으로 빛나고 있었다. 짐은 그늘진 길 쪽으로 걸었다.
도중에 그는 지난번에 만났던 여학생을 보았다. 짐은 길을 건너서
다과점에 들어갔다. 그 상점은 학생들로 붐볐으며 아는 얼굴들도
몇 명 보였다. 짐은 점원이 자기를 볼 때까지 기다린 다음 주문을
했다. 그는 마실 것을 들고서 옆 테이블에 앉았다. 다 마신 다음
그는 집으로 갔다.   − Luchins, 1957

여러분은 짐에 대해 어떤 인상을 가졌는가? 짐이 사교적이라고 생각하는가 아니면 비사교적이라고 생각하는가? (1)만을 본 사람들은 95%가 짐이 사교적이라고 이야기했다. 그러나 (2)만 본 사람들 가운데 짐이 사교적이라고 이야기한 사람은 3%에 지나지 않았다.

그러나 (1)을 먼저 보고 (2)를 나중에 본 사람들은 78%가 짐이 사교적이라고 대답했지만, (2)를 먼저 보고 (1)을 나중에 본 사람들은 겨우 18%만 짐이 사교적이라고 대답했다. 이것은 먼저 받은 정보가 인상형성에 더 큰 영향을 미친다는 것을 보여준다. 이것이

원조 프리미엄

초두효과 때문에 '처음'이 중요하다. 만남에서는 첫인상이 중요하고, 경기에서는 초반 기선을 잡는 것이 중요하다. 신차가 나오면 온갖 스포트라이트를 출시 시점에 쏟아붓는다. 뿐만 아니라 '창밖의 여자'는 조용필이 불러야 제맛이고, '잘못된 만남'은 김건모가 불러야 제격이다. 제일 처음 불러 강력한 인상을 남겼기 때문이다. 뒤에 다른 사람이 부르면 아무리 가창력과 모방이 뛰어난 가수라 하더라도 노래의 제 맛이 살지 않는다.

원조라는 것도 초두효과와 비슷하다. '맛동산'은 '땅콩으로 버무린 튀김과자'의 원조격이다. 1970년대 중반 맛동산이 처음 선보였을 때 선풍적인 인기를 끌었다. 그 후 30여 년 동안 다른 경쟁업체에서 맛동산의 모방품을 수없이 내놓았지만 역부족이었다. 맛이나 모양새는 모방할 수 있었지만 도저히 따라갈 수 없는 게 하나 있기 때문이다. 그것은 어떤 제품이든지 맨 처음 선보인 브랜드가 일단 성공하면 소비자들에게 강한 인상을 남기는 '원조 프리미엄'이다.

원조 프리미엄을 누리는 또 다른 제품으로는 롯데의 '쥬시 후레쉬', 동양제과의 '오리온 초코파이' 등이 있다. 이 제품들도 30여 년 동안 넘볼 수 없는 벽으로 군림해 왔다.

초두효과(初頭效果, primary effect)다(초두효과에 관해서는 기억 편 참조).

초두효과는 우리가 일관성 있게 지각하려 하기 때문에 나타난다. 그래서 이전의 인상과 일치하지 않는 정보가 들어오면 바꾸거나 제거한다. (1)을 먼저 보고 (2)를 나중에 본 사람들은 아마도 짐이 피곤해서 (2)와 같이 행동했을 것이라고 평가했다.

이것은 어떤 사람을 다른 사람에게 소개할 때 특히 중요하다. 가령 A라는 사람이 ① 지적이고 근면하고 강인하고 비판력이 있고 말이 많고 질투심이 많은 사람이라고 소개할 때와, ② 질투심이 많고 말이 많고 비판력이 있고 강인하고 근면하며 지적이라고 소개할 때 A에 대한 인상이 달라진다. ①과 ②는 단지 순서만 바꿔 이야기했을 뿐이다.¶

인상은 쉽사리 바뀌지 않는다. 그러므로 낯선 사람을 처음 만나게 되면 그날 기분이 좋지 않더라도 좋은 인상을 주도록 애써야 한다. 다시 만나지 않는다는 보장이 없기 때문이다. 정중한 사람일지라도 첫날 무례한 언행을 했다면 그 사람에 대한 인상은 무례한 사람으로 남게 된다. 다음날 아무리 정중하게 행동한다 할지라도 가식으로만 비친다. 우리의 지각이 일관성을 유지하려 하기 때문이다. 다음에 나오는 후광효과도 이런 이유 때문이다.

🏃 후광효과

우리가 다른 사람을 볼 때, 그는 '정직하면서도 부정직한 사람', '온순하면서도 사나운 사람' 등과 같이 어중간하게 보지는 않는다. 대신 '좋은 사람' 또는 '싫은 사람'처럼 둘 중 하나로 본다.

¶ 인상을 통합할 때 평균원리(average principle)와 가산원리(additive principle)라는 두 가지 원리가 있다. 평균원리는 여러 인상에 대한 평가의 정도를 평균하여 통합한다는 것이고, 가산원리는 정적인 어떤 인상에 또 다른 부수적인 정적 인상이 첨가되면 더 호의적으로 평가한다는 것이다. 그러나 중요하다고 생각되는 특성에 더 많은 비중을 두어 통합한다는 가중평균모형이 보다 적절한 것으로 평가된다.

어떤 사람에 대해 '좋은 사람', '호감이 가는 사람'이라는 인상이 형성되고 나면, 그 사람은 또한 매력적이고, 지적이고, 관대한 사람이라고 보게 된다. 즉 하나의 특성이 좋으면 다른 특성도 좋을 것이라고 생각하게

▶이 사람에 대한 당신의 인상은 어떠한가? 인상을 형성했다면 36쪽을 보라.

된다. 반대의 경우도 마찬가지다. 하나가 나쁘면 모두가 나빠 보인다. 이것이 후광효과(halo effect)다. 후광(後光)은 부처님 머리 뒤쪽에 있는 빛을 말한다.

후광효과는 특히 겉으로 다른 사람의 인상을 형성할 때 두드러지게 나타난다. 잘생긴 사람은 공부도 잘하고 능력도 뛰어나며 인격도 좋을 것이라고 생각한다. 게다가 건강하다고까지 한다(아래 참고). 그러므로 일단 잘생기고 볼 일이다.

조금 확대하면, 미인과 데이트하는 남자도 '우러러' 보이고, '빽'이 있다고 떠드는 사람도 아니꼽긴 하지만 잘나 보인다. 미인이나 '빽'과 친분이 있을 정도라면 뭔가가 있어 보인다. 그러므로 매력

매력적인 사람은 건강하게 보인다

매력적인 사람은 건강하게 보인다. 매사추세츠 대학의 심리학자 미켈 칼릭 교수팀은 남녀 각각 16명에게 17~18살, 30대, 그리고 58~66살 때 찍은 333명의 사진을 보여주고 그들의 매력과 건강상태를 평가하도록 했다. 평가자들은 17~18살 청소년 시절에 가장 매력적으로 보였던 사람을 가장 건강한 사람으로, 가장 매력적이지 못했던 사람을 가장 건강하지 않은 사람으로 평가했다. 그러나 청소년 때의 얼굴매력은 청소년 때, 그리고 성인이 된 후의 건강상태와 아무 관련이 없는 것으로 나타났다. 평가자들은 자신들의 눈에 가장 매력적으로 보인 청소년과 가장 못생겨 보인 청소년을 평가했을 때 가장 부정확했다.

적인 당신이 못생긴 친구와 함께 갈 때 당신은 돋보이고자 의도하
겠지만, 바꿔 생각하면 그 이상의 효과를 보는 사람은 당신의 못생
긴 친구다. '저렇게 잘난 사람을 달고 다닐 정도라면….' 후광효과
도 초두효과와 마찬가지로 우리가 일관되게 지각을 하기 때문에
나타난다.

🏃 마이너스 효과

  어떤 사람이 좋은 특성과 나쁜 특성을 함께 가지고 있을 때

그 사람에 대한 인상은
중간이 되지는 않는다.
나쁜 점이 인상에 미치
는 효과가 더 크기 때문
이다. 이것이 마이너스
효과(minus/negative
effect)다. 예를 들어 어
떤 정치인이 깨끗하고
소신 있다는 인상과, 권

▶ 오바마 대통령의 경호원으로서 오바마 옆에서 '영
부인보다도 더 친한 듯하다'고 평가받는 레지 러브.
이제는 그의 인상이 어떠한가? 인상이 바뀌었다면
후광효과가 작용한 것이다.

력을 잡기 위해 야합을 마다하지 않는다는 인상을 받게 되면 그 정치인에 대한 인상은 나쁜 쪽으로 흘러간다.

이에 대한 한 가지 설명은 사람들이 긍정성 편향¶을 갖고 있는데, 이 때문에 부정적인 평가를 하게 되면 긍정적인 평가보다 더잘 보이고, 따라서 다른 사람들이 더 주의를 기울이기 때문이라는 것이다. 또 다른 설명은 사람들이 이득을 보는 것보다 손해를 보는 것에 더 민감하게 반응하기 때문이라는 것이다(1만원 지폐를 주웠을 때의 좋은 기분과, 갖고 있던 1만원 지폐를 잃어버렸을 때의 나쁜 기분 중 어느 것이 더 강도가 큰지 생각해보라). 이익을 보진 못할지언정 본전치기라도 하려면 남의 나쁜 평가를 더 주의해서 들어야 한다. 어떤 사람이 '말도 잘하고 유머감각이 있고 잘생겼지만 사기를 가끔 친다'는 이야기를 들으면 사람들은 그를 '사기꾼'으로 본다는 말이다. 그래야 그 사람으로부터 피해를 당하지 않기 때문이다.

한편, 중심특성(central trait)이라는 것이 있다. 이것은 다른 특성들보다도 인상에 더 많이 영향을 주는 것들이다. 대표적인 중심특성이 '차갑다'와 '따뜻하다'이다. '그는 똑똑하고 잘생겼고 따뜻한 사람'이라는 인상과, '그는 똑똑하고 잘생겼고 차가운 사람'이라는 인상을 비교해보라. 아마도 앞사람은 상당히 호감이 가지만 뒷사람은 냉혈인간처럼 느껴질 것이다. 이것은 중심특성이 다른 특성들보다도 인상에 미치는 영향이 얼마나 크고 중요한가를 단적으로 보여준다.

¶ 긍정성 편향(positivity bias) : 대인지각에서는 타인들을 긍정적으로 평가하는 경향이 있다. 이것을 긍정성 편향이라고 한다. 타인도 자기를 긍정적으로 평가해주기를 바라는 마음에서다.

중국인은 돌솥, 한국인은…—고정관념

중국인은 돌솥과 같다. 달구기가 여간 어렵지 않다. 그러나 한번 뜨거워진 다음에는 좀처럼 식지 않는다. 식은 줄 알고 잘못 손댔다가는 혼이 나기 쉽다.

중동인은 합성냄비다. 겉 부분은 뜨겁지만 속 부분은 좀처럼 뜨거워지지를 않는다.

영국인은 그을린 놋쇠솥이다. 화끈 달아오르지도 않고 겉으로 얼마나 뜨거운지 좀처럼 알아내기 어렵다.

일본인은 은그릇과 같다. 조금만 힘을 줘도 잘 찌그러진다. 그러나 아무리 찌그러져 있어도 쉽게 펴질 수가 있다.

한국인은 양철냄비와 같다. 달아오르기도 쉽지만 식기도 쉽다. 그러면서도 소리만 요란하게 낸다. 모든 게 불 위에 올려놓을 때뿐이다.

인상형성은 주어진 정보에만 근거하여 이루어지지는 않는다. 사람들은 누구든지 자기 나름대로의 '틀'을 갖고 있다. 그래서 정보를 축소하거나 과장 또는 왜곡하여 우리가 가지고 있는 '틀'에 맞도록 한다.

인상형성에 있어서 하나의 틀이 '고정관념(stereotype)'¶이다.

¶ 고정관념(stereotype)은 한 사회의 모든 성원들이 공유한다고 믿어지는 일련의 성격특성이다. 고정관념이 첫인상을 지배할 때 우리는 그들의 사회범주에만 기초하여 그들에 관한 일을 추론하며, 고정관념에 맞지 않는 사실들은 무시한다. 한편, 고정관념과 비슷한 것으로 생각하는 편견(prejudice)은 다른 집단의 사람들에 대한 불공정하고 편협하거나 비호의

고정관념은 '어떤 부류의 사람들은 어떠한 특성을 가지고 있다'는 일종의 믿음인데, 합당하지 않은 것들이 많다. 특히 성별, 인종, 직업, 외모, 특정학교, 지역 등에 대한 고정관념들이 많다.

　고정관념은 불행히도 쉽게 없어지지 않는다. 고정관념 때문에 첫인상이 영향을 받으며, 또 고정관념에 들어맞지 않는 정보는 받아들이지 않기 때문이다. 그래서 고정관념은 계속된다.

적인 태도다. 그러므로 편견은 태도와 마찬가지로 신념, 감정, 행동경향
이라는 세 요소를 갖는데(71쪽 참조), 편견에 사로잡힌 신념은 언제나 고
정관념이다.

호감과 애정

*우리가 새로운 사람을 만날 때 가장 관심이 있는
것은 우리가 그들을 좋아할지, 그리고 그들이
우리를 좋아할지에 관한 것들이다. 이 장은
사회심리학의 영역으로서, 호감이 어떻게 형성되고,
어떻게 관계를 맺게 되며, 사랑에는 어떤 것이
있는지를 다룬다.*

우리가 선호하는 음식이 있는 것처럼 선호하는 사람도 있다.
왜 어떤 사람은 보기만 해도 좋은데 또 어떤 사람은 그렇지 못할
까? 심리학자들, 특히 사회심리학자들은 호감과 관련된 요인들을
연구해왔다. 그 결과 신체적 매력, 근접성, 유사성이라는 것을
찾아냈다. 학자에 따라 보상성(득이 되는 사람)이라든가 보완성
(자기의 부족한 부분을 채워줄 수 있는 사람), 친숙성, 상호성(자
기를 좋아하는 사람)을 추가하기도 한다. 그러나 앞의 세 가지가
가장 기본이 된다.

신디 크로포드가 조선시대에 태어났다면? — 매력

한 꼬마가 속옷가게에서 여자친구에게 생일선물로 줄 속옷을 고르고 있었다. 점원이 여자친구의 사이즈를 물었을 때 꼬마는 "완벽해요"라고 대답했다. 점원은 날씬한 사이즈의 속옷을 싸주었다.

다음날 그 옷을 든 여자친구가 나타나 자기 몸에 맞는 특대 사이즈 옷으로 교환해갔다.

여러분들이 애인을 처음 만났을 때를 생각해보라. 아마도 잘생겼고 마음이 따뜻하고 똑똑해 보이거나 유머감각이 있는 사람이었을 것이다. 그중에서도 신체적인 매력에 가장 먼저 끌렸을 것이다. 키, 몸무게, 얼굴, 옷맵시 등과 같은 신체적 매력(attractiveness)이 우리가 다른 사람을 좋아하거나 사랑하는 데 가장 중요한 요인이기 때문이다(다음에 다시 만날 것인지의 여부를 결정한다는 측면에서).

매력의 기준은 시대나 지역, 문화에 따라 다양하다. 톱모델 신디 크로포드가 우리나라 조선시대에 태어났다면 '키와 손발이 지나치게 크고, 피부가 허옇고 털이 많으며, 머리카락이 노란, 코 큰 여자' 정도로 당시의 미인상과는 엄청난 차이가 있었을 것이다.

▶ 신디 크로포드

역사적으로 보더라도 르네상스 시대의 그림에는 풍만한 몸매의 여성들이 등장하고 있다. 근세의 여성들은 허리를 잘록하게 보이고 엉덩이를 크게 보이기 위하여 허리를 꽉꽉 졸라맸으며 부푼 치마를 입고 다녔다. 대신 1950~60년대에는 마릴린 먼로처럼 호리호리하고 연약해 보이는 여성들이 매력 있는 여성으로 여겨졌다. 또한 얼마 전까지만 해도 남녀 모두 하얀 피부, 세련된 몸, 근육 없는 매끈한 피부 등이 선망의 대상이었다. 그러나 요즘은 그을린 피부, 날씬

▶ 르네상스 시대에는 풍만한 몸매가 이상적이었다. 대개 풍요로운 사회에서는 마른 몸매가 이상적이다. (그림 : 지오르지네의 〈전원의 합주, 1508〉)

하면서도 잘 발달된 근육을 가진 사람이 선망의 대상이다.

신체적인 매력은 일생을 통해 우리가 생각하는 것 이상으로 중요하다. 아이 때만 하더라도 잘생긴 아이들이 인기가 있고 교사들로부터 많은 칭찬을 듣는다. 어른이 되어서도 잘생긴 사람들이 재미있고 사회성이 있으며 독립적이라는 평가를 받는다.

여성들이 키 큰 남성을 좋아하는 이유도, 키가 크다는 것은 여자를 보호해줄 수 있고, 양식을 가져다주며, 사회적 지위가 괜찮고, 다른 남자들에게 쉽사리 지배당하지 않을 것으로 생각하기 때문이라는 것이 진화심리학자들의 설명이다. 실제적으로 키가 큰 남자들은 사회적 지위가 높고 수입도 많다는 연구가 있으며, 자녀수도 많다(즉 성적인 면에서 우수하다)는 연구도 있다.

신체적인 매력이 중요한 이유는 아마도 고정관념 때문이다. 아름다운 사람들은 또 그만큼 아름다운 성격을 갖고 있다고 사람들이 여기기 때문이며(34쪽 후광효과 참조), 또 실제로 그렇다는 약간의 증거도 있다.

그러나 여러분이 그렇게 잘나지 못했다 하더라도 희망은 있다. 그것은 결혼상대를 선택할 때에는 매력의 중요성이 감소한다는 사실이다. 또 다음의 다른 요인들도 호감에 적잖게 영향을 끼치기 때문이다.

가까이 있으면 친해진다 — 근접성

여자와 사랑에 빠지기 시작한 남자가 멀리 전근을 가게 되었다. 거의 매일 남자는 여자에게 사랑의 편지를 썼다. 처음엔 꼬박꼬박 답장이 왔으나, 점차 시간이 갈수록 답장 오는 횟수가 줄어들었다. 그럼에도 남자는 계속 사랑의 편지를 썼다.

…그러나 결국엔 헤어졌다. 남자는 나중에 여자가 젊은 우체부와 눈이 맞았다는 이야기를 들었다.

우리가 어떤 사람과 거리상으로 가까이 살고 있거나 함께 일하고 있다면 그와 친구가 될 가능성은 커진다. 실제로 1930년대 미국 필라델피아 시에 결혼신청서를 낸 5천 쌍에 대한 분석에서 3분의 1의 부부들이 서로 5구역 이내에 살고 있었음이 밝혀졌다. 또 대학 기숙사의 연구에서도 바로 옆방의 학생들이 두 방 지나서 사는 학생들보다 더 친하게 지냈다.

근접성(proximity)이 호감을 일으키는 이유 중의 하나는 친숙성을 높여주기 때문이다. 자주 보면 좋아하게 된다. 우리가 TV 스타들을 좋아하는 이유도 자주 보아 친숙성이 높기 때문이다. 물론 그들 중에도 '이들이 연예인이 되지 않았으면 지금 무슨 일을 하고 있을까' 하고 의문을 가질 정도로 못생긴 사람들도 있다. 또 거꾸로 여러분이 비록 못생겨 애인이 없다 할지라도 TV에 몇 번 나오게 된다면 '오빠! 오빠!' 하며 따르는 팬을 확보할 수도 있다.

하지만 가까이 있더라도 처음부터 불쾌한 만남으로 시작되었다면 다가가는 것은 거부당한다. 그러나 첫 만남이 불쾌하게 시작되는 경우는 사회생활에서 거의 없다. 대부분은 중간 정도이거나 유쾌하게 만남을 시작하기 때문에 근접성이 호감의 첫 단추일 수가 있다.

한편, 우리 자신이 아주 미남미녀라고 '착각'하고 우리의 얼굴에 호감을 갖는 것도 늘 거울을 보면서 자기 얼굴에 익숙해졌기 때문이다. 이런 병은 남자들보다는 여자들이 심하게 앓고 있다. 이것은 거울을 특히 많이 보는 사람들에게서 더욱 두드러지는 '병'이기 때문이다.

단순노출효과(mere-exposure effect)

어떤 자극의 단순한 반복적 노출만으로도 그 자극에 대한 호감이 증가하는 효과. 근접성이 호감을 일으키는 주요 이유 중의 하나는 근접성이 친숙성을 증가시킨다는 것이며, 친숙성 자체만으로도 호감을 증가시킨다. 친숙성이 호감을 낳는 효과는 여대생들의 얼굴사진과 거울상 사진을 여대생 자신과 그녀의 친구/애인에게 보여준 실험을 보면 알 수 있다. 여대생들은 68%가 자신이 늘 보는 거울상 사진을 좋아했으나, 친구/애인들은 61%가 평상시 보게 되는 얼굴사진을 더 좋아했다.

또 우리가 사진을 찍은 다음 자기의 얼굴을 보게 되면 뭔가 이상하다는 느낌을 받는다. 이것은 우리가 늘 보아오던 자신의 얼굴이 거울에 비친 역상이기 때문이다(얼굴은 완전한 좌우대칭이 아니다. 일단 눈의 크기와 형태를 비교해보라). 그래서 친숙성이 조금은 떨어진다. 물론 다른 사람이 그 사진을 보면 이상한 것은 하나도 없다.

유유상종 ― 유사성

우리는 우리와 비슷한 사람을 더 좋아한다. 신념, 종교, 사회적 지위, 흥미, 태도 등이 서로 비슷해야 오래 지속될 수 있다. 하다못해 발가락이라도 닮아야 한다. 유유상종이 이 경우에 잘 어울리는 말이다.

유사성(similarity)은 우리가 어떤 사람을 만나 사귀고 있을 때 떠오르는 중요한 개념이다. 비슷한 사람은 나를 지지해주고 후원해주기 때문이다. 좋아하든지 사랑하든지 간에 유사성은 관계를 오래 지속하도록 해준다.

매력이 없는 사람들에게는 실망스럽겠지만, 사귀는 사람들의 신체적 매력도 서로 유사성이 있다. 가장 매력적인 사람이 가장 매력적인 상대와 데이트를 하며, 덜 매력적인 사람은 덜 매력적인 상대와 사귄다. 현대판 평강공주는 존재하지 않는다. 매력적이지 못한 사람이 아주 매력적인 상대를 만나는 것은 기적에 가깝다.

그러므로 매력적인 사람과의 데이트를 위해서는 눈만 높아서는

안 되고, 이를 받쳐줄 수 있는 매력이 당신에게 있어야 한다. 그 이유는 상대방의 매력이 호감의 중요한 요인이기는 하지만, 생활에서는 성공가능성, 즉 자기와 짝이 될 수 있는 가능성을 생각하여 판단하기 때문이다. 그래서 자기보다 훨씬 매력적인 사람에게는 거부당할 것이 예상되고, 따라서 거부가능성이 낮은 덜 매력적인 사람을 찾게 된다.

칡처럼 얽히고설킨 ― 관계의 진행

두 사람이 관계를 맺게 되면 그들의 삶은 얽히기 시작한다. 서로서로에게 영향을 준다는 이야기다. 그러나 서로에게 영향을 주는 방법은 여러 가지다. 상대방을 행복하게 해줄 수도 있고 슬프게 해줄 수도 있다. 충고를 해주기도 하고 격려를 해주기도 한다. 또 상대방에 대한 걱정으로 밤을 새우기도 하며 돈을 들여 선물을 하기도 한다. 시시콜콜 상대방에게 간섭하고 또 간섭을 받는 것은 서로가 서로에게 영향을 끼치고 있으며 나아가 서로 의존하고 있다는 말이기도 하다.

이런 관계의 시작도 혈연관계를 제외하면 애초에는 상대방을 전혀 모르고 있는 상태에서 시작한다(비접촉단계). 그러나 상대방에 대해 뭔가를 듣거나 알게 되면 그 사람을 의식하게 된다(의식단계). 한쪽이 일방적으로 의식할 수도 있고 서로서로 의식할 수도 있다. 이 단계에서 우리는 그 사람의 외모와 행동을 통해 인상을 형성한다. 의식단계는 매우 중요하다. 상대방에 대하여 좋은 인상을 형성하지 못하게 되면 그 사람과 접촉하려는 시도는 일어나지

"여보세요." – 개막대사

이성에게 처음 말을 건네는 것은 아직까지 남자의 역할처럼 보이나 어떤 말로 시작해야 할지에 대해서는 뚜렷한 지침이 없다. 한 연구(Kleinke 등, 1986)에서는 '재빠르고 경박한 유형'("추우시죠? 몸 좀 녹입시다"), '점잖은 유형'("지금 몇 시인가요?"), '직설유형'("이봐요, 나는 당신을 좋아합니다")의 말을 통해 상대방의 반응을 살폈다. 그 결과 전반적으로 점잖은 유형과 직설유형이 좋은 평가를 받았다. 여자들은 남자들보다 점잖은 유형을 더 좋아했으며, 재빠르고 경박한 유형을 더 싫어했다. 좋은 인상을 주기 위해 재미난 대사로 시작하려는 사람(특히 남자)들은 정반대의 효과를 얻는 셈이다.

그럼에도 많은 사람들이 경박한 대사를 사용하는 이유는 사람들이 배척을 두려워하여 유머를 사용하면서 자신을 방어하려고 하기 때문이라는 게 연구자들의 설명이다. 다음은 상황별로 가장 선호되는 미국 사회에서의 개막대사다.

"여보세요"(일반상황) / "춤을 추지 않겠어요?"(술집) / "저는 이전에 이 식당에 온 적이 없는데요, 좋은 메뉴가 있습니까?"(식당) / "이 물건들을 차에 싣도록 도와드릴까요?"(슈퍼마켓) / "기다리는 동안 맥주나 커피를 마시고 싶지 않으세요?"(동전투입식 세탁소) / "원반던지기를 하지 않겠어요?"(해변)

않기 때문이다. 서울에서 부산까지 고속버스를 타고 갈 때 옆 사람이 비슷한 나이의 이성이라 하더라도 인상이 좋지 않으면 하품할 때만 입을 벌리게 된다.

다음 단계는 접촉단계다. 이 단계에서 사람들은 말을 걸거나 자리를 같이하게 된다. "좋은 날씨죠?", "어디 가시나 봐요?" 등

뻔한 질문으로 관계를 시작한다. 그러나 대화의 내용은 피상적이고 한두 이야기에 제한되어 있다.

우리가 경험하는 많은 관계들은 이 단계를 넘어서는 경우가 드물다. 주로 만나게 되는 사람들이 일을 목적으로 만나고 또 형식적으로 만나기 때문이다. 대화의 종류도 일에 제한되어 있고 목적이 달성되면 만나는 횟수가 급격히 줄어든다. 그러므로 사회에서는 친구를 사귀기가 어렵다.

보다 더 관계가 가까워지면 상호의존단계로 들어간다. 서로에게 영향을 끼치고 또 받는 단계다. 약한 의존관계도 있고 강한 의존관계도 있다. 정도의 문제인 것이다. 친구관계든 연인관계든 친밀한 관계에는 몇 가지 특징이 있다. 이 관계는 오랜 기간에 걸쳐 상호작용을 빈번하게 한다. 또 대화의 내용도 모든 부분에 걸쳐 일어난다. 정치 이야기를 하다가도 이성문제를 꺼낼 수 있고, 집안이나 신상문제도 마다하지 않는다.¶

관계가 가까운 만큼 서로간에 느끼는 영향력도 크다. 처음 보는 사람이 자기에게 섭섭한 이야기를 했다 하더라도 금방 잊어버리지만 가까운 관계에서는 오래도록 기억된다. 사랑이나 관심 같은 것도 강하게 느끼지만, 분노, 질투, 실망 등도 그에 못지않게 크게

¶ 사회적 침투(social penetration) : 관계의 정도가 호감에서 보다 더 큰 밀접과 친밀로 이동하는 과정. 사회적 침투는 폭과 깊이를 갖고 있는데, 폭은 서로 관계하는 영역의 수를 말하고 깊이는 서로 알고 함께 나누는 정도를 말한다. 사회적 침투에서 가장 중요한 것은 상호간의 자기개방이다. 관계의 시초에 한 사람이 자기 자신에 관한 일을 드러내놓기 시작하면 상대방도 또한 그렇게 해야 할 의도가 있어야 한다. 그래야 신뢰와 친밀이 쌓일 수 있다. 이것이 상호성 규범(norm of reciprocity)이다. 그러나 중요한 것은 서로 보조를 맞추어야 한다. 한쪽이 너무 성급히 자기를 드러내면 상대방은 뒤로 물러설 수 있다.

느낀다. 친구에게 돈을 빌려줬다가 잘못되면 친구 잃고 돈 잃는다고 하지만, 돈이 있는데도 빌려주지 않으면 친구를 잃게 된다. 그러므로 친구에게서 받은 은혜는 잊지 말아야 하고, 친구에게 베푼 은혜는 잊어버려야 한다.

한편, 결혼 상대자를 고르는 데에는 세 단계가 있다고 한다. 첫 단계에서는 외모를 보아 자기가 원하는 사람인지를 판단한다. 미팅이나 소개팅 같은 경우에 외모가 마음에 들지 않으면 대개는 그 자리에서 끝이 난다. 그러나 결혼 상대자일 경우 꼭 그렇지는 않다. 결혼과 연애가 추구하는 바가 다르기 때문이다.

두 번째 단계에서는 가치나 취미, 성격 등에서 상대방이 자기와 맞는지를 평가한다. 자기와 비슷할 필요는 없다. 감당할 수 있을 정도면 된다. 맞지 않다고 생각되면 그 관계는 끊어진다.

세 번째 단계에서는 두 사람이 부부로서 생활을 해나갈 수 있을지를 알아본다. 남성은 여성이 아내의 역할을 할 수 있을지, 여성은 남성이 남편의 역할을 할 수 있을지를 판단한다.

친밀＋열정＋책임 ― 완전한 사랑

호감에는 존경과 같은 좋은 평가가 있는 반면, 사랑에는 그런 평가뿐만 아니라 보호, 애착, 친밀이라는 세 가지 요소가 덧붙여진다. 보호는 그 사람을 돕고자 하는 열망이며, 애착은 그와 함께 있고 싶어 하는 욕망, 그리고 친밀은 감정을 공유하고 신뢰하는 것을 말한다. 그리고 보면 호감보다는 사랑이 훨씬 복잡하고 수준

높은 개념이다. 그래서 친구는 많을지라도 애인은 한 명이다.

'사랑에 대한 삼각형 이론'이라는 또 하나의 흥미로운 사랑이론이 있다. 여기서는 사랑이 세 가지 요소들의 조합으로 구성되어 있다고 보고 있다. 그 세 가지 요소들은 친밀, 열정 그리고 책임이다.

친밀(intimacy)은 가깝고, 연결되어 있고, 유대감이 있는 느낌을 말한다. 예를 들어, 그(녀)의 삶이 윤택해지기를 바라고, 같이 있을 때 행복하고, 존경심을 갖고, 의지하고, 이해하는 것들이 친밀이다. 열정(passion)은 신체적 매력, 성적 흥분과 호감을 일으키는 충동이다. 성적 욕구들이 열정의 주요 부분을 구성하지만 자존심이라든가 자아실현 같은 것도 열정에 포함시킬 수 있다. 책임(commitment, 사전적 의미로는 개입이다)은 사랑을 유지시키기 위한 모든 의무를 말한다. 이 세 가지 요소를 조합하면 여덟 가지

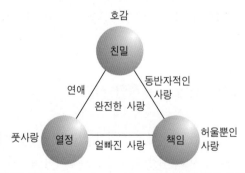

▶ 사랑의 삼각형 이론(triangular theory of love)에서 친밀과 열정, 책임이 모두 크고 균등해야 완전한 사랑이다. 친밀이 다른 것보다 크거나 책임이 다른 것보다 작은 경우 등 여러 형태의 삼각형 그림이 있다. 사랑의 삼각형 이론은 스턴버그(R. Sternberg)라는 심리학자가 1986년 발표한 이론이다. 개인마다 사랑에 대한 생각이 서로 달라 '과학적'으로 연구하기 어려운 부분이 많다. 사랑에 대한 심리학적 연구가 많지 않은 이유는 이 때문인 듯하다.

유형이 생긴다.

① 세 가지 요소가 모두 갖추어져 있다면 완전한 사랑이고, ② 세 가지 요소가 전혀 없다면 아무것도 아닌 관계이다. ③ 친밀만 있는 것은 호감(우정) 이다. 따라서 남녀간

▶ 서울 남산공원타워 옆에 있는 사랑의 자물쇠들. 많은 사연들이 자물쇠에 채워져 있다.

에 친밀만 존재한다면 남녀간에도 친구가 될 수 있다. 그러나 대개 열정을 느끼지 못할 만큼의 외모라면 아예 만나지도 않기 때문에 남녀간의 친구는 성립되기 어렵다.

④ 열정만 있는 것은 풋사랑이다. 풋사랑은 어떤 사람에 대한 이상(理想)이 바탕에 깔려 있다. 따라서 풋사랑은 어떤 대상을 뚜렷하게 알고 있지 못할 경우에 지속된다. 여선생님을 좋아하는 남학생은 그 선생님이 화장실에도 가지 않고 겨드랑이에는 날개 가 있을 것이라고 생각한다. 대상을 잘 알게 되어 허상이 깨지면 풋사랑은 끝나게 된다. 또 풋사랑은 대개가 짝사랑이기 때문에 그 정도가 클수록 더 큰 고통을 당한다.

⑤ 책임만 있는 것은 허울뿐인 사랑이다. 이런 사랑은 정략결혼 혹은 우리의 조상들과 같이 결혼이 다른 사람의 결정에 의해 이루 어졌을 때처럼 처음단계부터 시작할 수도 있고, 혹은 별거중인 결혼생활과 같이 친밀과 열정이 사라져버리면 나타난다.

⑥ 친밀과 열정만 있는 것은 연애다. 연애에는 책임이 빠져

있다. 다시 한번 강조한다. 연애에는 책임이 빠져 있다. 이 때문에 젊은 날 첫사랑의 결실이 잘 맺어지지 않고, 애절하거나 쓰라린 기억을 갖고 있는 사람들이 많다. 그리고 ⑦ 열정과 책임만 있는 것은 얼빠진 사랑(가령 여배우에 대한 재벌 2세의 사랑), ⑧ 친밀과 책임만 있는 것은 동반자적인 사랑(가령 중년부부의 사랑)이다.

사랑한다면 이들처럼? — '사랑해'의 의미

사람들이 보통 '사랑해'라는 말을 할 때에는 말하는 사람마다 그 의미가 다를 수 있다. 사랑에 대한 자기 나름대로의 정의가 다르기 때문이다. 에리히 프롬은 대등한 사랑, 무조건적인 사랑, 이성간의 사랑, 자기사랑, 신에 대한 사랑으로 구분하고 있으나, 우리의 관심은 이성간의 사랑이다. 연구에 따르면 대개 여섯 가지 기본적인 사랑의 유형이 있다고 한다.

첫째는 로맨틱한 사랑이다. 이 사랑은 대단히 정서적이어서 첫눈에 빠지는 사랑이다. 손이라도 스치거나 한번 잡게 되면 감전될 정도의 사랑이다. 신체적인 매력이 이런 사랑에 가장 중요하다.

두 번째는 소유애다. 소유애에 빠진 사람들은 정서적으로 긴장하고 질투가 심하며 파트너에게 집착하고 의존한다. 그렇기에 상대방으로부터의 거절을 두려워한다. 상대방이 자기에게 관심을 두지 않는다고 생각하거나 애인이 다른 사람과 함께 있다는 의심이 들면 마음을 놓을 수가 없게 된다.

   세 번째는 친구애다. 이 사랑은 친밀감에 바탕을 두기 때문에 오랜 친구관계에서 사랑이 생겨나는 것이라고 생각한다. 사랑은 신비한 것이 아니며 깊은 우정이라는 것이다.

   네 번째는 실용적인 사랑이다. 이 사랑은 시장에서 물건 고르듯 자기에게 맞는 사람을 찾는 것이다. 이 사랑에서는 두 사람의 관계가 잘 유지될 수 있을지, 잘 조화가 될지, 서로의 욕구를 만족시켜 줄 수 있을 것인지가 가장 중요한 문제다. 이 사랑에 빠진 사람들은 자신에게 맞는 상대를 선택할 때 논리적으로 요모조모 따져보게 된다.

   다섯 번째는 이타적인 사랑이다. 이런 사랑은 상대방에게 무조건적으로 주고, 보살피고, 용서하면서도 대가를 요구하지 않는다. 자기의 모든 것을 상대방을 위해 사용할 수 있으며, 상대방이 고통을 당하느니 자신이 고통을 당하는 것이 낫다고 생각한다. 자기희생과 인내를 통해 나타난다.

   마지막은 게임애다. 이것은 게임을 하듯이 사랑게임을 즐기고 이기려고 한다. 몇 사람의 애인들과 사귀면서도 이 애인들이 서로 눈치를 못 채게 해야 한다. 그러므로 머리회전이 빨라야 하며 책임을 지려고는 하지 않는다. 오래 지속되는 관계는 있을 수 없다.

한쪽이 싫증을 내거나 혹은 심각해지면 관계는 끝나게 된다.

이런 사랑의 분류는 아주 기본적인 것에 지나지 않는다. 또 어느 하나의 사랑에만 빠져 있는 경우도 드물다. 로맨틱한 사랑이면서 소유애적인 사랑, 로맨틱하면서도 이타적인 사랑, 소유애적이면서도 실용적인 사랑 등과 같이 여러 개가 복합되어 나타나는 경우가 대부분이다.

그러나 일반적으로 사랑을 크게 두 가지로 분류한다면 열정적인 사랑과 동반자적인 사랑일 것이다. 우리가 보통 사랑에 빠졌다고 말할 때에는 대개가 열정적인 사랑이다. 많은 노래와 소설들이 열정적인 사랑을 찬양하기 위해 불리거나 쓰였다. 앞서 본 로맨틱한 사랑과 소유애적인 사랑이 결합하면 열정적인 사랑이 되고, 친구애와 실용적인 사랑이 결합하면 동반자적인 사랑이 된다.

콩깍지가 씐 30개월 — 열정적인 사랑

- 연애시절 : "자기, 아~."
- 약혼시절 : "더 먹지 그래요."
- 결혼후 : (속으로) '돼지같이 처먹는군.'

열정적인 사랑(passionate love)의 특징은 강렬한 정서라고 할 수 있다. 따스함, 성적 욕망, 흥분, 고통, 근심과 안도, 봉사와 질투 등의 격렬한 감정들이 공존한다. 이런 정서는 열정적인 사랑에 가장 중요하다.

대개의 사람들은 자신들의 이런 감정이 영원히 지속될 것이라고 장담한다. 그러나 이런 감정은 결국 사그라지게 마련이다. 왜냐하면 열정적인 사랑이 대개는 환상에 자리잡고 있기 때문이다 (따라서 환상을 깨지 않으면 열정은 계속된다. 헤어진 첫사랑을 생각해보라).

이런 환상은 매일매일의 만남을 통하여 조금씩 깨진다. 짧으면 6개월, 길어야 30개월을 넘지 못한다. 서로 사랑에 빠져 연애를 했다 하더라도 결혼할 때쯤이면 그런 열정은 식는다. 옛날이야기나 TV드라마는 열정적인 사랑에 빠진 사람들이 그들의 관계를 해치려는 모든 역경을 딛고 영원히, 영원히 행복하게 살았다는 메시지를 전한다. 그러나 이 주인공들의 열정적인 사랑도 결국엔 사그라지고 만다. 드라마는 그 결말을 보여주고 있지 않을 뿐이다.

그러나 열정적인 사랑을 어느 정도 길게 유지시키는 방법이 있기는 하다. 그것은 열정적인 사랑의 환상이 잘 깨진다는 것을 깨닫고 약간의 변화를 주는 것이다. 예를 들어 고급 레스토랑에 데려간다든가 특별한 날이 아닌데도 꽃배달을 하여 놀라게 해주는 것 등이 좋은 방법이다.

또 약간의 훼방꾼이나 장애가 있으면 보다 오랫동안 지속될 수 있다. 몬태규가와 캐퓰릿가의 반대는 로미오와 줄리엣의 열정에 부채질을 했고, 불륜의 사랑이 식을 줄 모르는 것도 결혼하기 어려운 장애가 있기 때문이다.

▶ 열정적인 사랑의 '유통기한'은 최대 30개월이다.

그러면 오래 지속되지 못하는 열정적인 사랑은 왜 있을까? 그것
은 그 기간 동안 서로에게 친밀감을 더욱 느끼게 해주고 서로에
대한 책임을 증가시켜 주는 데 있다. 앞에서 말한 것처럼 친밀과
책임으로 이루어진 사랑이 동반자적인 사랑이다. 결국 열정적인
사랑은 동반자적인 사랑의 발판역할을 하고 있는 것이다.

우리 사랑, 영원히 ― 동반자적인 사랑

　사랑하는 것은 서로 응시하는 것이 아니라 함께 같은 방향을 응시
하는 것이다. ― 생텍쥐페리

　열정적인 사랑이 6개월에서 길어야 30개월 정도 지속되는 데
반하여, 친밀과 책임에 바탕을 둔 동반자적인 사랑은 시간이 지
날수록 강렬해져 평생 동안 지속될 수 있다. 오랫동안의 결혼생
활을 유지해주는 사랑이 바로 동반자적인 사랑(companionate
love)이다.
　동반자적인 사랑은 우리의 삶과 밀접하게 관련되어 있는 사람
에게 느끼는 감정이다. 이것은 보다 현실적인 것이며, 따라서 신
뢰와 보호, 인내를 요구한다. 이 동반자적인 사랑의 감정은 온화
함이라 할 수 있다.
　동반자적인 사랑은 두 사람이 만족스런 관계를 유지해오면서
천천히 발전시키는 것이다. 이것은 동등한 관계이며 따라서 그
관계가 오래 지속될 수 있는 기초를 제공해준다.

왜 열정적인 사랑은 동반자적인 사랑으로 변할 수밖에 없을까? 사랑의 초기에는 격렬하다가도 나중에는 왜 그런 열정이 없어질까? 사랑이 식어서일까?

심리학자들에 따르면 정답은 '그렇지 않다'이다. 시간이 지날수록 상대에 대한 고귀함이나 환상은 깨지게 된다. 이상적인 사람으로 생각했던 상대는 역시 불완전한 인간이라는 사실에 맞

▶ 동반자적인 사랑은 시간이 지날수록 강렬해져 평생 지속될 수 있다.

닥뜨리게 된다. 그리하여 두 사람의 상호관계는 일상적인 것이 되어가고, 격렬한 감정에 휩싸였던 생활은 점차 안정된다. 또 시간이 지날수록 서로 의존적이 되어간다(그래서 부부는 닮아간다). 오래된 커플들은 지금껏 그들의 감정을 잘 조절해왔기 때문에 강한 감정을 나타내는 일은 드물다. 눈빛만 봐도 상대의 마음을 알 수 있다.

그러나 그렇다 하여 사랑이 식었다든가 격렬한 감정이 사라져버린 것은 아니다. 눈에 띄지는 않지만 더 큰 감정으로 잠재되어 있다. 잠재된 감정은 가끔씩 폭발한다. 파트너가 멀리 여행을 하든가 출장을 가 서로 떨어져 있게 되면 강한 외로움을 경험한다. 만나 사랑한 지 오래 되었으나 부득이 헤어져야만 되는 커플의 경우에는 이전에 경험하지 못한 강렬한 감정이 찾아온다.

또 상대가 다른 사람을 만나고 있을 때 느끼는 질투 또한 잠재되어 있는 격렬한 감정이다. 질투는 그들 관계의 붕괴에 대한 두려움

부부는 닮는다

부부는 실제로 오래 살수록 닮는 것으로 나타났다. 이는 부부의 성격이 갈수록 비슷해지기 때문인 것으로 분석된다.

영국 리버풀대 연구진은 남녀 각 11명에게 부부 160쌍의 사진을 뒤섞은 뒤 인상이 닮은 남녀들을 고르도록 했다. 이 결과 서로 닮은 것으로 지목된 남녀 가운데 실제 부부가 놀랍도록 많았다.

이 같은 현상은 웃음. 찡그림 등과 관련이 큰 것으로 나타났다. 즉 얼마나 자주 웃느냐, 또는 찡그리느냐에 따라 특정 안면근육과 주름살이 수축 또는 이완되면서 부부의 인상이 비슷해진다는 얘기다. 연구진은 "시간이 흐를수록 두 사람의 감정 표현이 비슷해진다"며 "얼굴은 감정을 나타내는 일종의 게시판으로 시간이 흐를수록 개인의 감정 상황이 얼굴에 쓰이게 된다"고 설명한다. (중앙일보, 2006. 2. 16)

과 자존심 손상으로 인한 분노가 섞여 있는 것이라고 할 수 있는데, 상대방에 대한 의존 정도가 크고 그런 위협을 심각한 것으로 받아들이면 질투는 최고조에 이른다.

귀인과 태도

귀인(attribution)과 태도(attitude)는 모두
사회심리학의 영역이지만, 귀인은 주로 사회지각
측면에서 다루고 태도는 독립적으로 취급하는
경우가 많다. 그러나 이 장에서는 하나로 묶었는데,
이는 귀인이 우리의 태도를 결정하는 데 중요하기
때문이다.

왜 그랬을까? ― 귀인

■ 결혼의 이유
· 잘난 남자와 못난 여자가 결혼하면 '여자가 돈이 많나봐'
· 못난 남자와 잘난 여자가 결혼하면 '남자가 대단한가봐'
· 못난 남자와 못난 여자가 결혼하면 '서로 사랑하나봐'

■ 청소부의 장갑
어떤 날, 나는 새벽까지 글을 쓰다가 바깥 대문간에서 들리는
이상한 소리를 들었다. 가만히 귀를 기울여 보니까 그것은 무슨
삽 같은 것으로 시멘트 바닥을 긁어대고 있는 듯한 소리였다….

…나는 가만히 문을 열고 대문으로 내려섰다. 그리고 대문 틈으로 바깥의 동정을 살폈다. …청소부였다.

…나는 대문을 열고 밖으로 나갔다. "커피라도 한잔…." 그는 사양했다. "손이 더러워서요."…

그는 왜 내 방에 들어서기만 하면 마실 수 있게 되어 있는 커피 한 잔을 사양했을까? 그것은 손이 더러워서가 아니라 지금 열중되어 있는 일에 리듬을 잃게 되는 것이 두려웠는지도 모른다. 우리집에 들어왔을 때 온 집안사람을 깨워야 할 것이 두려웠는지도 모른다. 내 집안 식구들이 평화롭게 잠들어 있는 모습을 보았을 때 그의 작은 방, 차가운 온돌에 오들오들 떨고 있는 식구들이 머리에 떠오를 것이 두려웠는지도 모른다. 커피 한 잔을 마시러 들어갔다가 시간이 지체될까 두려웠는지도 모른다.…

— 김주영, 『청소부의 장갑』 중에서

우리들은 주위의 사람들을 알거나 이해하려 할 때 그 사람의 행동에 대한 이유를 찾으려고 한다. 그가 영화관에 갔다면 그가 영화를 좋아해서인지 아니면 데이트 약속이 있어서인지를 알려고 한다. 또 그가 등산을 갔다면 그가 등산을 좋아해서 갔는지, 아니면 친구들이 가자고 해서 갔는지를 알고 싶어 한다. 책임을 돌리는 것이 귀책(歸責)이듯이 행동의 원인을 어디로 돌리느냐가 귀인(歸因, attribution)이다.

우리가 사회생활을 할 때에는 다른 사람이 왜 그렇게 행동했는지 원인을 파악하는 일들로 가득 차 있다. 그 원인들은 성격, 태도, 기분, 체력 등과 같은 내부의 것일 수도 있고, 운이라든가 압력,

돈, 날씨와 같은 외부적인 것일 수도 있다. 시험을 잘 봤을 때 '노력을 해서'라고 말하면 내부귀인이지만 '문제가 쉬워서'라고 말하면 외부귀인이 된다. 그리고 귀인은 통제할 수 있는 것과 없는 것으로 나누어 볼 수 있다. 성격이나 능력, 운 같은 것은 통제가 어렵다.

▶ '나보다 천천히 가는 사람은 멍청한 운전자이기 때문이고, 나를 추월해 가는 운전자는 미친 운전자이기 때문이다.'라고 사람들은 생각한다. 이처럼 행동의 원인을 찾는 것이 귀인이다.

귀인은 환경을 예측하고 통제하는 데 도움을 준다. 빨간 신호등이 켜지면 교통법규라는 원인 때문에 자동차들이 정지할 것이라고 생각한다(예측). 그가 항상 약속시간에 늦는 것이 교통사정 때문이 아니라 습관이라면 우리는 조금 늦게 출발하더라도 괜찮을 것이다(통제).

또 귀인은 우리의 감정이나 태도, 행동에도 큰 영향을 미친다. 정체된 고속도로에서 비상등을 켜고 갓길을 달리는 차가 산모를 태우고 있다는 사실을 알게 되면 비난은 줄어든다. 어쩔 수 없는 행동이므로 그에게 행동의 책임을 돌릴 만한 것이 아니기 때문이다. 그러나 차량에 장애자 표시가 있어 주차를 허용했는데 운전자가 멀쩡한 사람이었다면 화가 치밀어오른다.

나도 시켜줘! ─ 주인정신

톰 소여가 담장에 페인트를 칠하고 있었다. 톰이 마지못해 일하고 있는데 친구 벤이 그곳을 지나갔다.

"야! 톰, 어쩐 일이니, 일을 다 하게?"

보통 때의 톰이라면 화가 나 있었겠지만 그날은 달랐다.

"일이라고? 겨우 페인트칠 가지고 말이야? 그래! 일이라면 일이라고 할 수 있지. 그러나 상관은 없어, 좋아서 하고 있으니까. 이런 일은 좀처럼 걸려드는 일이 아니거든."

"그래? 나도 도와줄까, 톰?"

"안 돼. 여기는 사람들의 눈에 제일 잘 띄는 곳이라서 깨끗이 칠해야 한단 말이야. 하기야 이것을 깨끗이 잘 칠할 수 있는 사람은 나밖에 없으니까."

"야, 톰! 이 사과 줄 테니 나도 시켜줘."

─ 마크 트웨인, 『톰 소여의 모험』 중에서

어떤 행동이 외부의 압력에 의해 일어났다고 보게 되면 우리는 그 행동을 외부요인 때문이라고 생각한다. 마음먹고 공부하려고 할 때 책상에 앉자마자 어머니가 '공부 좀 해라'고 하면 공부할 마음이 싹 달아나버린다. 공부하려는 것이 스스로의 마음 때문이 아니라 어머니가 시켜서 공부한다는 식이 되어버리기 때문이다.

어떤 사람이 어떤 행동을 하도록 지나치게 강요하게 되면 그 사람은 외부압력으로 인해 행동을 했다고 보게 된다. 그리고 자신이 원해서 행동한 것이 아니라고 생각한다. 이렇게 되면 자발성이 없어지고 피동적으로 움직이게 된다. 아이가 100점을 받아왔을 때 용돈이나 선물을 주면 동기부여가 되지만, 또 한편으로는 아이가 자기는 용돈이나 선물을 받기 위해 공부했다는 외부귀인을 할 수도 있다. 그렇다면 나중에는 자동차라도 사줘야 공부하게 된다. 그러나 머리를 쓰다듬어 주거나 칭찬을 해주게 되면 외부귀인을 할 가능성은 줄어든다. 대가가 하찮기(?) 때문에 그것을 받으려고 공부했다고 생각하지는 않는다.

자기가 어떤 일을 할 때 좋아서 하느냐 아니면 마지못해서 하느냐에 따라 느끼는 생각이 달라지고 하는 행동이 달라진다. 주인정신이냐 종의 정신이냐의 차이다. 주인정신(내부귀인)으로 등산하는 사람은 앞서 가고 지칠 줄을 모른다. 하지만 종의 정신(외부귀인)으로 마지못해 따라가는 사람은 산에 오르기도 싫고 발걸음도 잘 떨어지지 않는다. 그리고 뒤에 처지고 빨리 지친다. 꼭 등산에만 해당되는 이야기가 아니다.

남이 하면 불륜, 내가 하면 로맨스 — 입장차이

- 남의 흰머리는 조기노화의 탓이고, 내 흰머리는 지적 연륜의 상징이다.
- 남이 은둔하면 세상이 그를 버린 것이고, 내가 은둔하면 내가 세상을 버린 것이다.
- 남이 한 우물을 파면 우물 안 개구리이기 때문이고, 내가 한 우물을 파면 전문가이기 때문이다.

▶ 사람들은 자존심을 해치지 않는 쪽으로 행동한다. (상) 담배 피우는 사람? (중) 친구가 담배 피우는 모습을 본 적이 있는 사람? (하) 저요. 저요! (자료 : MBC)

약속시간에 늦은 사람은 '차가 밀려서' 늦었다는 이유를 대고(외부귀인), 기다린 친구는 '왜 이렇게 시간관념이 없느냐'고 질책한다(내부귀인).

일반적으로 자신의 성공은 '자기가 잘나서'라든가 '실력이 좋아서' 등과 같이 내부로 이유를 대고, 타인의 성공은 그가 '운이 좋아서'와 같이 외부로 돌려버린다. 그러나 반대로 자신의 실패는 '운이 없었기 때문'(외부귀인)이고 타인의 실패는 그가 '못난 사람이기 때문'(내부귀인)이라고 생각한다. 이러한 행태는 타인의 비난을 피하고 우리의 자존심을 해치지 않으려는 욕망에서 비롯되는 것이다.¶

¶ 우리가 귀인을 제대로 하지 못하는 것은 다음과 같은 이유 때문이다. 첫째로 다른 사람의 행동에 대해서는 그 사람의 개인적 원인을 과대 강조하고, 자신의 행동에 대해서는 그러한 원인을 강조하지 않는 경향(이를 기

그러나 다른 사람의 실패와 불행을 그 사람 내부로 책임을 돌리는 이러한 경향은 때로는 사실을 왜곡되게 만든다. 한 여자가 지하철에서든 사무실에서든 희롱을 당했다면 여자가 뭔가 허점을 보였지 않았겠느냐고 곧잘 생각한다. 전과자를 대할 때 사람들은 사정도 들어보지 않은 채 그를 '나쁜 놈'으로 낙인찍어 버린다. 또 어떤 사람이 많은 불행을 겪을 때 그것은 그 사람에게 책임이 없는 경우가 많은데도 불구하고 모두 그 사람의 책임(내부귀인)으로 돌리게 된다.

지하철에서 두 사람이 갑자기 쓰러졌다고 하자. 한 사람은 술에 만취되어 몸을 가눌 수 없어 쓰러졌고 나머지 한 사람은 심장발작을 일으켜 쓰러졌다. 여러분은 누구에게 달려가겠는가? 처음의 사람은 술을 적게 마심으로써 자신을 통제할 수 있었으나 두 번째의 사람은 자신을 통제할 수 없었다.

행동이 통제할 수 없는 원인 때문에 발생했다면 많은 도움을 받을 수 있고 아무리 큰 사건이라도 비난을 덜 받는다. 그래서 당적을 바꾸는 국회의원들은 '시대흐름'이나 '지역주민의 의사'라는 자신의 통제 밖의 이유를 대고, 시험에 낙방한 사람은 '시험이

본적 귀인착오fundamental attribution error라 한다)이 있으며, 둘째로는 우리의 성공은 우리의 노력이나 자질에 귀인하고, 실패는 외부요인에 귀인하는 경향(이를 방어적 귀인defensive attribution이라 한다)이 있으며, 셋째로는 나쁜 일은 나쁜 사람에게 일어나며, 좋은 일은 좋은 사람에게 일어난다는 가정(이를 공정한 세상 가설just world hypothesis이라 한다)을 근거로 하기 때문에 착오가 일어난다.

▶ 1995년 1월 17일 고베 대지진. 진도 7.2의 강진으로 사망 6,300여 명, 부상 27,000여 명, 피해액 1400억 달러의 피해가 발생했다. 많은 피해가 통제불가능한 사건 때문에 발생한 것이라면 비난받지 않는다. (사진 : 산케이신문)

어려웠다'거나 '운이 없었다'고 통제불가능한 이유를 댄다.

1995년 일본 고베 대지진 때 튼튼한 구조물임을 자랑하던 일본의 도로와 건물이 엿가락처럼 무너지고 엄청난 피해가 났지만, 통제할 수 없었던 자연재해(강진) 때문이었기에 각국의 원조와 위로의 말을 받는 것이다. 고베 대지진에 비해 인명과 물적 피해가 적었던 성수대교 붕괴(1994년, 사망 32명, 부상 17명)가 더 많은 비난을 듣는 것은 사전에 충분히 통제할 수 있었기 때문이다.

양치기 소년의 거짓말—행동의 원인 파악

이렇듯 행동의 원인을 찾으려고 하는 것이 귀인이다. 세 가지 요인을 알면 행동의 원인을 비교적 정확하게 알아낼 수 있다. 그것은 독특성, 일치성, 일관성이다. 두 가지 상황을 보자.

A. 여자는 영화를 보면서 울었다.
B. 남자가 나를 보고 웃었다.

첫 요인은 독특성(distinctiveness)이다. 여자가 다른 영화를 볼 때에는 잘 울지 않는데 유독 이 영화를 볼 때만 운다면 이 영화가 슬픈 영화였기 때문이라고 볼 수 있다. 즉 어떤 행동이 특정한 대상에만 한해서 일어난다면 그 대상 때문이라고 생각할 수 있다. 남자가 다른 사람에게는 웃지 않고 나에게만 웃는다면 나를 좋아하든 어떻든 나 때문이다.

두 번째 요인은 일치성(consensus)이다. 일치성은 그 상황에 처해 있는 다른 사람들도 같은 식으로 행동을 했느냐이다. 만일 영화관에 있는 다른 사람들도 이 영화를 보면서 울었다면 그 여자의 울음은 영화 때문이다. 그러나 다른 사람들은 울지 않는데 유독 그 여자만 울었다면 그 여자가 눈물이 많은 사람이라고 평가할 수 있다. 또 다른 남자들도 나를 보고 웃었다면 나 때문이고, 다른 남자들은 웃지 않고 그 남자만 나를 보고 웃었다면 그 남자만이 나를 좋아해서이다.

마지막 요인은 일관성(consistency)이다. 일관성은 원인이 있을 때마다 그 행동이 일어나는가이다. 여자가 이번에도 그 영화를 보면서 울었고 일주일 후에도 그 영화를 보면서 울었다면 영화가 행동(울음)의 원인이다. 그러나 일주일 후에 영화를 봤을 때 울지 않았다면 여자가 그 당시 일시적으로 감정이 슬펐거나 다른 원인이 작용하고 있었을 것이다. 남자가 나를 보고 웃었지만 일주일이 지나자 더 이상 나를 보고 웃지 않았다면 일주일 전에는 아마도 얼굴에 경련이 일어났었나보다고 생각해볼 수 있다.

이솝 우화의 양치기 소년은 사람들을 놀려먹으려는 단순한 동기로 거짓말을 했지만, 그 대가로 자기의 양들을 잃어버렸다. '늑

대'만 나타난 독특성, '소년'만 거짓말을 한 일치성, '계속'된 거짓
말의 높은 일관성이 소년을 거짓말쟁이로 만들었다. 가끔은 늑대
가 아니라 곰이 나타났다고 거짓말하거나 다른 소년들도 한두
번 거짓말을 했다면 상황이 조금은 달라졌을 것이다.

이런 것을 알면 그이가 나를 사랑하는 것이 정말인지 아닌지,
교수님이 학점을 후하게 주는 것이 그의 성격인지 아니면 내가
열심히 공부를 해서인지, 상사의 말투가 농담으로 하는 것인지
나를 비꼬는 것인지 등등을 알 수 있다.

그 사람 행동의 원인을 알면 그를 대하는 자신의 행동과 태도가
달라진다. 후한 학점을 주는 것이 교수님의 성격이라면 시험을
그다지 잘 보지 못했어도 좋은 성적을 기대할 수 있겠지만, 그
당시 집안에 좋은 일이 있어 기분으로 후한 점수를 줬다면 다음
학기엔 낭패를 볼 수 있다. 또 상사도 자기에게 화를 내고 다른
사람들도 자기에게 화를 낸다면 자신이 뭔가 잘못한 게 있기 때문
일 것이라 수긍하지만, 다른 사람이 화를 내지 않는데 상사만 자기
에게 화를 낸다면 상사가 자기를 싫어하기 때문이라고 생각한다.
게다가 자기를 볼 때마다 화를 낸다면 참기 어려워진다.

이상적인 신랑감은? ― 태도

■ 신세대 여성의 신랑감

· 직   업 : 대기업 사원(30.5%), 공무원(28.6%) …

　　　　　　의사(2.7%), 교수(2.1%), 판 · 검사(0.9%)

- 선택기준 : 성격(57.1%), 경제력(16.9%), 사랑(4.7%)
- 기　　타 : 남자의 여자관계를 알았을 때 결혼취소(54.0%)

　　　　　　　결혼은 경우에 따라 안 할 수도 있다(67.7%)

　　　　　　　이유가 있으면 이혼한다(44.0%)

　　　　　　　서로 사랑하면 혼전 성관계는 무방하다(54.2%)

- 한국갤럽-필 공동조사

　여러분은 신랑감으로 어떤 직업의 남성을 좋아하는가? 술, 담배의 광고에 관해서는, 그리고 자동차의 속도제한에 대해서는 또 어떻게 생각하는가?

　이런 것들은 태도의 문제다. 태도는 어떤 사람이나 대상, 상황에 대해 긍정적으로 또는 부정적으로 일관성 있게 반응하는 학습된 경향을 말한다. 바꿔 말하면 그 대상에 대해 알아야 하고, 좋거나 싫다 또는 찬성이나 반대라는 감정이 있어야 하며, 또 그런 평가에 맞게 행동을 할 수 있어야 태도라고 할 수 있다.

　이 세 가지가 충족되지 않으면 태도라고 이름 붙이기 어렵다. 대상에 대해 알고만 있으면 그것은 지식이라 말할 수 있다. 또 대상에 대해 잘 모르고 평가만 내리면 고정관념이나 편견이라고 할 수 있다(그러므로 고정관념이나 편견을 없애는 가장 효과적인 방법은 대상을 보다 잘 알게 되는 것이다). 알지도 못하고 감정도 없으면서 행동만 하는 것은 맹종이라 할 수 있다.

　'우리들이 어떤 태도를 갖고 있느냐'라는 것은 다른 사람들에게 매우 중요하다. 태도는 우리가 어떻게 행동할 것이냐에 대한 중요한 원천이기 때문이다. 어떤 사람의 태도를 알면 그 사람이 어떻게 행동할 것인지를 예상해볼 수 있다.

그러나 태도는 단지 행동의 경향을 이야기하는 것이다. 그렇게 행동할 가능성이 크다는 이야기다. 그러므로 신세대 여성들의 신랑감에 대한 위의 태도가 행동으로 완전히 이어지지는 않는다. 불행히도 태도와 행동은 정확히 일치되지 않기 때문이다.

임금님 귀는 당나귀 귀! — 인지부조화

1930년대 한 백인 교수가 중국인 부부와 미국을 여행했다. 당시는 아시아인들에 대한 편견이 아주 심할 때였다. 세 명의 여행자들은 200개의 호텔과 여관, 식당에 들렀으며, 한 군데의 호텔에서만 거부를 당했다.

그 뒤, 방문했던 업소들에 편지를 보내서 그들이 중국인 부부를 손님으로 받을 것인지를 물어보았다. 회신이 온 128군데 가운데 92%가 받지 않겠다고 응답했다.

조국에 위기가 닥치면 총을 들고 당장 전쟁터로 달려 나갈 사람이라도 세금을 내는 데는 인색하다. 남을 돕는 행위에는 동의하지만 자선냄비를 보면 멀리 돌아가거나 못 본 체하는 사람들이 많다. 건강에 대해 아주 신경을 쓰는 사람들도 담배를 끊지 못한다. 위 사례에서도 대부분이 중국인 부부를 손님으로 받지 않겠다고 대답했지만, 실제로는 한 군데에서만 손님으로 받지 않았다.

우리는 살아가면서 우리의 태도와 맞지 않는 행동을 해야 될 때가 많다. 하기 싫어도 해야 하고 내키지 않아도 씩씩거리면서라도 해야만 하는 일들이 많다. 여러분이 어떤 사람과 미팅을 한 후 마음에 들지 않았는데도 좋아한다고 말해야 할 때가 있다. 또는 그 반대로 아주 마음에 들었는데도 애프터 신청은커녕 전화번호도 묻지 않고 퉁명스럽게 떠나보낼

▶ 행동과 태도가 다르면 인지부조화가 생긴다. 버거킹에 햄버거를 사러 온 경쟁사 맥도날드의 모델 (사진 : www.wit.co.kr)

인지부조화 현상의 세계적 사례

인지부조화 현상은 특정 사건에 대해 인간의 믿음과 사실이 충돌할 때에도 나타난다. 그러한 부조화에 따른 스트레스를 견디지 못해 사실을 무시하고 억지로 자신의 믿음을 정당화 내지 합리화시키는 것이다. 다음은 이와 같은 인지부조화 현상에 대한 대표적인 사례다.

[사례 1] 히틀러가 지하벙커에서 썼다는 일기가 경매장에 나온 적이 있었다. 히틀러의 일기가 발견되자 독일의 신우익들은 일제히 환호성을 질렀다. 그러나 그 일기는 조작된 것으로 판명되었다. 일기에 사용된 종이가 히틀러 사후인 1950년대의 것으로 드러났기 때문이었다. 그러자 이 소식을 들은 신우익들은 또다시 환성을 질렀다. "그렇다면 히틀러 총통은 살아 계시다"라고 하면서 말이다.

[사례 2] 1950년대에 미국의 미네소타주에서 휴거 소동이 있었다. 12월에 세상의 종말이 찾아오기 때문에 '사난다'라고 하는 神을 믿는 사람들만이 구원을 받을 수 있다는 소문이 나돌게 되었고 당연히 이를 믿은 사람들은 집도 팔고, 가족들도 버리면서 신앙의 공동체를 구성했다. 그러나 종말은 오지 않았다. 그럼에도 종말에 대한 그들의 믿음은 더 깊어졌다. 그들은 오히려 "자기들이 열심히 세상에 빛을 퍼뜨린 덕분에 神이 특별히 인간의 죄를 용서했고 따라서 종말이 오지 않았다"면서 기뻐서 소리쳤다.

때도 있다. 또 별로 좋은 사람도 아닌 사람을 다른 사람에게 소개할 때 그가 좋은 사람이라고 말할 때가 있다. 두 번 다시 보기 싫은 영화라도 마이크를 들이대면 괜찮은 영화라고 말할 때도 있다.

태도와 행동(말)이 일치하지 않으면 인지부조화(cognitive dissonance)¶를 느낀다. 이것은 자신의 태도와 행동이 서로 다르기 때문에 느끼는 불편함이다. 그래서 사람들은 이런 불편을 해소하기 위해 태도와 행동을 일치시키려고 한다. 임금님의 귀가 당나귀 귀라는 것을 알고는 있지만, 그 사실을 발설하지 않아야 하는 이발사는 "임금님 귀는 당나귀 귀"라고 한바탕 소리침으로써 비로소 인지부조화에서 벗어난다.

'죽겠네'라고 말하지 말라 —행동이 태도를 바꾼다

고대 올림픽이 벌어졌을 때 철학자 페레그리노스는 '남이 말려주겠지'라고 생각하며 성화에 뛰어들겠다고 말했다. 그러나 불쌍하게도 그의 기대와 달리 아무도 말리려고 나서지 않았다. 그는 결국 스스로 성화에 뛰어들 수밖에 없었다.

¶ 인지부조화 이론(theory of cognitive dissonance)은 1950년대 후반 페스팅거(Festinger)가 주장한 이론으로서, 사람들이 그들의 태도들간 또는 태도와 행동 간에 비일관성이나 모순이 존재할 때 이러한 비일관성이나 모순을 불쾌하게 여기며, 이것을 감소시키려고 한다는 이론이다. 예를 들어, 자신의 태도와 행동이 상반될 때 이를 일치시키기 위해 태도를 바꾸든 행동을 바꾸든 해야 하는데, 자신의 태도는 다른 사람이 모르지만 자신의 행동은 이미 다른 사람이 알고 있으므로 행동에 맞게 태도를 바꾸게 된다.

그러나 일반적으로 일치되는 방향은 태도에 맞게 행동하는 것이 아니라 행동한 대로 태도를 바꾸게 된다. 자신의 진짜 생각(태도)은 남이 모르지만 남에게 비친 자신의 태도는 행동(말)을 통하여 알려졌

▶ 행동은 태도를 변화시킨다. 통일에 미온적인 사람이라도 서명을 하게 되면 자신의 행동이 외부에 알려졌으므로 태도를 통일지지로 바꾸게 된다.

기 때문이다. 그가 좋은데도 싫다고 남들에게 얘기했다면 싫은 쪽으로 태도가 바뀌게 된다. 직장이나 학과가 마음에 드는데도 남의 눈을 의식해 자기도 싫다고 이야기하면 자연히 싫어진다. '죽겠네'를 상습적으로 쓰지 말아야 하는 이유도 여기에 있다.

기업이나 정부에서는 사원과 국민들의 태도를 바꾸어야 할 때가 있다. 그러나 단순한 강의나 홍보만으로는 태도를 바꾸기가 어렵다. 시간도 오래 걸린다. 태도변화와 의식개혁에 가장 간편하고도 빠른 방법은 행동을 통해서 하는 것이다.

행동이 태도를 바꾼다! 소극적인 사람이라도 억지로 모임에 자주 참석하게 되면 친화성이 뛰어난 사람으로 남이 평가하게 되고, 또 자신도 그런 사람으로 바뀌게 된다. 자리에 애착이 많은 사람일지라도 노약자에게 한 번 자리를 양보해 준 날에는 자기가 예의 바른 사람이라는 생각을 하게 된다.

기업체에서는 행동을 시범해 보임으로써 신입사원을 교육시키고, 나라에서는 법을 만들어 국민들에게 강제로 따라하게끔 한다.

버스 안이나 지하철역 구내에서 담배를 피우지 않는 것은 지금은 모든 사람들이 당연히 생각하고 있다. 그러나 십 몇 년 전만 하더라도 그곳에서 담배 피우는 것이 그렇게 욕먹을 행동은 아니었다.

따라 하다 보면 태도가 바뀌고 의식이 바뀐다. 서당개 3년이면 풍월을 읊듯이 보수적인 사람조차도 진보적인 집단에 들어가 그곳 구성원들과 같이 행동하다 보면 진보적인 사람이 된다. 자신의 생각과 다른 사상이라도 강압적으로라도 자꾸 듣고 따라 하다 보면 유일한 진짜처럼 보인다. 이것이 세뇌(brainwashing)다.

날 설득해봐! ─ 태도변화의 방법들

위에서 보았듯이 태도와 행동의 불일치로 인지부조화가 일어나면 행동이 변하는 것이 아니라 태도가 변한다. 인지부조화는 태도변화의 한 가지 방법이다.

또 강연이라든가 면담 등을 통한 설득도 태도변화의 중요한 수단이다. 뿐만 아니라 다음의 사례에서처럼 상대를 배려한 행동이 설득으로 이어지기도 한다.

고객은 지방에서 레미콘 사업을 시작하려고 계획하고 있었다. 부지 등 다른 것은 별 문제될 것이 없었으나 트럭이 문제였다. 레미콘 트럭값이 만만치 않았기 때문이다. 너무 비싸면 사업을 하기가 어려운 실정이었다.

고객은 자동차 회사로 전화를 걸었다. 전화를 받은 영업사원은 전화감이 멀자 다급히 고객에게 전화번호를 묻고는 전화를 끊으라고 했다. 고객은 의아해했다.

전화를 끊자마자 조금 전의 바로 그 사원으로부터 전화가 왔다. 고객은 전화를 끊으라 한 이유가 궁금했다. 사원은 자신의 회사에 용무가 있어 전화를 했을 텐데 비싼 시외전화 비용을 고객에게 물릴 수 없어 자신이 전화를 했다고 말했다. 게다가 차에 대해 상세히 설명하자면 꽤 많은 시간이 든다면서….

고객은 다른 건 묻지 않았다. 즉석에서 그는 트럭 16대를 주문했다. 쌍용자동차에 전설처럼 내려오는 이야기다.

여러분은 자신과 생각이 다른 사람을 어떻게 설득시키는가? 다른 회사 제품에 호감을 갖고 있는 사람에게 어떻게 자기회사 제품을 사게 만드는가? 남편이 일요일마다 낚시를 가버리는데 못 가게 할 수는 없을까? 이번 일요일엔 꼭 그이를 데리고 산에 가고 싶은데 어떻게 하면 같이 갈 수가 있을까?

우리가 다른 사람들의 태도를 변화시키기 위해 가장 많이 쓰는 방법은 설득이다. 설득은 태도를 변화시키기 위해 논리적인 주장을 펴거나 새로운 정보나 사실을 제공하는 방법을 사용한다. 그래서 설득은 말을 통해서만 행해지는 것은 아니다. 태도를 변화시키기 위해 의도적으로 행하는 모든 것을 설득이라고 볼 수 있다. 책이나 팸플릿 같은 문자일 수도 있고 영화 포스터나 신문광고와 같은 글+그림일 수도 있으며 TV광고처럼 영상일 수도 있다.

설득을 할 때에는 누가 말하는지가 중요하다. 말하는 이의 신빙성이 높을수록 효과가 크다. 신빙성은 그 사람의 전문적인 지식을 말한다. 머리손질법에 관하여 헤어 디자이너가 말할 때에는 잠자코 있어야 한다. 의사선생님이 이렇게 저렇게 건강관리를 하라고 하면 그대로 따라 하는 것이 몸에 좋다. 그 분야에서는 이들이 전문가이기 때문이다. 그러나 술자리에서든 커피숍에서든 정치적인 문제가 한번 화제로 오르면 쉽사리 결말이 나지 않는데, 이것은 모든 사람이 정치에 대해서는 전문가(?)이기 때문이다.

우리가 좋아하는 사람이 설득을 하면 태도변화가 조금은 쉬워진다. 친구가 장에 가자고 하면 지게를 지고서라도 따라간다. 광고를 할 때 비싼 돈을 들여 인기 연예인을 모델로 내세우는 것도 일반 사람들이 그 연예인을 좋아하기 때문이다.

그러나 설득내용이 어떤 것이냐에 따라 효과는 달라진다. 내용이 듣는 사람의 태도와 너무 차이가 나면 효과가 적고, 차이가 작으면 변화가 일어나지 않는다. 따라서 종교라든가 지지하는 정당을 설득을 통해 바꾸기가 쉽지 않다.

또 설득내용이 공포를 유발하면 태도변화가 잘 된다. 그래서 보험회사에서는 "당신에게 만약 불상사가 일어난다면?"식의 화법을 즐겨 사용한다. 많은 사람들이 이 화법에 넘어간다.

하지만 너무 공포가 크면 효과는 감소한다. 설득자를 믿지 않게

수면자 효과

일반적으로 설득하는 사람의 신뢰도가 높으면 설득효과도 높다. 그러나 신뢰도가 낮은 사람이 설득을 하면 시간이 지남에 따라 설득효과가 높아지는 경향이 있다. 이것을 수면자 효과라고 한다. 이것은 설득자의 신뢰도와 내용이 시간이 지남에 따라 분리되기 때문이다. 그래서 설득자에 대한 기억은 희미해져 가고 내용만 남게 되어 설득효과가 높아지는 것이다.

식사를 제공하면 설득효과가 높아진다. 입에 음식이 들어 있어 그만큼 설득에 저항을 제대로 하지 못하기 때문이다. 이런 것 때문에 직원들이나 상대를 설득시켜야 하는 기업체나 정당에서는 아침이나 점심 식사를 제공하는 조찬회나 오찬회 등의 모임이 많다.

이성을 만나는 첫 대면에서 주로 커피를 마시는데, 이것 역시 마찬가지 이유다. 특히 커피를 마셔 적당량의 카페인이 몸속에 들어가면 설득당할 태세가 한층 강화된다. 일반적으로 데이트를 할 때 남자들이 여자들에게 커피를 사는데, 이는 어느 정도 과학적 근거가 있는 것이다. 즉 카페인은 뇌의 정보처리능력을 크게 강화시켜 주기도 하고 기분을 좋게 함으로써 남의 말에 귀를 더 기울이도록 해주는 효과가 있다.

되기 때문이다. '나를 찍지 않으면 나라가 망한다'고 떠들어봐야 금배지를 달 수 없다. 오히려 그런 사람이 없어야 나라가 잘 돌아간다. '5분 빨리 가려다 50년 빨리 간다'는 끔찍한 교통표어가 사라진 것도 마찬가지다.

누군가 설득을 할 것이라는 예상을 하면 설득에 대한 저항이 생겨 효과가 적어진다.¶ 대신에 사람의 주의를 분산시키면 설득효과가 커진다. 저항을 그만큼 집중적으로 하지 못하기 때문이다. 백화점 점원 아가씨가 예쁘면 제품으로 가야 할 신경이 자꾸 옆으로 샌다. 그래서 아이쇼핑을 하러 갔다가도 카드를 밀게 되고 거금을 들이게 된다. 또 세일즈맨들은 제품을 소개하다가도 날씨나

¶ 설득에 대한 예상 : 설득에 대한 예상은 미리 사람들의 태도를 변화시키기도 한다. 가령 한 시간 후에 있을 강연 내용이 금연에 관한 것이라면 흡연자는 금연에 대해 이전보다는 호의적으로 생각하게 된다. 즉 태도가 변화된다. 이는 흡연에 대한 자신의 태도가 강연 중에 훼손되지 않도록, 즉 자신의 자존심이 손상되지 않도록 미리 보호장치를 해두어야 하기 때문이다.

편의점 상품배치의 비밀

편의점의 상품도 설득을 위해 치밀하게 계산된 위치에 진열된다. 우리나라 편의점 매장의 평균 크기는 20평이 조금 넘는다. 이 속에는 수백 종의 상품이 빼곡히 놓여 있다. 특히 모든 상품은 그 자리에 놓여 있는 이유가 있다. 고객들이 조금이라도 더

머물고 더 많은 상품에 관심을 갖도록 특별히 '계산'된 위치에 있다.

음료냉장고는 매장 맨 안쪽에 위치한다. 전체매출의 25%를 차지하는 음료 코너를 매장 깊은 곳에 배치하는 것은 최대한 고객의 동선을 늘리기 위한 '작전'이다. 즉 음료를 사러 들어온 고객이 내친 김에 다른 상품도 구매할 가능성을 높이기 위한 것이다.

비슷한 이유로 꼭 사야 하는 목적구매상품은 아래쪽에 두고, 충동구매상품은 위쪽에 배치해 고객들의 눈길을 끈다. 보리차나 생리대 등은 구석진 곳에 두어도 필요한 사람들은 다 찾아 사기 때문에 느긋하다. 반면 안주류, 즉석식 등은 눈에 잘 띄는 곳에 두고 '한번 사보라'며 구매를 유도한다.

또 연관상품은 끼리끼리 모여 있다. 맥주와 안주, 빵과 우유, 컵라면과 김치처럼 하나를 살 때 아쉽게 마련인 '짝'상품은 이웃에 배치한다.

한편, 편의점의 상품선반은 보통 높이 135cm, 폭 90cm로 구성되어 있다. 이 높이는 한국 성인 남자의 평균키인 170cm를 기준으로 편안하게 손을 움직일 수 있는 가슴선 높이에 해당된다. 폭 90cm는 상품선반에서 1m쯤 떨어져 볼 때 가장 넓은 시야를 확보할 수 있는 각도로, 진열대의 상품이 한눈에 들어올 수 있도록 계산된 것이다. 백화점이나 할인점에 비하면 손바닥만 한 공간에서 최대의 매출을 올리기 위한 편의점의 상품배치에는 치밀한 설득의 기법이 동원되는 것이다.

TV드라마로 화제를 돌려 우리를 헷갈리게 한다. 저항의 집중도를 떨어뜨려 우리를 쉽게 공략하기 위해서다. 필요한 제품이라면 크게 상관은 없지만 필요없는 제품이라면 이때 특히 긴장의 고삐를 늦추지 말아야 한다. 없는 살림에 잘못 구입했다간 나중에 꼭 필요한 것을 내다팔아야 할지도 모른다.

학습

학습심리학(learning psychology)은 심리학의 주요 분야로서, 조건형성과 강화, 그리고 기억을 주로 다룬다. 학습이라면 사람들은 공부(studying)를 생각하겠지만, 여기서의 학습(learning)은 훨씬 넓은 개념이다. 즉 행동에 비교적 영속적인 변화를 가져오는 것이 학습이다.

운전이 싫어 — 학습

■ 자라 보고 놀란 가슴…

한 젊은 여자가 교통사고를 당했다. 그녀는 골반뼈가 부서지고 온몸의 반 이상이 3도 화상을 당해 몇 달 동안 병원신세를 져야 했다.

…퇴원 후 그녀는 차를 타기 싫어했다. 운전은 더욱 하기 싫어했다. 따라서 친구를 방문하는 횟수가 줄어들었으며, 대신 친구들이 자신에게 찾아오도록 했다.

얼마가 지났을 때, 이번에는 차를 보는 것조차 두려워지기 시작했다. TV에서 자동차 추격전이 벌어지면 TV를 꺼버렸다. 잡지에 실린 자동차 사진도 무서워져 남편이 잡지에 실린 모든 자동차 사진을 없애버린 후에야 잡지를 읽을 수 있었다.

■ 카지노의 신사

한 중년신사가 카지노에서 36시간 동안이나 도박을 하고 있었다. 룰렛바퀴가 돌아가는 것을 자욱한 담배연기 속에서 보고 있는 그의 표정은 천국과 지옥을 왔다갔다 했다.

그리 멀지 않은 곳에서 이를 지켜보고 있던 회사 관계자가 옆사람에게 말했다. "저 친구는 정말 골병이 날 거야. 어제부터 계속 이짓을 하고 있었거든. 저 친구가 병이 나서 앰뷸런스가 실어가기 전까지는 아마도 자리를 뜨지 않을 거야."

■ 우주공간의 개

1957년 11월 3일 우주궤도로 쏘아올려진 소련 우주선 스푸트니크 2호에는 라이카라는 개 한 마리가 타고 있었다. 인간이 우주여행을 하기 전에 무중력이 생물에 미치는 영향 등 각종 자료를 수집하기 위한 실험용이었다.

우주복을 입고 수많은 계기를 부착한 라이카는 6일간 우주에 머무는 동안 별 탈 없이 때 맞춰 나오는 식사를 하면서 귀중한 각종 자료를 지구로 보내왔다.

▶ 〈우주개 라이카〉 스푸트니크 2호 발사 기념우표, 1957

왜 젊은 여자는 자동차에 대해서 강한 공포를 가지게 되었을까? 왜 중년신사는 밤을 새워가면서까지 도박에 계속 열중하고 있었을까? 갇혀 있다고는 하지만 개가 이처럼 오랫동안 얌전히 우주공간에 홀로 있으면서 제 역할을 할 수 있었던 것은 무엇 때문이었을까?

▶ 학습은 경험의 결과로 일어난 잠재적인 행동상의 변화다.

위의 사례들은 학습(learning)이라는 용어로 설명할 수 있다. 학습은 글자 그대로 배우고 익힌다는 뜻이다. 현대심리학에서는 학습만큼 주목받고 있는 것도 드물다. 왜냐하면 우리 행동의 대부분은 최소한 부분적으로라도 학습이라는 과정의 결과이기 때문이다.

학습은 '경험의 결과로 일어난 잠재적인 행동상의 변화'라고 말할 수 있다. 나이가 들거나 머리를 다쳐서 행동이 변화되는 경우도 있는데, 이는 경험을 통한 것이 아니므로 학습이라고는 하지 않는다. 나이가 들면서 행동이 변화하는 것은 성숙이라 할 수 있을 것이고 머리를 다쳐 행동이 변화하는 것은 이상행동이라 할 수 있을 것이다.

또 우리가 행동을 즉시 바꾸어야만 학습된 것이라고 하지도 않는다. 가령 우리는 범죄수사극과 관련된 TV드라마나 영화를 보면서 어떻게 하면 완전범죄를 저지를 수 있는지 '학습'한다. 그러나 여러 이유, 즉 범죄는 바람직한 행위가 아니고 또 잡히면 감옥에 가야 하기 때문에 곧장 범죄를 실행에 옮기지는 않는다. 그러나 우리가 어쩔 수 없는 상황에 처하게 된다면 그런 행동을 할 가능성은 여전히 있다.

아무튼 학습으로 인한 결과물은 상당히 많이 있다. 그러나 그 기본이 되는 원리는 간단하다. 그것은 '조건화(conditioning)'라는 것이다. 조건화!

자극과 반응의 짝짓기 ― 고전적 조건화

나(개)는 주인(파블로프)이 오기를 기다리고 있었다. 주인은 올라올 때마다 그리 많은 양은 아니지만 꼭 내게 먹을 것을 가져왔다. 주인은 나를 대상으로 하여 음식물에 대해 침샘이 어떤 작용을 하는지 알고 싶어 하는 것 같았다.

…주인의 발자국 소리가 난다. 지금 주인이 오고 있는 모양이다. 벌써 침이 넘어온다. 발자국 소리에 침이 넘어오다니 내가 생각해도 이상한 일이다. 그도 나와 같은 생각을 하는 듯했다. 주인은 나를 보더니만 이상한 것을 발견이나 한 듯이 고개를 갸우뚱거리기 시작했다.

▶ 파블로프(중앙 오른쪽)와 실험용 개

그 이후 주인은 연구목적을 바꾼 것 같았다. 주인은 나에게 음식물을 줄 때 불빛을 보여주었다가 음식물을 주는가 하면 종을 울리고 난 다음 음식물을 주기도 했다. 박사란 사람이, 그것도 노벨상까지 받은 사람이 기껏 음식물을 주면서 희한한 장난도 다 한다는 생각도 들었지만 아무래도 좋았다. 불빛이 비치든 종이 울리든 그 다음엔 꼭 음식물이 나오니까. 나중에는 불빛만 봐도, 종소리만 들어도 침이 흘러나왔다.

음식물을 입에 넣으면 침이 나온다든가 뜨거운 것에 닿으면 뜨겁다고 생각하기 전에 손을 뗀다든가 하는 것은 우리가 일상생활에서 경험하는 것들이다. 선천적으로 타고난 이러한 현상을 무조건반응(unconditioned response)이라고 한다.

그러나 위의 사례에서처럼 음식과 아무 관련 없는 발자국 소리라든가 종소리, 불빛 등을 음식물을 주기 전에 들려주거나 보여주는 것을 계속하면 개는 그런 자극을 듣거나 보기만 하여도 침을 흘리게 된다. 이런 것은 선천적으로 타고나는 것이 아니라 후천적으로 배운(학습된) 반사행동이다. 이것이 고전적 조건화(classical conditioning) 또는 조건반응(conditioned response)이다.

요약하면 음식(무조건자극, unconditioned stimulus)은 개가 침(무조건반응)을 흘리게 만든다. 그러나 침을 흘리게 하는 음식과 아무 관련이 없는 자극(조건자극, conditioned stimulus)을 함께 주어 조건자극에도 침(조건반응)을 흘리게 되는 것이 고전적 조건화다. ¶

¶ 일반화와 변별 : 조건형성에서 또 다른 중요한 개념은 일반화와 변별이다. 일반화(generalization)는 조건형성 과정에서 한 자극에 조건형성된 것이 그 자극과 유사한 것에도 조건반응을 보이는 것을 말한다. "자라 보고 놀란 가슴, 솥뚜껑 보고 놀란다"는 속담이 이에 해당한다. 변별(discrimination)은 이와 반대로 조건자극을 서로 구분해서 조건반응이 서로 다르게

여러분들 중에서도 아마도 휴대폰이 울릴 때마다 기분이 좋아지거나 혹은 '또 무슨 일이 났구나'라는 생각이 들면서 걱정이 되거나 속이 쓰려온다면(가령 사고처리를 담당하는 보험회사 직원) 여러분도 조건화가 된 것이다. 특히 매번 기분 좋은 일 혹은 언짢은 일 때문에 전화가 왔다면 더욱 그러할 것이다.

🏃 나쁜 소식은 늦게 전달된다 – 함구효과

김 부장이 외출에서 돌아왔을 때 아들의 합격여부가 궁금해졌다. 사무실을 나가기 전 김 부장은 자기 집에서 전화가 올 것이라는 이야기를 직원들에게 하면서, 메모를 잘 남겨놓으라는 지시를 하고 나간 터였다.

그러나 아무도 전화메모를 건네주는 직원은 없었다. 벌써 합격자 발표가 났을 텐데 집에서 전화가 안 온 줄 알고 부인에게 전화를 걸어 물어 보았다. 결과는 낙방이었다. 부인 말로는 전화메모를 남겼다는데, 아무도 전화를 받았다고 나서는 직원은 없었다.

사람들은 일반적으로 나쁜 소식을 전달하지 않으려 한다. 좋은 일이라면 사신으로 기꺼이 외국에 갈 수 있겠지만, 나쁜 소식이라면 외국에 자기의 목(?)을 두고 올 각오를 해야 한다. 사장의 아들이 원하던 대학에 합격했다는 전화메모를 전달하는 부하직원은 커피라도 한 잔 얻어먹고 사장실을 나올 수 있지만, 낙방 소식일

나오도록 하는 것이다. 천둥소리와 같은 큰 소리에 공포반응이 조건형성되어 있는 어린이에게 TV의 큰 음악소리는 안전하다는 것을 보여줌으로써 자극을 구분할 수 있도록 하는 것이다.

경우에는 그렇지가 못하다.

다른 사람들에게 나쁜 소식을 전하지 않으려 하는 것을 함구효과(mum effect)라고 한다. 연구에 따르면 사람들은 정보가 개인적인 무능이나 약점을 나타내는 것일 때뿐만 아니라, 부정적인 정보 속에 나타나 있는 문제들이 자신과는 아무런 상관이 없을 때에도 메시지의 전달자가 되지 않으려 한다.

이것은 나쁜 소식이 유발하는 부정적인 감정들이 메시지 전달자인 자신과 연결되는 것을 두려워하기 때문이다. 즉 전달자인 자신과 나쁜 소식이 결합되는 것을 원하지 않기 때문이다.

그래서 좋은 소식은 윗사람들이 빠르게 보고를 받을 수 있으나 나쁜 소식은 가장 늦게 전달된다. 또 어떤 경우에는 아예 전달되지 않기도 한다. 그러므로 청문회에 나온 장관이나 기업 경영자들은 신문보도를 보고 불미스런 그 사건을 알게 되었다고 말하기도 한다. 그리고 피고인의 부정직한 행위를 묘사하는 검사나, 폭력·강도·살인사건 등을 보도하는 기자들도 자신들의 이미지를 걱정할 필요가 있을 것이다.

⚐ 스타와 제품의 짝짓기

조건화에서 필수적인 자극과 반응의 짝짓기는 여러 분야에 응용되고 있다. 예를 들어, 광고를 보면 대개 사람들이 호감을 갖는 남녀 연예인들을 출연시킴으로써 자사 제품과 연결시킨다. 그래서 광고에서 모델은 보배인 동시에 애물단지다. 모델=제품으로 소비자들에게 인식되므로 모델은 인기에 비례해 광고효과가 높아지기도 하지만, 모델이 자칫 불미스런 스캔들에라도 휩싸이게 되면 제품에 상당한 타격을 주기 때문이다.

따라서 광고주들은 자사 모델이 드라마의 주인공에 캐스팅되거나 상을 탔을 때에는 남의 일 같지 않게 기뻐하지만, 악역을 맡는가 기존 이미지에서 변화가 있을 때에는 모델을 재빨리 교체하기도 한다. 요즘 광고주들은 '전속기간 동안 물의를 일으키거나 결혼을 발표할 경우 손해배상을 한다'는 조건을 다는 경우가 많다.

징크스 — 조작적 조건화

어느 바이킹 선장의 아내가 잠결에 그만 생리적인 '실수'를 저질렀다. 내일의 출항을 자축한 나머지 너무 많이 마신 탓이었다. 그런데 그 항해에서 배는 예상외의 재물을 획득했다. 선장은 그 항해의 성공이 순전히 아내의 '실수' 덕분이라고 믿었다. 그 이후 바이킹들은 여자의 '실수'를 골든 샤워(황금소나기)라고 일컫게 되었다.

앞에서 본 것처럼 조건자극과 조건반응의 단순한 연합에 의한 조건화를 고전적 조건화라고 한다. 그러나 고전적 조건화만으로는 모든 조건화를 설명할 수 없다. 사람을 비롯한 많은 유기체들은 외부자극(무조건자극)이 있어야만 반응하는 것은 아니다. 오히려 자신의 환경을 조작하거나 환경에 영향을 미치고 있다.

그래서 나오게 된 것이 조작적 조건화(operant conditioning)다. 조작적 조건화는 유기체가 여러 환경에서 능동적으로 반응함으로써 이루어진 조건화다. 그러므로 고전적 조건화에서는 자극

(조건자극과 무조건자극)이 먼저 제시되었지만, 조작적 조건화에서는 강화(reinforcement)라는 이름으로 나중에 제시된다. 유기체가 어떤 행동을 했을 때 그 행동을 반복할 가능성은 그 행동 뒤에 따르는 강화가 어떤 것인가에 달려 있다(강화의 자세한 설명은 뒷부분 참조).¶

우리들의 생활습관들을 자세히 살펴보면 조작적 조건화로 학습된 것들이 많이 있다. 그중의 하나가 징크스라고 불리는 것이다.

징크스(jinx)라는 말은 고대 그리스에서 마술에 사용하던 새의 이름(jugx)에서 유래했다고 한다. 사람의 힘이 전혀 미치지 못하는, 마치 마술과 같은 힘으로 일어나는 불길한 일이나 운명적인 일을 의미한다. 국어대사전에서는 "재수없는 일, 불길한 일", "으레 그렇게 되리라고 일반적으로 생각되는 일"로 정의하고 있다. 사례를 보자.

■ 영화계의 징크스

흥행에 모든 것을 거는 영화계 사람들은 영화의 얼굴, 즉 포스터에 특히 예민하다. 포스터에는 노란색이나 흰색을 쓰지 말라는 터부가 있다. '말짱 황(黃)'이 될까봐, 극장 앞이 '허옇게(白)' 텅 빌까

¶ 사회적 학습이론(social learning theory) : 인간학습의 전부 또는 대부분에는 고전적 또는 조작적 조건형성이 있다는 것에 반대하는 입장이 있는데, 사회적 학습이론이 그것이다. 이 이론은, 우리는 직접적 경험으로부터 학습할 수도 있지만(즉 조건형성), 다른 사람들에게 일어나는 것을 보거나 무엇에 대한 이야기를 들음으로써도 학습할 수 있다고 주장한다. 이런 학습을 관찰학습(observation learning) 또는 대리학습(vicarious learning)이라 한다. 여기서는 다루지 않았지만 상당히 비중 있는 이론이며, TV의 폭력·선정성을 반대하는 사람들의 이론적 근거이기도 하다.

봐서라고 한다. 선글라스를 쓴 배우가 포스터에 나오면 '앞이 깜깜하다'며 기겁한다. 제목 글자에는 '불같이 일어나는' 빨간색을 좋아한다.

■ 기타 징크스
- 승부차기를 하면 경기내용에서 이긴 팀이 꼭 진다.(축구경기)
- 생선을 뒤집어 먹으면 배가 뒤집힌다.(어촌)
- 현장사무실 입구는 북쪽과 서쪽을 피한다.(건설업계)
- 개를 치면 재수없다.(운수업계)

누구든 한두 가지 징크스를 가지고 있을 것이다. 예를 들어 시험 보기 전에는 손톱을 깎지 않는다든지, 칫솔질을 하다가 칫솔이 부러지면 하루 종일 재수가 없다고 느낀다. 또 시골에서는 쇠똥을 모르고 밟으면 재수가 좋다 하여 쇠똥을 밟고도 웃는 경우가 많았다.

이런 것들은 개인에게 국한되기 때문에 남에게 크게 피해를 주지는 않는다. 그러나 정도가 심한 징크스도 많이 있다. 예를 들어 가게의 첫 손님이 여자라든가 외상으로 사가는 경우 대개의 주인들은 크게 기분 나빠 한다. 또 뱃사람의 경우 절대로 배에 여자들이 올라오지 못하게 한다. 서구에서는 13일의 금요일에 파일럿들이 전투기를 타지 않겠다고 거부해도 별다른 제재를 가하지 않는다.

자신감 등의 심리적 요인이 승패에 결정적 영향을 끼치는 운동선수나 감독에게 징크스는 그림자와 같다. 몸에 딱 붙어 있는 것이

치마 길이가 짧아지면 경기가 나빠진다?—상관관계와 인과관계

통계를 보면 여성의 치마 길이와 경기 간에는 상관관계가 있다. 즉 치마 길이가 짧을 때에는 경기가 나빴으며, 길 때에는 경기가 좋았다는 것이다. 하지만 치마 길이가 짧아졌기 때문에 경기가 나빠졌다고 말할 수 있을까?

이를 위해서는 상관관계와 인과관계의 개념을 알아야 한다. 상관관계는 두 변수간에 관련이 있다는 것인데, 정적(+)으로 관련이 있는 경우가 있고, 부적(−)으로 관련이 있는 경우가 있다. 가령 '기온이 떨어지니 감기 환자가 많더라'는 것은 부적 상관이며, '기온이 떨어지니 아이스크림 판매량이 떨어지더라'는 정적 상관이다. 이러한 것이 상관관계다. 상관관계는 두 변수 사이에 관련성이 있다는 것을 말해줄 뿐 어느 것이 그 원인인지 명확하지 않다.

이와 잘 혼동되는 인과관계는 한 사건이 다른 사건의 원인이 되는 관계다. 인과관계가 성립하기 위해서는 ① 원인이 되는 사건은 결과가 되는 사건보다 시간적으로 앞서야 하고, ② 두 사건은 서로 관련이 있어야 하며, ③ 결과가 되는 사건은 원인이 되는 변수에 의해서만 설명되어야 한다는 조건이 모두 충족되어야 한다. 하지만 많은 사람들은 이 중 하나만 성립되어도 인과관계가 있는 것으로 '착각'한다. 징크스는 이러한 인과관계 착각의 대표적 사례다.

한편, 경기가 나쁘면 치마길이가 짧아지는 것은 기업의 원가절감 때문이다. 긴 치마 한 벌의 원단으로 짧은 치마 두세 개를 만들어 팔 수 있다면 기업입장에서는 훨씬 득이 된다. 유행에 따라(경기에 관계없이) 치마가 짧아질 수 있으므로 경기와 치마 길이 간에는 인과관계가 없다.

다. 하루가 멀다 하고 되풀이되는 승패에 대한 부담과 두려움, 끊임없는 긴장의 연속이 이들에게 징크스를 강요한다. 연구에 따르면 운동선수들 가운데 86%가 징크스를 갖고 있다고 한다.

징크스는 우리 일상 곳곳에 숨어 있다. 운수업계나 건설업계에서처럼 직업상의 징크스는 집단의 결속을 강화하기도 하며 집단의 규율이나 상징으로 작용한다. 징크스의 그물에서 자유로운 사람은 그리 많지 않다.

징크스는 언제 닥칠지 모르는 위험으로부터 자신을 보호하려는 의도에서 비롯된다. 일단 징크스에 걸리면 저항하기 쉽지 않은 것은 이 때문이다. 징크스를 지키지 않을 경우 심리적 불안상태에 휩싸이게 되므로, 웬만하면 징크스를 지키는 편을 선택하게 된다.

크든 작든 이런 징크스들은 모두가 조작적 조건화의 결과이다. 손톱을 깎지 않는 징크스의 경우를 예로 들어보자. 그 사람은 아마도 징크스가 생기기 전에는 손톱 깎는 것과 시험성적 사이에 연관이 있을 것이라고는 생각하지 못했을 것이다. 실제로도 아무 연관이 없다. 그런데 한번은 공부한 것에 비해 성적이 월등하게 나왔다고 하자. 무엇 때문일까라고 생각할 것이다. 그러다가 이전에 하지 않았던 행동, 즉 이번에는 손톱을 깎지 않았다는 것에 생각이 미치게 된다. 결국 '손톱을 깎지 않았다는 것'과 '시험성적이 좋았다'는 관계없는 두 행동이 연결되어 다음부터는 시험 치기 전에 손톱을 깎지 않게 된다.

징크스에 집착하지 말라

징크스의 이면에는 자신감의 결여와 같은 심리적 허약함이 도사리고 있다. 자신감의 결여가 징크스라는 부정적 사고를 확산시키는 것이다.

징크스는 그 내용에 따라, 징크스를 갖고 있는 사람이 어떻게 관념화하느냐에 따라 긍정적으로 또는 부정적으로 작용할 수도 있다. 불안한 상황에 직면했을 때 징크스는 심리적 안정을 유지해주는 긍정적인 구실을 하기도 하고, 어떤 행동을 미리 조심하게 하는 '환기'수단이 되기도 한다. 반면, 불안이나 분노와 같은 부정적 감정과 결합하면 일을 하는 데 심리적 장애를 불러일으킬 수도 있으며, 징크스에 지나치게 집착할 경우 정신적 강박증으로 발전할 수도 있다.

한편, 우리가 미신이라고 부르는 것도 알고 보면 징크스와 같은 경우다. 징크스가 집단화된 것이 미신이다. '희한하게 생긴 나무에 절하는 것'과 '그날 재수가 좋은 것'을 온 동네 사람들이 알게 되면 미신이 된다는 이야기다.

오래전에 방영되었던 다음 이야기도 조작적 조건화를 소재로 한 것이다.

사나이는 지하철을 탔다. 그는 동료들이 퇴근한 후에도 회사에 남아 밀린 일을 하고 나왔다. 밤늦은 시각이라서 그런지 지하철 안에 사람들은 많지 않았다.

…앞에 앉아 있던 할머니가 신음소리를 내면서 쓰러졌다. 여러 사람들이 있었으나 하루 일과에 지친 탓인지 초라해 보이는 할머니를 업고 병원으로 뛰겠다고 나서는 사람은 없었다. 사나이는 지하철이 다음 역에 서자 할머니를 둘러업고는 가까운 병원으로 갔다.…

며칠이 지나자 병원에서 연락이 왔다. 사망했다는 것이다. 가족이나 친척도 없기에 자기가 와줘야 되지 않겠느냐는 것이었다. 썩 내키지는 않았지만 할 수 없었다.…

병원에 도착해서야 사나이는 할머니가 상당한 부자였다는 것을 알았다. 할머니는 사나이가 병원으로 오지 않으면 사회기관에 재산을 맡기고, 그가 오면 전 재산을 그에게 준다는 유언을 남겨놓았다. 졸지에 사나이는 부자가 되었다. 그러나 사기꾼이 그에게 접근했다.…

…하루아침에 사나이는 빈털터리가 되었다. 원래 가진 재산마저도 사기꾼에게 가버렸다. 그 후 사나이는 회사를 내팽개치고 밤늦게

지하철을 타면서 초라해 보이는 할머니 앞에 앉아 있곤 했다.

손톱을 깎지 않고 시험을 봤는데도 성적이 좋게 나오지 않거나 여자가 첫 손님이었는데도 그날 매상이 좋았다면 다음부터는 그런 징크스를 점차 믿지 않게 된다. 이것을 소거라고 한다.

영화제목이 5자보다 길면 흥행이 되지 않는다고 기피했지만, 요즘 젊은 감독이나 제작진들은 그리 신경을 쓰지 않는다. 〈행복은 성적순이 아니잖아요〉가 그 징크스를 깼다. 〈맨 인 블랙〉은 선글라스를 쓴 배우를 포스터에 등장시키고도 보란 듯이 성공했다. 징크스는 깨기 위해 존재한다고 하지만 깨진 징크스는 또 다른 징크스의 시작일 뿐이다.

▶ 긴 제목의 영화 〈행복은 성적순이 아니잖아요〉와 선글라스를 낀 인물이 나오는 〈맨 인 블랙〉 포스터

행동통제의 수단 — 강화

■ 노래칭찬이 음악인생으로 — 긍정적 강화

그가 초등학교 4학년 때의 일이다. 하루는 담임선생님이 결근을 했다.… 담임선생님 대신에 들어온 여선생님은 자습 대신에 음악시간을 진행시키겠다는 말을 한 후, 이 반에서 노래 잘하는 학생이 누구냐

고 물었다. 아이들은 일제히 김병철이라고 외쳤다. 김병철이라는 학생이 반에서 노래 잘하는 아이로 통하고 있었기 때문이었다.…

김병철의 노래를 끝까지 들은 선생님의 얼굴표정은 밝지가 않았다. "또 다른 학생 없니?" 하고 선생님은 물었다. 아이들이 조순학이라고 외치기 시작했다. 조순학은 김병철 다음으로 노래 잘하는 아이로 알려졌기 때문이었다. 선생님은 조순학에게도 노래를 시켰다. 그러나 선생님은 여전히 불만이 섞인 표정이었다.…

선생님은 출석부를 뒤지기 시작했다. 출석부를 보면서 아무 이름이나 찾아서 노래를 시킬 작정인 모양이었다. 출석부를 뒤지던 선생님이 갑자기 "이 반 반장 일어서"라고 말했다. 반장은 차웅달이라는 학생이었다. 체격도 좋고 공부도 잘하는 학생이었다. 다른 것은 몰라도 차웅달에게 있어서 노래는 정말 말이 아니었다. 시작된 노래가 끝나기도 전에 차웅달은 자기 자리에 앉고 말았다.

"부반장 일어서"라는 선생님의 말씀이 떨어졌다. 이것은 그에게 청천벽력과 같은 소리였다. 그가 부반장이었기 때문이다. 그의 가슴은 고동치기 시작했다. '드디어 기회가 왔구나'라는 생각보다 너무나 갑작스런 일이라서 그는 참으로 어쩔 줄을 몰랐다.

…그는 결국 선생님이 시키는 대로 노래 '달맞이 가세'를 불렀다. 이 노래가 그의 인생을 음악인으로 이끌게 한 결정적 계기가 될 줄은 그도 몰랐다. 반 아이들은 말할 것도 없고 선생님까지 합해서 말 그대로 우레와 같은 박수를 치기 시작했다. 성량도 컸고 음질도 좋았고 음정이나 박자 같은 것이 완벽했기 때문에 모두가 감탄한 것이다. 그의 최초의 데뷔는 이렇게 해서 이루어졌다.

이 최초의 데뷔 이후 그는 학교 전체에 알려지기 시작했다. 그는 반을 대표했을 뿐만 아니라 학교를 대표하는 노래꾼이 되기에 이르렀다. 그가 바로 한국예술종합학교의 이강숙 총장이다.

– 동아일보, "노래칭찬이 음악인생으로", 1992. 9. 5

■ 50만 달러짜리 파이프 — 부정적 강화

한 사람이 빌딩을 한 채 지어달라고 부탁했다. 한 달 이상 협상을 벌인 끝에 계약하기로 했다. 만나서 도장만 찍으면 됐다. 그러나 막상 도장 찍기로 한 날, 그는 태도가 돌변하여 50만 달러를 깎자고 했다.

상대입장을 이해는 하면서도 소행이 괘씸해 나는 입을 다문 채 그때 애용하던 파이프를 꺼내들었다. 그리고 담배쌈지를 꺼내 천천히 담배를 채우고는 불을 붙여 물었다.…

나는 상대가 뭐라고 하건 파이프를 문 채 물끄러미 상대를 바라보기만 했다. 그동안 불을 두어 번 다시 붙였으니까 20분 이상의 시간은 족히 흘렀으리라. 담배맛이 쓰기 시작한 것으로 보아 30분은 족히 되었을 때다. 더 이상 참지 못한 상대가 벌떡 일어서며 말했다. "좋다, 내가 양보했다. 그대로 하자."

– 박정기, 어느 할아버지의 평범한 이야기, 을지서적

세심한 독자라면 조작적 조건형성의 위 사례들에서 한 가지 공통점을 발견할 수 있었을 것이다. 그것은 다름 아닌, 어떤 정해진 행동을 함으로써 얻게 되는 이익이 있다는 것이다. 이것을 강화(强化)¶라고 부른다. 강화에는 긍정적인 것(+)과 부정적인 것(−), 일차적인 것과 이차적인 것이 있다. 어떤 것이든 강화는 어떤 행동이 일어날 가능성을 크게 해준다.

예를 들어 손톱 징크스에서 시험성적이 올라갔다면 그는 계속 시험 전에 손톱을 깎지 않을 것이다. 또 첫 손님이 여자손님이거나 외상으로 팔았을 때 그날 매출이 평소보다 적다면 가게주인은 앞으로 더욱 그런 손님에게 물건을 팔지 않을 것이다. 앞의 경우는 강화가 긍정적으로, 뒤의 경우는 부정적으로 작용한 경우이다.

우리가 학습한 거의 모든 행동들은 강화를 통해서 얻어졌다고 할 수 있다. 아기가 말을 배울 때에는 옆에서 칭찬하는 엄마가 있기에 빨리 배울 수 있다. 학창시절에는 용돈이나 선물 같은 뿌리치기 힘든 유혹들, 그리고 취직을 해서는 월급이 강화로 작용한다.

강화는 심리학에서 상당히 중요한 개념이다. 행동치료에 강화가 쓰이기도 하고 또 유원지나 놀이공원에서 보는 동물 쇼도 강화를 통해 얻어진 결과다. 강화는 돈이나 칭찬에만 한정되는 것은 아니다. 대상에게 도움이 될 만한 것이면 모든 것이 강화가 될 수 있다.

문제집에 나와 있는 정답 또한 학생에게는 강화가 된다. 정답은 바로 밑에 있기도 하며 맨 끝에 있기도 하다. 조급한 학생이라면 바로 밑에 정답이 있는 문제집을 사는 것이 좋다. 뒤에 정답이

¶ 강화(reinforcement)는 조건형성의 강도를 증가시키는 것이다. 정적 강화자극 제시로 반응을 강화하는 정적 강화(positive reinforcement)와, 혐오자극의 제거로 반응을 강화하는 부적 강화(negative reinforcement)가 있다. 부적 강화와 자주 혼동되는 처벌(punishment)은 반응강도를 감소시키는 것이다. 한편, 일차적 강화(primary reinforcement)는 음식처럼 기본적 충동을 충족시키는 것이며, 이차적 강화(secondary reinforcement)는 어떤 자극이든지(가령 불빛이나 종소리 등) 일차적 강화와 짝지어진 것이다.

▶피그말리온 효과 : 칭찬하면 칭찬할수록 더욱 더 잘하는 동기를 부여하는 것을 심리학에서는 피그말리온 효과(Pygmalion Effect, 로젠탈 효과, 자성적 예언, 자기충족적 예언이라고도 한다)라고 한다. 그러나 작은 일에 칭찬을 남발하다보면 진짜로 칭찬을 받을 일을 했을 때에는 효과를 낼 수 없을 뿐만 아니라 장기적으로 부정적 결과를 가져올 수 있다. 조각가였던 피그말리온은 아름다운 여인상을 조각하고, 그 여인상을 진심으로 사랑하게 된다. 여신 아프로디테(로마신화의 비너스)는 그의 사랑에 감동하여 여인상에게 생명을 주었다.

나오는 문제집을 샀다간 짜증나서 오래 못 간다.¶

또한 한 문제를 맞혔을 때 서너 문제를 뛰어넘어 가게 되어 있는 문제집을 본 일이 있을 것이다. 이것은 보다 고차원적으로 강화를 활용한 것이다. 맞혔을 때 강화를 받으니 즐겁고 페이지가 빨리 넘어가서 또 즐겁다.

어떻게 행동을 통제할 것인가 ― 강화계획

올바른 행동을 했다 하여 매번 강화를 줄 수는 없다. 강화의 내용이 돈이라면 언젠가는 집안이 거덜 나게 되고 칭찬이 강화라면 입술이 부르트게 된다. 따라서 적당한 방법을 찾아야 한다. 그러나 그 적당한 방법을 어떻게 사용하느냐에 따라 뒤따르는

¶ 효과의 법칙(law of effect) : 많은 가능한 행동 중에서 강화가 뒤따르는 행동들이 반복되는 반면에 그렇지 못한 것들은 소거(extinction)되는 것, 즉 주어진 자극상황에서 만족스러운 효과(강화)를 일관되게 일으키는 반응은 확고하게 되고, 지겨운 효과를 일으키는 반응은 없어진다는 것이다.

행동은 여러 가지로 달라진다. 그러므로 어떤 행동을 요구하느냐에 따라 방법을 달리해야 한다. 예를 들어보자.

친구에게 중요한 부탁을 했다고 하자. 그 친구는 당신에게 집에서 기다리면 집전화로 연락을 주겠다고 한다. 그러면 친구가 어떻게 연락을 하느냐에 따라 당신은 초조해질 수도 있고 그렇지 않을 수도 있다.

매시간 정시마다 연락을 주겠다고 했으면 전화를 받고 한 시간을 기다리면 된다. 초조함이 덜하다. 한 시간쯤 외출할 수도 있다(고정간격계획, 아래에서 설명). 한 시간에 한 번꼴로 전화를 하겠다고 했으면 조금은 초조해진다. 연락이 30분이 지나 올 수도 있고 1시간 30분이 지나 올 수도 있기 때문이다. 그래도 잠깐 동안의 외출이 가능하다(변화간격계획).

오늘 다섯 번을 연락하겠다고 했으면 언제 연락이 올지 모른다. 연달아 세 번 올 수도 있고 띄엄띄엄 올 수도 있기 때문이다. 연락이 덜 왔으면 외출은 어려워진다. 물론 다섯 번이 다 왔으면 느긋하게 볼일을 봐도 된다(고정비율계획).

그러나 몇 번 연락이 올지, 언제 연락이 올지 모르면 하루 종일 전화통 앞에서 기다리고 있어야 한다. 연락을 하는 친구는 느긋하겠지만 기다리는 사람은 다른 일도 못하게 되고 초조함은 더해진다(변화비율계획).

속도위반 단속의 예를 하나 더 보자. 매일 정해진 위치에서 정해진 일정한 시간에만 교통경찰관이 지키고 서 있는 경우에는 그 시간 그곳에서만 법규를 지키면 운전자는 스티커를 발부받지 않는다(고정간격계획).

또 하루에 정해진 시간을 지키고 서 있기는 하나 그 시간이 오전일 수도 있고 오후일 수도 있으면 운전자들은 조금은 긴장이 된다. 지나올 때 경찰관을 보았으면 되돌아갈 때쯤이면 없을 것이기 때문에 안심은 되나 그래도 조금은 불안하다(변화간격계획).

하루에 정해진 일정량의 스티커를 발부해야 하는 상황이라면 경찰관의 그날 실적에 따라 기복이 심해진다. 이미 할당량을 채웠으면 사소한 위반은 너그럽게 봐줄 것이다. 그러나 그 반대라면 '노 수프'다. 국물도 없다는 말이다(고정비율계획).

언제 어느 때 경찰관을 만나게 될지 모르게 된다면 운전자는 조심할 수밖에 없다. 아주 잘 보이는 곳에 경찰관이 있는가 하면 커브길에 있을 수도 있고, 있으리라 생각되는 곳에는 없고 없으리라 생각되는 곳에 있을 수도 있다. 또 한밤에 만날 수도 있고 대낮에 만날 수도 있다. 언제 어느 곳에서 만나게 될지 모르기 때문에 안전운전을 할 수밖에 없다(변화비율계획).

전화오는 것(긍정적)과 교통단속(부정적)이 강화라면 어떻게 전화를 하고 교통위반을 단속하느냐에 따라 기다리는 사람과 운전자의 행동이 달라지게 된다. 그러므로 그를 하루 종일 집 안에서 기다리게 만들려면 되는 대로 연락을 주겠다고 하면 된다. 그를 편안하게 만들려면 언제 연락을 하겠노라고 밝히면 된다. 물론 확실히 그 약속을 지켜야 한다.

▶ 교통단속을 어떻게 하느냐에 따라 운전자의 행동이 달라진다. 불시에 한다면 가장 효과적이지만 그만큼 운전자의 반발을 불러온다.

강화를 어떻게 하느냐에 따라 어느 정도 행동을 통제할 수 있다. 그것이 강화계획(schedule of reinforcement)이다.

강화계획에는 네 가지 종류가 있다. 고정간격, 고정비율, 변화간격, 변화비율 강화계획이 바로 그것이다. 고정간격(매시 정각에 연락)과 변화간격(한 시간에 한 번꼴로 연락)은 보상이 언제 나올지 알 수 있거나 예측이 가능하다. 그러나 고정비율(오늘 다섯 번 연락)과 변화비율(되는 대로 연락)은 언제, 어떤 비율로 강화가 나오는지 알 수 없기 때문에 하던 일을 멈추지 못하게 한다.

자세히 살펴보자. 고정간격계획(fixed-interval reinforcement)은 일정한 시간이 흐르고 난 다음 강화를 주는 것이다. 월급 같은 것이 대표적인 경우다. 고정간격계획에서는 강화를 받고 난 다음 행동이 감소하는 경향이 있다. 월급날이 지나면 근무기강이 조금 해이해진다. 중간고사가 끝나면 학생들은 책을 놓게 된다.

변화간격계획(variable-interval reinforcement)은 강화하는 시간간격이 변하는 것이다. 여기에서는 행동이 안정되어 있다. 변화간격계획의 적당한 예가 버스를 기다리는 것이다. 버스의 배차간격이 5분으로 고정되어 있다면 한 대의 버스가 지나간 다음 5분간 느긋하게 다른 볼일을 볼 수 있을 것이다(버스 차고지, 즉 고정간격으로 되는 곳에서는 가능하다). 그러나 배차간격은 고정되어 있더라도 교통상황에 따라 정류장에 버스가 오는 시간은 일정치가 않다. 변화간격인 까닭이다. 운이 좋으면 한 대의 버스를 놓치더라도 바로 뒤따라오는 같은 번호의 버스를 탈 수도 있지만, 운이 나쁘면 20분을 기다려도 버스가 오지 않을 수도 있다. 이럴 경우 대개는 '열'을 받게 된다. 갈아탈 요량으로 다른 버스를 타기도 그렇고 택시를 타기도 그렇다. 기다린 것도 아깝고 또 버스가 곧 올 것만 같기 때문이다. 결국 버스가 올 때까지 기다리게 된다. 중간고사를 두 번 보지만 날짜가 정해져 있지 않고 불시에 보는 것도 같은 경우다. 항상 대비를 해야 하기 때문에 계속 공부를 하지 않을 수가 없다.

고정비율계획(fixed-ratio reinforcement)은 일정한 수의 행동이 일어난 다음 강화를 주는 것이다. 예를 들어 사과 10개를 따면 1천원을 주든가 책 한 권 읽을 때마다 용돈을 주는 경우가 여기에 해당한다. 고정비율계획은 보다 많은 보상을 받기 위해 짧은 시간 안에 많은 반응을 하게 만든다.

그러면 변화비율계획(variable-ratio reinforcement)을 보자.

미스 김은 백화점에서 일한다. 하루에도 고객들에게 똑같은 제품 소개를 수십 번씩 한다. 설명을 다 듣고 난 다음에는 그 물건을 사는 고객도 있긴 하지만 그냥 가버리는 사람도 있다. 또 물건을 살 것 같지 않은데 사는 사람이 있는가 하면, 살 것 같은데 사지 않는 사람도 있어 사람을 보고 판단하여 설명해줄 수도 없었다. 결국 미스 김은 찾아오는 모든 고객들에게 같은 말을 반복할 수밖에 없었다.

사람으로 하여금 밤을 지새우게 하고 마지막 남은 차비마저도 복권을 사게 만드는 아주 이상한 것이 변화비율계획이다. 변화비율계획은 강화를 받는 기간이나 크기가 정해져 있지 않다. 생중계 축구경기는 손에 땀을 쥐게 만들고 화장실에도 못 가게 한다. 골이 언제 터질지, 즉 강화가 언제 얼마만 한 크기로 돌아올지 모르기 때문이다.

도박이 변화비율계획의 좋은 예다. 돈을 많이 투자했다 하여 딸 수 있는 것도 아니고 오래 계속했다 하여 딸 수 있는 것도 아니다. 언제 얼마를 딸지 알지 못하지만 딸 확률은

▶ 낚시도 변화비율의 예다. 물고기가 언제 입질을 할지 알 수 없다.

언제나 있기 때문에 돈과 시간을 쏟아붓는 것이다. 파스칼은 도박을 '불확실한 것을 위하여 확실한 것을 거는 것'이라고 이야기했다. 이해가 가는 말이다.

전두환, 사형! ― 벌

- 전두환(반란수괴 등) ― 사형
- 노태우(반란중요임무종사 등) ― 징역 22년 6월
- 황영시, 정호용, 허화평, 이학봉 ― 징역 10년
- 이희성, 허삼수, 유학성, 최세창 ― 징역 8년
- 주영복, 차규헌, 장세동 ― 징역 7년

― 12.12, 5.18 1심 선고공판

벌(punishment)로써 행동을 통제할 수 있다. 무단횡단을 하다가 벌금을 물면 무단횡단을 할 가능성은 줄어든다. 어떤 매력적

인 여자에게 데이트를 신청했다가 호되게 퇴짜를 맞으면 또다시 데이트를 신청할 가능성은 줄어든다. 어떤 행동을 할 가능성을 줄여주는 게 벌이다(앞의 부정적 강화는 행동가능성을 높여주는 것이다).

벌이 행동에 효과가 있음에도 불구하고 그 효과가 제대로 발휘되지 못하는 경우가 많이 있다. 벌을 주었는데도 계속 나쁜 행동을 하는 것은 벌을 제대로 주지 못했기 때문이다.

벌이 효과를 나타내기 위해서는 몇 가지 조건이 있다. 나쁜 행동을 했을 때 바로 벌을 주어야만 자기가 한 행동이 잘못된 것임을 알 수 있다. 반란죄를 저질렀더라도 15년이 지나면 자신의 잘못을 깨닫지 못하게 된다. 그래서 위의 반란수괴가 단식투쟁을 하는 희한한 장면이 연출되기도 했다(1995년 전두환 전대통령이 5.18 특별법으로 수감되자 단식을 했다).

또 벌은 충분해야 한다. 잘못한 만큼의 벌을 주어야 한다. 큰 잘못을 저질렀을 때 꾸중 정도로 끝내버리면 오히려 역효과를 낸다.

그리고 일관성 있게 벌을 주어야 한다. 잘못을 저질렀을 때 어떤 때에는 벌을 주고 어떤 때에는 벌을 주지 않는다면 자기가 한 행동에 대하여 잘잘못을 구분할 수가 없기 때문이다. 벌을 주는 데에도 부지런해야 한다. 부모나 형이 게으르면 아이를 망치고 검찰과 경찰이 게으르면 나라의 기강이 서지 않는다.

신문배달부 개 ― 강화의 활용

마당이 있는 집에서 살고 있다면 아침마다 대문 앞에 나가 신문을 가져오는 것도 약간은 귀찮은 일이다. 개가 사람 말을 알아듣고 아침마다 신문을 가져온다면 개도 '자기 밥값' 정도는 한다고 볼 수 있을 것이다.

그러나 개는 개다. 하루아침에 그런 일은 일어나지 않는다. 아침에 신문을 물어오는 것을 생각지도 못할 뿐만 아니라, 설사 우연히 물어와 강화를 받았다면 온 동네의 신문을 물어올지도 모른다. 집 안이 신문천지가 된다.

이럴 때 사용하는 기법이 조성(造成, shaping)이라는 것이다. 이것은 목표행동을 정해놓고 그 행동을 위해 한 단계씩 나아갈 때마다 강화를 주는 것이다. 이 방법은 동물의 조련에 이용될 뿐만 아니라 공포증과 같은 이상행동(abnormal behavior)을 치료하는 데에도 사용된다. 또 다음 사례에서 보이듯이 인명구조에도 긴요하게 활용되곤 한다.

바다에서 조난자를 찾는 데에는 시력이 좋은 조류, 특히 비둘기를 훈련시켜 효과를 보고 있다. 비둘기들은 바다에서 목적물을 찾는 데 사람보다 훨씬 우수하다. 사람은 2~3°의 영역에만 초점을 둘 수 있으나 비둘기들은 60~80°에 초점을 둘 수 있다. 또한 눈의 피로 없이 장시간 물을 응시할 수 있고 사람보다 우수한 색 시각을 갖고 있다.

이런 비둘기들을 오렌지색에 반응하게끔 훈련시켜 비행기에 태운 후 조난자 구조에 나선다. 앞, 양옆의 각 방향으로 한 마리씩 있는 비둘기들은 오렌지색의 구멍튜브를 발견하면 반응을 하고(구 명튜브는 국제적으로 오렌지색이다) 그러면 조종사는 반응이 온 쪽으로 기수를 돌린다.

그러면 신문배달부 개의 경우를 생각해 보자. 아침에 개가 대문 으로 나갈 때 강화를 준다. 그러면 개는 그 행동을 계속할 것이다. 다음으로 개가 우연히 신문을 물게 되면 또 강화를 준다. 그리고 개가 신문을 물고 현관으로 오면 강화를 주 고…. 신문을 찢거나 다른 집 신문을 물고 오면 강화를 주지 않는다. 결국에는 개가 자 기집 신문을 아무런 훼손 없이 아침마다 대문 에서 현관으로 배달할 것이다.

충분히 가능한 일이다. 그러나 직접 이런 수고를 하지는 말자. 개도 한 마리 장만해야 하거니와 많은 시간과 노력이 든다. 조금은 귀찮더라도 직접 가져오는 것이 경제적이다.

▶ 동물 쇼는 강화를 활용
한 대표적인 사례다.

도망가지 못하는 매 ― 학습된 무력감

매 한 마리가 사냥꾼에게 잡혔다. 사냥꾼은 마당 한가운데 말뚝을 박아 매를 매어두었다. 매는 하늘로 날아가기 위해 수천, 수만 번의 시도를 했다. 그러나 밧줄 길이 이상으로 날아가지는 못했다. 그럴 때마다 땅으로 곤두박질치곤 했다.

　오랜 세월이 흘렀다. 밧줄은 풍상에 시달려 저절로 끊어져버렸다. 하지만 매는 날아갈 생각을 하지 않았다. '날아봐야 또 떨어질 텐데.'

　자신이 외부환경을 통제하지 못할 때에는 무력감에 빠진다. 그리하여 새로운 시도를 포기한다. 아무리 해도 안 된다는 무기력을 학습한 결과다. 그래서 이것을 '학습된 무력감'이라 한다.¶

　자신의 의견이 자기보다 높은 지위에 있는 사람들에 의해 번번이 묵살당할 때, 목표를 이루기 위하여 온갖 수단을 다 썼음에도 불구하고 계속 실패할 때 등등 이것은 일상생활에서 많이 일어난다. 심각한 스트레스가 아닐 수 없다.

　그러나 방법은 있다. 현실적이고 실현가능한 목표를 세울 것, 자기가 할 수 있는 능력을 알 것, 그리고 실패의 원인이 무엇인지를 알 것. 이 세 가지면 학습된 무력감에서 빠져나올 수 있다.

　매는 날아가기를 포기하였을 때, 즉 학습된 무력감에 빠졌을 때 자기는 도망가야 된다는 것, 자기는 날 수 있다는 것, 그리고 자기를 잡아두었던 밧줄이 끊어졌다는 것을 알았어야만 했다. 안타까운 이솝 이야기다.

¶ 학습된 무력감(learned helplessness) : 이 용어는 셀리그만(Seligman)의 회피훈련연구에서 처음 나왔다. 도피할 곳이 없던 장면에 넣어두었던 개는 도피할 곳이 있는 환경에 와서도 도피하려 하지 않았다는 것. 학습된 무력감이란 용어와 그 연구자인 셀리그만 이름 정도는 외워둘 만하다.

기억

기억(memory)은 지식이나 정보가 획득, 수정, 저장, 인출, 변형되는 하나의 능동적인 체제라고 할 수 있다. 기억은 인지심리학과 학습심리학의 주요 연구영역이다.

신부는 범인이 아니었다 — 사례들

■ 지휘자의 기억

유명한 지휘자 토스카니니는 엄청난 기억의 소유자였다. 그는 250개 교향곡의 음표 하나 하나, 그리고 100개 오페라의 악보와 가사를 모두 기억했다.

한번은 요아힘 라프의 4중주 No. 5의 악보를 찾을 수 없어 야단났을 때 그는 앉아서 순전히 기억만으로 재생해내었다. 그는 몇십 년 동안 그 악보를 보거나 연주한 적이 없었다. 나중에 확인해 보니 음표 하나만이 틀렸다(토스카

▶ "이 포르테시모를 원하는 것은 내가 아니라 베토벤이다."−연주자들에게 작곡가의 의중을 파악하라고 말한 토스카니니(1867∼1957)

니니는 눈이 상당히 나빠 악보를 암송해야만 했다고 전해진다).

■ 기억술사

1920년대 러시아의 한 사나이가 기억에 관한 실험에 참가했다. 그는 30~70개의 숫자를 한 번 들은 후 정확하게 기억해냈다. 뿐만 아니라 뒤쪽으로부터도 아주 쉽게 기억해냈다.

신문기자였던 이 사나이는 그 이후 직업을 전문기억술사로 바꿨다. 그리하여 관중이 제시하는 복잡한 목록을 기억하는 묘기를 공연했다. 한번은 다음과 같은 무의미한 공식을 관중이 제시했다.

$$N \cdot \sqrt{d^2 \times \frac{85}{vx}} \cdot \sqrt[3]{\frac{276^2 \cdot 86x}{n^2v \cdot \pi264}} \; n^2b = sv \frac{1624}{32^2} \cdot r^2s$$

사나이는 몇 분간 이 공식을 연구한 뒤 정확하게 기억해냈다. 그는 모든 단어나 숫자를 시각적 이미지로 나타냈다.

"Neiman(N)이라는 사람이 나와서 그의 지팡이(·)를 가지고 땅바닥을 두드렸다. 하늘을 쳐다보니 평방근 기호($\sqrt{}$)를 닮은 높은 나무가 서 있었다. 그는 생각했다. '이곳에 집 두 채(d^2)를 지어야겠다.'"

…사나이의 가장 큰 고민거리는 어떻게 하면 잊어버릴 수 있는가 하는 것이었다. 머릿속은 그가 기억해 놓은 여러 단어, 숫자들로 가득 차 있었다. 그것들은 생생한 이미지로 나타나 그를 괴롭혔다. 모든 단어가 수많은 이미지를 연상하게 만들었고, 그래서 그는 문장의 의미를 파악하는 데 어려움을 겪었다.

…결국 그는 정신분열증에 걸렸다.

■ 목격자 증언

1979년 8월, 천주교회 신부인 파가노는 무장강도 혐의로 재판중이었다. 일곱 명의 목격자들이 그를 범인으로 확신하고 있었다. 많은 피해자들이 자기를 턴 강도와 똑같다고 진술했기

▶파가노 신부(좌)와 진범 로널드 클라우저(우)

에 그들 모두가 사람을 잘못 보았으리라 믿기란 어려웠다. 체포 순간부터 신부는 자신의 무죄를 강변했으나 먹혀들지 않았다.

파가노의 재판은 진범이 잡혀 자백함으로써 끝이 났다. 파가노와 진범은 생김새부터가 아주 달랐다. 당시 파가노는 53세의 대머리 중년이었으나 진범은 비교적 마른 체형으로 39세에 불과했다.

왜 어떤 사람은 정신분열증에 걸릴 정도로 기억이 좋은데, 또 어떤 사람은 자기를 턴 강도의 얼굴조차 기억하지 못할까? 여러분이 누군가의 이름을 기억하지 못하거나 시험에 대비해 열심히 공부했는데도 당일 기억이 나지 않는다면 축복받지 못한 기억을 탓할 것이다.

그러나 신의 경지에 오르려는 욕망만 없애버리면 걱정할 것은 없다. 기억해야 할 것은 잊어버리고, 잊어버려야 될 것은 기억하는 게 인간이다.

기억에는 세 가지 종류가 있다. 감각기억, 단기기억 그리고 장기기억이다.

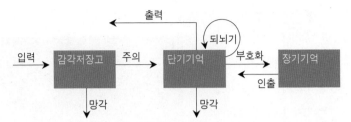

▸ 기억구조에 관한 애트킨슨과 쉬프린 모형(1968). 기억은 세 개의 단계로 구분된다. 부호화, 저장, 인출이 그것이다. 부호화 단계(encoding)는 물리적 입력을 기억이 받아들이는 표상이나 부호로 전환하여 입력하는 과정이다. 저장단계(storage)는 기억을 유지하는 것이고, 인출단계(retrieval)는 저장된 기억을 이끌어내는 것이다. 컴퓨터로 비유하면 좀더 이해가 쉽다. 부호화는 키보드나 마우스 등으로 입력하는 단계이며, 저장은 '저장' 키를 눌러 작업한 것들을 저장하는 단계다. 그리고 인출은 작업을 위해 하드디스크나 CD에 저장된 파일을 불러오는 단계다. 이들 어느 단계에서든 이상이 생기면 기억실패 또는 망각으로 이어지게 된다. 즉 입력을 하지 않으면 저장되는 것이 없을 것이고, 저장 키를 눌러 저장을 하지 않으면 작업한 것이 모두 날아가게 될 것이다. 그리고 저장을 잘했더라도 어디에 저장해 두었는지 알지 못해 불러올 수 없다면 이 또한 기억실패가 된다.

보고도 모르는… —감각기억

친구들과 고스톱을 하고 있는 중이다. 다섯 명이 하니까 정원은 꽉 찼다. 패를 돌리던 딜러가 엎어놓아야 할 패를 보여줘버렸다. 딜러는 재빨리 덮었다. 순간적이긴 했지만 난 그 패를 봤다. 그러나 무엇이었는지는 생각이 나지 않았다. 다른 사람들도 마찬가지인 모양이었다. 그대로 놀이는 진행됐다.

위의 사례에서만 아니다. 뭔가가 휙 하고 지나갔거나 이상한 소리를 들으면 그곳으로 고개를 돌리게 된다. 그러나 그것이 무엇인지는 모른다. 운전중에 백미러를 힐끗 보았을 때 뭔가가 있었다면 다시 한번 유심히 봐야 알게 된다.

이것은 우리의 기억구조 중 감각기억이 작용한 결과다. 감각기억은 말 그대로 감각적인 것이라 의식적인 과정이 필요없다. 또 기억이라고 하기엔 너무 짧다(그래서 감각기억을 기억의 한 종류로 다루지 않는 학자들이 많다). 시각적인 것이라면 0.25초 정도 지나면 없어져버린다. 정말로 눈 깜짝할 사이다. 청각적인 것은 그보다는 조금 길다(3~5초). 그래서 뭘 보긴 봤고 뭘 듣긴 들었는데 그것이 뭔지를 모르는 것이다. 도대체 왜 그럴까?

그것은 우리에게 감각기억이라는 것이 있기 때문이다. 지금 있는 곳에서 여러분들이 주위를 한번 둘러보기만 해도 엄청난 양의 사물들이 눈으로 들어온다. 감각기억은 그런 정보를 잠시 동안, 아주 잠시 동안 보관하는 창고의 역할을 한다. 우리는 그 창고에서 우리에게 의미 있는 것을 선택적으로 끄집어내어 활용한다.

일상생활에서 많이 경험하는 현상이 있다. 그것은 '칵테일 파티현상'이라고 하는 것이다.

🏃 칵테일 파티현상

파티장은 만원이다. 제대로 걸어다닐 수도 없다. 음악은 잔잔하게 실내를 떠다녔다. 삼삼오오 모여선 사람들은 자기들끼리 열심히 떠들어댔다.

김여사라고 예외는 아니었다. 자기도 남들처럼 한 무더기의 사람들과 잡담을 하고 있었다. 그러다 어디에선가 자신의 이름이 들렸다. 김여사는 그쪽으로 고개를 돌렸다.

▸ "내 이야기 했어?"
사람들이 북적대는 곳에서 일반적인 소음을 무시하면서 어떤 사람과 이야기를 나누고 있을 때 다른 곳에서 자기의 이름이 들리면 주의를 기울이게 되는 현상을 칵테일 파티현상(cocktail party phenomenon)이라 한다. 즉 우리가 유의미한 어떤 것을 감각하면 우리의 주의는 그쪽으로 이동할 수 있다.

파티장은 원래 시끄럽게 마련이다. 그러면 온갖 소리들이 귀로 들어온다. 그런데도 사례의 김여사는 그런 소리에는 귀를 기울이지 않다가 자신의 이름이 나오니 고개를 돌린다. 그 소리가 다른 소리에 비해 물리적으로 큰 것도 아니다. 또 김여사가 다른 시끄러운 소리를 못들은 것도 아니다. 그 의미 없는 소리들은 김여사의 감각기억에 잠시 동안 저장되어 있다가 사라져버린 것이다. 그러나 그 소리에 섞인 자신의 이름은 의미가 있기 때문에 들리게 된다.

감각기억을 활용하는 한 분야가 광고다.

🏃 잠재의식광고

영화 화면에 나타나는 1초 동안의 동작은 24개 프레임에 이르는 필름들의 연속 영상으로 이루어진다. 그래서 한 개 프레임에 콜라 사진을 슬쩍 집어넣더라도 의식적으로 분간해낼 수가 없다. 설사 남보다 훨씬 예민한 사람(예컨대 영화 〈레인맨〉의 주인공인 레이먼드, 더스틴 호프만 분)이 있다 하더라도 영화에 집중해 있으면 보이지 않는다. 그러나 영화관 매점의 콜라 판매량이 보통 때보다 늘어난다. 감각기억이 '폼'으로 있는 것이 아니란 이야기다.

이것이 잠재의식광고다. 잠재의식광고는 CF의 장면과 장면 사이에 사람의 눈으로는 인식할 수 없는 또 다른 '숨겨진 메시지'를 포함하는 광고다.

1950년대 후반 미국에서 등장했던 이 광고는 누드사진이나 마약, 죽음을 상징하는 해골 등 자극적인 장면을 교묘하게 광고 속에 끼워 넣거나, 눈에 잘 띄지 않을 정도로 작고 자극적인 글자를 적어 넣는 방법을 사용한다. 이런 광고는 무의식적으로 그 제품에 대한 주목률을 높여 결국 구매욕구를 높이게 된다.

▶ 자폐증이 있으나 숫자에 비상한 능력을 가진 형 레이먼드와 가정에 융화되지 못하고 홀로 오랜 시간을 살아온 동생 찰리가 가족으로서의 의미를 찾아가는 영화 〈레인맨〉. 이 영화에서 형의 역할을 맡은 더스틴 호프만은 떨어지는 성냥통 속의 성냥개비 개수를 정확히 맞혔다. 이러한 사람을 이디오사방(idiot savant, 우수한 백치)이라고 한다. 이디오사방은 날짜에 관한 기억이나 계산능력, 혹은 엄청난 기억력을 갖고 있는 등 어떤 한 분야에서는 아주 뛰어나지만 다른 분야에서는 두드러지게 능력이 부족한 정신발육지체자를 이르는 의학용어다.

2006년 초 타계한 세계적인 비디오 예술가 백남준 씨가 10여년 전 만든 사이다 광고에서는 우리나라 현대사의 장면 장면들이 순식간에 현란하게 지나간다. 그는 이 속에 우리의 눈에 보이지 않게 그 회사의 사이다 사진을 두어 컷 집어넣었으나 방영 전에 빼내야 했다. 잠재의식광고는 우리나라에서는 허용되지 않기 때문이다(물론 이것은 심의관들이 백씨의 광고가 주로 잠재의식광고라는 사실을 미리 알고 심의과정에서 필름을 한컷 한컷 살피다가 '잡아낸' 것이다).

감각기억은 생존을 위해서 특히 필요하다. 뭔지는 모르지만 자기쪽으로 이상한 물체가 날아오고 있는 것을 순간적으로 직감했다면 빨리 자리를 피해야 보신할 수 있다. 개고기 백 번 먹는 것과 비할 바가 못된다. 자다가 이상한 소리를 들었다 생각되면 무슨 소린지 몰라도 집안을 한번 둘러보는 게 좀도둑을 막는 길이다. 또 집이 무너질 조짐일 수도 있고(요즘 특히 조심) 아이의 신음소리일 수도 있다. 특히 목숨이 오가는 전쟁터에서는 감각기억을 믿어야 한다. 그래야 환갑잔치에서 손주의 재롱을 볼 수 있다.

작업중인 기억 — 단기기억

무얼 물어볼 게 있어 '무엇이든 물어보세요'에 전화를 해야 했다. 전화번호를 몰라 114에 전화를 하고 난 후 번호를 잊어버리지 않기 위해 몇 번을 되뇌었다.

다이얼을 돌리니 신호가 갔다. 그러나 안내원이 인사를 하며 전화를 받았을 때 '무엇이든 물어보세요'의 전화번호가 생각나지 않았다. 하는 수 없이 안내원에게 다시 물어보는 수밖에 없었다. "거기 전화번호가 몇 번이죠?"

밖에서 들어온 많은 정보들 중에서 한 개를 끄집어내어 주의를 기울이고 있다면 이것은 단기기억(short-term memory)을 활용하는 것이다. 단기기억은 감각기억에 들어온 정보 중에서 의미 있는 것을 골라내 처리하는 것이다.

또 이 단기기억은 뒤에 보게 될 장기기억으로부터 정보를 받아 활용하기도 한다. 그래서 단기기억을 활성기억(working memory)이라고도 한다. 바꿔 이야기하면 지금 여러분이 생각하고 있는 것이 단기기억이라고 보면 된다(컴퓨터를 생각하면 더욱 이해가 쉬워진다. RAM은 단기기억, 하드디스크나 CD는 장기기억이다¶).

그러나 유감스럽게도 이런 단기기억이 우리들 머릿속에 저장되어 있는 시간은 그리 길지 않다. 아무 생각 없이 18초 정도 지나면 단기기억은 사라진다(컴퓨터 작업 후 '저장'을 하지 않고 전원을 끄면 작업한 것이 모두 사라지는 것과 같다).

또 단기기억이 처리할 수 있는 용량도 그리 크지가 않다. 70% 정도의 사람들이 매일 꿈을 꾸지만 전날 꾼 꿈을 기억하고 있는 사람은 많지가 않은데, 일어나서 이것저것 하다보니 잊어버리기 때문이다(물론 악몽이었다면 깨어나 생각하기에 조금 오래 지속된다). 명함을 받아 이름을 분명히 봐두었는데도 이야기하다보니 기억이 나지 않는 것도 이런 이유 때문이다.

¶ '기억'의 이해를 돕기 위해 컴퓨터와 인간의 뇌를 대비했지만 사실 컴퓨터는 인간의 뇌와 비교할 만한 수준이 되지 못한다. 인간 두뇌에 관한 연구가 급속한 발전을 했음에도 여전히 사고와 정서, 의식과 언어 등 뇌의 상당 부분이 불가사의한 상태로 남아 있다. 그런데 인간 두뇌의 수많은 기능 가운데 일부분에 지나지 않는 논리연산 개념만을 가져와서 컴퓨터와 인간 두뇌의 우열을 논할 수는 없는 것이다.

🏃 매직넘버 7

다음 숫자들을 주의깊게 보고 한번 외워보라.¶

A : 3 9 6
B : 7 4 0 8 3
C : 5 2 8 4 9 3 7
D : 6 4 8 5 2 7 1 3 9
E : 1 4 7 2 7 5 4 7 9 4 2

A와 B는 비교적 쉬웠을 것이다. C는 외울 만했을 터이고 D나 E는 불가능하거나 대단히 힘들었을 것이다. 이것은 우리의 단기기억이 처리할 수 있는 용량(capacity)이 제한되어 있다는 것을 보여준다. 그러면 다음 숫자들을 한번 보자.

A : 2 7 4 4 1 3 9 2 1 9 1 9 2 3 3 3
B : 2744   1392   1919   2333

B의 숫자들은 우리에게 의미가 있는 것들이다. 2744는 백두산의 높이(백두산이 조금 높아졌다고 주장하는 사람도 있다)다. 1392는 조선이 건국한 해이고, 1919는 삼일운동이 일어난 해다.

¶ 이 책에는 단어를 외워보라고 요구하는 부분이 몇 군데 나온다. 그것은 기억에 대한 이해를 돕기 위한 것이며 여러분의 기억력을 테스트하는 것은 아니다. 기억력 테스트는 실험실에서 엄격히 통제를 한 후에 실시되고 있다. 그 때문에 이 책에서는 기억력 테스트를 다루지 않는다.

2333은 고조선의 건국연도다. 물론 앞에는 기원전이란 말이 생략되었다.

낱낱으로 기억하면 힘든 16자리 숫자(A)지만, 묶어서 생각하면(B) 기억이 쉬워진다. 아마도 여러분은 앞의 E행을 기억할 때 1472, 7547, 942의 세 묶음으로 묶어 시도했을 것이다. 역시 현명한 방법이다[1472(일사천리), 754(치료사), 7942(친구사이)로 묶으면 훨씬 더 쉽다]. 이렇게 하면 단위가 한 자리 숫자에서 서너 자리 숫자로 확대된다. 주민등록번호나

▸ 매직넘버 7(magic number 7)： 단기기억은 옆구리가 터진 장바구니와 같다. 계속 물건을 집어넣어도 옆구리 구멍으로 빠져나간다. 단기기억에서 거의 모든 성인은 7±2의 용량을 갖는다. 기억에 관한 연구를 시작한 에빙하우스(H. Ebbinghaus)가 이것을 발견한 후 약 70년 뒤 단기기억 용량의 이 항상성에 감명받은 밀러(G. Miller)가 '신비의 숫자 7'(magic number 7)이라고 불렀다. 한편, 한번 만난 사람의 인상을 평가하는 데 있어서도 그 사람의 특성을 7±2개 기술하는 경향이 있다. 이런 단기기억의 용량(7±2) 때문에 우리가 한번에 생각할 수 있는 아이디어나 인상의 수도 7±2개에 한정된다.

은행계좌번호가 이런 방식으로 기억되고, '태정태세문단세'가 모이면 조선 역대 왕이름이 된다.

결론을 이야기하면 우리의 단기기억은 7묶음 내외(7±2)의 용량을 갖고 있다.¶ 7 이하에서는 훌륭하게 처리해 낼 수 있으나 9가

¶ chunk ： 기억용량에서 이런 묶음의 덩어리를 청크(chunk, 片)라고 한다. chunk는 앞서 본 바와 같이 한 자리 숫자일 수도 있고, 네댓 자리 숫자일 수도 있다. 더 큰 묶음의 덩어리로 묶기 위해서는 이미 알고 있는 장기기억을 활용한다. 즉 묶이는 단위가 의미가 있어야 한다. 장기기억에 2744이나 1392, 1919에 대한 지식이 없다면 더 큰 단위로 묶지 못한다.

넘어가면 처리하기 힘들어진다. 32M RAM으로 이것저것 쓰다가는 컴퓨터가 깡통이 되는 것과 같다.

옆에서 시끄럽게 굴거나 말을 시키면 주의집중이 잘 되지 않는 까닭도 마찬가지 이유 때문이다. 아버지가 골똘히 뭔가를 생각하고 계시는데 떠들면 꾸중 듣기 십상이다. 훈수하는 맛에 장기를 둔다고 하지만 훈수가 있으면 전략을 짜는 데 방해가 된다. 그래서 가끔 내기장기에 진 사람과 훈수한 사람 사이에 언쟁이 붙는다.

🏃 프로기사의 단기기억

장기 이야기가 잠깐 나왔으니 바둑 이야기를 한번 해보자. 다음의 그림을 자세히 보고 난 다음 책을 덮고 순서대로 놓아보기 바란다. 여러분이 바둑을 모른다면 앞부분 몇 개만 놓아보고는 필자의 무리한 요구를 비난하면서 그만둘 것이다.

그러나 여러분이 프로기사라면, 또는 바둑을 잘 두는 독자라면 완벽하게 진행했을 것이다. 이것은 프로기사들이 모든 면에서 대단한 단기기억의 소유자라는 것을 말하지는 않는다. 대신 바둑의 경우 한 chunk로 묶을 수 있는 범위가 일반인들보다 월등하다는 것을 보여준다.

바둑을 모르는 독자라면 오른쪽의 그림은 검은 돌과 흰 돌의 무의미한 배치에 지나지 않는다. 그러나 프로기사와 바둑에 식견이 있는 사람이라면 그 돌은 의미 있게 연결되어 있다. 여러분들이 책을 볼 때 철자 하나하나 보지 않고 단어를 보는 것처럼 프로기사들은 의미 있는 패턴으로 바둑판을 본다. 그렇기에 돌 하나의 다음 정거장이 어딘지를 알 수 있다(바둑을 모르는 독자라면 아마 순서

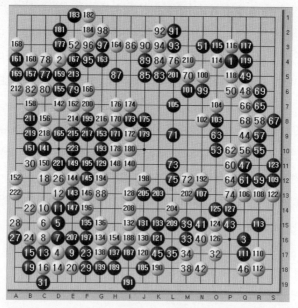

▶ 제14기 기성전 도전4국(2003. 3). 흑 : 이창호 9단 백 : 조훈현 9단

를 찾는 데도 상당히 애를 먹었을 게다. 그렇다고 실망할 필요는 없다. 당신은 또 자신의 분야에서 다른 사람보다 뛰어난 단기기억을 갖고 있을 테니).

또 그 과정에서 전투준비(포석단계), 접전(초반전), 전투(중반전), 역공세(후반전), 마무리(끝내기) 등 몇 단위로 구분하여 보기 때문에 기억할 수 있는 범위가 크다. 물론 이들도 아무렇게나 돌을 배열해놓았다면 다른 사람들과 차이가 없다.

사족으로 하나 덧붙인다. 여러분들이 바둑을 모른다면 한번 배워볼 것을 권한다. 재미도 있거니와 세상의 이치가 느껴질 것이다.

과장된 말이 아니다(일상생활에서 흔히 사용하는 끝내기, 초읽기, 요석, 행마, 정석, 포석이라든가 "선수를 잡다", "자충수를 두다", "장고 끝에 악수 나온다"와 같은 말이 모두 바둑에서 나왔다).

자, 그러면 청킹을 제대로 이해했는지 간단한 시험을 쳐보자. 시험 역시 기억을 높이는 한 가지 방법으로, 보충수업이나 복습보다도 더 효과가 있다. 게다가 기억에서의 청킹은 단기기억의 용량을 늘려주는 마법과 같은 것이다. 따라서 여러분이 청킹을 확실히 이해해야만 기억용량을 늘릴 수가 있다.

다음의 긴 숫자를 묶어서 외워 보라. 어떻게 묶어(청킹을 해서) 외울 것인가?

1 0 1 0 0 1 0 0 0 1 0 0 0 0 1 0 0 0 1 0 0 1 0

여러분은 위와 같이 0과 1로 구성된 단조로운 숫자를 어떻게 묶었는가? 101, 001, 000이나 1010, 0100, 0100처럼 무조건 세 자리나 네 자리로 끊어 묶었는가? 101, 001, 000이나 1010, 0100, 0100이 여러분에게 의미가 있는 숫자인가? 의미가 없는데도 그런 식으로 청킹을 했다면 아직 제대로 청킹을 이해하지 못한 것이다.

묶기 위해서는 묶이는 단위가 의미가 있어야 한다고 했다. 그러기 위해서는 10 100 1000 10000 1000 100 10과 같이 우리에게 의미 있는 형태로 묶어야 한다. 그래야 기억하기 쉽고, 23자리 숫자가 7개의 묶음으로 줄어듦으로써 쉽게 외울 수 있다. 이제 청킹이 확실히 이해가 되었는가?

🏃 계열위치효과

　자! 이제 다음 단어들을 한번 보고 기억하는 실험을 해보자. 천천히 주의를 기울여 순서대로 읽어보고(단어당 1~2초) 외워보라(실제 실험에서는 자극이 순서대로 하나씩 제시된다).

제비 사과 지붕 가방 연필 야구 나무 공책 신발 간판 책상 우산

　외웠으면 위 단어를 가리고 무엇이 기억나는지 순서에 관계없이 아래 칸에 적어 보라.

──　──　──　──　──　──　──　──　──

　단기기억의 용량이 7±2이므로 여러분들은 5~9개의 단어를 기억하고 있을 것이다. 그러나 단어가 떠오르는 정도는 단어에 따라 차이가 있다. 아마 맨 앞에 있는 제비와 맨 뒤에 있는 우산이 가장 잘 떠오를 것이다. 맨 앞에 있는 것은 가장 먼저 나왔기에 되뇌기를 할 기회가 많았고, 그래서 가장 먼저 장기기억으로 넘어가 있는 것이다. 이처럼 처음 보거나 들은 것이 기억이 잘 되는 것을 초두효과(primary effect)라 한다.

　그리고 가장 뒤에 나온 우산도 잘 기억하고 있을 것이다. 가장 나중에 나왔기 때문에 아직 단기기억에 남아 있어 기억이 잘 되는 것이다. 이것을 최신효과 혹은 신근성(新近性) 효과(recency effect)라고 한다. 하지만 중간에 위치한 단어는 회상이 어렵다. 단어가 어디에 위치해 있었는지에 따라 기억되는 정도가 다르다

하여 이러한 것을 계열위치효과(serial position effect)[1]라고 한다.

계열위치효과를 알게 되었으니 남에게 자기이름 석 자를 기억시키기 위해서는 몇 번째 소개를 해야 하는지 이제 알 것이다. 당연히 모임에서 가장 먼저 이름을 밝히면 된다. 자기 PR시대인 요즘 무조건 뒤로 뺄 일은 아닌 것이다. 나름대로 최신효과를 노려 맨 마지막으로 소개를 하는 행운을 잡았다 하더라도 일반 모임에서는 소개가 끝나면 곧바로 회장 인사말과 같은 또 다른 사건이 진행된다. 그 때문에 생각만큼의 효과(최신효과)가 나오지는 않는다.

자! 이제 앞의 숫자행을 다시 한번 회상해보기 바란다. 책장을 넘기지 말고 기억해보라. 아마 기억해낼 수 없을 것이다. 단기기억에 저장된 내용들은 18초 정도 지나면 사라져버리기 때문이다.

걱정이 아닐 수 없다. 모든 것을 감각기억으로 받아들여 그중에서 몇 가지를 단기기억으로 넘기는데 사라져버리면….

그러나 방법은 있다. 하나는 되풀이해서 외우는 것(기계적 시연, route rehearsal)이다. 하지만 단순한 암기만으로는 오랫동안 저장되지 않는다. 한 심리학자는 25년 동안 거의 매일 들은 기도문을 사람들이 외우고 있지 못하다는 것을 발견했다. 약 5천 번을

[1] 이런 계열위치효과는 TV광고의 단가를 결정하는 데에도 중요하다. TV광고가 프로그램의 앞뒤 어디에 위치하느냐에 따라 광고가격에 차이가 있다. 프로그램이 시작되기 전이라면 가장 나중에 나오는 광고의 가격이 가장 비싸고, 프로그램이 끝난 후라면 가장 먼저 나오는 광고의 가격이 가장 비싸다. 시청자가 광고를 볼 가능성이 가장 높아 광고를 기억하기 위한 최적의 위치이기 때문이다.

단기기억은 인디애나 대학교의 피터슨(Peterson) 등이 밝혀낸 것이다. 이들은 학생들을 대상으로 세 개의 자음을 기억해내는 능력을 검사했다. 피험자들이 낱자를 암송(되뇌기)하지 못하도록 하기 위해 자음을 제시하고 난 다음 숫자 하나를 제시하고는 피험자들에게 그 숫자에서 3씩 빼나가는 계산을 하라고 했다. 가령 C, H, J라는 낱자를 들려준 후 495라는 숫자를 제시한다. 그러면 피험자는 다음 신호가 있기 전까지 그 숫자에서 계속 3씩 빼나가는 계산을 해야 한다. 다음 신호는 불빛으로 나타났는데, 그 불빛이 나오면 세 개의 낱자를 회상¶해야 했다. 그 불빛은 낱자 제시 후 3, 6, 9, 12, 15, 18초 후에 나타났는데, 정확히 재생할 확률은 18초 동안 급속하게 감소했다. 이를 통해 연구자들은 제시된 낱자를 암송하지 않고 18초 정도 지나면 잊어버린다는 것을 발견해낸 것이다.

들었지만 머릿속에 완전하게 남아 있지 못한 것이다.

다른 하나는 우리가 이미 알고 있는 것에 그 정보를 관련시키는 것(정교화 시연, elaborative rehearsal)이다. 예를 들어 새로운 낱말을 대할 때 그 낱말과 관련이 있는 상황이라든가 사건에 연관시키면 보다 오랫동안 기억할 수 있다. 이것이 장기기억이다. ¶¶

¶ 심리학의 기억 분야에서는 회상과 재인이라는 용어가 많이 나온다. 회상(recall)은 단답형 문제처럼 기억에서 끄집어내는 것이며, 재인(recognition)은 사지선다형 문제와 같이 여러 개 중에서 본 것을 골라내는 것이다.

¶¶ 이중기억이론(dual-memory theory) : 기억에는 한정된 기억용량을 갖는 단기기억과 거의 무한정한 용량의 장기기억의 두 가지가 있다는 이론

무한한 용량의 도서관―장기기억

다음 단어들을 외워보라. 순서는 관계가 없다. 대신 완전히 외워야 한다.

고등어 사과 연필 포도 꽁치 붓 수박 향어 사인펜

여러분은 자신의 이름과 주소를 기억할 것이다. 또 친하게 지낸 초등학교 동창들의 이름과 얼굴을 알고 있을 것이다. 몇 년 전에 듣거나 본 노래가사, 영화, 소설을 기억하고 있을 것이다.

우리들의 기억이 앞서 본 감각기억과 단기기억밖에 없다면 우리들은 자신의 이름을 기억하기 위해 하루에도 수백 번 자신의 이름을 되뇌어야 할지 모른다. 아니면 두꺼운 노트를 들고 다니며 일일이 보고 들은 것을 기록해야 할 것이다. 그러나 우리에겐 장기기억이라는 것이 있기 때문에 이 같은 수고는 하지 않아도 된다.

장기기억(long-term memory)은 단기기억의 내용이 암기나 정교화의 단계를 거쳐 저장되기 때문에 보다 오랫동안 저장할 수 있고 기억할 수 있는 용량도 엄청나다. 200GB의 하드디스크는 상대가 되지 않는다(여러분의 어제 하루 일과를 컴퓨터에 저장한다고 생각해보라. 컴퓨터 용량으로 계산하면 어마어마한 양일 것이다).

⅍ 체계적으로 저장되는 장기기억

도서관의 책은 종류별로 분류되어 꽂혀 있다. 따라서 여러분들

▶ 분류가 잘되어 있는 서가에서 책 찾기가 쉽다. 인터넷 서점에서도 책을 빨리 찾으려면 분류가 잘되어 있어야 한다. 기억 역시 분류가 잘되어 있어야 회상이 잘된다. (교보문고 홈페이지)

이 도서관에서 심리학 서적을 찾을 때 일반 문학물 서가로 가면 헛걸음을 할 것이다. 학술서 서가로 가서 찾아야 한다. 그리고 심리학 서적과 법학 서적을 여러 권 찾을 때 '이곳에서 한 권, 저곳에서 한 권' 하는 식으로 찾는다면 빠른 시간 내에 찾을 수 없을 것이다. 한 곳에서 필요한 것을 다 찾고 난 다음 자리를 옮겨 찾는 것이 효율적이다.

자! 그러면 이제 여러분이 바로 앞에서 외운 것을 순서에 관계없이 말해 보라. 아마도 '고등어, 꽁치, 향어', '사과, 포도, 수박', '연필, 붓, 사인펜'과 같이 종류별로 묶어서(체계적으로) 생각해내었을 것이다. 즉 기억할 때 체계적으로(종류별로) 저장했다는 것이다.

이처럼 우리들의 장기기억은 도서관의 책과 같은 방식으로 저장된다. 그래야 쉽게 찾을 수 있다. 어떤 기준도 없이 책이 배열되어 있다면 도서관에서 책 찾기란 엄청난 고역이 될 것이다. 여러분들이 어떤 질문을 받았을 때 즉시 대답할 수 있는 것은 장기기억의

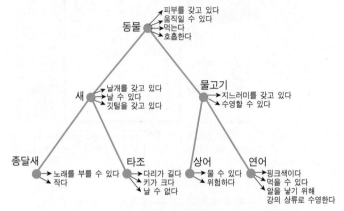

▶ 우리의 기억은 망과 같은 모양(網狀)으로 구성되어 있다. 종달새와 타조는 새라는 항목 아래에 배열되었고, 상어와 연어는 물고기 항목 아래에 배열되었다. 그리고 새와 물고기는 동물이라는 더 높은 항목 아래에 배열되었다. 그림에서 보듯이 아래 항목으로 갈수록 세부적인 특징이 많이 저장되고 위 항목으로 올라갈수록 아래 항목에서 공통되는 요소들을 많이 저장하고 있다.

이러한 것은 우리의 머릿속에 기억할 내용들을 체계적으로 저장함으로써 인지적 노력을 절약하기 위한 것이다. 만약 우리가 종달새는 "노래한다", "작다"뿐만 아니라 새의 특징인 "날개", "깃털", "날 수 있다", 그리고 동물의 특징인 "피부"와 "호흡", "움직임" 등을 모두 저장하려면 많은 노력이 들기 때문이다. 그러므로 이러한 구조는 기억의 효율성을 보여준다고 할 수 있다.

이러한 사실은 간단한 실험을 해보면 잘 알 수 있다. A : "종달새는 작다"와 B : "종달새는 피부가 있다"라는 질문에 대한 답(예스, 노로 답한다)은 A에서 빠르다. A문항에 빨리 답할 수 있는 것은 종달새의 특징을 고스란히 담고 있기 때문이다. 하지만 B에서는 A보다 느린데, 이는 피부가 있다는 특징은 종달새에 붙어 있는 것이 아니라 동물 항목에 붙어 있기 때문이다. 그 때문에 그림에서 "새" 항목을 지나고 "동물" 항목까지 올라가서 찾아야 하므로 그 시간만큼 답하는 속도가 느려지는 것이다.

▶ 다산 정약용. 200여 년 전 강진에서 18
년간의 유배생활 동안 『목민심서』, 『경
세유표』, 『흠흠신서』 등 문집 260여 권
과 『논어고금주』, 『주역심전』, 『중용
강의』 등 무려 500권의 저서를 집필했
다. 그 비결은 '분류'와 '정리'였다(정민,
『다산선생 지식경영법』, 리브로). 기억
을 잘하기 위해서도 이러한 분류와 정리
가 필요하다.

저장방식이 도서관에 책이 꽂힌 방식과 같기 때문이다. 상위폴더
내에 하위폴더를 만들고, 그 속에 파일을 저장하는 컴퓨터 작업도
마찬가지 방식이다.

그런데 이렇게 체계적으로 저장하지 않고 아무렇게나 저장하면
어떻게 될까? 여러분은 시험을 치다가 분명히 알고 있는 것이
기억나지 않아 애를 먹은 경우가 있을 것이다. 또는 친하게 지내는
친구 이름이 갑자기 생각나지 않아 당황한 경험이 있을 것이다.
이것은 우리가 분명히 알고 있기는 하나 어디에 저장해 놓았는지
알지 못해 기억해내지 못하는 것이다. 입사면접 때 이런 일이 닥치
면 안타까운 일이 아닐 수 없다. 혀끝에서 튀어나올 듯 말 듯
맴돈다 하여 이것을 설단현상(舌端現象)이라고 한다.

🏃 설단현상

간단한 실험을 해보자. 아래에 기술한 것이 무엇에 대한 것인지

알아맞혀보기 바란다.

　이에 여러분은 즉각적으로 '각도기'라고 대답할 것이다. 맞다.
그렇다면 설단현상이 일어나지 않은 것이다. 설단현상은 분명히
알거나 혹은 전혀 모를 때에는 일어나지 않기 때문이다. 그러면
각도기 말고 다른 말로 대답해보라. 초등학교 시절에 사용한 용어
가 있다. 그것을 떠올려보라. 아마 쉽지 않을 것이다. 그래도 계속
떠올려보라(그 용어를 아예 모를 경우라면 넘어가기 바란다. 아예
모를 경우에도 역시 설단현상이 따라오지 않기 때문이다. 대신
여러분이 설단현상을 일으킬 만한 다른 것을 떠올려보라).
　설단현상을 겪을 때 사람들은 그 명칭을 회상하기 위해 소리를
이용하기도 하고 의미를 이용하기도 한다. 그래서 비슷한 음을
가진 명칭을 몇 개 떠올리기도 하고 또는 비슷한 의미를 가진
용어를 몇 개 떠올리기도 한다. 그렇지만 그러한 것들이 자신이
찾고 있는 단어가 아니라는 것 또한 잘 알고 있다.
　실제 연구결과를 보면, 설단현상은 일상생활에서 1주일에 한
번씩은 일어나며, 나이가 많아지면서 더 자주 일어난다. 그리고
대부분은 아는 사람의 이름에서 나타난다. 그리고 50%의 사람들
이 첫 글자를 추측할 수 있고 또 절반 정도의 설단현상은 1분

안에 해결되는 것으로 나타난다.

가령 위 문제를 풀면서 다음과 같은 경험을 지금 여러분은 하고 있을 것이다. 다음은 어떤 그림을 본 후 그 그림의 단어를 맞히라는 한 실험에서 피험자가 중얼거린 내용이다. 정답은 앵커(Anchor, 닻)이다.

1. "배의 부품 중의 하나다."
2. "그런데 이걸 뭐라고 부르더라."
3. "그래, 행거(hanger)는 아냐."
4. "오, 제길. 쉬운 건데."
5. "이게 그… 뭐더라."
6. "그들이 이걸 배 안에 집어던지던가?"
7. "무엇이라고?"
8. "행거(hanger)는 아니고."
9. "오, 곧 생각날 것 같다."
10. "해머(hammer)와 비슷한 건데."
11. "행거(hanger), 어… 앵ㅋ, 앵ㅋ…"
12. "그래 맞아. 앵커."

여러분은 이런 과정을 거치고 있지 않은가? 각도기의 다른 이름이 아직도 입 안에서 맴돈다면 빨리 정답을 보기 바란다. 입 안에서 맴도는 상황이 그리 유쾌한 것은 아니기 때문이다. 앞 문제의 정답은 '분도기'다. 이제 시원해졌을 것이다. 설단현상은 재채기를 하기 직전의 상황과 유사해서, 재채기가 터질락 말락 하는 약간 고통스런 상황(설단현상)이 따르고, 막상 재채기가 터지면(회상 성공) 오히려 시원하고 안정감이 뒤따른다.

설단현상은 우리가 알고 있다는 것을 자신하면서도 어떤 단어 나 이름을 회상하지 못하는 것이다. 마치 찾으려는 심리학 책이 법학 서가에 잘못 꽂혀 있어 그 책을 심리학 서가에서 못 찾는 것과 같다. 이처럼 설단현상이 일어났을 때에는 찾는 것을 잠시 중지하고 다른 것을 하다 보면 떠오르는 경우가 있다. 심리학 서가 를 지나 우연히 법학 서가에 갔을 때 우리가 제자리를 벗어나 잘못 놓여 있는 그 심리학 책을 찾을 수 있는 것처럼 말이다.

✺ 암묵기억과 명료기억

기억(장기기억)을 다른 기준을 사용하여 구분하면 명료기억과 암묵기억으로 구분할 수 있다. 명료기억은 우리가 '알고 있다'고 생각하는 기억이다. 가령 구구단을 외우는 것이라든가 방정식 푸 는 방법, 혹은 외국어를 배울 때의 문법이나 단어와 같은 것이다.

날씨와 기억

흐린 날씨에 느끼는 가라앉은 기분은 기억을 더 예리하게 하고 기억력을 증강시키는 데 도움을 준다는 연구결과가 있다. 한 쇼핑센터 계산대에 10 개의 작은 장식품을 진열해놓은 뒤 무작위로 피실험대상을 골라 날씨가 맑 은 날과 흐린 날 10개의 장식품 중 몇 개를 기억하는지 조사했더니 흐린 날 씨로 인해 우울함을 느끼는 사람들이 기억하는 장식품의 개수는 그렇지 않 은 사람에 비해 3배가량 더 많은 것으로 나타났다.

연구자들에 의하면 흐린 날씨가 주는 우울한 기분은 사람들의 집중력을 향상시켜주는 반면, 행복하고 밝은 기분은 편안함과 건망증을 증가시킨다 고 한다.

우리가 풀 수 있거나 생각나면 우리가 알고 있는 것이고, 풀 수 없거나 생각이 나지 않으면 우리가 모르는 것이다. 이처럼 명료기억은 우리가 '알고 있다' 혹은 '모르고 있다'가 명확하다.

그러나 암묵기억은 '우리가 알고 있다는 사실'을 알고 있지 못하는 기억이다. 가령 학창시절에 이런 경험이 있을 것이다. 시험을 치를 때 문제를 읽어보니 언뜻 떠오르는 답이 있었다. 일단 그 답을 표시하고 난 후 다시 한번 자세히 생각해보니 그 답이 정답이 아니고 다른 것이 답일 것 같아 바꾸었더니 '틀린' 경우가 있을 것이다. 문제가 나왔을 때 제일 먼저 떠오르는 답을 '찍으면' 70%는 정답이라는 말이 틀린 것이라고 할 수 없는 이유가 이런 암묵기억의 작용 때문이다.

암묵기억은 수많은 시행을 통해서 배우게 되는 지식이다. 뭐라고 설명할 수 없는 지식이지만, 이러한 암묵기억은 축구나 야구와 같이 승부가 있는 스포츠, 혹은 화재나 지진 같은 자연재해, 혹은 전쟁과 같이 인간 생존이 걸린 문제에서는 중요한 역할을 한다. 축구경기를 보면 아무도 없는 곳으로 길게 찬 듯한 공이 자기편으로 연결된다. 람보와 같은 전쟁영웅 혹은 〈다이하드〉시리즈의 존 매케인은 적들을 맞이하면서 본능적으로 움직인다. 그 직후 그 자리에는 폭발이 일어난다. 기억상실증에 걸린 〈본 시리즈〉의 제이슨도 자기가 누구인지 알지 못하지만 위급한 순간에는 특수대원인 과거의 전력이 드러난다. 이들 모두는 말 그대로 동물적 감각을 보인다. 생각하기 전에 뛰는 것이다. 그래도 그 결과는 항상 만족스럽다.

하지만 모든 사람이 이러한 동물적 감각을 발휘하는 것은 아니다. 암묵기억은 수행(연습)을 통해서 증가한다는 것을 기억해야 한다. 기술이 암묵기억이 되어 효과를 발휘하기 위해서는 수많은 연습이 필요하다. 전쟁 영웅 람보나 다이하드의 존 매케인도 수많은 경험을 거친 노련한 베테랑들로 영화에서 묘사된다. 이러한 경험들이 끊임없는 노력을 통해 체득되었을 때 그때서야 비로소 동물적 감각이 발휘된다. 마음만 앞서서 되는 것이 절대 아니다. 배울 때 제대로 배워야 한다.

"예전에 어디에선가 음악을 배운 적은 없었습니까?"

볼프강 아마데우스 모차르트(W.A. Mozart)는 누군가가 자신을 찾아와 음악을 배우고자 할 때면 반드시 이렇게 물었다고 한다. 흥미로운 것은 유명한 음악가에게 배운 적이 있다고 하면 수업료를 두 배 더 내라고 했다는 사실이다. 사람들은 모차르트의 그 같은 처사가 부당하다고 생각했다. 이미 배운 적이 있다고 한다면 훨씬 가르치기 쉬운데, 기본적인 것조차 모르고 찾아오는 초보자의 두 배나 되는 강습료를 받는 이유를 알 수 없었기 때문이다.

그러나 모차르트는 자신의 원칙대로 강습료를 받는 것이 더 합리적이라며 이렇게 말했다.

"예전에 음악을 배웠던 사람일수록 더 힘든 작업을 거쳐야 합니다. 그 사람에게서 버릇 든 찌꺼기를 걷어내야 하거든요. 이미 생긴 버릇을 버리는 것이 새로 가르치는 것보다 훨씬 힘듭니다."

바둑에서의 정석을 프로기사들만큼 많이 아는 사람은 없을 것이다. 하지만 그들이 바둑 두는 모습을 보면 정석대로 두는 경우가 거의 없다. 본디 정석이란 그것대로 두기만 하면 흑이든 백이든 서로 만족할 만한 결과를 나타내는 것이다. 즉 어느 누구에게 더 유리하고 덜 유리한 것이 없는 것이다. 프로기사가 정석대로 두어 주기만 한다면 정석을 꽤 알고 있는 아마추어는 그와 맞두어 한두 판 이기는 기쁨을 누릴 수도 있을 것이다.

하지만 프로기사는 정석대로 두지 않는다. 그렇다고 해서 그들이 정석을 모른다는 것은 더더욱 아니다. 결론을 이야기하면 완벽하게 정석을 꿰뚫고 있지만, 이젠 그것이 그리 중요하지 않다는 것이다. 이미 체득되어 있는 것이다. 즉 이제는 정석이 필요 없는 달인인 것이다.

달인

어느 정도의 시간을 투자해야 달인의 경지에 오를 수 있을까? 그 마법의 시간은 '1만 시간'이란 연구가 있다. 남들보다 뛰어나게 무언가를 이루려 한다면 특정 분야에서 최소한 1만 시간을 투자해야 두각을 나타낼 수 있는 것이다.

캐나다 몬트리올 맥길대의 심리학과 교수 대니얼 레비틴 박사는 독일 베를린 음악학교에서 다섯 살 정도에 바이올린을 시작한 학생들이 20살이 될 때까지 연습한 시간을 계산해보았다. 그 결과 20살이 되었을 때 엘리트 연주자로 평가받는 학생의 누적 연습시간은 1만 시간이 넘었지만, 단지 좋은 학생이란 평가를 받는 연주자는 누적 연습시간이 8천 시간 정도에 머물렀다. 누적 연습시간이 1만 시간을 넘었다는 것은 하루에 3시간씩 또는 일주일에 20시간 이상씩 10년 동안 꾸준히 연습했다는 것을 말한다.

실제로 비틀즈는 1960~1962년 사이 독일 함부르크에서 일주일 내내 하루도 쉬지 않고 매일 밤 8시간 이상씩 연주했으며, 앨범을 내기 전 이미 라이브 공연을 1,200번 이상 마쳤다고 한다. 이 정도의 라이브 공연은 보통 밴드들이 평생 해내기도 힘든 분량이다. 이러한 연습과 공연을 바탕으로 비틀즈는 1964년 첫 히트곡을 냈으며, 40년이 흐른 지금도 그들의 음악은 많은 사람의 사랑을 받고 있다. (KorMedi, 2008. 11. 25)

배울 때 제대로 배워야 한다. 어떤 작업이나 기술을 처음 배울 때 특히 그러하다. 작업장에서도 초보자가 몇 마디의 간단한 방법만 듣고 일을 하다가는 결과가 신통치 않다. 그래서 고참이 와 하던 것을 허물고 다시 하게 된다. 타이핑을 배울 때 두 손가락만을 사용하면 나중에는 고치지 못하게 된다. 그만큼 잘못된 습관을 바로잡는 것은 힘들다. 그 때문에 운동이나 악기를 배울 때에는 '폼'을 잡기 위해 수많은 시간을 할애한다.

이런 암묵기억의 하나의 특징은 우리가 논리적으로 그것에 대해 설명하는 것이 거의 불가능하다는 것이다. '우리가 그것에 대해 알고 있다'는 사실을 우리는 모르고 있기 때문이다. 그래서 앞의 시험문제에 왜 언뜻 생각난 그 답을 골랐는지 물어보면 대답을 할 수가 없다. 그리고 여러분이 어떤 중요한 의사결정을 내려야 할 때에도 제일 먼저 머릿속에 떠오르는 여러분의 대안이 있을 것이다. 하지만 이런 대안은 주로 부모님이나 친구 혹은 상사의 반대로 실행에 옮겨지지 못한다. 왜냐하면 이것도 여러분이 논리적으로 그들에게 설명할 수가 없기 때문이다.

일반 사람들에게 명료기억과 암묵기억의 구분은 별 의미가 없을 수도 있다. 하지만 암묵기억은 기억상실증에 걸린 사람들이 어떻게 생활을 유지해나갈 수 있는지에 대한 좋은 답이 된다. 기억상실증 환자들을 보면 어떤 사고 이후의 일들을 기억하는 데 어려움이 있다든지(순행성 기억상실증) 혹은 사고 이전의 일들을 기억하지 못하는 경우(역행성 기억상실증)가 있다. 하지만 공통적으로 이들은 일상생활에 필요한 일은 잊어버리지 않는다. 가령 밥을 먹는 것, 운전을 하는 것, 물건을 사는 것, 전화기를 사용하는 방법 등등은 잊어버리지 않는다. 기억상실증 환자들도 이런 행동들을 암묵적으로 기억하고 있기 때문이다.

기억을 잘하려면 — 기억술

아침에 아내가 남편에게 종이 한 장을 내밀었다. 퇴근할 때 시장에 들러 사와야 하는 물건의 목록이었다. 기억이 별로 좋지 못한 남편은 몇날 걸려 자기 나름대로의 독특한 기억술을 막 개발해냈다. 그는 자기의 기억술을 보여줄 수 있는 절호의 기회라 여겨 한번 보고는 아내 앞에서 종이를 찢어버렸다.…

…퇴근한 남편은 빈손이었다. 아내가 물어봤을 때 그는 사야 할 목록은 기억하고 있었으나 시장에 들르는 것을 잊어버렸다고 했다.

자신의 기억이 남보다 못하다고 느끼는 독자라면 이 부분을 유심히 봐주기 바란다. 기억을 어느 정도 증진시킬 수 있는 방법이 있다.

기억해야 할 것이 처음 장기기억에 들어갈 때 이것을 보다 효과적으로 정교화/조직화하는 것이 중요하다. 이것이 기억을 향상시키는 핵심 포인트다. 가령 다음 괄호 안의 단어가 시계라고 할 때 어느 문장에서 시계라는 단어가 가장 기억이 잘되겠는가?

1. 그는 ( )를 떨어뜨렸다.
2. 그 노인은 ( )를 떨어뜨렸다.

3. 그 노인은 절뚝거리며 방을 걷다가 (   )를 떨어뜨렸다.

내용이 복잡한 3번 문장에서 시계가 가장 기억이 잘된다. 단순히 외워서는 기억이 잘되지 않는다. 오히려 처리해야 하는 것이 복잡해질수록 단어 의미의 정교화를 위한 맥락이 풍부해지고, 복잡성이 클수록 인출단서로서의 문장의 효율성은 더 풍부해지게 된다.

하지만 그러한 정교화를 쓸 수 없는 경우라면 기억술을 활용하면 된다. 지금부터 이야기할 몇 가지 기억술은 기억재료에다 어떤 종류의 질서를 덧붙이는 것이다.

잘 자야 잘 기억한다

수면과 기억력 간의 상관관계는 많은 연구에서 입증됐다. 새로운 것을 배운 후 편안한 잠, 충분한 잠을 자지 못하면 기술은커녕, 새로운 사실적 정보마저도 뇌의 기억회로 속에 적절히 입력할 수 없다는 것을 심리학자들은 실험으로 증명해 보였다. 게다가 많은 종류의 기억정보를 머릿속에 입력하는 데 있어, 지능지수보다는 오히려 충분한 수면이 더 큰 변수가 될 수 있다고 지적한다. 심리학자들은 6시간 이상, 가능하면 8시간의 수면을 취해야만 한다고 주장한다.

한편, 미국 국립수면재단(www.sleepfoundation.org)에 따르면, 직장인의 35%는 졸음 때문에 작업능률이 떨어지며, 잠 부족으로 초래된 직접적 생산성 저하 비용은 1997년 한 해 미국에서만 180억달러(약 20조원)에 이르며, 계측에 잡히지 않은 실수나 위험, 건강상의 문제를 고려하면 피해는 엄청나게 늘어날 것이라고 한다.

그리고 옛 소련의 체르노빌 원전사고와 미국 스리마일 섬의 원전사고, 엑슨 발데즈호의 알래스카 기름유출사고, 우주선 챌린저호의 폭발사고 등도 잠을 잘 못잔 사람들의 실수에서 비롯했다는 해석(스탠리 코렌,『잠도둑들』, 황금가지)도 있다.

운율과 빨주노초파남보

가장 간단한 기억술은 우리가 보통 사용하는 운율이다. 노래가사를 종이에 적어서 외우면 기억하기도 어려울 뿐만 아니라 오래가지도 못한다. 그런데도 우리가 가사를 웬만하면 기억하고 있는 것은 멜로디와 함께 외우기 때문이다. 기독교 신자들이 구약과 신약의 66편을 순서대로 외울 수 있는 것도 노래로 외우기 때문이고 스님들이 불경을 암송할 수 있는 것도 리듬을 타기 때문이다. 이런 것 때문에 광고에서는 멜로디를 많이 사용한다. 지금도 중년 나이라면 "맛동산 먹고 즐거운 파티~"로 시작되는 CM송을 기억하는 사람들이 많다. 또 우리가 영어 알파벳 순서를 제대로 외우고 있는 것도 처음 배울 때 운율을 이용했기 때문이다. 지금 알파벳을 순서대로 기억해 보라. 그 운율이 떠오르지 않는가?

또 하나의 간단한 기억술은 기억해내야 할 내용을 단어나 문장으로 만드는 것이다. 이것은 학생들이 많이 사용하는 기억술이기도 하다. '빨주노초파남보', '태정태세문단세'가 대표적이다. 철자 하나는 내용이 무엇인지를 가리켜주는 안내판의 역할을 한다.

☈ 장소법

그러나 보다 내용이 복잡하고 분량이 많은 경우라면 이런 기억술로도 한계가 있다. 한 시간분의 연설문을 외워야 한다고 생각해 보라. 한 편의 연극을 여러분이 주인공을 맡아 공연한다고 생각해 보라. 기억해야 할 분량이 만만치 않을 것이다.

이럴 때 장소법을 쓰면 어느 정도 효험을 볼 수 있다. 이 방법은 우리가 기억해야 할 항목들을 우리가 익숙해져 있는 어떤 장소에 일치시키는 것이다. 예를 들어 여러분들이 집을 나설 때 보게 되는 앞집 대문, 전봇대, 세탁소, 계단, 슈퍼마켓, 버스정류장 등등에 기억해야 할 항목들을 일치시켜, 순서대로 그것들이 서 있는 것을 생각하면 항목들이 머리에 떠오르게 된다.

이 방법은 고대 그리스의 웅변가들이 많이 사용했다고 한다. 그들은 마음속에서 익숙한 장소를 걸어가면서 외워야 할 것과 일치시켰다. 연설을 할 때에는 자기가 걸어가고 있다고 생각하면 자연히 연설의 부분들이 떠오르게 된다.

> 영국의 웅변가라면 빅토리아 여왕 때 총리를 지낸 디즈레일리 (1804~1881)를 제일 먼저 꼽는다. 그는 하원에서 발언을 할 때 언제나 손에 메모지를 쥐고 가끔 그것을 훑어보곤 했다.
> 한번은 그가 메모지를 떨어뜨렸다. 한 의원이 그것을 몰래 주워 봤다. 그러나 그 메모지엔 아무것도 적혀 있지 않았다.

그러므로 배우가 대사를 줄줄 외우는 것도 알고 보면 크게 어려운 일은 아니다. 여기저기 움직이면서 대사를 외우기 때문이다.

▶ 카메라 앞에 달려 있는 자막기계 프롬프터. 이런 것이 있기 때문에 뉴스를 진행하는 앵커는 원고를 보지 않아도 된다. 연극 등에서 배우가 대사를 잊었을 때 관객 몰래 대사를 알려주는 사람을 프롬프터라 하기도 한다.

움직인다는 그 자체가 바로 기억을 불러일으키는 장소의 역할을 하고 있다. 대신 가만히 앉아서 하는 연기는 대사를 외우기가 어렵다. 그래서 임금 앞에서 머리를 조아리고 있는 '신하'는 방바닥에 써놓은 대사를 보기도 하며, 병실에 누워 있는 '환자'는 천장에 붙여 놓은 대사를 '커닝'하기도 한다. 들키지 않게 '커닝'을 해야 또한 훌륭한 연기자다.

카메라에만 시선을 고정한 채 한자리에서 뉴스를 진행하는 앵커라 하여 여러분들보다 뛰어난 기억력을 가지고 있는 것도 아니다. 카메라 앞에는 자막기계인 프롬프터가 있기 때문이다. 이것이 없다면 그들도 우리와 마찬가지로 원고와 카메라를 번갈아 바라볼 수밖에 없다.

🏃 베어 먹는 곰(bear)

또 하나의 기억술은 심상(이미지)을 활용하는 것이다. '의자', '인형', '깃발'이라는 단어 3개를 외울 때 글자를 적어놓고 외우는 것보다는 의자에 앉은 인형이 깃발을 들고 있는 심상을 떠올리면 훨씬 기억이 잘된다. 이것은 주로 외국어 학습에 많이 이용된다. 예를 들어 bear(곰)라는 단어를 기억할 때 곰이 무언가를 베어(bear) 먹고 있는 이미지를 상상하는 것이다.

10~20명의 사람들이 기억놀이를 할 때 이 방법은 아주 유용하다. '사과, 연필, 뱀, 택시 등등…' 외워야 할 목록이 열 개를 넘어서면 순서대로 외우기가 어렵다. 그러나 사람이 앉아 있는 순서대로 매치를 시켜 '영희는 사과처럼 빨간 입술을 가지고 있다', '철수는 공부도 못하는데 연필은 많다', '정환이는 뱀처럼 유연하다', '동호아버지는 택시기사다' 하는 식으로 외우면 한결 쉬워진다.

시중에 이런 것을 활용하여 영어단어를 학습하도록 되어 있는 교재들이 많이 있다. 이것은 실험적으로 효과가 있다고 확인된 사실이다. 자신의 이미지에 잘 맞지 않는 것들도 물론 있을 수 있겠으나, 꼭 책에 나와 있는 이미지가 아니더라도 자신이 개발하면 효과를 크게 볼 수 있다.

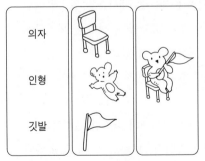

▶ 심상을 활용한 기억술. 심상 역시 기억을 증가시킨다. 글자로만 된 자극(좌)과 분리되어 있는 그림(중) 그리고 통합된 그림(우) 중에서 어느 것이 가장 기억이 잘되겠는가?

🏃 말뚝단어법

500자리의 숫자를 한 번 듣고 기억하여 기억력 부문에서 세계 기네스 기록을 보유하고 있는 유태인 에란 카츠는 2007년 우리나라에 온 적이 있는데, 회견장에서 불러준 임의의 단어 20개를 즉석에서 외워 보는 사람들을 놀라게 했다.

그는 'camera', 'interview', 'vice president' 등 청중들이 마구잡이로 부른 영어 단어 20개를 1~20번까지 번호를 붙여 칠판에 적고는, 곧바로 뒤돌아선 뒤 청중이 호명한 번호에 해당하는 단어를 모조리 알아맞혔다. 탄성을 자아내는 사람들을 향해 그는 그 비결을 말해줬다.

"저는 숫자마다 미리 특정 단어를 이름처럼 붙여놓습니다. 예를 들어 '12'라는 숫자에 제가 붙여놓은 단어는 '금속'(metal)인데요, 여러분이 12번으로 호명한 단어는 '편지'(letter)였지요? 그럼 저는 '금속 봉투에 넣은 편지'라는 식으로 조합해 머리에 저장합니다. 절대 잊을 수 없죠."

이 방법은 어떤 고정된 심상을 순서대로 미리 기억하고 있다가 이 심상에 외워야 될 항목을 포함시켜 또 다른 심상을 만드는 방법이다. 이 방법은 기억해야 할 항목을 순서대로 기억하는 데 유용하다. 따라서 이 방법은 순서가 정해져 있는 아라비아 숫자를 많이 사용한다.

가령 다음 그림에서와 같이 숫자의 모양과 비슷한 심상이라든가 숫자의 발음을 이용한 심상을 미리 외워놓은 다음 각 숫자에

숫자에 대한 이미지(1)

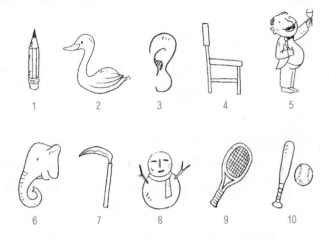

1 2 3 4 5

6 7 8 9 10

숫자에 대한 이미지(2)

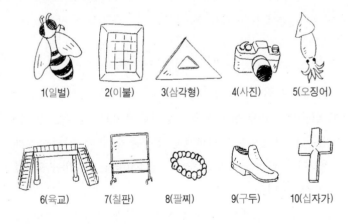

1(일벌) 2(이불) 3(삼각형) 4(사진) 5(오징어)

6(육교) 7(칠판) 8(팔찌) 9(구두) 10(십자가)

▶ 말뚝단어법. 외워야 할 것을 미리 정해놓은 심상에 대응시켜 또 다른 (혼합된) 심상을 만들어 외우면 기억이 잘된다. 이때 중요한 것은 일벌, 이불 같은 심상을 순서대로 분명히 기억하고 있어야 한다는 점이다.

맞는 이미지를 떠올려 기억해야 할 대상의 이미지를 여기에 결합시켜 나가면서 기억하는 것이다. 주의해야 할 것은 심상을 만들 때 구체적인 사물로 만들어야 한다는 것이다. 그래야 머리에 쉽게 떠오른다.

독일의 철학자 칸트는 '게으른 사람만이 메모를 한다'고 했다. 한물간 말이다. 시험을 본다거나 꼭 외워야 될 사항이 아니라면 메모하기를 권한다. 앞에서도 수차 언급했듯이 우리의 기억은 완전치 못하다. 쇼핑 갈 때 살 것들을 외워서 가면 한 가지라 할지라도 잊어버리는 것이 있다. 또 사소한 것들이 우리의 단기기억 속에 남아 있으면 다른 것을 받아들이지 못한다. 메모를 해서 쇼핑을 가고, 오고갈 때에는 가족이나 이웃을 생각해라.

어, 그랬던가? ― 기억의 재구성

영국의 정가이자 탐험가인 월터 롤리(1552 ~1618)는 대역죄로 몰려 런던탑에 갇혀 있는 동안 『세계사』를 집필했다. 제1권을 끝내고 제2권 집필에 들어간 어느 날, 우연히 창밖을 내다보고 있는데 큰 패싸움이 벌어지고 있었다. 그 패싸움을 처음부터 끝까지 그는 자세히 관찰했다.

▶ 월터 롤리의 『세계사』 제1판 표지를 기초로 Simon Pass가 제작한 동판화(1614). (자료 : 브리태니커)

그러나 다음날 또 다른 목격자의 얘기를 들은즉, 자기가 정확히 봤다고 생각한 것과 전혀 달랐다. '당장에 내 눈으로 본 것도 분명치 않은데 어떻게 먼 옛날의 진실을 알아낼 수 있겠는가.' 이렇게 생각한 그는 모든 원고를 불태워 없앴다. 이래서 그의 세계사는 미완성으로 끝났다.

'인수가 동수를 때렸다'는 말을 듣고 나서 나중에 똑같이 기억해 보라 하면 '동수가 인수를 때렸는지', '동수가 인수에게 맞았는지', '인수가 동수를 때렸는지', '인수가 동수에게 맞았는지' 잘 모른다. 또 '옆집 개가 고양이를 쫓아가다가 트럭에 치여 죽었다'는 이야기를 듣고 난 후 나중에는 '옆집 개가 길을 건너다가 죽었다'고 기억한다. '술집에서 콜라병을 깼다'는 말을 들으면 우리들 대부분은 나중에 술병을 깼다고 기억한다.

우리는 보다 완전한 기억을 위해 상식을 이용하거나 고정관념 혹은 우리가 미리 짜놓은 도식에 맞춘다. 이렇게 재구성한 기억은 세상을 이해하려는 욕구의 산물이기도 하지만, 범인식별과 같은 환경에서는 생사람을 잡는 부작용을 낳기도 한다.

TV의 오락 프로그램 내용 중에 한 이야기를 들은 사람이 그 다음 사람에게 이야기를 전달하면서 여러 사람을 거치는 놀이가 있다. 첫 이야기와 나중 이야기가 상당부분 달라지는 경우가 대부분이다. 이것은 이야기 내용이 자신이 가지고 있는 어떤 틀과 맞지 않으면 내용을 삭제하거나 혹은 지나치게 확대시켜 새로운 내용을 첨가하기 때문이다. 즉 우리가 정보를 저장할 때 혹은 정보를 끄집어낼 때 기억을 재구성한다는 이야기다.

영국의 심리학자 바틀릿은 전설과 상징의 내용이 많은 미국 인디언의 이야기인 "유령의 전쟁"을 이용하여 다음과 같이 재구성 기억에 대한 실험을 했다. 실험에 참가한 피험자의 대부분은 케임브리지 대학의 학생들이었다. 다음 이야기가 열 사람을 거친 뒤에 어떻게 바뀌었는지 비교해보라.

어느 날 밤 에귤랙의 두 청년이 강으로 물개사냥을 나갔다. 주위는 안개가 자욱하고 조용했다. 그때 그들은 함성소리를 들었다. 두 청년은 한판 싸움이 벌어질 것 같다고 생각하여 강가로 도망가 통나무 뒤에 숨었다. 그때 여러 대의 카누가 올라오는 것을 보았고 노 젓는 소리도 들었다.

그중 한 대의 카누가 두 청년에게 다가왔다. 그 카누에는 다섯 사람이 타고 있었는데, 그들이 두 청년에게 말했다. "당신들을 데리고 가고 싶은데 어떻소? 우리는 강을 거슬러 올라가 전쟁을 할 작정이오." 한 청년이 말했다. "나에게는 화살이 없소." 그러자 카누에 탄 사람들은 "화살은 카누 안에 얼마든지 있소"라고 대답했다.

이 청년은 다시 말했다. "난 가지 않겠소. 죽을지도 모르지 않소. 또 내가 간다면 나의 동족들은 내가 어디로 갔는지 모르지 않겠소? 하지만 너는…"라고 하며 옆의 청년을 보며 말을 계속했다. "이 사람들과 가고 싶으면 가렴."

이렇게 해서 한 청년은 카누에 탄 사람들과 함께 싸움을 하러 가고 다른 청년은 집으로 돌아왔다.

카누를 탄 일행은 계속 강을 거슬러 올라가 반대편의 마을로 갔다. 그러자 그 마을 사람들이 강으로 내려왔고 전투가 시작되었다. 많은 전사자들이 생겼다. 청년은 "자, 이제 서둘러 집으로 돌아가자. 저 인디언이 화살에 맞았어"라고 말하는 소리를 들을 수 있었다.

그제서야 그 청년은 '아! 저 사람들은 유령이었구나'라고 생각했다. 이 청년은 아무런 통증을 느낄 수 없었는데도 카누에 탄 사람들은 이 청년이 화살에 맞았다고 말했다.

카누에 탄 사람들은 에귤랙으로 되돌아왔다. 싸움에 참가한 청년은 카누에서 내려와 집으로 와 불을 밝혔다. 그러고 나서 동네사람들에게 "여러분! 나는 유령들과 함께 전투에 참가했습니다. 우리편

섬광전구기억(flashbulb memory)

1994년 김일성 사망소식을 처음 들었을 때 당신이 무엇을 하고 있었는지 기억해보라. 성수대교가 붕괴되던 때나 삼풍백화점이 무너졌을 때, 국보 1호 남대문이 불타 없어지던 모습이 텔레비전으로 생생하게 중계될 때 여러분은 무엇을 하고 있었는지 기억해보라. 혹은 당신에게 큰 충격을 주거나 대단히 의미 있는 사건(차 사고, 부모의 부음, 졸업식, 결혼식 등)을 기억해보라. 그날이 생생하게 떠오를 것이다.

어떤 사건과 그와 관련된 상황들을 오랜 시간이 지나도 생생하게 기억해낼 수 있는 것을 섬광전구기억이라고 한다. 그러한 기억은 카메라 플래시가 터질 때 찍은 사진과 같이 생생하게 기억이 된다. 즉 그런 사건들이 머릿속에 '인쇄'된다. 그래서 다큐멘터리 프로그램을 보면 오래된 굵직굵직한 사건에 대해 여러 명의 증인들이 나와 당시의 상황을 생생하게 증언하기도 한다.

연구자들에 의하면 그렇게 놀랍고 정서적으로 강력한 사건은 심적 플래시를 터뜨리게 만들어 평소에는 너무나 당연해서 언급할 가치가 없는 세부 사항까지 전체 장면을 기억하게 된다는 것이다. 그 때문에 그날 날씨는 구름이 끼고 우중충했다거나 담배 한 갑을 들고 있었는데 그것을 떨어뜨렸다는 것까지 기억할 수 있다는 것이다.

하지만 섬광기억은 정확하지 않다는 것이 확인되고 있다. 섬광기억의 가장 큰 특징은 대부분의 사람들이 기억할 정도로 그 사건이 크고 중요하다는 것인데, 그 사건을 기억하고 있는 많은 사람들이 다른 사람과의 대화 등을 통해 자주 이야기하고 반복적으로 접하게 되므로 기억이 잘 된다는 것이다. 따라서 많은 연구자들은 섬광기억이 머릿속에 설치되어 있는 가상적인 플래시에 의존한 것이 아니라 빈번한 시연과 반복적인 인출에 의한 재구성의 산물이라고 본다.

용사도 많이 죽었고 우리를 공격했던 적들도 많이 죽었습니다. 그들은 내가 화살에 맞았다고 말했지만 난 전혀 통증을 느끼지 않았습니다"라고 말했다.

이 모든 것을 말하고 난 다음 청년은 조용해졌다. 태양이 떠올랐을 때 청년은 쓰러졌다. 청년의 입에서는 검붉은 무엇인가가 흘러나왔다. 청년의 얼굴은 일그러졌다. 사람들은 놀랐고 울음을 터뜨렸다. 그 청년은 죽었다.

열 번째 사람은 이 이야기를 다음과 같이 기억했다.

두 명의 인디언이 만파파 만으로 물개사냥을 나갔다. 그 때 한 대의 배를 타고 다섯 명의 다른 인디언들도 같이 왔다. 그들은 전투를 하러 가고 있었다.

"우리와 함께 싸우러 가겠소?"라고 다섯 명의 인디언들이 두 명의 인디언에게 물었다. "나는 부양해야 할 어머니가 집에 계시기 때문에 못 가겠소"라고 두 인디언 중 한 명이 말했다. 옆에 있던 다른 인디언도 무기가 없어서 갈 수 없다고 말했다.

"그런 건 문제가 되지 않소. 배 안에는 화살이 많이 있소"라고 다섯 명의 인디언들이 말했다. 그래서 한 사람은 배를 타고 전투에 참가하러 다섯 명의 인디언들과 함께 떠났다.

전투가 시작되었고 곧 그 젊은 인디언은 치명상을 입었다. 자신의 종말이 다가오고 있음을 알고 그 인디언은 자신이 죽으려 한다고 외쳤다. 다른 사람들은 "쓸데없는 소리, 당신은 죽지 않을 것이오"라고 말했다. 그러나 그 인디언은 죽었다.

열 사람을 거치는 동안에 이야기 내용이 바뀌어 버렸다는 것을 알 수 있다. 원문에는 유령 이야기를 하고 있으나 나중 이야기에는 유령에 대한 언급이 전혀 없다. 이야기 속의 마을이름(에귤랙)은 거의 등장하지 않으며 카누는 단순한 배로 인식되었다. 자기의 문화권에 친숙하지 않은 세부사항들이 무시되거나 왜곡된 것이다.

또 원래 이야기는 주인공들이 물개를 사냥하는 것이었는데, 많은 사람들이 그것을 낚시라는 친숙한 활동으로 묘사했다. 어머니를 부양해야 하기 때문에 전투에 참가할 수 없다는 이야기도 원문에는 나오지 않는다.

실험에 참가한 사람들은 자신이 이야기를 바꾸어버렸다는 것조차 몰랐다. 즉 사실 그대로가 아니라 기억된 대로 이야기를 전하는

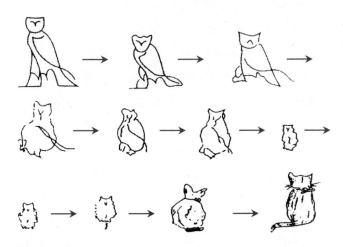

▸ 바틀릿(Bartlett)이라는 영국의 심리학자는 한 피험자에게 독수리 그림을 보여주고 '그대로' 그려보라고 했다. 그리고 이 피험자가 그린 그림을 다른 피험자에게 보여주어 '그대로' 그려보도록 했다. 이렇게 10번을 반복했을 때 그 그림은 더 이상 독수리 그림이 아니었다. 그것은 고양이가 되어 있었다. 사실 그대로 그리는 것이 아니라 기억된 대로 그리는 것이었다.

것이었다. '옆집 개가 고양이를 쫓다가 트럭에 치여 죽었다'는 것도 '고양이를 쫓는 것은 개의 습성이고, 트럭에 치여 죽었다면 길을 건너고 있었을 것이다'라고 추론한다. 따라서 '고양이를 쫓아간 것'이나 '트럭에 받힌 것'은 잊어버리고 길을 건너다 죽은 것으로 기억에 남게 된다.¶ 요약하면 우리가 갖고 있는 사회적·문화적 사고방식에 맞게 기억을 다시 짜맞춘다는 이야기다.

🏃 목격자 증언은 정확하지 않다

기억을 다시 짜맞춘다는 것은 일상생활에서 중요한 결과를 초래하기도 한다. 특히 법정에서의 목격자 증언이 사실에 바탕을 둔 것이 아니고 기억을 짜맞추어서 이루어진다면 예상치 않은 결과를 초래하기도 한다. 실례를 보자.

법정증인보복살인범 김○○(26)이 범행 27일 만에 ××시의 한 야산에서 목맨 시체로 발견됐다. 발견될 당시 김은 깨끗한 겨울옷 차림이었으며 높이 3m의 참나무에 비닐끈으로 목을 맸다. 국립과학수사연구소의 부검에서 김은 숨진 지 7~10일이 지난 것으로 추정됐다.

김은 자신의 성폭행 범죄에 불리한 증언을 한 사람을 찾아가, 그가 없자 그의 외아들과 놀러온 아들의 이웃 친구를 살해하고 부인

¶ 한편, 실생활에서는 이야기를 전달해준 사람과 그 이야기가 시간이 지남에 따라 분리되어 내용만 남고 이야기 전달자를 잊어버린다. 그래서 친구에게 자기가 들은 재미있는 이야기를 해줬을 때 그 친구가 "그거 내가 해준 이야기잖아"라고 하여 무안했던 경험이 있을 것이다.

을 중태에 빠뜨리고 달아났었다.

　이 사건으로 증언과 관련된 사람 여러 명이 경찰에 보호요청을
하는가 하면, 보복을 우려해 증언을 하지 않으려는 분위기가 확산됐
다. 또 격투 끝에 강도를 붙잡은 시민이 보복을 우려해 자신의 신분
을 숨기는 바람에 '용감한 시민상'을 표창하려는 경찰이 그의 소재
를 파악하느라 한바탕 해프닝을 벌이는 사태도 벌어졌다.

– 동아일보, 1994. 11. 7

　설사 자신에게 불리한 증언을 했다 하더라도 그것이 사실이라
면 이렇게까지 끔찍한 범행을 저지르기 어려울 것이다. 그렇기에
어찌 보면 증인이 어느 정도, 아니면 상당부분 과장되거나 잘못된
증언을 하지 않았을까 하는 의구심도 들게 된다.

　다음 이야기를 한번 보자. 목격자 증언의 허구성을 알아내기
위한 실험에 한 남자와 두 여인이 등장한다.

　두 여인이 버스정류장에 들어가 가방을 벤치에 놓았다. 그러고
나서 주의를 기울이지 않은 채 버스시간표를 확인하고 있었다. 그때
한 남자가 들어와서 그 가방에 손을 대고서는 무엇을 자기 코트
밑으로 챙겨 넣은 다음 지나갔다. 두 여인 중 한 여인이 가방이
있는 곳으로 와서 내용물을 체크하다가 녹음기를 도난당했다고 말
했다.

　많은 목격자들은 잃어버린 녹음기에 대하여 색깔, 크기, 모양 등
상세하게 기술했다. 그러나 사실 가방에 녹음기는 원래 없었다.

▶목격자의 진술을 토대로 그린 범인의 몽타주. 뒷면에 그의
  사진이 있다. (사진 : Baddeley(1997))

　목격자는 사건의 여러 정황에 대해 상당한 확신을 갖고 있다.
그러나 사건은 증언을 해야 하는 시점으로부터 오래전에 일어난
것이다. 그렇기 때문에 세부적인 내용은 희미해진다. 이렇게 희미
해진 부분을 목격자는 자신도 의식하지 못하는 사이에 자신이
세운 가정에 맞도록 추론하여 채워 넣는다.

　그 결과로 생사람을 잡을 수도 있다. 자기 눈을 과신한 목격자
때문에 2만 5천원을 훔쳤다는 누명을 써 9개월의 옥살이를 한
새신랑이 있는가 하면, 3년 6개월 만에 살인혐의를 푼 20대 여인도
있다. 또 안타깝게도 11년간의 억울한 옥살이를 비관하여 자살한
사람도 있다. 먼 나라 이야기가 아닌 우리나라 이야기다.

　또 어떤 식으로 목격자를 심문하느냐에 따라 증언에 오류가

생겨날 수도 있다. 차가 충돌하는 비디오테이프를 똑같이 보고도 '두 차가 부딪칠 때 차의 속도가 얼마였는가?'라고 물을 경우와, '두 차가 정면충돌할 때 차의 속도가 얼마였는가?'라고 물을 때 그들이 말하는 차의 속도가 다르다. 또 실제로는 유리창이 깨지지 않았음에도 불구하고 정면충돌의 경우엔 유리창이 깨졌다고 말한다.

뒤에서 보게 되듯이 우리가 보고 들을 때에도 왜곡이 생기고 기억할 때에도 왜곡이 생긴다. 역시 과신은 금물이다.

▶ 당신이 생각한 범인과 닮아 보이는가?

망각

망각(forgetting)은 인지심리학과 학습심리학에서
다루는 기억과 분리하여 설명할 수 없다.
학습곡선이 바로 망각곡선이듯이 망각은 기억의
연장선상에 있기 때문이다.

남편의 직장이 바뀌었다. 1년 6개월 동안 세 들어 살던 집에서 다른 도시로 이사를 가게 되었다. 이삿짐을 트럭에 모두 실은 남편은 집주인에게서 받은 전세금을 봉투에 넣어 부인에게 주고 처제의 승용차로 뒤따라오게 한 후 출발했다. 부인은 4개월 된 아들을 안고 차에 올라타면서 돈봉투를 승용차 지붕 위에 놓아둔 사실을 '깜빡' 했다. 돈은 인근 도로에서 흩어졌다.

왜 사람들은 잊어버릴까? 물론 단기기억에서의 처리용량은 7 내외이고, 또 오래 지속되지 못하기 때문에 잊어버리는 것은 당연한 것처럼 보인다.

그러나 분명히 알고 있던 것도 잊어버린다. 기억해야 할 것은 잊어버리고 잊어야 할 것은 기억하는 게 인간이라지만, 꼭 기억해야 할 것을 잊어버린다면 당장 어려움에 처하게 된다. 아내생일을 잊어버리면 다음날 반찬이 형편없어진다. 그이의 이름을 '깜빡'하면 애정전선에 구멍이 생길 수도 있다.

왜 잊어버릴까? — 망각의 4가지 이유

망각의 이유에 대해 네 가지 중요한 설명이 있다. 모두 그럴듯하게 보인다.

🦌 쇠퇴이론

첫 번째는 시간이 지날수록 기억이 나빠진다(decay)는 단순한 설명(쇠퇴이론)이다. 이 이론에 의하면 기억은 중추신경계에 어떤 변화를 일으켜 기억흔적을 남기게 되는데, 이 기억흔적은 사용하지 않으면 시간의 경과에 따라 점차 희미해져 가고 결국에는 사라지게 된다는 것이다. 바위에 새겨진 글자가 시간이 지날수록 뭉개져 사라지듯이, 생생한 기억이 시간이 지날수록 희미해져 간다는 것이다. 그러므로 이러한 망각은 부호화나 인출 단계에서 일어나는 것이 아니라 저장 단계에서 일어난다.

이 이론은 그럴듯해 보이고 당연해 보이는 이론이다. 우리가 이전에 사용했던 전화번호를 시간이 흐를수록 기억하기 어려운 것이라든가 초등학교 때 친구의 이름을 기억하는 것이 어려운 것은 이런 이유 때문인 것처럼 보인다. 하지만 이 이론은 너무나 당연해 보여 과학적으로 검증하기가 쉽지 않다.

또 많은 연구에서 수면이 기억을 증진시킨다고 한다. 즉 같은 목록을 외우게 한 후 일상적인 일을 하도록 하여 일정 시간 재우지 않은 집단보다는 목록을 외운 후 일정 시간 잠을 자게 한 경우의 회상률이 더 높다는 연구를 보면, 동일한 시간이 지났지만 망각의 정도에는 차이가 있는 것이다. 이 때문에 실험적으로 검증할 수 있는 다른 설명들이 나타나게 되었다.

🏃 간섭이론

두 번째는 간섭(interference) 때문이라는 것이다(간섭이론). 이 것은 어떤 정보가 방해를 하기 때문에 다른 정보를 잊어버린다는 것이다.[1] 주로 정보들이 서로 비슷한 경우에 한정된다. 예를 들어 여러분이 다른 동네로 이사를 갔다고 하자. 이사한 지 얼마 안 되었을 때 가끔 옛날집으로 가는 버스를 타기도 했을 것이다. 이것은 이전의 정보(옛날집)가 새로운 정보(새집)의 망각을 가져온 것이다. 또 얼마 지나다 보면 옛날집의 주소를 잊어버리게 된다. 이것은 새로운 정보가 이전의 정보를 잊어버리게 하는 것이다.

아이디와 비밀번호를 바꾸었을 때 겪는 불편함도 이런 간섭 때문이다. 바꾼 지 얼마 되지 않았다면 이전 것과 새것이 헷갈리게 된다. 그래서 이전 것으로 로그인하려다 실패하는 경우도 생기게 되고, 새것으로 로그인하다 보면 이전 것이 점차 잊혀진다.

---

[1] 수면이 기억에 도움이 되는 이유 중의 하나도 수면 중에는 간섭을 받지 않기 때문이다. 그 때문에 밤을 새우는 벼락치기 공부가 더 나은 성적을 보장하는 것이 아니다.

이런 간섭은 망각에만 해당하는 것은 아니다. 외국어나 운동을 배울 때에도 간섭으로 인해 제대로 배우지 못하는 경우가 있다. 영어와 독일어를 비슷한 시기에 처음으로 공부한다고 가정해보자. 헷갈린다. 또 탁구와 테니스를 배울 때에도 어려움을 겪을 수 있다. 탁구의 경우에는 라켓으로 살짝 갖다대기만 해도 공이 넘어가지만 테니스의 경우에는 바로 앞에 떨어져버린다. 역시 헷갈린다.

한곳에 너무 정신을 팔면 다른 쪽에서는 정신이 나가게 된다. 이 때문에 간섭이 일어나기도 한다. 그래서 연구에 몰두한 뉴턴은 계란을 삶는다는 것이 시계를 대신 넣은 일화가 있고, 많은 사람들이 집에서 전화를 한다는 것이 TV리모컨을 들고 번호를 눌렀다는 이야기도 있다. 우스운 이야기지만 웃을 수가 없다. 현대 사회는 정보로 홍수를 이루고 있는 시대이고, 우리는 이 물결에서 헤엄을 치면서 살아야 한다. 넘쳐나는 정보들을 제대로 분류하여 구별하고 조직화를 해놓지 않으면 이처럼 간섭현상으로 헷갈리게 된다.

🏃 인출실패이론

세 번째는 머릿속에 기억이 있기는 하나 어디 있는지 몰라 끄집어내지 못하는 것이 망각이라는 설명(인출실패이론)이다. 가령 도서관에서 찾으려는 심리학 책이 법학서적 쪽에 섞여 있다면 찾기가 어렵다. 그러나 법학서적을 찾으러 갔을 때에는 우연히 그 심리학 책을 찾을 수 있는 것과 같은 이치다(그러므로 어떤 것이 생각날 듯 말 듯할 때에는 계속 그것만 생각하기보다는 다른 것을 생각하면 떠오르는 수가 있다).

이런 경험이 있을 것이다.

　　하루는 뭔가 살 것이 있어 집을 나와 가게로 갔는데, 막상 가게에
　도착해서는 뭘 사려고 했는지 도저히 생각이 나지 않았다. 다시
　집으로 오니 그것이 생각이 났다.

　가게로 걸어가면서 여러분은 아마 다른 것을 생각했을 것이다.
그래서 집에서의 기억은 단기기억의 한정 때문에 사라지거나, 아
니면 장기기억으로 넘어가게 된다. 이 경우 집은 여러분이 하려고
했던 것을 기억하게 해주는 단서나 신호가 된다. 그러나 가게는
그 역할을 하지 못한다. 그래서 가게에서는 그 생각이 나지 않지만
집으로 가면 다시 생각이 나게 되는 것이다.
　이런 단서나 신호는 장기기억의 인출에 중요한 역할을 한다.
집에서 공부를 하고 교실에서 시험을 보면 답이 잘 생각이 나지
않는 경우가 있다. 이것은 집과 교실의 분위기가 같지 않아 기억하
고 있는 것을 제대로 뽑아줄 만한 단서가 없기 때문이다. 그러므로
교실에서 공부하면 집에서 공부하는 것보다 나은 성적을 기대할
수 있다. 운동선수들에게만 현지적응훈련이 필요한 것이 아니다.
　또 며칠 전 친구와 차를 마실 때 그가 나에게 무엇인가를 부탁
했는데 기억이 나지 않다가 오늘 그와 다시 그 찻집에서 만났을
때 '아차'란 말과 함께 그것이 생각난다. 찻집이 인출단서의 역할
을 하기 때문이다.
　이 설명에 따르면 기억은 잊어버릴 수가 없다. 머릿속 어디엔가
'머리카락이 보이지 않을 정도로' 꼭꼭 숨어 있는 것이다. 그러나

다른 정보가 방해를 한다든가(간섭) 정서적인 상태로 인해 생각이 나지 않는 것이다. 그리하여 안타깝게도 여러분들이 시험을 치를 때나 친구를 오랜만에 만났을 때 정답이라든가 친구의 이름이 생각나지 않는 경우를 경험했을 것이다. 기억이 날 듯하다가도 목에 걸리고 입안에서 맴돈다(설단현상, 129면 참조).

점이라든가 별자리 운세가 맞아 보이는 이유도 알고보면 마찬가지다. '당신은 풍부한 상상력과 재치 있는 판단력, 그리고 부드럽고 따뜻한 마음의 소유자입니다. 타인과의 경쟁이나 다툼보다는 양보하는 미덕을 갖고 있으나 간혹 변덕스런 면이 조금 있습니다.' 이런 점괘나 운세를 듣게 되면 우리는 장기기억에서 그와 일치하는 것을 찾아낸다. 보통사람이라면 그런 경험과 일치하는 것은 얼마든지 있기 때문이다. 점쟁이의 말이 인출단서의 역할을 하고 있고, 또 이런 모호한 운세들은 많은 사람들에게 공통적으로 해당되기 때문에 개개인에게는 정확하다는 착각을 일으킨다(바넘효과).

▶ 바넘효과(barnum effect) : 신문에 실려 있는 오늘의 운세가 맞아 보이는 것은 바넘효과 때문이다. 바넘효과는 점성술적인 성격묘사에서처럼 대부분의 사람들이 일반적인 묘사를 믿거나 개인적으로 그것을 받아들이는 경향성을 말한다. 바넘(P.T. Barnum, 1810~1891)은 미국의 서커스를 지상 최대의 쇼로 만든 흥행술사다. 그는 나이 든 흑인 여성을 소개하면서 조지 워싱턴 장군의 무려 161세 된 간호사라고 속여 성공을 거두기도 하고, 물고기 몸에 사람 머리 모양을 붙여 만들어 피지 인어라고 박물관에 전시하기도 했다. 스스로를 '사기의 왕자'라고 부른 그는, "모든 사람은 한순간 멍청이가 된다"는 말을 남겼는데, 이 말에서 바넘효과라는 말이 나왔다.

　중년의 기억이 어린아이의 기억보다 느리고 성능이 떨어져 보이는 것도 인출실패이론에 따르면 하등 문제가 되지 않는다. 커다란 창고에 물품이 10개 있을 때와 10,000개 있을 때 어느 경우에 필요한 것을 쉽고 빨리 찾을 수 있는지 생각해보라. 어린아이는 경험과 지식이 그리 많지 않으므로 창고에서 쉽게 필요한 기억을 찾을 수 있지만, 경험과 지식이 많은 중년은 훨씬 많은 기억재료에서 찾아야 하기 때문에 시간이 걸리는 것이다. 나이가 들어 기억력이 쇠퇴한 것이 아니라 그만큼 경험과 지식이 풍부해졌다는 뜻이다. 그러나 인출단서가 부족하거나 다른 정보가 방해를 한다든가(간섭) 정서적인 상태로 인해 생각이 나지 않는 것이다.

　그 때문에 나이 든 사람들은 퀴즈 대회에 나갈 때 젊은이들보다 불리하다. 인출에 걸리는 시간이 그들보다 길기 때문이다. 머리 구석구석을 찾아보면 답을 찾을 수가 있지만, 부저를 빨리 누른 사람한테 우선권이 주어지는 퀴즈 대회에서는 젊은이에 비해 핸디캡이 있을 수밖에 없다.

　달력의 빨간 날짜도 인출단서가 된다. 민족적으로나 국가적으로 잊어버리지 말아야 할 날은 기념일로 정해져 빨간색으로 표시된다. 빨갛게 표시된 달력의 날짜는 그날이 무슨 날인지를 알려준다.

　뿐만 아니라 여러분이 달력에 아무런 메모 없이 동그라미만 쳐놓았다 하더라도 무슨 날인지 알 수 있는 것도 동그라미 쳐진 날짜가 '술래의 눈에 보이는 머리카락'의 역할을 하기 때문이다. 그래서 숨어 있는 의미를 찾아내 그날이 그이의 생일인지, 제삿날짜인지, 만난 지 백일 되는 날인지를 알 수 있다.

🏃 동기적 망각이론

　네 번째의 동기적 망각이론은 좀 흥미롭다. 사례를 보자.

　일본의 다나카 전 수상은 총리 재임중의 부정(록히드 사건)으로 체포됐다. 자기에게 유리한 진술은 '컴퓨터 달린 불도저'라는 별명답게 잘 해냈다. 검사가 뇌물을 준 업자를 대라고 다그치자 전 수상은 고개를 저으며 기억이 나지 않는다고 발뺌했다.

검사가 되받아 말했다. "아까 자신에게 유리하게 진술하신 것도 확실한 기억이 아니었군요." 순간 전 수상이 쥐고 있던 만년필이 바닥에 굴러떨어졌다.

이 설명(동기적 망각이론)에 따르면 우리가 기억하기 싫은 것들, 예컨대 고통스럽거나 위협적인 것, 불쾌한 것, 좋지 못한 기억 등을 의도적으로 잊어버린다는 것이다. 누군가와 만날 약속을 해 놓고는 깜빡 잊어버리고 있다가 약속시간이 지나서야 생각이 난 경우가 있을 것이다. 이것은 그 약속을 잊지는 않았으나 그와 만나기 싫은 동기가 있기 때문에 생각나지 않는다는 것이다. 예상하다시피 이 설명은 프로이트가 주장했다.

프로이트는 다음과 같은 자신의 예를 들었다. 자기 남편이 누구인지를 '까먹은' 여자가 불행한 결말을 맞았다는 이야기다.

나는 언제인가 젊은 부부의 초대로 손님으로 갔는데, 그 부인이 웃으면서 말하는 것을 듣게 되었다. …신혼여행에서 돌아온 다음날 그녀는 그의 언니를 불러서 함께 쇼핑을 갔다. 그녀의 남편은 출근하고 없을 때였다. 갑자기 그녀는 거리 저쪽 편에 있는 어떤 남자를 보게 되었는데, 그녀는 언니의 옆구리를 찌르며 말했다. "저기 좀 봐, K씨가 가고 있네."

그녀는 그 사람이 자기 남편이라는 사실을 잊어버리고 있었다.

나는 이 이야기를 들으면서 오싹하는 느낌이 들었지만 더 이상의 추리는 하지 않았다. 몇 년 후에 이 결혼이 대단히 불행한 결말을 가져왔다는 말을 들었을 때 이 이야기가 다시 떠올랐다.

동기적 망각은 보통사람들보다도 정치인이나 고위 관료들의 망각현상을 가장 잘 설명해주고 있다. 5공청문회, 12.12나 5.18 수사 때에는 이런 종류의 기억장애를 가진 사람이 수없이 출현했고, 각종 청문회에 불려나오는 고위 관료들도 같은 증상으로 시달림을 받는다.

그러나 꼭 위의 이유만으로 기억을 잊어버리는 것은 아니다. 어떤 돌발적인 사태로 인하여 기억장애가 생길 수도 있다. 대표적인 것이 기억상실증이다.

내가 누구죠? — 기억상실증

기억상실증(amnesia)은 뇌손상으로 인해 생기는 망각이다. 간혹 드라마에서 넘어지거나 머리를 맞아 뇌에 충격이 가해진 후 기억을 잊어버리는 이야기가 나오는데, 이것이 기억상실증이다. 기억상실증에는 두 가지가 있다. 하나는 사고가 나기 이전의 사건들을 기억해 내지 못하는 경우(역행성 기억상실증)다. 예를 들어 교통사고로 머리를 다친 환자가 사고 이전의 일정한 기간 동안의 일을 기억하지 못한다든가, 전기충격이나 인슐린 같은 약물충격을 받고 나면 그 이전의 일을 생각해내지 못하는 경우가 그 예다.

일반적으로 충격이 심할수록 망각되는 기간이 길어진다. 때로는 충격이 심하여 자신의 이름이나 가족, 주소 등 과거를 완전히 망각하기도 한다. 그래서 자기가 누구인지, 어디에 살았는지도 모른다. 그러나 대부분의 경우 기억상실의 증세가 심하더라도 며칠 또는 몇 주가 지나고 나면 사고 이전에 일어났던 일들을 대부분 기억해낼 수 있다. 또한 일상생활에 필요한 여러 일들, 예를 들어 밥 먹고 옷 입고 운전하는 일들은 잊지 않는다. 그리고 자신이 살던 동네로 데리고 가든가 친구들을 만나게 해주는 등 적절한 단서를 주면 대부분 기억해낼 수 있다. 그러므로 역행성 기억상실증은 장기기억에 저장된 내용이 상실됐다기보다는 기억의 인출과정에서 혼란이 생긴 것이라고 볼 수 있다.

나머지 하나는 사고가 난 후에 일어난 일들을 기억해내지 못하는 것이다(순행성 기억상실증). 순행성 기억상실증은 역행성 기억상실증이 심한 사람들에게서 나타나는 경우가 많다. 이는 뇌손상으로 인해 기억체계가 파괴되어 효율적으로 작용하지 못하기

▶ 사고 이후의 일을 기억 못하는 순행성 기억상실증을 다룬 영화 〈첫키스만 50번째〉(좌)와 사고 이전의 일을 기억 못하는 역행성 기억상실증을 다룬 영화 〈본 아이덴티티〉

때문에 일어난다.

기억상실증 정도까지는 아니지만 일상생활에서 많이 깜빡하기도 한다. 바로 건망증이다.

내 아들 어디 있지? —건망증

나가시마 시게오는 일본의 야구팬들로부터 가장 많은 사랑을 받는 감독(전 자이언츠 감독)이다. 이 감독은 건망증과 관련된 일화가 많다. 거리에 차를 주차하고 일을 마친 후 차를 내버려두고 택시로 귀가하여 경찰이 집까지 차를 갖다주기도 했으며, 불펜에서 몸을 풀고 있던 선수는 잊어버리고 벤치에 앉아 있던 투수를 등판시키기도 했다. 아들이 초등학교 시절 함께 놀러 갔다가 혼자만 집으로 돌아와 아들을 찾아 헤맸다는 일화는 아직도 유명하다.

중년기에 들어서면서 건망증을 호소하는 사람들이 많다. 매일 쓰는 물건을 어디 두었는지 모르고, 보고 들은 것도 그 내용이 무엇인지 생각나지 않아 애를 먹게 된다. 또 예전 일들은 생각이 잘 나는데 최근에 일어나거나 배운 일은 좀처럼 기억하기 어려워진다.

특히 중년 주부들의 건망증이 심한데, 거의 대부분 심리적인 요인과 폐경 등 신체 변화가 원인이다. 점점 늙어가면서 아름다움의 상실에 대한 불안감, 가족 중에서 혼자만 낙오되는 듯한 위기감, 경제적인 문제로 인한 스트레스 등이 건망증을 악화시키는 요인으로 꼽힌다. 그로 인해 우울증 등 정서불안도 초래되기도 한다.

또 모든 것이 디지털화되면서 '디지털 치매'로 어려움을 겪는 경우도 늘고 있다. 디지털 치매는 휴대폰이나 컴퓨터, 계산기 등의 사용이 많아지면서 자신이 외워야 할 것들을 기기에 의존하면서 기억력이나 계산능력이 크게 떨어진 상태다. 갑자기 간단한 암산이 안 되거나, 휴대폰 단축번호의 사용으로 누군가의 전화번호가 기억나지 않고, 노래방 기기의 등장으로 가사자막 없이는 부를 수 있는 노래가 거의 없는 것과 같은 증상이 생긴다.

기억력은 정상적인 노화과정에서 점차 떨어진다. 건망증은 단기기억 장애 또는 일시적인 검색능력 장애다. 경우에 따라서는 과거의 일정한 기간 동안의 일을 기억하지 못하고, 최근의 일은 잘 기억하는 경우도 있다. 하지만 건망증은 그다지 심각한 상태는 아니다. 처리해야 할 정보는 지나치게 많고 기억력에 한계가 있다면, 뇌는 혼란을 차단하는 수단으로 단기기억 장애 혹은 일시적인 검색능력 장애를 보인다. 즉 뇌의 혹사로 인한 현상으로, 그것이 한참 뒤에야 생각나는 건망증으로 표출될 뿐이다.

그리고 너무 익숙한 일은 자동화된 행동으로 나타나면서 별다른 주의를 기울이지 않기 때문에 건망증으로 나타나기도 한다. 외출하기 위해 집을 나왔을 때 가스를 잠갔는지 아파트 현관문을 잠갔는지 잘 생각이 나지 않는다. 심리학자들은 기억을 앞으로 해야 할 일을 기억하는 미래(prospective)기억과 이전에 일어난 일을 기억하는 과거(retrospective)기억으로 구분하기도 하는데, 누군가의 이름을 기억 못하는 과거기억의 건망증은 한순간 창피로 끝나지만 점심약속을 해놓고 깜빡 잊어 상대방을 바람맞히는 미래기억의 건망증은 심각한 문제를 일으킬 수 있다. 같은 건망증이지만 나타나는 효과는 다른 것이다. 가령 시험날짜를 잊어버리거나 가스 불에 냄비를 올려놓고 잊어버리거나 중요한 계약날을 잊어버리는 경우를 생각해보라.

건망증은 지속적인 스트레스와 긴장감으로 뇌가 굳어 있을 때, 우울하고 불안한 기분이 오래 지속되고 한 가지 생각에 집중했을 때, 떨쳐버리지 못하는 특정한 생각이나 사건에 집착하는 강박증이 있을 때, 수면이 부족하거나 불규칙적인 활동을 할 때, 단순하면서도 반복되는 일들을 지속할 때 등의 경우에 심해질 수 있다.

건망증이 심한 사람은 가끔 기억이 없는 동안의 일들에 관해 마치 무슨 일이 있었던 것처럼 꾸며서 이야기하는 수가 있다. 또 이때에는 의식도 또렷하지 않은 경우가 많아서 자기가 어디에 있는지, 오늘이 며칠인지, 누구와 이야기하고 있는지도 모르고 있는 경우가 허다하다. 경우에 따라서는 낯익은 일들이 생소하게 느껴지고, 반대로 처음 보는 것인데도 어디선가 본 듯이 생각되는 일도 생긴다[데자 뷔(deja vu) : 새로운 상황을 만났을 때 지금까지 본 적이 없는 상황인데도 마치 전에 본 것처럼 느껴지는 현상]. 이런 것은 정상인에게서도 몹시 피로하다든지 취해 있을 때 나타나는 수가 있다.

건망증이 문제가 되는 이유는 치매의 초기증상일 가능성이 있기 때문이다. ¶

¶ 건망증과 치매 : 건망증은 뇌세포의 손상에 의해 지적능력이 크게 저하되는 치매와는 다른 것이다. 뇌기능 영상사진을 찍어봐도 치매환자의 뇌

노인성치매 — 알츠하이머병

『달과 6펜스』로 유명한 영국의 세계적인 소설가 서머싯 몸이 80세가 되었을 때 그의 후원자들이 생일축하 파티를 열었다.

…그가 인사를 할 차례가 되었다. 자리에서 일어난 그는 말하기 시작했다. "사람이 늙는다는 것은 여러 가지 이점이 있습니다."

여기까지 이야기하고는 입을 머뭇거렸다. 침묵이 계속되었다. 그는 여기저기 호주머니를 뒤적이며 방 안을 두리번거리는가 하면 좌우로 몸을 흔들기도 했다.

손님들이 웅성거리기 시작했다. 한참 후에 그는 더듬거리며 말했다. "나는 지금 그 이점들이 무엇인지 찾아내려고 애쓰고 있는 중입니다."

그는 알츠하이머병의 초기 증세를 앓고 있었다.

1994년 말, 미국 제40대 대통령을 지낸 로널드 레이건이 알츠하이머병을 앓고 있다고 공개하여 미국을 충격에 빠뜨린 일이 있다. 게다가 대통령 재직시에도 알츠하이머병을 앓았다는 보고도 있었으니, 가히 그들의 충격을 헤아릴 만하다. 또 우리나라에서도 비슷한 시기에 치매증을 앓던 70대 할머니가 숨진 아들과 5일간 생활

세포는 상당부분이 죽어 있는 반면 건망증은 뇌 손상이 없는 정상으로 나타난다. 건망증과 치매증세 초기의 경우 딱히 구분하긴 어렵지만, 기억력 상실을 의식하는 것은 건망증이라 할 수 있다. 하지만 자신의 기억력이 감퇴된 것을 인식하지 못한다면 치매에 해당된다. 치매는 자신이 무엇인가를 잊었다는 사실 자체를 알지 못한다. 치매는 뇌세포가 파괴되어 단순한 기억력뿐만 아니라 판단능력 등 뇌기능 전체에 문제가 생기는 병이기 때문이다.

하다가 뒤늦게 발견된 사건이 있기도 했다.

알츠하이머병은 기억손상의 극단적인 예다. 이 병은 노인들에게서 많이 발병하는데, 노인성 치매(노망)로 더 잘 알려져 있다. 그러나 엄격히 이야기하면 치매에 이르게 하는 한 원인이 알츠하이머병이다.

▶ 2000년 89세 생일을 맞은 레이건(1911~2004)이 부인 낸시 여사로부터 축하키스를 받고 있다. 이때에도 레이건은 알츠하이머병으로 인해 자신이 대통령이었다는 사실을 기억하지 못했다.

이 병은 신경계통의 진행성 불치병이다. 해부학적으로 보면 대뇌반구의 수축과 뇌간이라는 뇌영역의 신경손상 때문이다. 뇌간이 제대로 작용해야 중요한 신경전달물질을 만들어낼 수 있다. 초기 증세는 건망증이며, 혼동상태를 거쳐 흔히 노망으로 불리는 치매에 이르게 된다.

치매 증상이 오래가면 오래전에 습득한 장기기억도 상실된다. 과거에는 익숙하게 처리했던 일들을 서투르게 하거나 제대로 완성하지 못하게 된다. 세탁기와 같은 가전제품의 사용법을 몰라 우물쭈물하거나, 돈 계산을 서투르게 하는 경우도 생긴다. 자동차 열쇠로 시동을 거는 방법조차 생각나지 않는다. 치매가 더욱 진행되면 자녀 이름을 제대로 말하지 못할 뿐만 아니라 자신의 이름, 생년월일, 태어난 곳과 현주소도 모르게 된다.

알츠하이머병은 대개의 경우 이상한 행동이 나타난 뒤에야 발병을 의심하게 된다. 그러나 기억력 감퇴 등의 증상을 보인다면 이미 병이 상당 기간 진행됐을 가능성이 크다. 프랑스 국립알츠하이머연구재단에 의하면, 노인의 집에 있는 냉장고가 알츠하이머병을 가장 먼저 알리는 경보장치라고 말한다. 즉 이 연구재단이 프랑스 알츠하이머병 환자들을 조사한 결과 환자의 절반은 초기부터 식욕이 감퇴되거나 배고픔을 전혀 느끼지 못한 것으로 나타났다. 이들은 식재료를 사지 않고 끼니를 거르는 경우가 많았다. 따라서 노인들만 사는 가정의 냉장고가 비어 있거나 유통기한이 지난 식품이 많은 경우 또는 떠먹는 요구르트 제품만 가득하다면 알츠하이머병을 의심해야 하는 상황이라고 한다.

알츠하이머병은 발병하면 매우 빠르게 진행되기 때문에 가족 등 주변 사람들이 세심하게 관찰해야 한다. 또 환자는 자신의 증상을 감추려는 습성이 있기 때문에 '식사하셨느냐'고 물을 게 아니라 실제 식사량 등을 꼼꼼히 체크해야 한다.

알츠하이머병은 더 이상 희귀한 병이 아니다. 미국의 경우 4백만 명이 이 질병을 앓고 있고, 매년 10만 명이 이 병으로 죽어간다. 알츠하이머병은 미국인의 사망 원인 중 심장병, 암, 뇌졸중에 이어 네 번째다.

우리나라의 역학조사 결과를 보면 65세 이상 노인 인구의 약 9.4%가 치매를 앓고 있다. 80세 이상 남자 노인의 경우는 20.9%가, 80세 이상 여자 노인 중에서는 31.4%가 치매에 걸려 있다. 따라서 평균수명이 80세라면 3~5명에 한 명꼴, 90세가 된다면 10명 중 네 명은 치매를 각오해야 한다.

하지만 이 병의 원인이 무엇인지는 아직 모른다. 그러나 몇 가지 설명이 있다. 하나는 유전이라는 것이다. 또 알츠하이머병으로 사망한 사람의 뇌 속에서 알루미늄이 다량으로 발견되었기 때문에 알루미늄이 이 병을 일으킨다는 설명도 있다.

알츠하이머병을 예방하려면 뇌신경세포를 계속 활성화하는 것이 중요하다. 교육수준이 낮은 계층에서 발생률이 높기 때문에 나이든 후 고립과 격리를 피하고 기억훈련을 하는 것도 중요하다. 뿐만 아니라 치매가 가족과의 이별, 사별 등 심한 스트레스를 받았을 때 흔히 발병하기에 스트레스에 대한 적절한 관리가 예방에 필수다.

필름이 뚝—알코올성 치매

'술은 흥분제'라고 알고 있는 사람이 많겠지만 사실은 억제제다. 술이 인체 내에서 하는 역할이 신경, 특히 사고(思考)를 담당하는 대뇌피질을 자극시키는 것이 아니고 억제하고 마비시키기 때문이다. 그 결과가 흥분된 행동으로 나타나는 것이다.

그런 술을 많이 마신 뒤 기억이 끊기는 사람들이 있다. 특히 술자리가 많은 연말이나 거래처 접대를 해야 하는 사람들은 지난밤에 있었던 일을 기억 못하는 '필름절단현상'을 겪곤 한다.

필름이 끊긴다는 것은 인체에 흡수된 알코올이 뇌 신경전달물질의 기능을 변화시켜 기억임무를 맡고 있는 대뇌의 부위를 일시적으로 마비시키는 것으로, 단기적인 기억장애다.

알코올은 1단계로 소뇌에 영향을 미쳐 언어와 운동감각에 혼선을 일으키고, 2단계로 의식을 주관하는 뇌영역인 뇌간을 자극한다. 음주량이 더 많아지면 3단계로 접어드는데, 이때에는 기억능력을 담당하는 세포가 많이 몰려 있는 측두엽세포를 취하게 한다.
또 마지막 4단계는 판단력, 추리 등 고도의 정신작용을 하는 대뇌
피질세포를 파괴함으로써 알코올성 치매를 일으키게 된다.

  필름이 끊긴 경험이 며칠 간격으로 계속되거나 술이 깬 후에도
기억이 예전 같지 않으면 알코올장애 전문의를 찾는 게 좋다. 계속
버티다간 30~40대에도 치매(알코올성)가 될 수도 있다.

망각은 불쾌한 것?

  현재 과학자들로부터 자신의 과거를 가장 잘 기억하고 있는 사람
으로 인정받고 있는 사람은 질 프라이스(Jill Price, 42)다. 그녀는
2008년 발간된 『망각할 수 없는 여인(The Woman who can't
forget)』이라는 책의 저자인데, 14살 이후 매일 겪은 일을 생생하게
상기해내는 초기억(super-memory) 능력의 보유자로 밝혀졌다. 그
녀에게 날짜를 말하면 몇 초 만에 그날이 무슨 요일이었는지, 그날

무슨 일을 했으며 어떤 사건이 일어났는지 낱낱이 생각해냈다. 프라이스는 10살부터 34살까지 기록한 일기장을 보관하고 있었으므로 연구진들은 그녀의 기억력을 검증할 수 있었다.

기억은 양날을 가진 칼과 같다. 상대를 해칠 수도 있지만 자기가 다칠 수도 있다. 기억이 좋으면 그만큼 이득도 많겠지만 쉽게 잊어버리지 못해 고통받을 수 있다. 위 사례의 프라이스는 너무 많은 기억이 떠오르기 때문에 정신적으로 쉽게 피곤해지는 '기억의 고문'에 시달리고 있다고 한다. 외상후 스트레스 장애(PTSD)나 우울증 환자의 경우 고통스러운 과거의 기억을 '지우지 못해' 고통을

외상후 스트레스 장애

외상이라면 신체 외부적으로 상처를 입는 경우를 일반적으로 생각하겠지만, 정신의학에서는 사고나 재해와 같이 인간의 정신이나 신체가 감당하기 힘들 만큼 커다란 충격을 외상(트라우마, trauma)이라고 부른다. 외상후 스트레스 장애(Post Traumatic Stress Disorder)는 외상, 전쟁, 산업재해, 교통사고, 성폭력, 납치·감금 등 심리적 충격을 겪은 후에 발병하는 대표적인 정신장애로, 영어 약자를 따서 흔히 PTSD라고도 한다. 일반적으로 사람들의 40~90%는 평생에 적어도 한 번 이상 외상을 경험한다고 한다.

일반적 증세는 불안과 초조, 경계심, 불면증 등이지만 심하면 자해적 행동과 자살시도 등이 나타난다. 베트남전 참전군인 가운데 150만여 명이 PTSD로 정신과 치료를 받았지만 이 중 2만여 명이 자살을 택했다. 1999년 9월 강력한 지진으로 2,400명이 사망한 대만에서 1년 동안 피해자와 가족 등 최소한 100명이 자살한 것도 PTSD와 관련이 있다고 한다.

이 같은 증상은 베트남전쟁 귀환병과 성폭력 피해 여성들이 호소하는 공통된 정신 증상이 부각되면서 1980년 미국정신의학회가 처음으로 진단 기준으로서 인정했다. 테러와 폭동, 전쟁, 지진, 홍수, 자동차 사고 등의 재난을 당한 사람 가운데 적게는 5%, 많게는 75% 정도가 외상후 스트레스 장애를 보이고 있는 것으로 학계에 보고되어 있다.

겪기도 한다. 반면 기억이 좋지 않으면 그만큼 손해도 있긴 하겠지만 고통스런 일들을 쉽게 잊어버림으로써 생활의 안정을 찾을 수도 있다.

기억이 좋으면 생활에서 얻을 수 있는 이점이 한둘이 아니다. 시험 성적을 올리는 것에서부터 타인의 이름을 기억해줌으로써 인간관계가 개선되기도 하는 등 수많은 이점이 있다. 그래서 뛰어난 기억력을 가진 사람이 부럽기도 하다. 그 때문에 기억을 증진시키는 책략을 다룬 책을 찾게 되고, 나름대로 기억의 전략을 세우기도 한다. 그리고 알약 하나만 먹어서 기억이 좋아진다면 더할 나위 없을 것이라 바라는 사람들도 많다.

공상과학에서나 나올 법한 이야기지만 실제로 기억력을 향상시키는 약이 개발될 가능성이 있다고 한다. 그리고 최근에는 머리에서 지우고 싶은 개별 또는 특정 기억을 떠올릴 때 마음의 아픔을 해소시켜 주는 약이 발명되었다고 한다. 현재 미국이나 캐나다, 프랑스 등에서 진행되는 실험 결과를 보면, 애초부터 고통스런 기억이 정신장애를 가져올 만큼의 강도로 저장되지 않도록 막아주거나 옛날 기억이 되살아날 때마다 복용하면 그 기억의 고통을 완화시켜준다고 한다.

하지만 일반적으로 기억을 못해 괴로움을 당하는 것보다는 잊어버리지 못해 고통받는 것이 더 심한 경우가 많다. 기억을 못하면 메모라든가 주위의 도움을 받을 수 있다. 하지만 잊지 못해 힘들 경우에는 뾰족한 대책이 없다. 특히 잊고 싶은 기억일수록 지우기가 더 어렵다.

이처럼 기억하고 싶은 것은 기억하고 잊어버리고 싶은 것은 잊어버릴 수 있으면 얼마나 좋겠는가? 그렇다면 우리는 컴퓨터 파일을 삭제하는 것처럼 지워버리고 싶은 기억을 골라 머리에서 지워버릴 수 있을 것이고, 또 잘못 지웠다면 컴퓨터 파일을 복원하는 것처럼 다시 재생시킬 수 있을지도 모른다.

그러나 실제로 그런 약이 임상실험을 통과하고 시중에 나오려면 수년은 걸린다. 또 그 과정에서 효과가 없는 것으로 판명되어 묻혀버리기도 한다. 설령 세상에 나왔다 하더라도 논란이 없을 수가 없다. 한편으로는 PTSD에 시달리는 환자의 고통을 덜어주는 게 타당해 보이지만 다른 한편으로는 사회윤리적인 문제도 나타날 수 있기 때

▶술과 망각 : 잊어버리기 위해 술을 마시는 사람들도 있다. 하지만 술이 슬픔을 달래준다는 통념과는 달리, 나쁜 기억이나 불쾌한 감정을 더욱 오래 지속시킨다고 한다. 연구에 따르면, 흔히'취한'기분을 느끼게 하는 술 속의 에탄올 성분은 기억을 감퇴시키는 대신, 음주 전의 기억을 더욱 오래 고착시키는 것으로 밝혀졌다고 한다. 즉 슬픔이나 나쁜 기억을 잊고 위로를 얻기 위해 마시는 술은 이를 더욱 강화시킬 뿐이라는 것이다.

문이다. 즉 고통스런 기억도 그 사람의 현재의 일부이자 정체성의 일부라고 할 수 있을 것이다. 또한 유대인 학살과 같은 일을 직접 당하거나 목격한 사람들의 기억은 보존하는 것이 사회윤리적으로 타당해 보이기도 한다.

그런 사회적인 윤리 문제는 젖혀두더라도 정상적인 개인에게 망각이 불쾌한 것만은 아니다. 오히려 망각은 뇌의 능률을 높이는 유쾌한 것이기도 하다. 고통받는 정도는 아니더라도 누구든 잊고 싶은 기억이 한둘은 있게 마련이다. 창피했던 경험, 쓰라렸던 패

배, 정상 코앞에서의 좌절…. 이런 것들은 빨리 잊어버릴수록 오히려 더 나은 생활을 유지해나갈 수 있을 것이다.

또 컴퓨터가 빨리 돌아가려면 하드디스크에 빈 공간이 많아야 하듯이, 인간의 뇌도 별 필요 없는 정보는 걸러내야 하고 쓸데없는 기억은 지워내야 한다. 그래야 새로운 정보를 잘 저장할 수 있다. 우리의 기억 창고에서 필요도 없는 것이 입구 근처에 자리를 차지하고 있으면 우리의 기억 공간만 잡아먹게 되고 기억의 인출에 방해만 될 뿐이다. 살다 보면 우리에겐 잠시 동안만 기억하고 잊어버려야 할 것들이 많다. 한 번 전화하고 말 회사의 전화번호라든가 길을 물어본 낯선 사람의 얼굴, 옆집에서의 소음 같은 것들이다. 이런 것들조차 우리 머릿속에 오랫동안 저장되어 있다면 간단한 전화번호를 찾는 데 상당한 지장을 줄지도 모른다.

기억해야 할 것은 잊어버리고, 잊어버려야 되는 것은 기억하는 게 인간이지만 이러한 것도 인간에게는 유쾌한 일이다. 기억이 있다는 사실만으로도 우리는 이미 축복받은 존재이니까.

인지

*인지심리학(cognitive psychology)은 감각정보를
처리하는 과정을 다루는 심리학 분야다. 즉
외부에서 들어온 정보가 우리 머릿속에서 어떻게
처리되고, 정교화되고, 저장되고, 인출되고,
활용되는지에 관해 연구하는 분야다. 여기서 다룰
내용은 형태인식과 주의, 심상, 범주화 등이다.*

데카르트는 4년에 걸쳐 지동설에 입각한 우주론을 완성했다. 그러나 출판을 단념했다. 갈릴레이가 로마 교황청으로부터 유죄선고를 받았다는 이야기를 듣고서였다. 한 친구가 "자네는 '그래도 지구는 돈다'는 갈릴레이의 용기의 반도 없는가" 하고 타박했다. 그러자 데카르트는 고개를 숙인 채 "나는 생각하기 때문에 존재한다"고 답했다. 이 말이 나중에는 "나는 생각한다. 고로 나는 존재한다 (cogito ergo sum)"로 바뀌었다고 한다.

인간은 생각하는 동물이다. 인지심리학은 '생각'에 대해 연구하는 심리학 분야다. 인식, 인지라는 뜻의 영어 단어인 '코그니션 (cognition)'은 라틴어 '코기토(cogito)'에서 왔다. 코기토는 이성

(理性)이라는 뜻이다. 그러므로 인지심리학은 '사람이 기억하고 학습하고 분석하고 식별하고 의사결정을 하는 정신과정을 연구하는' 학문이다. 기억과 학습에 관해서는 이미 살펴보았으므로 여기서는 우리가 어떻게 사물을 파악하고 처리하는지 다룰 것이다. 먼저 우리가 사람의 얼굴이나 글자 등을 어떻게 인식하는지를 살펴보자.

누가 누구? ― 형태인식

동물의 세계에는 무리지어 생활하는 동물들이 많다. 침팬지가 그러하다. 동물 관련 다큐멘터리에 침팬지 가족이 출연할 때, 여러 침팬지의 이름이 나온다. 물론 연구자나 촬영팀이 붙여준 이름이다. 하지만 우리가 이름으로든 모양으로든 각각의 침팬지를 구별하기는 쉽지 않다. 그놈이 그놈 같은 것이다.

▶ 공룡이 모형인 줄 알면 놀라지 않는다. 대신 산속에서 새끼줄을 보고 뱀인 줄 알고 놀라는 경우가 있다. 이처럼 우리가 정보를 처리하는 데에는 두 가지 방법이 있다. 위(뇌)에서 먼저 처리하여 내려오는 방법이 있고(하향처리접근법), 아래(감각수준)에서 처리하여 위로 올라가는 방법(상향처리접근법)이 있다.

▶ 1976년 바이킹 1호가 촬영한 화성표면 사진(좌)에서 사람 얼굴을 닮은 지형이 발견돼 '화성 고대문명론'이 제기되기도 했다. 하지만 2010년에 같은 지점을 찍은 훨씬 정확한 사진에서는 단순한 산이었음이 드러났다.

예상치도 못했던 곳에서 종종 사람의 얼굴을 보게 되는 이유는 뇌에는 얼굴과 비슷한 이미지를 보면 반응하는 영역이 있어 얼굴은 물론, 얼굴과 그저 비슷해 보이는 이미지에 대해서도 반응을 일으키기 때문이다. 얼굴 이미지는 '눈 부위는 항상 이마보다 짙다', '입은 뺨보다 어둡다' 같은 공통되는 특성이 있는데, 두뇌는 이런 정보들이 전체적으로 조화되면 '얼굴 같다'고 인식한다. 오른쪽 사진의 너덜너덜한 벽면에서도 얼굴을 찾을 수 있을 것이다.

동물의 세계뿐만이 아니다. 여러분은 외국 영화를 보면서 배우들이 구분이 잘 안 되어 애를 먹은 경험이 있을 것이다. 할리우드 영화의 배우들처럼 머리카락이 금발이나 은발, 흑발, 또는 흑인과 백인 등의 인물로 구성되어 있다면 그나마 구별하기 쉽다. 브루스 윌리스나 톰 크루즈, 해리슨 포드처럼 단번에 알아볼 수 있는 유명 배우라면 훨씬 구분이 쉽다.

그러나 중동 영화처럼 모두가 가무잡잡한 얼굴에다 옷차림마저 비슷하고, 게다가 머리에 터번을 착용하고 있거나 여성의 경우 히잡(이슬람 여성들이 얼굴과 상반신을 가리기 위해 쓰는 천)이라도 쓰고 있다면 구분하기가 만만치 않다. 우리는 어쩌면 극중인물을 변별하느라 영화 중간까지는 스토리를 따라잡지 못할지도 모른다.

사람이 침팬지를 보면 그놈이 그놈 같지만, 사실은 사람도 비슷비슷하게 생겼다. 달걀형 얼굴에 두 눈과 코, 입, 그리고 두 귀를 가진 사람을 침팬지들이 시각적으로만 감지한다면 역시 구분이 어려울 것이다.

하지만 우리는 친한 친구를 다른 사람들과 구분할 수 있고, 뒷모습만 봐도 금방 알아차릴 수 있다. 즉 인간은 눈에 익숙하다면 서로서로에 대한 구분을 자동적으로 해내는 것이다. 그리하여 저 사람이 나와 친하게 지내는 사람인지 아니면 오늘 처음 만나는 사람인지를 구분할 수 있다.

우리는 어떻게 이런 구분(심리학 용어로는 변별(discrimination)이라 한다)을 할 수 있는 것일까? 우선 다음 문장을 보자.

대한민국의 주권은 국민에게 있으며 모든 권력은 국민으로부터 나온다.
대한민국의 주권은 국민에게 있으며 모든 권력은 국민으로부터 나온다.
대한민국의 주권은 국민에게 있으며 모든 권력은 국민으로부터 나온다.
대한민국의 주권은 국민에게 있으며 모든 권력은 국민으로랜터 나온다.
대한민국의 주권은 국민에게 있으며 모든 권력은 국민으로부터 나온다.
대한 민국의 주권은 국민에게 있으며 모든 권력은 국민으로부터 나온다.
대한 민국의 주권은 국민에게 있으며 모든 권력은 국민으로부터 나온다.
대한 민국의 주권은 국민에게 있으며 모든 권력은 국민으로부터 나온다.
대한민국의 주권은 국민에게 있으며 모든 권력은 국민으로부터 나온다.
대한 민국의 주권은 국민에게 있으며 모든 권력은 국민으로 부터 나온다.

모든 사람의 필체는 같지 않다. 어떤 글자는 정체로 쓰여 있지

▸ 자전거 모양이 모두 비슷하다면 어느 것이 자기 것인지 변별하기가 어렵다(좌).
똑같은 머리, 똑같은 수염이지만 모자의 차이가 히틀러와 채플린을 구분해준다.
독일 모자업체 Hut Weber 광고(우).

만, 어떤 글자는 날림체로 쓰여 있다. 하지만 우리는 이 글자들에서 공통되는 뜻을 생각한다(이 문장은 우리나라 헌법 제1조 제2항이다).

우리가 두 마리 고등어를 구분(변별)하기 힘들 듯이, 사람 얼굴 모양이나 글자체 등을 제대로 변별하지 못하면 어떻게 될까? 낯선 사람과 친구를 구분하지 못하고, 비슷해 보이는 글자인 '물'과 '불'을 구분하지 못한다면 어떻게 될까? 세상은 혼란에 빠질 것이다. 하지만 다행히도 그런 사태는 일어나지 않는다. 우리에겐 변별능력이 있기 때문이다. 그래서 우리는 친구와 만나기로 약속한 그 장소에서 친구를 다른 사람과 혼동하지 않고 만날 수 있다.

변별은 인간의 인지활동에서 중요한 과제다. 왜냐하면 우리의 인지과정은 외부세계를 지각하는 것에서 시작되기 때문이다. 외부세계가 비슷해 보일지라도 우리는 그 속에서 차이점을 알아차려 각각에 맞게 대응한다. 그 사람은 나의 친구인가? 아니면 오늘 처음 본 사람인가? 그러한 변별에 따라 그 사람을 대하는 우리의 태도와 행동이 달라진다.

ㅁ과 ㅂ 사이—세상을 변별하는 틀

다음 그림을 보자. 국그릇같이 보이는 이것이 컵이냐 접시냐 물어보면 무엇이라 말해야 할까?

변별을 가장 간단하게 설명하는 것은 형판이론이라는 것이다. 형판이론은, 사람들이 형태를 비교할 때 자신이 갖고 있는 형판 (templates)이 있다고 가정한다. 즉 개개인이 나름대로의 틀을 갖고 있다는 것이다.

예컨대 우리는 어떤 사진을 한 장 제시받으면 이 사진의 주인공이 고양이인지 새끼 호랑이인지 알기 위해 우리 자신이 갖고 있는 고양이 또는 호랑이의 형판과 맞춰본다는 것이다. 그리하여 형판에 가장 많이 겹치는 것을 찾아내서 형태를 구분한다는 것이다. 위의 그림도 누구는 컵이라 하고 누구는 접시라고 할 것이다. 이는 여러분이 갖고 있는 컵이나 접시의 형판 중에 더 비슷한 쪽으로 이름을 붙이기 때문이다.

형판을 갖고 사물을 변별한다는 이 형판이론은 변별을 빨리 할 수 있다는 장점이 있다. 하지만 형판이론에 따르면, 각각의 형태를 분간하기 위해 우리는 수많은 형판을 머릿속에 저장하고 있어야 하고, 그런 형판과 일치하는 부분이 많지 않으면 변별할 수 없게 될 것이다. 이 대목에서 형판이론은 고민에 빠지게 된다.

형판이론이 타당하기 위해서는 글자체가 모두 똑같아야 한다는 극단적인 결론에 이르게 된다. 하지만 앞에서 제시한 여러 사람의 필체만 보더라도 우리는 모두 알아볼 수 있지만 그 글자의 모양은 제각기 다르다.

이 때문에 다른 설명이 나오게 되었다. 이 설명은 세부특징을 비교함으로써 형태를 구분한다는 것이다(세부특징이론). 즉 비교되는 물체들간의 세부적인 특징을 발견함으로써 둘을 변별한다는 것이다. 여러분들은 글자를 배우기 시작했을 때 '마'와 '바', '라'와 '타'를 혼동했을지도 모른다. 또 한자를 처음 배울 때는 王(임금 왕)자와 玉(구슬 옥)자를 구분하기 어려웠을지도 모른다. 하지만 각 글자에는 다른 글자와 구별되는 특징, 즉 세부특징이 있다. 예를 들어 '바'의 ㅂ에는 ㅁ 위로 삐쳐 나온 획이 두 개 있다. 그 때문에 나중에는 쉽게 구분할 수 있었을 것이다. 즉 두 글자의 세부적인 특징을 비교함으로써 변별을 할 수 있게 되는 것이다.

신문이나 잡지의 만평 등에 많이 이용되는 캐리커처는 어떤 사람의 특징을 과장되게 표현한 그림

▶ 형판이론에 의하면 캐리커처의 주인공이 누구인지 구분하기 어렵다. 캐리커처의 눈과 코, 입, 귀 등이 실물과 차이가 커서 우리가 가지고 있는 이 인물에 대한 형판과 일치되는 부분이 거의 없기 때문이다. 하지만 세부특징이론에 의하면, 우리가 그의 세부특징을 알고 있다면 즉시 이 캐리커처의 주인공이 미국의 영화배우 윌 스미스(Will Smith)라는 것을 알 수 있다. (그림 : mrpeculiar.deviantart.com)

이다. 따라서 실제 사진과는 많이 다르다. 하지만 우리는 그 인물의 특징들에 주목함으로써 그가 누구인지 쉽게 알아볼 수 있다.

실험결과를 보면 사람들은 어떤 인물을 정확하게 그린 그림보다 캐리커처를 더 빨리 알아본다고 한다. 캐리커처는 인물의 특징을 과장해서 그리기 때문에 그 인물의 독특한 세부특징을 더 빨리 파악할 수 있고, 따라서 그 사람의 얼굴을 더 빨리 알아볼 수 있다는 것이다.

이러한 세부특징이 없다면 우리는 제대로 형태를 인식하지 못할 수가 있다. 다음 그림 중 어떤 그림이 인식하기 쉬운가? 쉽게 알아볼 수 있는 그림(오른쪽)이 세부특징을 살린 그림이다.

한편, 같은 세부특징을 갖고 있더라도 구성이 어떻게 되어 있느냐에 따라서도 구분하는 형태가 달라진다는 설명(구조주의이론)도 있다. 다음 중 왼쪽 그림은 컵일까 양동이일까?

중간과 오른쪽 그림의 구성요소와 특징은 모두 같다. 원통 하나와 반원의 손잡이다. 하지만 어떻게 구성하느냐에 따라 우리가 보는 사물의 모양이 달라진다. 즉 손잡이를 어디에 붙이느냐에 따라 컵이 되기도 하고 양동이가 되기도 하는 것이다. 그래서 세부특징이론에서 한 발짝 나아간 구조주의이론은 이러한 세부특징들의 관계를 중시한다.

변별의 문제는 비단 사물의 변별에만 있는 것은 아니다. 현실에서 닥치는 문제들 중에는 모호하게 보이는 것이 많다. 이것이다 또는 저것이다, 딱 잘라 말하기 어려운 것들이다. 이런 문제들이 이해관계가 걸려 있으면 자기의 시각(형판)에 맞게 사물을 왜곡해서 보기도 하고, 자신에게 유리하게끔 세부특징을 과장하기도 한다. 그 때문에 이해관계가 걸려 있거나 논란의 여지가 있는 사회적 이슈는 합의가 잘되지 않는다(반대로, 아무도 내용을 잘 알지 못하는 이슈는 동조현상 때문에 합의가 잘되기도 한다).

고르고 또 고른다 ― 주의

우리의 감각기억에는 엄청난 양의 외부자극이 들어온다. 청각과 시각, 미각, 후각 그리고 촉각 등의 자극이다. 이런 것들은 아주 잠시 동안 우리의 감각기억에 머물다 사라지지만, 우리는 그 짧은 시간 동안에도 우리에게 의미가 있는 것을 골라 그것을 처리한다. 그래서 시끄럽더라도 우리는 다른 사람이 우리 이름을 부르면 뒤돌아보고, 한눈팔면서 가다가도 다른 사람과 부딪치기 직전에 용케 피할 수 있는 것이다.

하지만 우리가 할 일 없이 무료하게 시간을 보내고 있다면, 즉 외부자극이 거의 없는 환경에서 지내고 있다면 우리는 아마 우리에게 전달되는, 우리가 감지할 수 있는 외부자극을 대부분 처리할 수 있을 것이다. 그래서 어깨에 살포시 내려앉은 나비의 감촉도 느낄 수 있을 것이고, 파릇한 풀냄새와 종달새의 지저귀는 소리, 시냇물 소리 등등 모든 것에 주의를 기울일 수 있을 것이다.

하지만 실제로는 외부자극이 거의 없는 환경은 없다. 우리가

딴생각

다른 할 일이 없어 우리의 주의용량이 남아도는 경우가 있다. 그래서 현재 하는 일과 무관한 생각에 빠져들기도 한다. 바로 딴생각이라고 하는 잡념이다. 사람들은 자신도 모르는 사이에 잡념에 빠져든다. 노스캐롤라이나 대학에서 126명의 학생들을 대상으로 매일 8번에 걸쳐 '지금 무슨 생각을 하는지' 일주일 동안 체크했더니, 평균적으로 30% 동안 딴생각을 하고 있었다. 심한 경우는 80~90% 딴생각을 하다 '걸린' 학생들도 있었고, 한 명의 학생만이 단 한 번도 잡념에 빠지지 않았다고 답했다.

또 캐나다의 한 대학에서도 책 읽기 중 얼마나 딴생각을 하는지 연구한 적이 있다. 실험 대상자들에게『전쟁과 평화』등을 읽게 하고 딴생각이 들면 버튼을 누르도록 했는데, 20~30% 정도 딴생각을 하는 것으로 나타났다. 물론 자신이 잡념에 빠졌다는 사실을 알지 못하는 경우도 허다했다는 것을 보면 책 읽는 중에도 딴생각을 한 비율은 더 높을 것으로 추정된다. 이 책을 읽고 있는 여러분도 지금 혹시 딴생각을 하고 있지 않은가?

이러한 딴생각은 대개 집중력 부족 때문에 나타나 사람들을 불편하게 하고 애타게 만들기도 하지만, 우리의 주의용량이 남아돌기 때문에 가능한 것이기도 하다. 주의용량이 남아돌 때의 딴생각은 심리학자들에 의하면 대부분은 해가 없고 때로는 이롭기도 하다. 잡념은 창의성을 자극하기 때문이다. 아무런 제한이나 한계도 없이, 뚜렷한 목적이나 이유도 없이 생각이 이리저리 떠돌다 보면 뭔가 번쩍이는 아이디어가 나올 수 있다. 따라서 그런 상황은 창의적 생각을 위한 최적의 조건이 될 수 있는 것이다.

느끼지 못할 뿐, 외부자극은 우리의 생각 이상으로 많다. 그 수많은 자극들은 우리의 감각기억에 아주 잠시 머물고 간다. 다만 너무나 짧은 시간(시각 0.25초, 청각 3초, 112쪽 감각기억 참조) 동안만 머물기 때문에 기억하지 못하는 것뿐이다. 풀냄새를 맡거나 종달새 소리, 물소리 등을 듣는 것은 자연에 흠뻑 빠져보기 위해 우리의 감각기관이 골라낸 것들일 뿐이다.¶

▶ 대형 통유리에 스티커나 로고 등이 붙어 있지 않아도 약간만 신경을 쓰면 유리문이라는 것을 알 수 있다. 그런데도 사람들은 통유리를 보지 못하고 사고를 당한다. 어느 한 곳에 주의를 집중하고 있어서 그 주변의 일이나 사물이 눈에 들어오지 않기 때문이다. 사진은 유리세정제 광고사진.

결론을 말하자면, 우리는 외부의 모든 자극에 일일이 대응할 수 없다. 일일이 대응을 해야 한다면 우리 머릿속의 인지체계는 엄청난 부담에 시달려야 하기 때문이다.

¶ 우리가 모든 것에 주의를 기울이지 못하는 이유에 대한 설명 중 단순한 설명으로 병목이론과 용량이론이 있다. 병목이론은 들어오는 자극의 병목현상 때문에 모든 자극을 처리하지 못한다는 것이고, 용량이론은 우리의 용량이 제한되어 있어 모든 것에 주의를 기울이지 못한다는 것이다. 용량이론에 의하면 우리의 용량에 약간의 여유가 생기면 다른 자극에도 주의를 줄 수 있다. 실제생활에서 우리가 어려운 수학문제를 풀고 있을 때에는 그쪽에만 신경을 쓰기 때문에 다른 곳에 신경을 쓰지 못하기도 하지만, 소설을 읽으며 음악을 들을 수도 있고, 친구와 전화로 수다를 떨면서 게임을 하기도 하는 것은 용량이 남아 있기 때문이다. 더 나아가 자전거와 인라인 같이 너무나 익숙해져서 주의를 사용할 용량이 거의 필요 없게 될 수도 있다. 어떤 것에 익숙해지면 전혀 주의를 하지 않고서도 성공적으로 그 일을 수행할 수도 있는데, 이것이 뒤에서 보게 될 자동적 처리(자동화된 행동)다.

우리 입장에서는 다행한 일이 아닐 수 없다. 대신 우리에게는 우리의 감각기억에 들어온 수많은 외부정보 중에서 우리에게 의미있는 것을 골라내는 과정이 필요하다. 이것이 주의(attention)다. 주의는 외부세계를 인식하기 위한 첫걸음인 셈이다.

강한 걸로 넣어주세요 ― 주의를 끄는 광고

- 여자 : "줘도 못 먹나."
  남자 : "나는 잘 먹어요." (과자 광고)
- "못생겨도 맛은 좋아." (과자 광고)
- "강한 걸로 넣어주세요." (휘발유 광고)
- 여자 1 : "우린 그이가 다 빨아줘요."
  여자 2 : "잘 빨아주니 새댁은 좋겠네." (세탁기 광고)

　사람들은 가끔은 주목받는 생을 살기를 원한다. 외국에는 '15분간(fifteen minutes)'이라는 말이 있는데, 이것은 누구든지 자신의 삶 중에서 적어도 15분간은 남의 주목을 받는다는 것이다. 아마도 결혼식을 염두에 둔 말 같다. 그러나 절대로 주목받아서는 안 되는 직업도 있다. 범죄자나 스파이 같은 경우 남의 눈에 잘 띄면 직업인(?)으로서 성공할 수가 없다.

　우리의 정보처리용량은 제한되어 있다(116쪽 단기기억 참조). 그래서 우리는 외부에서 들어온 수많은 자극들 중에서 몇몇만 선택해서 보고 듣는데, 이것이 주의(注意, attention)다.

주의는 특히 광고에서 대접을 톡톡히 받고 있다. 모든 광고가 사람들의 주의를 끌어당기는 것이 일차적인 목표다. 일단 사람들의 주의를 끌어야만 관심을 갖게 만들고, 또 그 물건을 사고 싶은 욕망을 불러일으킬 수 있기 때문이다(AIDMA 모델).

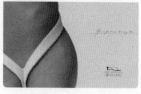

▶ 이 사진이 당신의 주의를 끌었다면 일단 이 광고는 성공한 것이다. AIDMA 모델에 따르면 광고는 사람의 주의를 끌어(Attention) 관심을 갖게 하고 (Interest) 구매욕구를 일으키게 하며(Desire) 제품을 기억하게 하여(Memory) 실제로 구매행위 (Action)를 하게 한다. 신발업체 VIAUNO의 광고.

주의를 끌기 위해서는 자극의 강도나 크기가 다른 것과 달라야 한다. 신문의 전면광고가 5단 광고보다 주의를 많이 끈다. 또 대학 졸업식장에 사각모 대신 고깔모자를 쓴 졸업생이 있다면 역시 주의를 끌 것이다. 어떤 대상이 다른 것들과 크게 대조가 되거나 신선하기 때문이다.

반복적으로 계속되는 것도 주의를 끌 수 있다. '맞습니다, 맞고요'가 유행이 된 것도 반복으로 인해서 귀를 솔깃하게 만들었기 때문이다. 움직이는 것들도 우리의 주의를 끈다. 글자와 그림으로만 되어 있는 광고판을 치우고 비싼 돈을 들여 전광판을 설치하는 것도 움직임이 주의를 끌기 때문이다.

그리고 사람들의 심리적 상태 때문에 주의를 끌게 된다. 애인을 구하기 위해 길거리를 돌아다니는 총각의 눈엔 아버지가 지나가도 보이지 않는다. 동기가 주의의 방향을 결정하기 때문이다.

또 중요한 전화가 올 것이라고 준비하고 기다리는 사람은 다른 휴대전화가 위험한 것은 주의를 분산시키기 때문이다. 그래서 휴대전화로 통화를 하면서 걷다가 부딪치거나 발을 헛디디거나 사고가 날 뻔한 경험을 누구든 갖고 있을 것이다. 또 운전중 전화를 하게 되면 통화에 주의가 집중되어 운전능력이 심각하게 훼손된다. 신호등을 보고도 머릿속에서 처리를 하지 못하게 되고, 빠져야 할 인터체인지를 그냥 지나쳐버린다. 핸즈프리조차 같은 이유로 위험하기는 매한가지다. 이런 것 때문에 대부분의 나라에서는 운전중 휴대전화 사용을 금지하고 있다. 옆 사람과 대화를 하면서 운전하는 것은 그나마 나은 편이다. 옆 사람은 운전자에 대한 배려나 이해가 있다. 그래서 운전자가 운전에 신경 써야 할 시점에서는 말을 삼가고 주의를 환기시킨다. 하지만 운전중 전화통화를 할 때 수화기 건너편의 상대방은 이런 배려가 없다.

많은 사람들이 운전중 휴대전화 사용을 자신만만하게 생각하고 있지만, 미국에서는 휴대전화로 인한 교통사고 때문에 매년 2,600여 명이 사망하고 1만 2,000여 명이 부상을 입는다. 많은 사람들이 걱정하는 휴대전화의 전자파는 이에 비하면 아무것도 아닌 것이다.

사람이 듣지 못하는 전화벨 소리도 들을 수 있다. 그리고 우리가 상당한 관심을 갖고 있는 대화는 다른 내용보다 더 주의를 기울여 듣게 된다.

초보운전이여, 안녕! ─자동적 처리

긴 수염을 기르고 있는 할아버지가 있었다. 한 꼬마가 할아버지가 잠을 잘 때 수염을 이불 밑에 넣고 자는지 아니면 이불 바깥으로 빼고 자는지 궁금했다. 하루는 할아버지에게 직접 물어보았다. 꼬마의 질문을 들은 할아버지는 대답을 해줄 수가 없었다. 할아버지도 당신이 수염을 어떻게 하고 자는지 생각이 나지 않았기 때문이다. 결국 할아버지는 하룻밤을 자보고 다음날 대답을 해주겠노라고 답했다.

　다음날에도 할아버지는 대답을 해주지 못했다. 왜냐하면 할아버지는 당신이 수염을 이불 바깥으로 빼고 자는지 이불 속으로 넣고 자는지 알기 위해 이렇게 저렇게 해보느라 한숨도 못 잤기 때문이다.

　여러분은 처음 자전거를 배웠을 때, 또는 자동차 운전학원에서 처음으로 운전대를 잡았을 때를 기억하고 있을 것이다. 아마도 상당히 긴장했을 것이다. 자전거가 넘어지지 않도록 모든 신경을 자전거에 집중하다 보니 뒤에서 잡아주는 사람의 목소리를 제대로 듣지 못한 경우도 많았을 것이다. 자동차의 경우, 가속 페달을 조금만 밟아도 부웅 하며 튀어나가는 바람에 페달을 밟는 압력을 조절하느라 땀을 꽤 많이 흘렸을 것이다.

　하지만 익숙해진 뒤에는 자전거든 자동차든 운전하면서 의식적으로 예전처럼 긴장하지는 않는다. 오히려 운전하면서 옆 사람과 대화하기도 하고 라디오의 대담 프로그램까지 별 어려움 없이 듣고 있다.

　이처럼, 어떤 일에 익숙해지면 거기에 사용하는 주의의 정도가 엄청날 정도로 줄어버리는 경우를 볼 수 있다. 즉 최소한의 주의용량으로도 탁월하게 그 일을 수행하는 것이다. 이것을 자동적 처리(자동화된 주의)라고 한다.

　자동적 처리의 사례는 많은 분야에서 찾아볼 수 있다. 처음 여러분들이 걸음을 시작할 당시에는 넘어지지 않기 위해 부모님의 손을 잡거나 책상과 같은 주위의 사물을 잡고 걸음마를 시작했지만 지금은 아무런 의식도 없이 넘어지지 않으면서 걸어다닐 수 있다. 글을 읽는 것이라든가 글씨를 쓰는 것 등도 처음에는 엄청난 주의를 요하는 사건이었지만, 지금의 여러분에게는 위 할아버지의 수염처럼 거의 주의를 기울이지 않아도 되는 사건이 되어 버렸다. 오히려 의식하면 더욱 혼동되는 사태가 발생하기도 한다.

1970년대에 시카고에서 해프닝이 벌어졌다. 시끄러운 고가철도가 운행정지되는 일이 일어났을 때였다. 시카고 경찰은 주민들로부터 "이상하다"거나 묘한 일이 밤 동안 발생했다는 전화를 많이 받았다. 하지만 이상한 느낌에 자다가 깬 주민들도 그것이 무엇 때문이었는지는 알 수 없다고 했다. 그러다가 나중에서야, 그러한 소동이 벌어진 시간이 평소 열차가 통과하던 시간과 일치하는 것을 알 수 있었다. 결국 늘 듣던 열차 소리에 무심해 있던 시카고의 주민들이, 어느 날 열차의 운행이 중단되니 마치 째깍거리는 시계가 선 것처럼 그것을 갑자기 의식하게 되어 벌어진 사건이었다.

자동적 처리가 되기 위해서는 세 가지 조건이 필요하다. 우리가 의도하지 않아도 일어나야 하며, 의식하지 않아도 일어나야 한다. 그리고 다른 주의를 방해하지 않아야 한다. 옆 사람과 대화를 하면서 걸어갈 때 우리는 걸어야겠다고 의도하지도 않으며 걷고 있는 것을 의식하지도 못한 상태에서 걸어간다. 그리고 걷는 것이 대화에 전혀 지장을 주지도 않는다. 걸음을 완전히 배운 뒤에는 걸음은 자동적 처리가 되기 때문이다.

"호텔 주방장이 연필을 귀에…"—심상(이미지)

> 나는 공이 어떤 모습으로 날아갈지 선명한 그림을 그려보지 않고
> 서는 연습장에서도 공을 치지 않는다.　　　　　－ 잭 니클라우스

지금 도서관에 가야 한다고 생각하고 도서관 가는 길을 생각해
보라. 아니면 만나고 싶은 친한 친구를 생각해보라. 아마 도서관
가는 길이 다음과 같이 이미지로 떠오를 것이다. 즉 지금 여기서
오른쪽으로 가서 편의점에서 좌회전한 후 우체국 사거리에서 계
속 직진하고… 등의 생각이 머릿속에 한 폭의 그림으로 펼쳐질
것이다. 친한 친구를 생각하면 그의 이름이 아니라 얼굴이 떠오를
것이다. 또 서울에서 강릉으로 여행을 간다고 해보자. 그러면 강
릉으로 가는 길이 지도와 같은 이미지로 떠오를 것이다.

우리는 이처럼 이미지로 사고를 하는 경우가 많다. 옛 생각을
해도 이미지가 떠오르고, 고향 생각을 할 때에도 이미지가 떠오른
다. 외갓집에서 먹었던 된장찌개를 생각한다면 모락모락 김이 나
는 이미지에 입맛이 다셔질 것이다.

이미지는 기억을 증진시킨다. 학과공부를 할 때에도 여러분은
이미지(심리학 용어로는 심상¶이다)를 많이 활용했을 것이다. 이
미지를 활용해서 공부하면 성적이 올라간다. 여러분은 초등학생

¶ 심상(mental imagery, image)의 사전적인 의미는 "이전의 감각에 의해
얻은 것을 마음속에서 재생한 것으로서 시각적·청각적·미각적·후각
적·촉각적·운동적인 것"이다. 심상은 인지심리학에서 중요한 역할을
하는 것이지만 구체적인 정의는 아직도 없는 듯하다.

이나 중학생 때 지리를 배우면서 지명과 그 지역 특산물을 연결시키기 어려웠던 기억이 있을 것이다. 무작정 외웠기 때문이다. 하지만 지도책을 펴놓고 이미지와 연결시켜 공부했더라면 훨씬 쉽게 기억할 수 있었을 것이다.

이미지가 기억에 얼마나 도움이 되는지 알아보기 위해, 다음 단어를 한번 외워보자.

A : 사과   호텔   가위   연필   쟁반

여러분들은 그리 어렵지 않게 위의 다섯 단어를 외웠을 것이다. 외우기 어려웠다면 다음과 같이 기억해보라.

호텔주방장이 연필을 귀에 낀 채 가위로 사과를 깎아 쟁반에 놓았다.

이렇게 외우면 한결 쉬워진다. 이미지를 사용하여 공부하면 효과가 좋은 것은, 이처럼 기억하기가 쉽기 때문이다. 그러면 다음 단어를 한번 외워보자.

B : 이상   평화   사랑   인내   헌신

A행과 마찬가지로 다섯 단어밖에 되지 않지만 B행은 외우기가 만만치 않을 것이다. 이 단어들은 우리가 이미지로 쉽게 떠올려볼 수 있는 단어가 아니기 때문이다.

또한 이미지는 문제해결에 도움을 주기도 한다. '곰'이란 글자를 거꾸로 하면 어떤 글자가 될까? 이 질문에 아마 여러분은 머릿속에서 곰이란 글자를 떠올려 돌리고 있을 것이다. 이처럼 우리는 시각적인 심상을 이용하여 과제를 해결한다.

이미지가 활용되는 분야는 엄청 많다. 머리를 깎기 전에 원하는 머리 모양을 이미지를 통해 생각해보는 것에서부터 이사를 갈 때에는 미리 집의 배치를 상상해볼 수도 있다. 건물이나 기계처럼 복잡하면서도 정교한 새로운 사물을 설계하는 사람들에게는 특히 이미지가 중요하다.

하지만 이미지가 무조건 좋은 것만은 아니다. 이미지에는 두 가지 큰 한계가 있기 때문이다. 그것은 이미지가 완벽하지 않다는 것과 허위기억을 만들어낼 수 있다는 것이다.

너, 얼굴에 점 있었구나! ―불완전한 기억

이미지는 시각적으로 상세하고 완벽한 기억이 아니다. 여러분들은 오랫동안 같이 지내온 친구 얼굴에서 문득 지금껏 보지 못했던 얼굴의 점 하나를 발견하고는 희한한 듯 쳐다볼지도 모른다. 몇십 년 동안 얼굴을 마주 대해 왔지만 친구의 얼굴이 완벽하게 이미지로 남아 있지는 않기 때문이다.

그런 경험이 없다면 100원짜리 동전을 생각해보기 바란다. 그러면 100원짜리 동전이 이미지로 떠오를 것이다. 앞면에 어떤 그림이 있고 이미지의 배열은 어떤지 기억해보라. 그런 다음 동전을 꺼내 살펴보라.

여러분은 100원짜리 동전의 대략적인 모양과 크기 정도로만 이미지를 떠올렸을 뿐, 어떤 글자들이 어떻게 적혀 있는지는 떠올리지 못했을 수도 있다. 지금 100원짜리 동전이 없다면 아래 그림에서 어느 것이 우리나라에서 통용되는 100원짜리 동전인지 찾아보기 바란다.

이처럼 이미지가 완벽하지 않은 이유는, 친구 얼굴이나 100원짜리 동전 등이 우리에게 너무나 익숙해서 세부적인 사항에까지 우리가 주의를 기울이지 않아도 되기 때문이다. 즉 우리는 별다른 주의를 기울이지 않아도 친구의 얼굴을 다른 사람의 얼굴과 쉽게 구분할 수 있고, 동전 역시 크기와 색깔로 10원, 50원, 100원, 500원짜리 동전을 쉽게 구분해낼 수 있기 때문이다.

"내가 다섯 살 때 말이야…" — 허위기억

한 연구에서 대학생들에게 그들이 5세경에 일어난 사건을 기억하는지 물었다. 가령 결혼 피로연에 참석하여 실수로 신부의 부모님께 음료수를 쏟은 사건 같은 것이었다. 물론 이러한 사건은 진실이 아니었다. 처음에는 누구도 그런 사건을 기억해내지 못했지만 두 번의 인터뷰 후에는 20~25%의 학생들이 그 사건의 부분이나 전모를 아주 상세하게 기억한다고 보고했다. 실제로 많은 학생들은 자신들에게 제시되지 않은 세부사항까지도 기억해내기 시작했다. 한 참가자는 처음 인터뷰에서는 아무것도 기억해내지 못했지만 두 번째에서는 "야외결혼식이었는데, 이리저리 뛰어놀다가 음료수 병을 쓰러뜨려 엉망으로 만들고 혼이 났던 것 같아요"라고 진술했다. 즉 기억을 '만들어낸' 것이다.

심상을 사용해 허위기억을 만들 수 있다. 특히 특정 사건에 대해 기억의 일부를 잊어버리고 나면 실제로 일어났던 일과 상상한 일, 또는 암시된 일 사이에 혼동이 일어나게 된다. 그래서 우리가 상상하거나 생각해본 일이 점점 친근해져서 결국에는 상상이 실제 기억인 것처럼 느껴지기도 한다. 이것이 허위기억이다.

실제로 1992년 미국에서는 상담원이 한 여성의 왜곡된 기억을 이끌어내는 바람에 고소당하는 사건이 일어났다. 상담을 통해 그 여성이 7~14세 때 목사인 아버지에게 여러 차례 성폭행을 당해 2번이나 임신한 기억을 상담원이 이끌어낸 것이다. 하지만 정밀 검사 결과 그녀는 한 번도 성관계를 한 경험이 없는 것으로 밝혀졌다.

어린이들을 대상으로 한 연구에 따르면, 어린이들은 어떤 일을 상상해보라고 하거나 암시만 주어도 너무나 쉽게 그 일을 실제 사건으로 확신하게 된다고 한다. 이러한 허위기억은 너무나 정교해서 아동학대 전문 심리학자조차도 어느 기억이 진짜인지 분간할 수 없을 정도라는 것이다(그러므로 어린이를 대상으로 하는

허위기억, 심을 수 있다

미국 어빈 캘리포니아 대학 심리학 교수 엘리자베스 로프터스 박사는 미국과학진흥협회 연례총회에서 발표한 연구보고서에서 사람들 중 약 3분의 1은 허위기억의 인위적인 주입을 통해 전혀 겪은 일이 없는 경험을 스스로 했다고 믿을 수 있다고 주장했다.

로프터스 박사는 따라서 경찰 수사관이 암시나 거짓말을 통해 혐의자에게 하지도 않은 범행을 자백하게 할 수도 있다고 지적하고, 신문하는 사람은 피의자의 마음에 어떤 암시를 심어주는 일이 없게 주의해야 한다고 말했다.

로프터스 박사는 대학생들에게 디즈니랜드와는 아무 관계없는 워너 브러더스 사의 만화영화 주인공 벅스 바니(토끼)를 선전하는 디즈니랜드 광고를 보여준 뒤 어렸을 적 디즈니랜드에 갔던 기억들에 관한 질문을 했다. 그러자 이들 중 36%가 디즈니랜드에서 벅스 바니를 만났다는 대답을 했으며, 상당수가 디즈니랜드에서 벅스 바니를 쓰다듬었다든가 포옹을 했다든가 하는, 말도 안 되는 경험을 자세히 얘기했다는 것이다.

로프터스 박사는 정신적 외상을 가져올 수 있는 사건에 관한 기억도 조작이 가능하다고 말했다. 러시아의 동료 교수들과 일단의 러시아인들과 대담을 통해 1999년 모스크바 폭탄테러 사건과 9.11 테러에 관한 조작된 사실을 생생하게 주입시키자 나중에 이들 중 12%가 허위사실들을 상세하게 설명하더라는 것이다.

로프터스 박사는 또 언론매체가 지니는 강력한 암시의 힘도 시청자들에게 허위영상을 심어줄 수 있다면서 얼마 전 워싱턴 연쇄저격사건이 발생했을 때 흰색 밴에 관한 보도가 나가자 사람마다 흰색 밴을 보았다는 신고가 들어온 사실을 지적했다.　　　　　　　　　　　　(연합뉴스, 2003. 2. 18)

법정에서의 심문은 특별한 주의를 필요로 한다).

이러한 '착각성' 기억이 일어나기 위해서는 몇 가지 조건이 있다. 실제 사건이 있었던 과거와 기억해내려는 현재 사이에 오랜 공백이 있어야 하고, 그러한 사건이 있었다는 암시가 계속적으로 주어져야 하며, 권위(신뢰) 있는 사람이 그런 암시를 주어야 한다. 그런 조건들이 갖추어지면, 사람들은 있지도 않은 이야기를 실제 사건인 양 믿게 된다. 작년 연말 송년회에서 과음으로 '필름이 끊긴' 사람은 친한 친구가 농담 삼아 "야, 너 그때 대단했지. 그렇게 사람을 팰 수가 있냐"하고 거짓을 이야기하더라도 그 친구로부터 몇 번 그런 말을 들었다면 그대로 믿게 된다는 것이다.

우리 또한 실제와 다른 허위기억을 가지고 있을 수 있고, 또 진실이라고 믿고 있을 수 있다. 뇌를 촬영해보니 허위기억도 실제 기억을 담당하는 뇌의 부위와 동일한 위치에서 발생하기 때문에 두 기억이 매우 비슷하다는 연구도 있다. 그 때문에 우리가 허위기억과 실제 기억을 구분할 수 없고, 허위기억이 꼭 실제 기억인 것처럼 느껴진다고 한다.

하지만 허위기억은 목격자 증언이나 허위자백과 같은 특별한 경우가 아니라면 그렇게 심각한 결과를 가져오지는 않는다. 그리고 엉터리 기억을 만들어내려면 앞과 같은 특수한 상황이 필요하다. 그 때문에 우리가 한두 개의 허위기억을 갖고 있다 하여 실제 생활에서 혼란을 느끼지는 않는다.

네모는 네모, 노랑은 노랑 — 범주화

A형 : 예의 바르고 성실해 보이며 청결감이 있고 조심스럽다.

B형 : 쾌활하고 말이 많으며 붙임성이 좋고 솔직한 인상을 준다.

O형 : 대인관계가 좋다. 청결하며 박력을 느끼게 한다.

AB형 : 신경이 예민하고 섬세하며 지적으로 보인다.

이것은 인터넷에 떠도는 이야기로, 첫 대면에서의 혈액형별 분별법이다. 미리 이야기해두지만, 이것은 정확한 것이 아니다. 사람의 성격은 100인 100색이다. 하지만 사람들은 각각의 사람들에 대해 일일이 대응하기보다는 몇 단위로 묶어서 보려고 한다. 예를 들어, 100인 100색인 사람들의 성격을 혈액형에 따라 파악하려한다. 이렇게 하면 성격은 A, B, O, AB형의 네 가지로 줄어든다. 혹은 태어난 달의 별자리에 따라 성격을 파악하기도 한다. 이렇게 하면 수많은 성격이 12가지 유형으로 분류된다.

다음 도형을 보자.

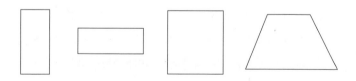

일반적으로 우리는 사물을 일정한 규칙이나 속성에 따라 몇 단위로 묶어서 보려고 한다. 사람의 경험의 양은 엄청나게 많다. 만나는 사람만 하더라도 수도 없이 많은 유형의 사람들을 만난다.

하지만 그 사람들 각각의 특성을 감안하면서 그들 모두에게 제각각의 방식으로 반응하려면 우리의 정신세계는 너무나 할 일이 많아질 것이다. 예를 들어, 앞의 그림에서 세 번째 도형만 네모라고 파악하고 나머지는 네모가 아닌 별개의 도형이라고 한다면 머릿속이 너무 복잡해질 것이다.

하지만 우리는 앞의 도형들을 모두 '사각형'이라고 인식한다. 각각의 형태는 조금씩 다르지만 뭉뚱그려 사각형이라고 판단해버리는 것이다. 이것을 범주화(categorization)라고 한다. 비슷한 속성을 가진 것을 하나로 묶어버리는 것이다. 범주화는 복잡한 환경을 단순하게 만들어줌으로써 계속적으로 우리가 배우고 기억해야 할 정보의 양을 대폭 줄여준다.

과학자들에 따르면 사람이 변별할 수 있는 색깔 수는 700만 가지가 넘는다고 한다. 이런 색깔에 우리가 일일이 반응해야 된다면 배워야 할 것이 얼마나 많겠는가? '노랗다고 말할 수 없을 정도의 노란색'에서부터 '보통 정도의 노란색', 그리고 '한없이 노랑에 가까운 노란색', '더할 나위 없이 노랗디노란 노란색'에 이르기까지 노란색 한 가지에도 수천수만 가지 이름이 있어야 할 것이며, 또 우리는 그것을 하나씩 배워야 할 것이다.¶

¶ 세부특징과 범주화 : 일상에서는 범주화로 인해 세부적인 특징을 보지 못할 수도 있다. 모두를 뭉뚱그려 처리하기 때문이다. 범주화가 우리의 지각체계를 간편하게 해주고는 있지만, 노란색에는 '노란색 같지도 않은 노란색'에서부터 '더할 나위 없이 노랗디노란 노란색'에 이르기까지 수많은 노란색이 있다. 노란색이라는 한통속이긴 하지만 세부적으로는 차이 역시 존재한다. 따라서 극단적인 범주화는 일상생활에서 오해와 불신의 출발점이 되기도 한다. '그놈이 그놈'이라지만 또 역시 '그놈'과 '그놈'은 다를 수 있음을 인정해야 할 것이다.

하지만 범주화를 하면 수천수만 개의 노란색 이름을 '노란색'이라는 한 단어로 요약할 수 있다. 이렇게 되면 노란색을 변별하기 위한 이름을 배우지 않아도 된다. 범주화는 이처럼 우리의 지각체계를 간편하게 만들어준다.

의사결정

*의사결정(decision making)은 어떤 기준(준거)을
갖고 대안을 선택하는 것이다. 인지심리학에서 주로
다루는 연구분야지만 여기에서는 장을 달리하여
살펴본다.*

닭을 잡아먹은 족제비가 재판을 받게 되었다. 족제비의 변호사는
여우였다. 여우는 재판장인 원숭이에게 이렇게 말했다.

"제 의뢰인이 닭을 훔치는 것을 봤다는 증인은 3명 있습니다.
그러나 저에게는 저의 의뢰인이 닭을 훔치는 것을 본 적이 없다는
증인이 12명이나 있습니다. 이 점을 고려해주시기 바랍니다. 3:12
라는 점을 말입니다."

원숭이 재판장은 한참 생각하더니 "보지 못한 사람이 12명이나
되고, 봤다는 사람은 3명밖에 되지 않는 만큼 피고는 무죄다."

링컨 대통령이 즐겨 얘기하곤 했던 우화다.

'오늘 점심으로 무엇을 먹을까?', '이번 주에 놀이공원에 놀러

갈 때 어떤 옷을 입을까?', '지금 당장 필요하진 않지만 아주 값싸게 나온 중고차가 있다는데, 그냥 사버릴까?'

우리의 일상생활은 이처럼 수많은 선택의 연속이다. 다양한 선택들 중에서 우리는 하나를 결정한다. 이것이 의사결정(decision making)이다. 우리는 옷을 살 때나 한 끼 메뉴를 고를 때에는 별생각 없이 결정하기도 하지만, 새 차나 집을 살 때, 또는 배우자를 고를 때에는 심각하게 요모조모 따져보면서 결정한다.

의사결정이 어려운 한 가지 이유는 '완벽한 딱 한 가지 대안'이 없기 때문이다. 즉 각각의 결정에는 여러 대안이 있을 수 있다. 또 각각의 대안이 좋은 점만을 갖고 있지도 않다. 일단 마음에 드는 대안이라도 싫은 구석이 있으며, 제외시켜 놓은 대안에도 마음에 드는 속성이 있을 수 있다.

그러면 여러 가지 가능한 선택들 중에서 우리는 어떻게 의사결정을 하게 될까? 이런 의사결정의 방법에는 크게 두 가지가 있다. 그것은 보충모형과 비보충모형이다.

중고차보다는 역시 새 차! ─ 보충모형

여러분들은 한 끼 식사로 무엇을 먹어야 할지는 그리 심각하게 생각하지 않을 것이다. 뭘 먹든지 한 끼 때우면 그만이라고 생각하고는 친구가 가자는 데로 끌려가거나, 바쁘기 때문에 맛은 별로 없지만 사람이 적은 식당에서 식사를 해도 괜찮다고 생각할 것이다.

그러나 이런 단순한 상황이 아니고 매우 중요한 결정을 해야 하는 상황이라면, 예를 들어 차를 사거나 집을 구입하는 것처럼 큰돈이 들어가는 일이나, 배우자를 선택하는 것처럼 순간의 선택이 일생을 좌우하는 결정이라면 한 끼 메뉴 고르듯 후다닥 결정을 내리지는 않을 것이다.

이처럼 중요한 의사결정에 우리가 사용하는 전략이 보충모형이다. 보충모형이란 글자 그대로, 어떤 대안이 가진 매력적인 속성이 그렇지 못한(비매력적인) 속성을 보충하도록 하는 결정이다. 즉 어떤 결정에 한두 가지 흠이 있긴 하지만 그 결정이 가진 더 나은(매력적인) 특성이 그 흠을 메워줄 수 있으므로 선택을 하는 것이다. 이 결정에서는 각 속성에 가중치를 줌으로써 결정을 돕는다.

예를 들어보자. 여러분이 새 차를 사야 할지 중고차를 사야 할지 의사결정을 해야 한다고 가정하자. 각각의 선택에는 다음과 같은 속성이 있으며, 각 속성에 대해 여러분이 '가상적으로' 평가한 가중치가 점수로 나타나 있다(각 속성과 가중치는 저마다 다를 것이다).

새 차 : 값(−5), 성능(+3), 파손 부위(+2), 기분(+4)

중고차 : 값(+4), 성능(−5), 파손 부위(−2), 기분(−4)

여기서 플러스(+)는 긍정적인 측면을, 마이너스(−)는 부정적인 측면을 나타낸다. 괄호 안의 숫자는 그 속성의 정도의 크기를 나타낸다. 가령 새 차의 값이 −5인 것은 그만큼 가격부담이 된다는 의미다.

각각을 합하면 새 차는 +4, 중고차는 −7이라는 점수가 나온다. 이 경우 여러분은 새 차를 구입하게 될 것이다. 중고차 점수가 −7이 아니라 +2가 나오더라도 여러분은 새 차를 사게 될 것이다. 왜냐하면 새 차의 점수(+4)가 더 높기 때문이다. 보충모형을 이용한 결정에서, 새 차는 값이 비싸다는 결점이 있지만 다른 속성, 즉 성능이 좋고 파손 부위가 없으며 기분이 좋다는 속성들이 그 흠을 메워준다는 것이다.

이런 방법을 사용하면 우리도 중요한 의사결정 단계에서 자신에게 맞는 가장 합리적인 결정을 내릴 수 있을 것이다. 보충모형은, 어느 대학에 진학할 것인가, 직장을 계속 다닐 것인가 아니면 창업을 할 것인가 등과 같은 의사결정에서 가장 바람직한 결정을 내릴 수 있게 해준다. 보충모형은, 가능한 모든 대안들을 펼쳐놓은 상태에서 각각의 대안이 갖는 장점과 단점에 가중치를 주면서 종합적으로 판단해서 최대의 효과를 올리는 가장 합리적인 해결책을 얻을 수 있는 방법이다.

Stone (40,000 B.C.)   iPhone 3G (2008)

	Stone (40,000 B.C.)	iPhone 3G (2008)
MMS	X	X
Video recording	X	X
Videocall	X	X
Changeable memory cards	X	X
Touchscreen	X	✔

▶ 보충모형의 유머러스한 사례 (출처 : www.wit.co.kr)

"그 남자는 못생겨서 안 돼"—비보충모형

한 여자가 세 남자 중 한 명을 데이트 상대로 선택해야 할 상황이라고 해보자. 여자는 키도 크고 좋은 대학에 다니는 잘생긴 남자와 데이트를 하고 싶다. 그러나 불행히도 세 남자는 그렇지 못하다. 여러분이 여자라면 어떤 남자와 데이트를 하고 싶은가?

남자 A : 키가 크고 좋은 대학에 다니지만 못생겼다.
남자 B : 좋은 대학에 다니고 잘생겼지만 키가 작다.
남자 C : 키가 크고 잘생겼으나 좋은 대학에 다니지 않는다.

앞에서 본 보충모형은 가장 합리적인 의사결정의 방안으로 여겨지지만, 일반적으로 사람들은 이 방법을 잘 쓰지 않는다. 그보다는 그 차가 비싸서, 또는 수리비가 많이 들 것 같아서 등의 이유를 대며 그에 해당되는 차를 아예 제외시켜 놓고 생각하는 경우가 훨씬 더 많다. 물론 새 차라면 좋겠지만 가진 돈이 그리 많지 않을 때에는 자신이 가진 돈 이상의 차는 아예 머릿속에서 지워버리는 것이다. 남자의 외모를 중요한 기준(속성)으로 보는 여자는 좋은 대학에 다니지 않아도 괜찮다고 생각하는 식이다. 이것이 비보충모형이다. 비보충모형이란, 다른 면에서 상당히 훌륭하더라도 자신이 중시하는 한두 가지 조건을 충족시키지 못하면 아예 대안에서 지워버리고 결정하는 것을 말한다.

이 선택에서는 속성들이 평가되는 순서가 중요하다. 차를 고를 때 차값이 중요한 고려요인이라면 선택 리스트에서 비싼 차가

가장 먼저 지워진다. 차의 연비가 중요한 요인이라면 1ℓ당 20km
도 못 가는 차가 가장 먼저 버려진다. 위 사례에서도 마찬가지로
한두 가지 이유를 대서 잘라버리는 것이다. 즉 "남자 A는 못생겨서
안 돼", "남자 B는 키가 작아서 안 돼"라고 하면서 하나씩 대안에
서 제외시켜, 결국 마지막에 남는 남자로 결정하는 것이다.

　하숙집 구할 때를 생각해보자. 하숙집의 속성에는 학교와의 거
리, 하숙비, 룸메이트, 음식맛 등 여러 가지가 있다. 보충모형식
하숙집 구하기는, 여러 하숙집을 찾아다니며 '나중에 이 집으로
결정하면 연락드리겠다'고 하면서 각각의 장단점을 파악하고 가
중치를 주어 결정하는 것이다. 그래서 결국엔 하숙집을 5군데 돌
든 20군데 돌든 그중에서 가장 자기한테 이득이 되는 하숙집 하나
를 고르게 된다.

　반면 비보충모형식 하숙집 구하기는, '이 집은 하숙비가 비싸서
안 돼'라는 식으로 그 자리에서, 그 순간에 결정을 해버리는 것이

▶보충모형으로 하숙집을 구하면 가장 좋은 집을 고를 수 있지만 많은 사람들이 비
보충모형을 이용한다.

다. 이 결정에서는 하숙집을 5군데 돌든 20군데 돌든 자기가 정한
일정한 기준에 맞지 않으면 아예 선택의 대상에서 지워버리는
것이다. 따라서 20군데를 돌아도 하숙집을 구하지 못할 수도 있다.

   게다가 나중에 생각해보니 6번째 하숙집이 그중 나을 것 같다고
생각하더라도 돌아가기가 만만치 않다. 이미 그 하숙집이 나가버
렸을 수도 있고, 이번에 그 하숙집으로 되돌아가면 무조건 계약을

해야 하는 압박이 있을 수도 있기 때문이다. 또 더 나은 하숙집이 있을지도 모른다는 생각을 뿌리칠 수가 없는 것도 의사결정을 더디게 한다.

이러한 비보충모형은 보충모형에서와 같은 계산이 필요 없다. 대신 가장 중요한 속성이 무엇인지가 중요하다. 그러므로 비보충모형은 "가장 중요한 최소한의 조건을 만족시키면 된다"는 말로 바꿔 말할 수 있다.

그렇다면 사람들은 왜 보충모형에 비해 불합리해 보이는 비보충모형 전략을 사용할까? 심리학자들은 그 이유를 "사람들의 용량이 제한되어 있기 때문"이라고 설명한다. 즉 사람이 처리할 수 있는 용량의 한계 때문에 모든 대안을 일일이 검토해볼 수가 없고, 그 결과 최선의 대안을 찾지 못할 때도 있다는 것이다. 또 시간과 돈 등의 자원이 부족하기 때문이라는 설명도 있다. '빨리 선택을 해야 하기 때문에' 또는 '현재 가진 돈이 이것뿐이라서' 그 제품을 산다는 것이다.

이런 이유 때문에 사람들은 가장 좋은(최선의) 대안이 아니라, 그보다는 조금 떨어지지만 최소한의 조건을 만족시키는 괜찮은 대안을 주로 선택하게 된다.

불확실한 상황에서의 의사결정 ─ 확률

세상살이에는 항상 불확실성이 존재한다. 비싼 돈을 주고 새 차를 샀는데, 예상과 달리 잔고장으로 AS를 받아야 할 때도 있을

승부차기에서는 당연히 골키퍼가 심리적으로 우위에 선다. 골키퍼는 '밑져야 본전'이지만 키커로서는 반드시 넣어야 한다는 압박감에 시달리기 때문이다. 그래서 골대 밖으로 차는 실축을 하게 된다.

골대 정면 11m 앞에서 차는 승부차기는 과학적으로 보면 성공확률이 거의 100%다. 키커가 차는 공의 속도가 시속 130km 정도라고 보면 공은 0.3초 만에 골대를 통과한다. 그동안 골키퍼는 공의 방향을 보고 몸을 날리게 되는데, 일반적으로 상당히 빠른 선수라 하더라도 판단에만 0.3초가 걸린다. 여기에 몸까지 날려야 하니 골키퍼로서는 한쪽을 포기하고 다른 한쪽으로만 몸을 날리게 된다.

영국의 한 대학(리버풀 존 무어 대학)에서는 "키커의 엉덩이는 골키퍼가 킥을 막을 중요한 단서를 제공한다"는 연구결과를 발표하여 관심을 끈 적이 있다. 한 예로 킥을 날리기 직전 오른발잡이 키커의 몸이 돌아가면서 엉덩이가 골키퍼와 마주보게 된다면 골키퍼는 공이 오른쪽으로 날아올 것이라고 예측해도 좋다고 분석했다.

키커는 그렇지 않아도 부담스러운데, 키커의 몸동작에 대한 연구가 활발해지면서 더 부담감을 가져야 될 것 같다.

것이다. 반대로 수리비가 많이 들 것을 각오하고 중고차를 샀지만 의외로 상태가 좋아 수리비가 생각만큼 들지 않을 때도 있을 것이다. 따라서 의사결정에서도 이러한 불확실성을 감안해야 할 때가 많다.

이럴 때에는 확률이라는 개념을 사용해야 한다. 확률은 고정된 값이다. 동전을 던질 때 앞면과 뒷면이 나올 확률은 똑같이 1/2이다. 주사위를 던졌을 때, 1이 나올 확률과 6이 나올 확률은 똑같이

1/6이다. 예를 들어, 여러분이 필자와 동전 던지기를 해서 앞면이 나오면 필자가 여러분으로부터 100원을 받고 반대로 뒷면이 나오면 필자가 여러분에게 100원을 준다고 하자. 아마 여러분은 쾌히 응할 것이다.

무료함을 달래기 위해서든 필자의 돈을 따볼 욕심에서든 게임에 응하겠지만, 그래도 우리가 이미 알고 있는 것이 있다. 그것은 게임을 계속하면 할수록 서로 본전에 가까워진다는 것이다. 즉 동전의 앞면이든 뒷면이든 나올 확률이 같기 때문에 게임을 계속하면 돈을 잃더라도 얼마 잃지 않고 따더라도 얼마 따지 않을 것임을 알고 있는 것이다. 확률을 적용하면 게임의 결과는 대부분 본전치기다. 이처럼 우리는 이런 불확실한 상황에서는 확률을 이용하여 의사결정을 하게 된다.

하지만 확률에는 두 가지 함정(오류)이 있다. 그것은 대표성의 오류와 가용성의 오류다.

☄ 대표성의 오류

먼저 다음 숫자를 한번 보자. A와 B의 로또번호 중에서 어느 것이 더 당첨확률이 높을까?

    번호 A : 5, 18, 28, 30, 42, 45
    번호 B : 1, 2, 3, 4, 5, 6

수학적으로 계산하면 여러분들은 번호 A든 번호 B든 1등에 당첨될 확률은 같다는 것을 알 것이다. 하지만, 위의 로또복권 두

평균의 오류

일반적으로 평균이라고 하면 산술평균을 말한다. 이것은 전체 수를 합한 후 전체 개수로 나눈 것이다. 하지만 산술평균은 전체를 제대로 대표하지 못하는 경우가 많다. 가령 10가구의 월소득이 다음과 같다고 하자(단위 : 만원).

50 50 100 100 150 150 150 150 500 1,000

10가구의 총 월소득은 2,400만원이므로 산술평균은 240만원이다. 하지만 월소득 240만원을 넘는 가구는 두 가구밖에 안 된다. 이것은 극단적인 값이 산술평균에 미치는 영향이 크기 때문이다. 중동 국가의 경우 빈민이 많아도 국민소득이 4~5만 달러가 되는 것은 국왕 등의 최상위 소득이 산술평균으로 잡히기 때문이다.

따라서 최빈값과 중앙값이라는 또 다른 평균을 고려해야 한다. 최빈값은 가장 많은 빈도를 갖고 있는 값이다. 위의 경우 150만원이 4가구로 가장 많다. 따라서 최빈값은 150만원이다. 그리고 중앙값은 자료의 가장 중앙에 있는 값이다. 중앙값을 구하기 위해서는 양극단으로부터 하나씩 제거해나가면 된다. 위 사례의 경우 150만원이 중앙값이다. 중앙값은 극도의 값(예컨대 빈부격차가 큰 나라의 소득)이 있을 때 좋은 방법이다.

여러 평균이 있기 때문에 임금협상시 경영자측에서는 임원을 포함한 전 임직원의 급여를 산술평균한 것을 기준으로 잡고(임금수준이 높아진다), 노조에서는 중앙값이나 최빈값 혹은 임원을 제외한 직원들만의 급여를 산술평균한다(평균임금이 낮아진다).

또 한 국가의 1인당 국민소득이라든가 가구부채 등도 산술평균으로 통계를 내므로 체감하는 것과 많이 다르다. 중간 정도 생활수준의 가장이라면 평균에 비해 소득은 낮고, 부채는 훨씬 많은 경우가 대부분이다(큰 부자들은 소득은 많아도 부채는 많이 지지 않는다). 따라서 산술평균으로 통계를 내면 현실과 동떨어진 현상이 생긴다.

장 중 한 장을 가지라고 한다면 번호 B가 찍힌 복권을 가져갈 사람은 아무도 없을 것이다. 번호 B보다는 번호 A가 더 당첨될 확률이 높을 것이라고 생각하기 때문이다.

우리는 확률이라는 것이 체계적인 것이 아니라 임의적인 것이라고 생각한다. 따라서 아무런 체계가 없는 번호 A가 1등 당첨확률이 더 높다고 생각한다(실제로 번호 A는 2005년 11월 26일 추첨한 제156회 로또의 1등 당첨번호다). 번호 A와 번호 B의 당첨확률은 같지만, 번호 B의 숫자들은 연속하는 자연수 여섯 개로 되어 있으므로 상당히 체계적이자 정연하게 구성된 숫자다. 따라서 임의적이고 무작위적이어야 한다는 확률의 개념에는 들어맞지 않아 보인다.

이것이 대표성의 오류다. 대표성이란, 특정 사건이 그런 부류의 사건 전체에서 얼마나 전형적인가 하는 것이다. 사실 여러분들은 로또의 당첨번호를 볼 때 12, 13, 14처럼 연속으로 나온 숫자를 거의 보지 못했을 것이다. 그래서 여섯 개의 숫자가 연달아 나올 확률은 0이라고 생각하게 된다(그러나 번호 A가 당첨되기한 주 전인 155회 당첨번호는 16, 19, 20, 32, 33, 41로, 연속되는 숫자가 2개나 있었다). 물론 수학적으로는 확률이 같다는 것을 알면서도 그런 오류를 저지르는 것이다.

제196회(2006. 9. 2) 로또복권 1등 당첨번호는 35, 36, 37, 41, 44, 45였다. 41을 제외하고는 모두 일련번호인데다 30과 40대에 숫자가 몰려 있어 쉽게 맞힐 수는 없는 번호였다. 게다가 1등 당첨자가 사상 세 번째인 15명이나 되었다. 이 때문에 네티즌들

▶ 로또복권의 1등 당첨번호로 35, 36, 37, 41, 44, 45가 나올 수 있는가? 나올 수 있다. 그 번호는 제196회(2006. 9. 2) 1등 당첨번호다. 1등 당첨자가 15명이나 되었다.

사이에서는 한때 조작논란이 일기도 했다. 하지만 이 같은 결과는 확률상 충분히 나올 수 있는 결과다. 또 복권카드에 일련번호나 대각선, 일직선 등으로 입력하는 참여자들이 많아 1등이 많이 나오게 되었다는 것이 관계자의 설명이다. 이 때문에 1~6의 일련번호가 1등 번호가 될 경우 당첨자는 예상보다 많을 것이라고 한다.

🏃 가용성의 오류

또 하나의 오류는 가용성의 오류다. 가용성은 우리가 머리에 떠올리기 쉬운 정도에 따라 그 확률을 평가하는 것을 말한다. 즉 주위에서 우리 눈에 보이는 것이 많으면 그 상황이 일어날 확률이 높다고 여기는 것이다. 예를 들어, 서울대가 자리한 관악구 신림동에 사는 주민이라면 눈에 보이는 학생이 대부분 서울대생이기 때문에 서울대 입학이 그리 어려워 보이지 않을 수도 있다. 부자 동네에 살고 있으면 부자 되기가 이렇게 쉬운데 왜 다른 사람들은 부자가 못 되는지 의아해하기도 할 것이다.

가용성 오류는 특히 언론 등과 같은 매스컴의 보도에 의해 증폭될 수 있다. 보도를 많이 하면 할수록 일어날 확률이 높다는 인식을 사람들이 가지게 되기 때문이다.

암으로 사망하는 사람이 많을까? 아니면 교통사고로 사망하는 사람이 많을까? 정확한 통계를 모른다면 여러분은 교통사고라고 답할지도 모르겠다. 사실은 암으로 사망하는 사람이 훨씬 많지만, 매스컴에서는 암으로 사망한 경우 유명인이 아니면 잘 보도하지 않는다. 반면 교통사고로 사람이 죽었다는 소식은 거의 매일 보도된다. 특히 한 번의 교통사고로 많은 사람이 사망하면 매스컴은

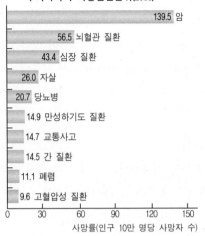

우리나라의 사망원인순위(2008)

139.5 암
56.5 뇌혈관 질환
43.4 심장 질환
26.0 자살
20.7 당뇨병
14.9 만성하기도 질환
14.7 교통사고
14.5 간 질환
11.1 폐렴
9.6 고혈압성 질환

0   30   60   90   120   150
사망률(인구 10만 명당 사망자 수)

▸ 2008년 우리나라 사망원인은 암, 뇌혈관 질환, 심장 질환, 자살, 당뇨의 순
  이다. 교통사고는 7번째다. 특히 암은 1983년 이후 우리나라 사망원인 부동
  의 1위다.

앞을 다투어 보도한다. 이럴 때 우리는 암으로 인한 사망자보다
교통사고로 인한 사망자가 더 많다고 지각하게 된다.

주사위 게임에 초대합니다! — 기대가치와 기대효용

이런 점을 염두에 두고 원래 이야기로 돌아가보자. 불확실한
환경 아래에서는 확률을 가지고 의사결정을 해야 한다. 예를 들어
다음과 같은 초대장을 받는다면 여러분은 초대에 응하겠는가?

주사위 게임에 초대합니다

장　　소 : 유쾌한 호텔 지하 1층 이벤트홀

일　　시 : 12월 25일 오후 7시

게임방법 : 모두가 공평하게 1천원을 내고 게임에 참여합니
다. 딜러가 주사위를 던져서 당신이 고른 숫자(예
를 들어 3)가 나오면 당신은 5천원을 받게 됩니
다. 하지만 특정 숫자 이외의 다른 숫자가 나오면
참가비 1천원을 잃게 됩니다.

여러분은 이길 가능성이 높으니 그 초대를 기꺼이 받아들여야
할까, 그렇지 않으면 질 가능성이 높으니 그 게임을 거부해야 할
까?

🏃 나는 얼마를 딸 수 있을까? - 기대가치

이것을 알아보기 위해서는 여러분이 얼마를 딸 수 있을지 기대
가치를 따져봐야 한다. 기대가치란 여러분이 이 게임에 참여했을
때 얻을 수 있는 이익을 말한다. 그것은 다음 4가지 값을 알면
계산해볼 수 있다. 이기면 받는 돈의 액수 V(W), 이길 확률 P(W),
질 확률 P(L), 질 때 잃게 되는 돈의 액수 V(L)이다(V : value,
W : win, L : lose, P : Probability). 기대가치는 이길 확률에다
이겼을 때 얻을 액수를 곱하고, 질 확률에다 졌을 때 잃어버리게
될 액수를 곱한 것을 더하면 얻을 수 있다. 즉

$$기대가치 = P(W) \times V(W) + P(L) \times V(L)$$

이다. 위의 주사위 게임의 경우 이길 확률은 1/6이고 그 경우 딸 돈의 순수한 액수는 4천원이다(1천원은 자신의 참가비이므로 제외해야 한다). 그리고 질 확률은 5/6이며 그때 잃을 돈의 액수는 1천원이다. 그러면 다음과 같이 기대가치를 계산해볼 수 있다.

$$기대가치 = P(W) \times V(W) + P(L) \times V(L)$$
$$= 1/6 \times 4{,}000원 + 5/6 \times (-1{,}000)원 = -166.7원$$

이 게임의 경우 여러분은 게임에 한 번 참가할 때마다 166.7원을 손해 보게 된다. 게임을 10번 하면 1,667원 손해, 100번 하면 16,670원을 손해 보게 된다. 확률에 근거해서 계산해보면 이런 결과가 나온다. 따라서 이 게임에 참여하지 않는 것이 여러분에게 이득이다.

하지만 여러분은 손해를 보는 줄 알든 모르든 이 게임에 참여할 가능성이 크다. 확률로 계산해보면 손해 보는 게임이지만, 이길 가능성이 있다고 판단하기 때문이다.

이와 비슷한 경우가 복권이다. 복권은 일단 손해를 보고 시작하는 게임이다. 왜냐하면 복권판매는 어떤 목적을 위한 기금 마련이 우선이기 때문이다. 그래서 판매액의 50% 정도는 주관하는 곳에서 가져가게 되어 있다. 그 나머지를 당첨자에게 나눠주는 것이다.

확률을 사용하여 기대가치를 정확히 계산할 수 있다면 그토록 많은 사람들이 손해를 보는 복권에 빠져들지는 않을 것이다. 하지만 오늘도 많은 사람들이 복권을 사고, 도박장에 드나들고, 보험에 가입한다. 복권, 도박, 보험 상품은 모두 기대가치가 0 이하인

범죄는 합리적 경제현상?

범죄경제학은 범죄행위를 인간의 합리적 선택으로 간주하여 경제분석을 적용한 경제학의 한 응용분야다. 범죄행위는 어떻게 결정되는가에 관한 문제는 병리가설과 합리가설로 구분할 수 있다. 범죄행위를 일종의 병리현상으로 파악하는 입장을 병리가설이라 하고, 범죄행위를 경제적 기대이익과 기대비용의 관점에서 파악하는 입장을 합리가설이라 한다. 사회학자들은 병리가설을 주장하고, 경제학자들은 범죄행위를 합리적 경제현상으로 파악하는 합리가설을 주장한다. 합리가설에 근거를 둔 범죄경제학은 베커(G. Becker) 교수에 의해 처음으로 제창되었다. 베커는 미시경제의 분석영역을 인간 행동에까지 확대한 공로로 1992년 노벨경제학상을 받은 시카고대 교수다.

베커의 합리가설에 따르면 범죄행위자도 보통 사람들과 마찬가지로 합리적 경제행위를 선택하며, 범죄행위의 기대순이익을 극대화하려 한다는 것이다. 범죄행위로부터 얻을 수 있는 기대순이익은 범죄행위의 기대편익에서 범죄행위의 기대비용을 뺀 것과 같다.

개별 범죄자는 범죄행위로부터 얻을 수 있는 기대효용의 극대화를 추구한다. 범죄의 기대순이익은 다음과 같이 계산된다.

범죄의 기대순이익＝(범죄 성공확률)×(성공할 경우의 이익)
　　　　　　　＋(범죄 실패확률)×(실패할 경우의 손해)

예를 들어보자. 절도를 하지 않고 그 시간에 적법한 노동을 하면 50만원의 소득을 올릴 수 있다고 하자. 그리고 절도의 성공확률은 85%이고, 2천만원의 이득을 올릴 수 있다고 하자. 또 절도의 실패확률은 15%이며 체포될 경우 8천만원 상당의 수감생활을 해야 한다고 하자. 그러면 절도의 기대순이익은 다음과 같다.

$$(0.85) \times (2,000만원) + (0.15) \times (-8,000만원) = 500만원$$

결국 절도행위로부터 얻을 수 있는 기대순이익은 500만원인데, 적법한 노동소득은 50만원이다. 이 경우 이 사람은 절도를 택하게 된다. 따라서 범죄를 줄이려면 두 가지 정책을 사용하면 된다. 하나는 범죄의 기대비용을 증가시키는 방법이다. 범죄의 기대비용을 증가시키기 위해서는 처벌의 강도(벌금, 체벌 등)를 높이거나 범죄의 실패확률(즉 검거율)을 높이는 것이다. 다른 하나는 범죄의 기대편익을 감소시키는 것이다.

상품들인데도 말이다.

일반적으로 기대가치가 플러스(+)면 선택을 하게 되고, 마이너스(−)면 포기하게 된다. 자기에게 +가 되어야 어떤 행위를 하는 것이다. 이것은 인간행위의 상당 부분을 설명해주고 있다. 즉 자기에게 이득이 있으면 행하고 그렇지 않으면 행하지 않는다는 것이다. 남이 보기에 손해 보는 행동 같지만 그 행동을 계속하는 사람은 또 나름의 이득이 있다는 해석이 가능하다.

그러므로 자신이 객관적으로 얻을 이익인 기대가치는 왜 사람들이 손해를 보면서도 그 행위를 계속하는가를 설명하지 못한다. 그렇다면 다른 설명을 찾아야 한다. 그것은 기대효용이다.

⚹ 로또가 불티나는 이유 − 기대효용

그러면 사람들은 왜 객관적으로 기대가치가 0 이하인 복권이나 도박에 탐닉하는 것일까? 모든 사람이 합리적으로 기대가치를 생각한다면 도박이나 복권, 보험은 기대가치가 0 이하이기 때문에 사람들은 도박장에 들락거리지도 않을 것이고, 복권을 사지도 않을 것이며, 보험에 들지도 않을 것이다.

하지만 사람들은 기대효용 때문에 도박을 하고 복권을 사며 보험에 든다. 기대효용(expected utility)은 확률에서와 같은 객관적인 가치가 아니

▶ 로또는 기대가치가 0 이하인 게임이다. 하지만 기대효용 면에서 보면 0 이상의 가치가 있다. 기대효용 때문에 사람들은 로또를 구입한다.

라 결과에 대한 개인의 주관적 가치를 말한다. 기대효용은 승률을 높게 만듦으로써 자신이 가져갈 이익의 가치를 높이게 된다. 자, 다음 질문에 답해보자.

여러분에게 로또복권이 두 장 있다. 한 장은 여러분이 로또 판매점에 가서 직접 선택한 번호로 구성된 복권이며 또 다른 한 장은 선물로 받은 것이다. 로또 한 장의 가격은 1천원이다. 만약 두 장의 복권을 팔아야 한다면, 여러분은 각각의 복권을 얼마에 팔겠는가?

아마 여러분은 선물로 받은 복권은 1천원보다 낮은 가격으로도 팔아넘길 수 있을 것이다. 하지만 여러분이 직접 로또 판매점에 가서 여러분의 직관과 조상님의 음덕과 어젯밤 꿈에 본 숫자를 조합해서 선택한 복권은 액면가 1천원에 팔기에는 아쉬움이 남을 것이다.

실제로 연구결과를 보면 사람들은 자신이 선택한 것에 대해 가치를 더 높게 느낀다. 그래서 앞의 주사위 게임에서 자신이 3번을 골랐을 때, 3이 나올 확률은 사실 1/6이지만 실제로 느끼기에는 1/6 이상이라는 것이다. 그리하여 3이 나올 확률을 '주관적으로' 2/6라고 생각한다면 그 기대가치는 다음과 같은 가치를 갖는 기대효용으로 바뀔 것이다.

$$\text{기대효용} = P(W) \times V(W) + P(L) \times V(L)$$
$$= 2/6 \times 4{,}000원 + 4/6 \times (-1{,}000)원$$
$$= 666.67원$$

이렇게 되면 기대효용은 플러스(+)가 된다. 이 경우에는 게임에 참가하면 할수록 이득이 된다. 10번을 하면 6,666.7원을 따고 100번을 하면 66,667원을 번다. 물론 이것은 개인이 판단하는 주관적 확률이다. 이렇다 보니 복권이든 도박이든 참여하게 되는 것이다. 실제 기대가치가 마이너스(−)임에도 불구하고 사람들은 기대효용을 높게 보기 때문에 기대가치와 다른 행동을 한다.

실제로 보험에 들면 나중에는 이자도 없고 불입한 원금보다도 더 적게 받게 되더라도 한 번에 목돈이 들어가는 것에 대한 두려움 때문에 보험에 들게 된다. 예기치 않은 불상사에 대한 기대효용이 기대가치를 압도하기 때문이다.

부자 몸조심 — 위험회피와 위험선호

그렇다고 모든 사람들이 도박에 빠져들지는 않는다. 도박에서 돈을 좀 잃었더라도 손을 털고 일어서는 사람이 있는가 하면, 차를 저당 잡히더라도 돈을 마련하여 만회해보겠다는 사람도 있다. 평소 멀쩡하던 사람이 주식에 뛰어들어 손해를 보게 되면 오히려 공격적으로 투자를 감행하는 경우도 볼 수 있다. 그래서 집을 팔고 여기저기 빚을 낸다.

연구에 의하면 대부분의 사람들은 위험선호성향과 위험회피성향을 모두 갖고 있는데, 사람들이 어떤 상태를 기준으로 하여 현재 상태가 그 기준보다 낮다고 생각하면 '위험회피적'이 되고, 그 반대의 경우라면 '위험선호적'이 된다. 바둑에서 한 집으로 이기든 열 집으로 이기든 이기는 것은 똑같다. 따라서 이기는 것(기준)이 확실하다면 모험을 하지 않는다. 하지만 질 경우 한 집으로 지든 만방으로 지든 똑같다. 어차피 질 바에는 모험을 해보는 것이다.

이런 성향 때문에 부자들은 복권을 사지 않는다. 대신 안전자산을 선호한다. 부자 몸조심인 것이다. 어차피 복권은 손해 보는 장사인데다 설사 당첨이 되었다 하더라도 큰 이득이 되지 않는다. 오히려 여유가 없다고 생각하는 사람들이 복권을 사고 모험을 한다.

본전생각 — 매몰비용

산길을 가다가 갈림길을 만났다. 어느 길이 맞는 길인지 몰라 일단 한쪽으로 가보기로 했다. 가다보니 이 길이 아니고 다른 쪽 길을 가야 했다는 것이 확실해졌다. 오던 길로 돌아가 다시 다른 길로 가야 할 것인가? 아니면 계속 가면서 새로운 길을 찾아야 할 것인가?

이런 상황에 놓인다면 여러분은 어떻게 할 것인가? 잘못된 길로 들어서 그리 멀리 오지 않았다면 돌아갈 것이다. 현명한 판단이다. 하지만 먼 길을 왔다면 선뜻 돌아서기가 쉽지 않다. 그래서 계속 새로운 길을 찾다가 결국에는 산속에서 길을 잃고 헤매게 된다.

이러한 일은 깊은 산속에서나 일어나는 일이 아니다. 일상생활에서도 많이 일어난다. 가령 인터넷으로 심리학 책을 한 권 샀다고

▶ 몸이 피곤한데도 학원비가 아까워 수업을 듣기 위해 가는 것이 바람직한 결정인가? 아니면 집에서 쉬는 것이 바람직한 결정인가?

하자. 받아보니 내용도 어렵고 재미도 없다. 읽기 싫다. 반품도 못한다. 그렇다면 구입한 비용이 아까워 재미없는 그 책을 시간 내서 읽을 것인가? 아니면 다른 재미있는 심리학 책을 구입할 것인가?

잘못된 길로 들어서 걸어온 먼 길이나 재미없는 책을 산 돈은 이미 지급해버린 것으로, 앞으로의 의사결정과는 관련없는 비용이다. 이미 먼 길을 걸어왔고, 이미 자기 손을 떠나버린 돈이다.

이러한 것을 매몰비용(sunk cost)이라고 한다. 의사결정에서 매몰비용은 생각하지 말아야 한다. 하지만 많은 사람들은 돈 주고 예매해놓은 것이 아까워 몸이 아픈데도 영화를 보러 가기도 하고, 구입한 비용이 아까워 마음에 들지 않는 옷을 입고 다니며, 손해 볼 것이 뻔한데도 지금까지 한 것이 아까워 밀어붙인다. 모두 다 본전생각 때문이다.

'공돈' 생겼네 ― 심적 회계

상황 1 : 콘서트 장소로 가다가 갖고 있던 5만원짜리 입장권을 잃어버린 것을 알았다. 입장권을 살 돈은 있다. 여러분은 5만원을 주고 입장권을 살 것인가?

상황 2 : 콘서트 장소로 가다가 갖고 있던 현금 5만원을 잃어버린 것을 알았다. 입장권을 살 돈은 있다. 여러분은 5만원을 주고 입장권을 살 것인가?

각 상황에 여러분은 어떻게 답할 것인가? 상황 1은 갖고 있던 입장권을 분실하여 또다시 구입해야 하는 경우이고, 상황 2는 돈 5만원을 잃어버린 경우이다. 이 경우 상황 1에서보다는 상황 2에서 더 많은 사람들이 입장권을 구입한다.

사람들은 나름대로 마음속에 회계학에서 말하는 계정을 갖고 있다. 이것을 심적 회계(mental accounting)라고 한다. 그래서 한 달에 쓸 수 있는 돈이 얼마인데, 이 돈을 식대계정, 문화비계정, 교통비계정 등등에 넣어둔다. 계정이 바닥나면 더 이상 돈을 쓰려 하지 않는다. 어제 한턱낸 사람은 오늘 몸을 사리는 것이다.

위 상황에서 공통점은 5만원의 가치를 잃어버렸다는 것이다. 하지만 상황 1은 문화비계정에 있던 돈을 잃어버린 것이며, 상황 2는 현금이기 때문에 아직 어디에 써야 할지 모르는 계정의 돈을 잃어버린 것이다. 따라서 문화비계정의 예매권을 잃어버리고 또다시 문화비계정에서 돈을 꺼내 입장권을 사기가 망설여지는 것이다.

심적 회계 때문에 최고급 TV를 새로 장만하더라도 고장 난 TV를 대체할 때와 새집을 샀을 때 돈을 쓰는 느낌이 다르다. 고장 난 TV를 대체할 때에는 조금이라도 더 싸게 사기 위해 발품도 팔며 가격비교도 한다. 하지만 새집을 사고 난 다음 TV를 살 때에는 같은 돈을 쓰는데도 그 정도까지 공을 들이지 않는다. 앞의 경우는 문화비계정에서 돈이 나가기 때문에 조금이라도 아껴야 한다. 그러나 뒤의 경우는 부동산계정에서 돈이 나가므로 최고급 TV의 가격이 집값에 비해 아주 낮게 평가된다. 그 때문에 새집을 산 다음에는 고급 가구와 침대, 전자제품에 거액이 나가더라도 별로 신경을 쓰지 않는 것이다.

공돈이 생기면 공돈계정에 넣어둔다. 그래서 쉽게 그 돈을 써버린다. 복권당첨으로 받은 돈 역시 공돈계정에 넣어둔다. 그 돈도 흥청망청 써버린다. 그래서 복권에 당첨된 사람의 종말이 당첨되기 전보다 더 어려워졌다는 보도를 자주 접하게 된다.

하지만 돈은 돈이다. 새 돈이든 헌 돈이든, 빳빳한 돈이든 구겨진 돈이든, 깨끗한 돈이든 더러운 돈이든 돈의 가치는 똑같다. 열심히 일해서 번 돈이든, 은행이자든, 주운 돈이든, 용돈으로 받았든 같은 돈이다. 연말정산하여 환급받더라도 그건 공돈이 아니다. 한 해 전 더 많은 세금을 냈기에 당연히 돌려받는 돈이다. 세금낼 때 피 같다고 생각한 바로 그 돈이다.

문제해결

문제해결은 말 그대로 문제를 해결하는 것이다.
문제해결은 인지심리학에서 세부적으로 다루는
내용으로서, 지능 및 창의성과도 관련이 있다.

내 머릿속의 번갯불! — 문제해결의 중요성

한 트럭기사가 짐을 가득 실은 채 지하차도를 빠져나가려고 하다가 상단 부분이 1cm 가량 걸리는 바람에 어쩔 줄 모르고 있었다. 교통은 혼잡해졌고, 경찰이 출동하고 구경꾼이 몰려들었다. 이때 한 꼬마가 다가와 "바퀴의 바람을 조금만 빼면 되잖아요"라고 말해주었다.

우리의 일상생활은 문제를 해결하는 일들로 가득 차 있다. 늘 어떤 이성의 뒤만 따라다녔는데 그에게 어떻게 말을 붙여볼까?

고양이가 매일 밤 창가에서 듣기 괴로운 울음을 우는데, 어떻게 하면 쫓아버릴 수 있을까? 누군가가 남몰래 쓰레기를 우리 집 현관에 버리고 가는데, 어떻게 그 사람을 잡아낼까? 뿐만 아니라 국가적으로도 풀어야 할 과제도 많다. 경제성장을 우선으로 다루어야 할 것인가 분배를 먼저 다루어야 할 것인가? 보다 많은 사람에게 공감이 되는 복지정책을 하려면 어떻게 해야 하는가? 등등.

문제해결은 이처럼 주어진 상태에서 다른 상태로, 즉 문제의 상황에서 해결의 상황으로 옮겨가는 것을 뜻한다. 배가 고프면 밥을 먹음으로써 문제를 해결할 수 있듯이 어떤 문제는 쉽게 해결할 수 있지만, 절도범 체포와 국가정책 결정과 같이 어떤 문제는 해결하기가 만만치 않은 것들도 있다.

위의 사례에서 왜 꼬마를 제외한 많은 사람들은 그렇게 간단한 문제를 해결하지 못했을까? 아마 그들은 트럭에 실린 화물을 일부 내린 다음 차를 빼내고, 다시 짐을 옮겨 싣는 방법을 택했을 것이다. 지하차도가 아니라 긴 터널이었다면 문제는 한층 복잡해졌을 것이다. 하지만 꼬마는 간단하면서도 확실한 방법을 생각해냈다. 이 꼬마는 여러 시행착오를 거치지도 않으면서도 한 번에 생각해 낸 것이다.

단 한 번의 시행으로 올바른 해결책을 찾으려면 어떻게 해야 할까? 어떻게 하면 좀더 효율적으로 문제를 해결할 수 있을까? 이러한 것은 현재의 어려움에서 벗어나는 것이기도 하지만 좀더 확대하면 앞으로의 생존전략이기도 하다.

문제를 모르면 '문제'—문제의 발견과 해석

어느 날, 임원회의에서 부산공장의 폐수시설을 두 배로 늘려야 한다는 의견이 제기되었다. 나는 이 문제를 해결하기 위해 일본 폐수처리 분야 최고의 기술을 가진 곳을 찾았는데, 놀랍게도 그곳은 과거 우리의 합작회사이자 집적회로에서 세계 1위를 자랑하는 일본의 종합 전자회사인 NEC였다. 반가운 마음에 NEC의 폐수처리시설 전문가를 초청하여 부산공장 문제를 의논했다. 그는 이야기를 시작함과 동시에 우리에게 이러한 질문부터 던졌다.

"폐수처리시설이 왜 필요하다고 생각하십니까?"

"폐수를 처리하려고요."

뒷자리에 앉아 있던 직원이 이렇게 대답하자 회의실은 웃음바다가 되었다. 웃음소리가 어느 정도 사그라지자 그는 다시금 입을 열었다.

"맞습니다. 그렇다면 처리할 폐수가 없다면 어떨까요?"

"당연히 폐수처리시설도 필요 없죠."

"그렇습니다. 오늘 저의 결론은 바로 그겁니다. 폐수처리시설을 만드는 데 고심하지 말고 차라리 폐수를 줄이십시오. 그러면 폐수처리시설을 두 배로 늘릴 필요가 없습니다."

회의장을 찾은 직원들의 얼굴이 하나같이 황당하다는 표정으로 변했다. 그러나 뒷자리에서 그의 말을 듣고 있던 나는 빙그레 미소를 지었다. 그가 무슨 말을 하고자 하는지 이해할 수 있었기 때문이다.   — 손욱, 변화의 중심에 서라

1996년 우리나라에 6시그마를 도입하여 혁신에 성공한 당시 삼성SDI 손욱 사장에게 있었던 일화다. 결국 원점에서부터 다시 문제를 파악하여 폐수처리시설을 증설하는 대신 폐수를 줄이는 방법을 고민한 끝에 슬기롭게 해결할 수 있었다고 한다.

우리들 대부분은 문제가 있다면 그 문제를 있는 그대로 받아들여 바로 돌진하여 해결하려고 한다. 예를 들어 지구상의 인구문제 해결책을 찾아낸다고 하자. 대부분은 인구를 줄이는 방법부터 이야기할 것이다. 회사가 이윤을 늘리기 위해 경비를 줄여야 한다고 하자. 이럴 때는 전등을 끄거나 엘리베이터 격층 운행, 이면지 활용 등을 이야기할 것이다.

하지만 지구상의 인구가 문제라면 식량을 늘리거나 토지의 활용도를 높여 전 인류가 함께 잘 살 수 있는 방법을 찾는 것도 인구문제를 해결하는 한 방법이다. 회사의 이윤문제는 비용을 줄이기보다 이윤을 더 많이 창출할 수 있는 방법을 찾는 것이 오히려 더 바람직한 해결책이다. 침침한 사무실에서 이면지에 출력된 서류를 보면 능률이 오르겠는가?

다음 문제를 풀어보자. 연필을 떼지 않고 9개의 점을 4개의 직선으로 연결해보라.

여러분은 이 문제를 성공적으로 풀었는가? 이 문제의 '문제'가 무엇인지 알아냈는가? 이 문제를 풀 때 여러분들은 아마도 점으로 되어 있는 사각형 안에서만 선을 그어야 되는 것으로 생각했을 것이다. 그러나 4각형 안에서만 해결하라는 요구사항은 없다. 즉 선이 점으로 된 사각형의 바깥으로 나가도 된다는 것이다(정답은 232쪽에). 이것을 알아내는 것이 문제의 해석이다.

문제의 해석은 '문제가 무엇인지'를 정확히 발견하고 파악하는 것이다. 그러면 문제해결이 훨씬 쉬워질 것임은 말할 필요가 없다. 문제를 모르면 '문제'가 커지는 법이다.

솔방울은 거꾸로 자란다! —해결책략

전구의 부피를 계산하게 된 수학자가 있었다. 전구는 구도 아니고 원통도 아닌 특이한 모양이었다. 이 수학자는 매우 똑똑한 사람이었지만, 문제가 그다지 쉽지 않았다. 수학자는 책이란 책은 모두 참고하고, 다양한 공식도 시도하고, 다른 사람에게 자문도 구했다.

수학자가 한창 일에 몰두하고 있을 때 에디슨이 산책에서 돌아와 말했다. "아시겠지만 바깥 날씨가 정말 화창합니다."

수학자는 내심 심드렁한 표정이었다. '그래 좋습니다. 난 여기에 앉아 연필을 부러뜨려가며 문제를 풀고 있는데, 당신은 팔자 좋게 산책이나 하셨구려.'

에디슨은 계속 말했다. "참, 내가 정말 멋진 소나무를 발견했지 뭡니까? 그런데 솔방울이 거꾸로 자라더군요. 당신은 그 사실을 알고 있었습니까?"

에디슨은 물 한 잔을 따르러 갔다. 그러나 컵을 사용하지 않고 수학자의 책상으로 걸어가 전구를 거꾸로 뒤집어들고는 거기에 물을 따랐다. 그런 다음 수학자에게 건네며 말했다. "자, 여기 있습니다. 물의 양을 측정해보시오."

문제를 적절히 해석하고 파악했다면 그 다음에는 문제를 풀 수 있는 책략을 사용해야 한다. 우리는 수학문제를 풀기 위해 우리의 머릿속에 있는 공식을 끄집어내는 등 문제를 해결하기 위한 책략을 우리의 기억에 저장되어 있는 정보에서 가져올 수도 있고, 아니면 이것저것 좌충우돌식으로 해봄으로써 시행착오를 겪기도 한다.

일반적으로는 알고리듬과 어림법을 많이 이용한다. 알고리듬은 문제해결의 한 방법으로서 적절히 수행되기만 하면 성공적으로 해결할 수 있는 책략이다.

어느 '대' 수학자가 어린 학생들 앞에서 수학에 대해 강의를 하다가 7에다 9를 곱할 일이 생겼다. 갑자기 7×9가 생각나지 않아 학생들에게 값이 얼마냐고 물었다. 그러자 한 학생이 장난삼아 '61'이라고 대답하자 그는 '61'을 칠판에 적었다.

그러자 다른 학생이 놀린다고 "아니에요, 69예요"라고 대답하자 그 수학자는 답이 어떻게 두 개가 될 수 있느냐면서 생각에 잠기더니 혼

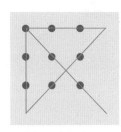
▶ 230쪽 문제의 해답

잣말로 "7 곱하기 10은 70이니 70보다는 작을 것이나 61과 67은 소수이니까 답이 될 수가 없고, 홀수 곱하기 홀수는 홀수이므로 62, 64, 66, 68도 아니고 65는 5의 배수이므로 답이 아니고 69는 너무 크므로 아니고 63만 남으니 63이 답이야"하고 말하면서 칠판의 숫자를 고쳐 썼다.

알고리듬을 설명하는 데 가장 효과적인 것은 수학문제다. 복잡한 곱셈을 해야 할 때라면 곱하는 공식(알고리듬)을 사용한다. 예를 들어 476×731을 계산한다고 할 때 곱하는 방식을 알고 있으면 언제든 정답에 이를 수 있다.

또 다른 하나의 방법은 어림법이다. 휴리스틱스(heuristics)라 불리는 이것은 유사한 문제에 관한 우리의 경험으로부터 나온 방법으로, 주먹구구식이기는 하지만 적절히 사용하기만 하면 알고리듬보다 더 빠른 해결책을 가져다준다. 이러한 방법에는 많은 것들이 있지만 일반적으로 많이 사용되는 것은 수단-목표 분석법, 후방으로 문제풀기법, 하위목표 설정법 등이다.

예를 들어 오래 사용한 탁자의 다리 하나가 짧아 흔들린다고 해보자. 이럴 때는 짧은 다리에 뭔가를 대주어 높이를 맞추어야 한다. 종이를 접어서 댈 수도 있고 못 쓰는 책으로 받칠 수도 있다. 그리하여 높이가 맞아 흔들리지 않으면 이전 상태와 현 상태의 차이가 없어진 것이다(즉 문제해결). 이처럼 수단-목표 분석법은 현재 상태와 목표 상태의 차이를 알아내기 위해 비교를 해서 그 차이를 없애나가는 것이다.

후방으로 문제풀기법은 수학적 증명과 같은 복잡한 문제를 풀 때 많이 사용되는데, 목표에서 시작해서 현 상태로, 즉 거꾸로 진행하는 것이다. 예를 들어 여러분이 오늘 하루에 다 쓰는 조건으로 10만원을 부모님으로부터 받았다고 하자. 이럴 때는 MP3나 요즘 유행하는 T셔츠 또는 평소에 봐두었던 제품을 사려고 할 것이다. 이럴 때에는 목록을 적어가면서 가격을 더해가는 것보다는 총액에서 산 제품의 가격을 거꾸로 빼나가면 좀더 문제해결이 쉬울 것이다.

하위목표 설정법은 주된 목표를 달성하기 위해서 그 목표로 가는 하위목표를 설정하는 것이다. 이것은 보다 더 복잡한 문제를 해결하는 데 많이 쓰인다. 케네디 대통령이 "1960년대가 끝날 때까지는 인간을 달세계에 착륙시켰다가 무사히 지구로 귀환시키는 목표를 달성시키고 싶다"는 포부를 밝혔다. 이때 NASA는 머큐리 계획(미국 최초의 유인위성 발사계획, 1인 우주비행사)과 제미니 계획(2인승 우주선 발사계획)과 같은 하위목표를 세운 후 마지막으로 아폴로 계획에서 달 착륙에 성공할 수 있었다.

한때는 잘됐는데! — 성공의 덫

모든 사람이 성공적으로 문제를 해결할 수는 없다. 종종 우리는 문제해결을 가로막는 복병을 만나기도 한다. 그중 두 가지는 문제해결 세트와 기능적 고착이라는 것이다.

우리는 생활하면서 자신만의 방식을 굳혀나간다. 그래서 나이가 들어가면서 옹고집이 되어간다. 문제해결에서도 이런 것이 나타난다. 즉 과거의 방식이 한때 먹혔다면 계속 그 방식을 고집하는 것이다. 다음 문제를 풀어보자.

지구가 공처럼 완전히 둥글다고 가정하고, 적도(지름)를 통과하도록 지구를 땅바닥에 붙여 지구의 둘레를 쟀을 때와, 땅에서 1m 높이에서 쟀을 때 둘 간의 거리차이는 얼마나 나겠는가?

우리는 작은 수박을 사기보다는 돈을 조금 더 주더라도 큰 수박을 사는 것이 이득이 된다는 것을 알고 있다. 이것은 두 수박의 반지름이 차이가 나므로 큰 수박이 추가되는 비용에 비해 내용물이 보다 더 많다는 것을 알기 때문이다.

그래서 여러분은 지구의 둘레 문제도 공이나 수박 등의 심상을 이용하여 풀어보려고 했을 것이다. 공 표면의 1m 높이(바깥)에서 공을 감았을 때에는 공 그 자체를 감았을 때와 큰 차이가 있다. 따라서 위 문제도 이러한 심상(이미지)을 이용하여 풀면 엄청난 거리차이가 발생했을 것이다. 아마도 여러분의 답이 짧게는 수 km에서 길게는 수천 km까지 나왔을지도 모르겠다.

하지만 공이나 수박처럼 지구가 작은 것이 아니다. 게다가 지구가 둥글긴 하지만 우리가 보기에는 거의 평평하다. 따라서 실제로 땅에 붙여서 쟀을 때와 1m 공중에서 쟀을 때 그 차이는 거의 없다. 100m 거리를 땅바닥에 줄자를 붙여 쟀을 때와 1m 공중에서 쟀을 때 차이가 없는 것과 같다(앞 문제의 정답은 $2\pi(2 \times 3.14 = 6.28m)$이다. 공이든 수박이든 지구든 표면으로부터 반지름이 1m 차이가 나면 거리는 모두 2π의 차이가 있다. 즉 [$2\pi \times ($반지름$+1)$]

－[2π×반지름]＝2π이다).

이러한 것은 이전의 지식이 새로운 문제를 푸는 데 영향을 미친다는 것을 보여준다. 이전의 지식이 문제해결에 영향을 미치는 것을 보여준 루친스(Luchins)라는 심리학자는 다음과 같은 문제를 낸 적이 있다.

A주전자는 25리터짜리이고, B주전자는 5리터짜리이고, C주전자는 2리터짜리이다. 16리터를 만들려면 어떻게 하면 될까?

이 문제는 상당히 쉬운 문제다. 25리터 주전자를 가득 채운 다음 5리터짜리에 부으면 20리터가 남고, 2리터짜리 주전자에 두 번 부으면 16리터가 남는다. 그렇게 되면 성공적으로 문제해결이 완성된 것이다. 하지만 또 다른 주전자 문제가 주어졌을 때 70% 이상의 사람들이 위와 같은 해결전략(A－B－2C)으로 풀고자 했던 것을 밝혀냈다. 루친스가 제시한 새로운 문제는 위의 방식으로는 해결이 안 되는 또 다른 문제였다.

▶ 실패상품 중 대표적으로 꼽히는 코카콜라의 '뉴코크'(좌). 1985년 출시 당시 코카콜라 회장은 이렇게 예측했다. "코카콜라 역사상 가장 획기적인 청량음료 개발이다. 과거 어느 때보다 미래가 확실하다."
코카콜라사가 원조 코카콜라에 단맛을 가미해 출시한 이 상품은 개발단계 시장조사에서는 소비자 선호도가 높았지만 결과는 대재앙으로 끝나고 말았다.

이처럼 사람들은 이전의 방식이 통했다면 지금의 상황에서도 통할 것이라고 생각하고 있다. 여건이나 상황이 변하면 해결책도 따라서 변해야 하는데, 이전의 그 방식만을 고집하고 있다.

진짜 치명적 위기는 자기의 약점이 아니라 강점 때문에 오는 경우가 많다. 멋진 뿔을 자랑하던 사슴도 뿔이 나무에 걸리는 바람에 맹수의 먹이가 되었다. 과거의 성공이 오늘날의 장애물이 되는 것이다.

또 다른 복병은 기능적 고착이라는 것이다. 먼저 다음의 그림을 보고 문제를 풀어보기 바란다. 여러분이 해야 할 일은 주어진 재료를 이용해서 양초 세 개를 문에 세우는 일이다(정답은 238쪽에).

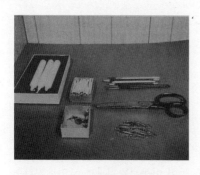

이 과제가 해결하기 만만치 않은 것은 종이상자의 용도 때문이다. 어떤 사물을 하나의 용도로 자주 사용하다 보면 그 사물을 새로운 용도로 보기가 어렵게 된다. 즉 어떤 것에 대해 한 가지 용도로만 보는 버릇이 생기면 이 사물이 하나의 기능만을 가지고 있다고 생각하게 된다. 이것이 기능적 고착이다.

종이 상자 세 개는 다른 물건을 담아두는 용도로만 생각된다. 그래서 종이상자를 벽에 붙이는 받침대로 쓰면 된다는 생각이 떠오르지 않는다. O. 헨리의 단편소설인 〈마녀의 빵〉 사례도 빵을 먹을거리로만 생각했기 때문에 벌어진 일이다.

무척 가난한 무명 화가가 있었다. 그는 집 근처 빵집에서 가장

싼 빵인 식빵을 날마다 한 보따리씩 사가곤 했다. 그가 늘 굶주리고 있으며 영양섭취도 변변치 못함을 알고 있던 빵집 아가씨는 어느 날, 몰래 버터를 듬뿍 넣은 식빵을 넣어주었다. 그런데 다음날, 화가 잔뜩 난 얼굴로 화가가 씩씩거리면 빵집을 찾아왔다. "당신이 내 작품을 망쳤소!" 그가 소리쳤다.

놀란 점원 아가씨는 이유를 물었다. 알고보니 그가 매일 식빵을 사간 것은 먹기 위해서가 아니라, 현재 그가 전람회에 제출하기 위해 심혈을 기울여 그리고 있던 목탄화의 지우개로 식빵이 딱이었기 때문이었다. 작품의 수정을 위해 매일 식빵을 한 보따리씩 사간 것이었다. "그런데 당신이 넣은 버터 식빵으로 그림을 지우는 바람에 내 작품에 지울 수 없는 얼룩이 생겼단 말이오!" 식빵은 먹을거리라는 그녀의 고정관념이 화가의 작품을 망치고 만 것이었다.

우리는 기능적 고착 탓에 사회에서도 문제해결을 원만하게 하지 못하는 경우가 많다. 예를 들어 아동보호기관과 노인보호기관 등이 그러한 사례다. 우리는 아동보호기관은 아동만 들어올 수 있고 노인보호기관에는 노인만이 들어올 수 있다는, 단 하나의 용도만 생각한다. 하지만 아동들은 보살핌을 필요로 하고 있고, 노인들은 보살핌을 주려는 욕구를 가지고 있다. 이 두 기관을 하나로 합쳐 놓으면 보다 더 효과적이지 않을까?

▶ 237쪽 문제의 해답

창의성

창의성은 새로운 무언가를 만들어내는 능력이다.
창의성은 인지심리학 분야에서 다루는 내용으로서,
지능과 관련하여 다루기도 하고, 사고와 관련하여
다루기도 한다.

이제는 생존전략! —창의성의 중요성

먼저 생존이 걸린 문제를 하나 풀어보자.

당신은 지금 권총으로 무장하고 3인이 하는 결투를 준비중이다.
당신을 제외한 나머지 두 명은 당신보다 총을 잘 쏜다. 그 사람들이
1등 총잡이와 5등 총잡이쯤 된다면 당신은 10등쯤 된다. 하지만
결투에는 '공정한' 규칙이 있어서 못 쏘는 사람부터 먼저 한 발을
쏘게 되어 있다. 상대를 맞히든 못 맞히든(물론 못 맞힐 가능성은
거의 없다) 한 바퀴 돌면 생존한 사람끼리는 다시 같은 순서로 결투
가 진행된다. 당신은 생존하기 위해 어떤 결정을 내려야 할까?

위 문제를 여러분은 성공적으로 해결했는가? 해결했다면 생존할 것이고, 해결하지 못했다면 죽음으로 이어진다.

이 문제는 더 이상 수수께끼가 아니다. 세상은 바야흐로 위와 같은 상황으로 치닫고 있다. 각 총잡이를 기업이나 조직 혹은 개인으로 바꾸고, 결투를 생존경쟁으로 바꾸어서 생각해보라.

생존경쟁에서 살아남기 위해서는 일상적으로 생각하는 정도의 사고방식 이상이 필요하다. 그것이 창의성이다. 남들이 생각지 못한 독창적인 아이디어가 앞으로 당신의 생존을 이끌게 될 것이다. 위 사례의 정답은 총잡이를 쏘지 않고 허공에 쏘는 것이다. 왜 그런지 '창의적'으로 생각해보기 바란다.

미국의 한 경영학자는 "앞으로 10년 뒤면 현재 화이트칼라의 90%가 직업을 잃게 될 것"이라고 예측했다. 즉 핵심인재 10%만 남아 회사를 관리하며, 필요한 인력은 그때그때 임시직으로 고용해서 업무를 시키게 된다는 것이다. 그 말을 한 게 벌써 10년이다 됐다.

BEFORE   APTER

BODY COACH.NET

▶ 간단한 아이디어 하나가 수억원짜리 광고가 된다. 뚱뚱한 허리(혹은 배)가 쏙 들어간다는 내용을 담고 있다. 체형관리회사 bodycoach사의 광고.

그러므로 그의 예언이 맞다면 조만간 엄청난 고용시장의 변동이 오게 될 것이다. 우리 사회에서도 비정규직 사원을 고용하는 현상이 이미 상당히 진행되고 있어 그의 주장이 사실로 나타나고 있다.

한때는 종신고용이라는 철칙이 있어서 한 번 직업을 구하면

2003년 타계한 미국 조지아 대학교 교육심리학자 토런스(Torrance) 교수는 창의성 교육과 연구를 왕성하게 하여 창의성 분야의 세계적 권위자로 인정받는 사람이다. 그는 세계적으로 사용되고 있는 창의성 검사인 TTCT (Torrance Tests of Creative Thinking)를 개발했을 뿐만 아니라 세계적으로 매년 25만여 명이 참여하는 미래문제해결 프로그램(Future Problem Solving Program)을 개발하기도 했다.

그는 1950년 미국에서 박사학위를 받고 얼마 되지 않아서 미 공군으로부터 중요한 프로젝트를 수행해달라는 요청을 받았다. 당시는 한국전쟁(6.25 전쟁)이 시작되었을 때였다. 프로젝트의 목적은 전투기나 전폭기 또는 수송기 조종사가 작전수행중 비행기가 추락했을 때 조종사가 생존하여 무사히 귀환할 수 있는 훈련 프로그램을 개발하는 것이었다.

토런스는 여러 관련 문헌들을 살펴보고, 제2차 세계대전 당시 실제로 추락 후 생존한 조종사들을 만나서 '어떻게 해서 생환할 수 있었는지'에 대한 인터뷰를 했다. 토런스는 이러한 인터뷰 내용을 분석하는 과정에서 놀라운 사실을 발견했다. 비행기 추락 후 생환한 사람들이 일관적으로 지적하는 능력은 바로 '창의력'이었다. 추락하게 되면 전혀 예측할 수 없는 장소와 상황에 처하게 되고, 이러한 불확실한 상황에서 살아나오기 위해서는 자신의 지금까지의 경험들을 기초로 한 창의적인 문제해결 능력이 요구된다는 것이었다.

그래서 토런스는 미 공군으로부터 의뢰받은 프로젝트에서 무엇을 훈련시킬 것인가에 대해 결론을 내릴 수 있었다. 그것은 다름 아닌 창의력을 훈련시키는 것이었다. '생환에 필수적인 도구'는 바로 창의력이었다.

토런스는 이 프로젝트 수행 후 창의성에 매료되어 연구를 집중하여 창의성 분야의 세계적 권위자가 되었다. (장재윤·박지영, 창의성의 심리학)

퇴직할 때까지 직장이 보장되었다. 또한 퇴직시 받는 퇴직금 때문에 노후보장도 걱정이 없었다. 하지만 지금은 종신고용이라는 말 자체가 사라졌다. 게다가 퇴직금도 없이 연봉제로 계약을 연장하는 형태로 고용시장이 달라지고 있다. 불과 10여 년 전까지만 해도 상상도 못하던 일이었다.

사람들은 현대를 불연속성·불확실성의 시대라고 한다. 현대는 과거와 단절된 상태여서 과거의 연장선상에서는 예측할 수가 없으며, 주변 상황과 환경 또한 변화가 많고 거세져 확실한 것이 없는 시대다.

앞으로의 세상은 현재와 단절된 채 불확실하게 펼쳐질 것이다. 기술진보 또한 발전이 엄청나서 생각지도 못한 어떠한 신기술이 우리 앞에 나타날지 모른다. 과거에는 튼튼한 신체와 체력을 바탕으로 삽질을 해서 우리가 먹고살았다면 굴삭기가 등장한 현재에는 단 한 명의 일손으로도 99명의 일꾼을 대체할 수 있게 되었다. 그 한 명의 일꾼을 제외한 나머지 99명의 일꾼은 새로운 직업을 찾아 나서야 하는 것이다.

이처럼 앞으로 우리에게 닥칠 문제는 이제껏 우리가 겪어보지 못한 것들이 많을 것이다. 굴삭기의 등장으로 새로운 직장을 찾아야 하는 것처럼 환경은 우리에게 또 다른 형태의 문제해결을 요구할 것이다. 이러한 문제를 잘 해결하느냐 그렇지 못하느냐에 따라 우리의 생존이 달라질 것이다(창의성에 많은 지면을 할애한 이유도 여기에 있다).

영화 한 편과 자동차 150만 대—창의적 상상력

1994년 5월 17일, 국가과학기술자문회의가 당시 김영삼 대통령 앞에 올린 한 보고서가 주목을 끌었다. 6천 5백만 달러의 제작비를 들인 할리우드 영화 〈쥬라기 공원〉 한 편의 1년간 흥행 수익이 한국

자동차를 150만 대 수출해 벌어들인 수익인 약 8억 6천만 달러와 맞먹는 수준이라는 것이었다.

한국의 자동차산업은 수출 1위, 무역흑자 1위, 고용창출 1위의 효자산업임에도 불구하고 1993년 전 자동차업계가 수출한 물량은 150만 대의 절반에도 미치지 못하는 64만 대였다. 반면 1997년 5월 30일 「LA타임스」가 공개한 〈쥬라기 공원〉의 총 수익 추정치는 테마 파크 수익을 제외하고도 약 25억 6천만 달러, 당시 환율(1달러=1천 원)로 약 2조 5천 6백억 원이었다. 〈쥬라기 공원〉의 생산 원가는 650억 원에 불과했다.

'자동차 150만 대 수출'이라는 것은 산업사회의 대량생산 체제의 산물이다. 그러나 스필버그 감독의 영화 〈쥬라기 공원〉은 인간의 무형자산, 그중에서도 핵심 요소인 창의성이 결집된 작품이다.

첨단기술과 함께 인간의 무한한 상상력과 독창성이 결집된 영화 한 편의 수익이 수십만 명이 작업해서 150만 대의 자동차를 수출해서 번 외화와 맞먹는다는 이 사례는 창의성이란 것이 얼마나 엄청난 결과를 가져올 수 있는지를 직접적으로 느끼게 해준다.

그뿐만이 아니다. 〈반지의 제왕 1·2·3〉은 뉴질랜드 출신의 감독이 뉴질랜드에서 찍은 영화다. 이 영화는 서너 번씩 봤다는 영화팬들이 수없이 많을 정도로 세계를 흥분시켰다. 뉴질랜드는 이 영화 3편의 극장수입만으로 28억 6천만 달러(약 2조 8천억 원)를 벌었다. 뉴질랜드는 이후 할리우드 영화의 촬영지로 각광받았으며, 영상산업 또한 단번에 164%의 초고속으로 성장했다. 〈라스트 사무라이〉, 〈마스터 앤드 커맨더〉 등이 그 후 뉴질랜드에서

촬영된 작품들이다.

이렇게 되자 단역배우, 세트장 건설, 숙박 및 음식업 등 관련 산업에서 약 2만 명의 고용효과가 창출되었고, 〈반지의 제왕〉 주인공인 프로도의 이름을 딴 '프로도 경제'라는 신조어까지 생겨났다. 또한 뉴질랜드라는 국가 브랜드의 광고효과는 4천 8백만 달러에 달하는 것으로 조사되었고, 뉴질랜드를 찾는 관광객 수는 이전보다 5.6% 늘어났다.

오스트리아에서도 이와 비슷한 상황이 재연되었다. 모차르트가 태어난 지 250년이 되는 날인 2006년 1월 27일, 그의 고향인 잘츠부르크 시는 '모차르트 해'를 맞이해 탄생 250주년을 기념하는 다양한 행사를 준비했다. 그 행사의 일환으로 '모차르트'라는 이름이 갖는 경제적 가치를 조사해본 것도 있는데, 그 결과 그 상표 가치가 무려 54억 유로에 이르는 것으로 나타났다.

이것은 모차르트가 차지하는 비중이 얼마나 큰지를 단적으로 보여주고 있다. 단순히 200여 년 전에 실존했던 존경받는 위인의 지위를 뛰어넘어, 문화상품, 캐릭터상품, 각종 제품의 모델 등으로 다양한 분야에서 현재 오스트리아 경제의 한 축을 담당하고 있는, 떼려야 뗄 수 없는 존재가 된 것이다. 사망한 지 200년도 더 된 한 예술가가 여전히 오스트리아를 먹여 살리는 것이다.

이렇듯 오늘날의 지식정보화 사회에서의 한 개인 또는 집단의 창의성은 상상을 초월하는 성과를 가져온다. 과거 농업사회에서 부지런한 한 사람이 10명을 먹여 살렸다면, 산업사회에서는 유능한 한 사람이 100명을 먹여 살릴 수 있었다. 그러나 오늘날 지식정보화 사회에서는 창의적인 한 사람이 1만 명 또는 10만 명도 먹여 살릴 수가 있다.

자본주의의 아버지라 불리는 『국부론』의 저자 애덤 스미스는 다음과 같이 말했다.

"한 국가의 진정한 부는 GNP에 있는 것이 아니라 그 나라 국민들 의 '창의적 상상력'에 있다."

두 사례 — 대박난 창의성

일반 사람들은 창의적인 인물들과 그들의 업적에 대해 생각하 면 그 과정이 너무나 신비로워서 굉장히 신기하고 마술(magic) 같은 느낌을 갖는다. 그래서 창의성은 자신과 무관한 것으로 생각 하고 일부 특출한 사람들의 전유물로 생각해버린다.

그러나 창의성은 일부 특출한 사람들의 전유물이 아니다. 우리 앞에도 창의적으로 해결해야 할 과제가 많다. 매출을 올리는 전략 이든 이성에게 접근을 하는 방법이든 입사면접을 통과하기 위한 대책이든 이전의 방식으로는 더 이상 문제가 해결되기 어려운 것들이다.

결론을 이야기하면 우리 모두는 창의적이다. 두 사례를 보자. 하나는 빈둥거리며 앞일을 걱정하던 영국의 한 대학생이 남들이 생각지 못한 아이디어 하나로 대박을 터뜨린 이야기이고, 다른 하나는 직장에서 해고되고 생활보조금으로 연명하던 한 이혼 여 성의 이야기다.

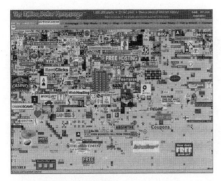

▶ 밀리언달러홈페이지닷컴

영국의 일간지 「가디언」은 윌트셔 주 크릭레이드에 사는 21세 대학생인 알렉스 튜의 성공 신화를 소개했다. 그는 얼마 전 '밀리언달러홈페이지닷컴'을 열고 페이지를 10×10픽셀 크기의 미니 박스 1만 개로 나누어 픽셀당 1달러의 가격에 분양하기 시작했다. 작은 박스 로고를 클릭하면 광고주의 홈페이지로 바로 연결되는 구조였다. 학자금 대출금을 갚는 문제로 고심하던 알렉스는 놀라운 성공을 거두었다. 4주 만에 5만 6천 파운드(약 1억 원)를 벌어들이는 데 성공한 것이다. 「가디언」이 전한 분석에 따르면, 밀리언달러홈페이지닷컴은 세계에서 3번째로 빨리 성장하는 웹사이트이며 하루 방문자가 4만 명 수준이다. 한편, 아류가 봇물처럼 터져 나오고 있다. 밀리언달러웹페이지, 밀리언페니홈페이지, 밀리언벅스퍼즐 등이 대박을 노린 후발주자다.

– 팝뉴스, 2005. 9. 26

그녀는 1965년 7월 영국 웨일스의 작은 시골 마을 치핑 소드베리에서 태어났다. 엑세터 대학 불문학과를 졸업한 후 비서일을 하다가 해고되었다. 그 뒤 맨체스터의 회사에서 일했고 포르투갈로 건너가 영어 강사로 일하다 결혼했으나 곧 이혼했다.

영국으로 다시 돌아온 그녀는 생후 4개월 된 딸과 함께 에든버러에 초라한 방 한 칸을 얻어 정착했다. 일자리가 없어 1년여 동안 생활보조금으로 연명하다 동화를 쓰기 시작했다.

1997년에 나온 이 작품은 고아소년이 친척집에 맡겨져 천대받다 가 마법 학교에 입학하면서 마법사 세계의 영웅이 된다는 줄거리를 담고 있는 환상소설이다.

위 첫 사례의 알렉스라는 청년은 참신한 아이디어 하나로 대박 을 터뜨려 한 달에 1억 원을 버는 갑부가 되었다. 그는 더 이상 학자금 대출문제로 걱정하지 않아도 될 것이다. 몇 년이 지난 지금 그의 홈페이지는 회사의 로고들로 꽉 차 있다.

두 번째 사례는 보다 극적인 것으로, 그 주인공은 전 세계적인 베스트셀러 〈해리 포터〉 시리즈를 쓴 영국의 여류 작가 조앤 롤링 (Joanne K. Rowling)이다. 그녀는 해리포터 시리즈의 성공으로 백만장자가 되었을 뿐만 아니라 2000년에는 영국 여왕으로부터 작위를, 세인트 앤드류스 대학에서 명예박사학위를 받기도 했다. 2001년 3월에는 대영제국훈장 을 수여받았다.

또 2001년에는 미국의 경제전 문지 「포브스」가 선정한 전 세 계 저명인사 100명 중 25위를 차 지했으며, 책 판매와 영화 판권 으로 영국에서 2002년 최고 여 성소득자에 올랐다. 2004년에는 「포브스」가 집계한 10억 달러

▶ 판타지 소설 〈해리포터〉의 작가
조앤 롤링

이상 '세계 최고 부호 클럽'에 합류했을 뿐만 아니라 미국의 시사 주간지 「타임」이 뽑은 '세계에서 가장 영향력 있는 100인' 중 한 사람으로 선정되기도 했다. 창의적인 생각 하나가 개인에게 얼마나 엄청난 효과를 가져오는지를 보여주는 극적인 사례라 할 수 있다.

위 사례의 두 인물이 비교적 어려운 환경에 놓인 사람이었다는 것을 감안한다면 창의성은 일부 특출한 사람들만의 전유물은 아니라는 것을 알 수 있다. 스스로 창의적이지 않다고 생각하겠지만, 많은 연구에 의하면 사실상 우리 모두는 창의적인 사람이다. 더구나 오늘날의 세계는 미래가 어느 쪽으로 튈지 모르는 불확실·불연속성의 시대다. 이럴 때에는 창의성으로 무장을 해야 한다. 한번 더 강조하지만 창의성은 국가적으로든 개인적으로든 앞으로 가장 중요한 생존전략이다.

내키는 대로 생각하는 것이 아니다—창의성이란

독일의 한 초등학교 학급에서 학생들이 너무 시끄럽게 떠들었다. 참다못한 여선생님은 아이들이 떠든 벌로 1부터 100까지 모두 더하라는 문제를 냈다. 그러면 한참 동안은 조용할 것이라는 생각에서였다. 그러나 한 꼬마가 몇 분도 안 되어 다 풀었다고 손을 들었다. 또 장난을 하는 것이려니 생각하고 답을 들어보니 뜻밖에도 정답이었다. 놀란 선생님이 어떻게 풀었느냐고 물었다. "아주 쉬워요." 꼬마가 대답했다. "1에 100을 더하면 101, 2에 99를 더하면 또 101,

3에 98을 더하면 또 101, 이런 게 50개 있으니 5050이 되죠."

여선생님은 꼬마의 소질을 인정하고 수학교수를 소개해가면서까지 특별지도를 했다. 이 꼬마가 19세기의 가장 위대한 수학자라는 칼 프리드리히 가우스(Gauss, 1777~1855)다.

그러면 창의성이란 무엇일까? 우리는 창의성이란 어떤 것이라고 대충 알고는 있지만 막상 무엇이라고 규정하기는 쉽지 않다. 학자들도 마찬가지여서 일치된 견해가 아직도 없는 실정이다. 모건(Morgan)이라는 심리학자에 따르면 심리학 문헌에는 25개의 서로 다른 창의성에 대한 정의가 있다고 한다. 그만큼 창의성이라는 개념은 모호하다.

하지만 그러한 정의에서 공통으로 들어가 있는 단어가 있다. 그것은 독창적인 산물을 생성한다는 것이다. 즉 창의성의 가장 핵심이 되는 요소는 독창성이다. 그러나 독창적인 산물이라 하여 항상 창의적인 것은 아니다. 이것이 문제해결에 적절할 때에만 창의성이라고 할 수 있다.

영화 〈ET〉에서처럼 하늘을 나는 자전거를 생각해냈다 하더라도 창의적인 것은 아니다. 이론상으로 그것을 실현시킬 방법이 없기 때문이다. 하지만 가우스의 사례는 창의적인 것이다. 왜냐하면 수학적인 공식을 사용하지 않는 독창성을 지녔을 뿐만 아니라 정답을 맞힘으로써 성공적으로 문제해결

▶ 하늘을 나는 자전거를 생각해냈다 하더라도 그것을 만들 수 없다면 창의적인 생각이 아니다. 영화 〈ET〉 포스터.

을 할 수 있었기 때문이다. 요약하면 창의성이란 '독창적인 동시에 적절한 산물을 생성해내는 능력'이라고 할 수 있다.

하지만 현실생활에서는 창의성에 대한 오해가 많다. 마음대로 생각하고 말하는 것이 창의성이라든가 또는 정신분석학자들의 주장과 같이 창의성이 환상적이고 무의식적인 사고과정이라는 것이 그러한 오해다.

연구에 따르면 창의성은 구조화된 사고를 통해 나타난다고 한다. 그러므로 마음대로 생각한다고 하여 모두가 창의적인 것은 아니다. 또한 창의성은 모든 사람이 가지고 있는 인간 고유의 능력임에도 불구하고 창의적인 사람을 말할 때 주로 위인들을 많이 떠올리는데, 이런 것도 일반인은 창의성과 거리가 멀다는 그릇된 환상을 심어준다.

다음의 실제 사례를 보자. 보통의 일반인들도 창의적일 수 있다는 것을 보여준다.

2002년 10월 8일 일본의 고시바 마사토시(小柴昌俊) 도쿄대 명예교수가 노벨물리학상 수상자로 선정된 바로 다음날 시마즈(島津)제작소의 한 직원이 노벨화학상 수상자로 뽑혔다. 과학 분야에서 2명의 일본인이 연거푸 노벨상 수상자로 발표된 것도 놀라운 일이었지만, 특히 무명의 샐러리맨이 선정되었다는 사실이 세상을 놀라게 했다.

수상자가 발표되었을 때, 본인은 물론 가족 그리고 문부과학성까지도 믿을 수 없다는 표정을 지었고, 가족들은 동명이인이 아니냐고 되물었다. 그때 그의 나이 43세였고 유명한 사람도 아니었다. 그러나 사람들이 놀란 것은 그것이 전부가 아니었다. 그는 학사 (동북대) 출신으로 일본에서 최고로 꼽히는 동경대 출신도 아니었다.

그는 지극히 평범한 샐러리맨이었다. 수상소식이 전해지자 시마즈제작소측

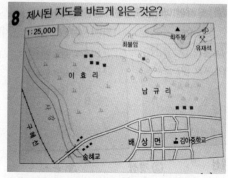

▶ 창의성은 예술가나 발명가들만의 전유물은 아니다. 일반인들도 얼마든지 창의적으로 생각할 수 있다. 인기 연예인의 이름으로 만든 학습용 지도. (출처 : www.wit.co.kr)

은 사내 3명의 동명이인 중 어느 사람인지 찾아 헤매야 할 정도로 그의 존재는 미미했다.

이 사람이 바로 최초의 '분자 질량 분석기 개발' 공로로 일본에 열두 번째 노벨상을 안겨다준 다나카 고이치(田中耕一)다.

왼손잡이는 천재? — 창의적 사고

인간의 정신활동은 대뇌에서 이루어진다. 우리의 대뇌는 좌반구(좌뇌)와 우반구(우뇌)의 두 반구로 이루어져 있다. 널리 알려진 바와 같이 좌뇌와 우뇌의 기능은 서로 다르다. 좌뇌는 언어적 기능을 담당하고 우뇌는 공간지각과 관련된 기능을 담당한다. 좌뇌가 언어적·시간적·분석적이라면 우뇌는 영상적·공간적·종합

적이다.

　좌반구에서 언어적인 정보를 처리하지만, 그렇다 하여 우반구가 언어를 전혀 처리하지 못하는 것은 아니다. 그리고 우반구가 공간지각과 관련된 정보를 처리하지만 좌반구가 이것을 전혀 처리하지 못하는 것도 아니다. 다만 자기가 맡은 역할이 다른 반구에 비해 월등히 뛰어나므로 각 반구가 기능에 차이가 있는 것으로 보일 뿐 오직 한쪽 반구에서만 처리되는 정보는 없다.

　여하튼 두 뇌는 대립적인 것으로 보이지만 상호보완적인 관계에 있다. 좌뇌 따로 우뇌 따로가 아니라는 것이다. 예를 들어 고향이라는 말을 들으면 우리의 좌뇌는 언어적으로 그 정보를 처리하지만 우뇌는 고향의 이미지를 떠올리게 된다. 이러한 것은 두 대뇌반구를 이어주는 다리역할을 하는 뇌량¶이라는 것이 있기 때문에 가능하다. 그래서 좌뇌는 우뇌에서 분석한 결과를 언어화하고, 우뇌는 좌뇌에서 처리된 것을 영상화한다.¶¶

　창의적 사고를 하기 위해서는 좌뇌와 우뇌를 골고루 활용할 필요가 있다. 그래서 좌뇌에서 분석적이고 논리적인 사고를 하여 우뇌로 넘기면 우뇌는 이 자료를 종합하여 처리하고, 또 우뇌에서 종합적이고 전체적인 정보를 좌뇌에 보내면 좌뇌에서는 이를 분

¶ 뇌량(corpus callosum)은 좌반구와 우반구의 두 대뇌반구를 연결하는 신경섬유다. 좌뇌와 우뇌는 뇌량이라는 다리를 통해 연결되어 정보가 서로 전달된다. 그래서 대뇌는 통합적으로 기능하게 되고, 우리는 좌뇌와 우뇌가 서로 구분되어 있다는 느낌을 전혀 갖지 못한다.

¶¶ 우리의 두 대뇌반구(좌뇌와 우뇌)는 외부의 정보를 받아들이는 부분이 정반대다. 즉 좌뇌는 신체의 오른쪽에서 들어온 정보를 받아들이고, 우뇌는 신체의 왼쪽에서 들어온 정보를 받아들인다. 이것은 신체의 한쪽에서 들어온 정보가 뇌로 들어갈 때에는 서로 교차하여 들어가기 때문이다.

좌뇌와 우뇌의 기능 발견

"X지점을 응시하세요." "금방 무엇을 보았나요?" "본 것을 집어보세요."
(X왼쪽에 칫솔이 나타 "……" (칫솔을 집는다)
났다가 사라진다)

좌뇌와 우뇌의 기능이 다르다는 것이 알려진 것은 1960년대 초 캘리포니
아 대학의 스페리(Sperry)라는 심리학자가 뇌량이 절단된 환자들을 대상으
로 한 실험에서였다(뇌량이 절단되면 좌반구와 우반구 뇌가 완전히 단절된
다). 스페리는 이들에게 스크린의 한 점을 응시하라고 하면서 오른쪽에 다
양한 물건의 사진을 보여주었다. 그리고 난 후 그 물건의 이름을 말하고 앞
의 칸막이 뒤에 있는 그 물건을 집으라고 했을 때 그들은 성공적으로 수행
할 수 있었다. 그러나 물건의 사진이 스크린 왼쪽에 제시되었을 때에는 왼
손으로 그 물건을 골라낼 수는 있었으나 그 물건이 무엇인지 말하지는 못
했다.

그리하여 스페리는 뇌의 각 반구가 하는 역할이 다르다는 것을 발견했다.
뇌의 좌반구는 신체 우측에서 들어오는 정보를 받으므로 왼쪽에 보이거나
왼손에 만져지는 사물은 알 수가 없다(그 반대도 마찬가지다). 언어능력은
좌반구에 집중되어 있기 때문에 우반구는 왼쪽 눈을 이용하여 그 물건을
볼 수는 있으나 말을 할 수 없었던 것이다. 그리하여 각 뇌 반구의 기능이
다르다는 것을 발견한 스페리는 1981년 노벨 생리의학상을 공동 수상했다.

석하고 논리적으로 따져보는 것이 필요하다.

그래서 왼손잡이 중에는 천재가 많다는 말도 있다. 또 요즘에
는 자식을 창의적으로 키우기 위해 일부러 왼손을 많이 쓰게끔
하는 부모들도 있다고 전해진다. 손의 사용이 뇌의 발달과 관련

이 있기 때문에, 왼손을 많이 쓰는 것은 바로 우뇌를 자극하기 위한 것이라는 게 그 이유다.

일반적으로 왼손을 쓰는 사람은 재주가 많다. 아리스토텔레스, 알렉산더, 다빈치, 모차르트, 나폴레옹, 아인슈타인, 처칠, 슈바이처, 채플린 등이 왼손잡이다. 그리고 인류 역사상 최초로 달 착륙에 성공한 암스트롱, 포드 자동차의 창립자 헨리 포드, 마이크로소프트사의 빌 게이츠, 영화 〈타이타닉〉과 3D영화 〈아바타〉로 유명한 제임스 카메론 감독이 모두 왼손잡이고, 제럴드 포드(1974~

왼손잡이는 싸움을 잘한다

옛날 사람들의 일대일 싸움에서 왼손잡이는 오른손잡이가 미처 생각지 못한 허점을 기습 공격함으로써 우위에 설 수 있었기 때문에, 진화과정에서 도태되지 않고 소수지만 지금까지 살아남았다는 것이 왼손잡이 싸움 가설이다. 상대와 일대일로 겨루는 테니스, 크리켓, 권투, 야구 같은 스포츠 종목에서 왼손잡이가 두각을 나타내는 것도 왼손잡이 싸움 가설로 설명할 수 있다.

실제로 야구선수를 보면 맹활약을 하는 선수 중에는 왼손잡이가 많다. '라이언 킹' 이승엽, 심재학, 정수근, 20세기 초반 '전설의 홈런왕' 베이브 루스, 배리 본즈, 루이스 곤살레스, 스즈키 이치로도 왼손타자다.

전 세계 인구의 약 10%를 차지하는 왼손잡이는 오른손잡이 위주로 돌아가는 세상에서 남모르는 애환을 갖고 살고 있다. 오른손에 쥐고 쓰도록 고안된 각종 장치들과 오른쪽 중심의 생활환경 때문에 왼손잡이들은 물리적으로도 불편을 많이 겪으며, 그 과정에서 사고도 많이 당한다.

예전에 비하면 왼손잡이에 대한 편견도 많이 사라졌고, 왼손잡이인 자녀를 강제로 오른손잡이로 만들려는 부모도 많이 줄어들었다. 오히려 왼손잡이 중에 탁월한 예술적 재능을 보이는 사람들이 부각되면서 왼손을 쓰도록 장려하기도 한다. 어쨌든 왼손잡이는 사회문화적 약자의 위치에서 실질적인 어려움을 겪고 있다. 왼손잡이에게 무조건 조심하고 불편을 감수하기를 강요하기 전에 그들의 처지에 서서 배려할 방법은 없는지 고민할 필요가 있다.

1976년), 로널드 레이건(1980~1989년), 조지 부시(아버지 부시, 1989~1992년), 빌 클린턴(1992~1999년) 등 지난 30년간 미국을 이끌었던 역대 대통령들이 왼손잡이였으며, 오바마 대통령 또한 왼손잡이다.

오른손잡이는 주로 오른손만 사용하지만 왼손잡이는 양손을 모두 사용하는 사람들이 많다. 양손을 모두 사용한다는 것은 두 대뇌반구를 골고루 사용한다는 뜻이다. 대뇌 좌반구와 우반구가 균형 있게 발달해야 창의적인 사고가 나올 수 있기 때문에 왼손잡이 중에서 천재가 나올 확률이 높다.

반짝반짝 빛나는ㅡ창의적인 사람의 특징

…방금 들어온 학생은 가느다란 몸매에, 갸름한 얼굴을 하고 예리한 듯하면서 반짝이는 눈빛을 가지고 있었다. 다른 학생과 마찬가지로 그는 의자에 다소곳이 앉았으며 약간 긴장한 모습이었다. 미리 제출된 교사들의 평가서에는 다음과 같은 여러 가지 의견이 적혀 있었다.

"대단히 점잖고 순진함이 넘치고 좋은 자질을 가지고 있다. 그러나 이 학생에게는 뭔가 기묘한 데가 있다."

"성질은 나쁘지 않으나 독창적이고 색다른 데가 있으며 논의를 좋아한다. 다만 가끔씩 친구들을 놀리는 버릇이 있다."

"색다른 행동 때문에 친구들에게 따돌림받고 있고 야심과 독창성의 허울을 쓰고 있다. 하나 수학에는 뛰어나다."

"영리하다는 것은 이제는 전설일 뿐 우리는 그를 신용하지 않는다. 열성을 나타낼 때라도 주어진 과업을 보면 건방지고 엉뚱한 것뿐이고 끊임없이 마음을 산란하게 해서 교사들을 곤란하게 만든다."

"참을 수 없을 만큼 독창성을 꾸며대고 구원하기 어려울 만큼 건방지다. 그가 하는 것이라곤 교사를 낭패감에 빠뜨리고 문제만 일으킬 뿐이다. 그러나 수학에 번쩍이는 능력이 있다. 수학을 공부한다면 대성할 가능성도 있다."

이것을 본 시험관은 보통 자기학교 학생들에겐 관대한 평가를 내리는 것이 일반적인데 너무 심한 평가를 내린다고 생각을 하면서도 '수학이 뛰어나다', '수학에 번쩍이는 능력'이라는 문구가 마음에 걸렸다. 그래서 구술시험에 그 시대로서는 제법 어려운 수학문제를 내보기로 했다.

"학생은 이차방정식에서 근과 계수의 관계에 대해 말해보아라."

학생은 '가소로운 듯이' 피식 웃더니 무어라고 중얼거렸다. 대답을 미처 잘 알아듣지 못한 시험관은 다시 한번 발표할 것을 요구했다.

"말을 천천히, 또렷하게 하고 칠판에 나가서 구체적으로 쓰면서 설명하게!"

학생은 잠시 망설이더니 칠판 앞으로 걸어가서 분필을 쥐고 빠른 속도로 뭔가를 써 내려가다가 손에 너무 힘을 준 탓에 분필이 부러져버렸다. 그런데다 조금 전에 쓴 글자는 휘날려 쓰고 글씨체 또한 너무 엉망이어서 시험관은 도대체 무슨 글자인지 분간을 하기 어려워 다시 한번 물었다.

"이봐 학생, 좀더 천천히 구체적으로 설명해보게."

그러자 그는 약간 화가 난 듯이 '이차방정식과 삼차방정식 그리고 n차 방정식의 관계'에 대해 '횡설수설'하더니 이것은 자기가 이미 해결한 바로 '5차 방정식의 해법'이라고 했다.

시험관은 기가 찼지만 평정심을 잃지 않으려고 노력했다. 방정식의 해법에 있어서 특히 5차 방정식의 해법은 어렵기로는 정평이 나 있고, 수학 역사상 가장 천재라고 일컬어지는 가우스조차도 해결하지 못하여 겨우 '복소수 안에 답이 있다'는 존재성만을 해결한 문제가 아닌가? 그것만으로도 너무나 유명해 '대수학의 기본정리'라는 이름으로 불리고 있지 않은가? 그 후로 아직도 거기 근처에 간 사람도 없는데 2차 방정식의 해법도 몰라 칠판 앞에서 쩔쩔매는 녀석이 5차 방정식을 운운하니까 하도 기가 찼다. 그래서 "야, 이 녀석아, 질문한 문제나 똑바로 대답해" 하고는 자신의 유식함으로 5차 방정식의 해법에 대해 설교를 조금 하자 그 녀석, 하는 말이 걸작이었다.

"우리나라 최고 대학의 교수라는 작자가 그 정도 수준밖에 안 되시오."

"⋯⋯."

"그게 말이 된다고 생각하오. 당신 정말 교수 맞소? 참 한심하오."

그 말을 들은 시험관은 너무 화가 나서 버럭 고함을 질렀다.

"묻는 말이나 대답해, 이 한심한 녀석아!"

그러자, 이 녀석은 얼굴이 벌겋게 붉어지면서 입술을 깨물더니 순간적으로 가지고 있던 분필 지우개를 시험관을 향해 힘차게 던져 버렸다. 불행하게도 분필 지우개는 시험관의 얼굴에 정통으로 맞았다. 깜짝 놀라 당혹해하는 순간 그 녀석은 문을 힘껏 열더니 꽝 소리를 내며 나가버렸다.

시험관은 화가 머리끝까지 났지만 냉정하게 평가서를 썼다.

"질문에서 본 시험관에게 전혀 답을 하지 못한 학생은 이 학생뿐이다. 이 학생은 절대로 아무것도 모른다. 보고서에는 이 학생은 비범한 수학적 재능을 갖고 있다고 쓰여 있지만 이건 전혀 아니다. 실제로 시험을 해본 결과 거의 지력이라고 할 만한 것은 하나도 없었다."

"단지 괴상한 논리를 폈으므로 지적으로 부족한 교사들이 그의 말장난에 놀아났을 뿐이다."

그리하여 그는 프랑스 최고의 수학과가 있는 파리공과대학(에콜 폴리테크니크) 시험에 두 번째로 낙방했고, 방황하다가 20년 7개월의 젊은 나이에 하찮은 일로 결투를 벌이다 총에 맞아 죽었다. 그는 죽기 전날 '시간이 없다, 시간이 없다'는 말을 중간중간에 삽입하면서 60페이지 가량의 연구논문을 휘날려 썼고 그의 친구 슈발리에에게 편지로 부탁했다.

"친구여, 이 논문은 대단히 중요한 논문이라네. 비록 정신없이 갈겨썼지만 이 논문을 야코비나 가우스에게 전달하여 평가받게 해주게", "이 증명에 몇 가지를 덧붙여야 끝낼 수 있지만 나에게는 지금 그럴 시간이 없다네", "현재로는 단지 이 논문이 매우 쓸모가 있다는 사실을 누군가 발견해주기를 바라는 마음뿐이라네."

이 논문은 40여 년의 세월이 흐른 뒤 수학자 조르단에 의해 겨우 해석되고, 응용되기 시작했다. 이것은 5차 방정식의 해법에 관한 논문으로서 이 한편의 논문이 오늘날 수학의 흐름을 바꾸어놓았다.

이 방면의 연구는 수학에서 추상대수학이라
는 이름으로 지금도 활발히 연구되고 있다.
이 이야기의 주인공이 바로 비운의 천재 에
바리스트 갈루아(1811~1832)다.

         - 이태욱, 한국교육신문, 2005. 8. 8

▶ 갈루아, Alfred Galois가
만든 동판 초상화(1848)

일반적으로 창의적인 사람들은 자신만의
규칙을 만들기를 좋아하고 자신만의 방식으
로 일을 진행시킨다. 또 아직 만들어지지 않은 문제를 좋아하고,
글을 쓰거나 계획을 구상하는 것과 같은 유형의 활동을 좋아하며,
작가, 과학자, 예술가, 건축가 등의 직업을 선호한다.

그러므로 이들은 다양한 관점을 수용할 줄 알고 기존의 견해와
일치하지 않는 정보에 민감하다. 또한 사회적으로 지지를 받기가
어렵고 이러한 상태에서 오랫동안 자신의 일에 몰두해야 하기
때문에 자율성이라든가 독립심, 자신감 등이 강한 편이다. 게다가
다른 사람들의 비판이나 보상 등에는 관심이 별로 없으며, 일 그
자체에 높은 관심을 보인다.

한편, 창의적인 사람들은 평균 이상의 지능을 가지고 있다.¶

¶ 일반적으로 자신의 지능이 100 이하라고 생각하는 사람은 거의 없다. 대
부분 110을 넘는다고 말한다. 또 누구는 150을 넘는다고 자랑하기도 한
다. IQ가 상위 2% 이내에 들면 천재들의 그룹이라 할 수 있는 멘사
(Mensa)에 가입할 수 있는 자격이 주어지기도 한다. 그러나 지능지수의
평균은 100이다. 70% 정도의 사람들이 85~115 사이의 IQ를 갖고 있고,
대부분의 사람들이라 할 수 있는 95%의 사람들이 70~130 사이의 IQ를
갖고 있다. 하지만 많은 사람들이 자신의 IQ가 100이 넘는 것으로 알고
있는 것은 지능검사가 주로 초등학생이나 중학생 때 많이 이루어지고 성
인이 되어서는 IQ검사를 거의 하지 않으므로, 어렸을 때의 IQ점수를 기

하지만 IQ가 아주 높다고 해서 창의적인 것은 아니다. 일반적으로 IQ 120을 기준으로 하여 그 이하에서는 지능이 창의성과 정적 상관관계를 가진다. 즉 IQ 120 이하에서는 지능이 높을수록 창의력도 높지만 IQ 120 이상에서는 지능과 창의성 사이에 아무 관련이 없다.

창의성과 성격 간의 관계에 대해서도 많은 연구가 있어 왔다. 이러한 연구결과를 검토한 학자들에 따르면, 창의적인 사람은 다음과 같은 성격특성이 있다고 한다. 여러분은 얼마나 창의적인 사람의 특성을 갖고 있는지 한번 평가해보자.

① 지적이고 예술적인 가치관
② 광범위한 관심
③ 복잡성 선호
④ 왕성한 활동력
⑤ 일과 성취에 대한 높은 관심
⑥ 판단의 독립성
⑦ 자율성
⑧ 고도의 직관력
⑨ 자신감

억하고 있기 때문이다. 지능은 정신연령을 생활연령으로 나누어 100을 곱한 것이다. 그래서 열 살 난 아동이 열 살의 정신연령을 가지고 있다면 지능은 100(10/10×100)이 된다. 만약 그 아동이 열두 살의 정신연령을 가지고 있다면 지능은 120(12/10×100)이 된다. 그 때문에 지능의 평균은 100이지만 어렸을 때는 교육 등으로 조금만 능력을 개발하면 한두 살 정도의 정신연령은 충분히 뛰어넘을 수 있기 때문에 대개는 IQ가 100을 넘는다.

오늘날의 지능 연구자들은 단일지능 관점보다는 다중지능 관점을 더 인정하고 있으며, 인간의 지적 능력은 생각보다 훨씬 더 다양하다고 본다. 즉, 인간의 지능은 단순히 IQ 검사(주로 언어, 수리, 공간지각능력 등을 측정하는 검사)로만 측정되는 것 이상이라고 본다. 이러한 관점을 대표하는 학자가 가드너(Gardner)와 스턴버그(Sternberg)다.

가드너는 다중지능 이론을 최초로 제안한 교육심리학자로서, 인간의 지능은 다음과 같은 7가지 지능으로 구별될 수 있다고 했다.

▸ 언어적 지능 : 전반적인 언어능력(시인, 저널리스트, 예 : T.S. 엘리엇)
▸ 논리수리적 지능 : 추상적 사고를 할 수 있는 능력(과학자, 수학자, 예 : 아인슈타인)
▸ 음악적 지능 : 리듬, 가락, 음색을 만들고 소리로 구성된 의미를 이해하는 능력(작곡가, 바이올린 연주자, 예 : 스트라빈스키)
▸ 공간적 지능 : 시각적 공간적 정보를 지각하고 시각적 이미지를 재생할 수 있는 능력(항해자, 조각가, 예 : 피카소)
▸ 신체운동적 지능 : 자신의 몸의 움직임을 통제하고 외부 대상을 조작할 수 있는 능력(무용가, 운동선수, 예 : 마사 그레이엄, 무하마드 알리)
▸ 개인간 지능 : 다른 사람의 감정, 신념, 의도 등을 인식하고 구분할 수 있는 능력(치료사, 판매원, 예 : 간디)
▸ 개인내 지능 : 자신의 감정, 신념, 의도 등을 인식하고 구분할 수 있는 능력(세부적이고 정확한 자기 지식을 지닌 사람, 예 : 프로이트)

스턴버그도 인간의 지능은 3가지 요소로 구성되어 있다고 하는 삼원이론을 제안했는데, 성분적 요소(분석적 지능), 경험적 요소(창의적 지능), 맥락적 요소(실용적 지능)가 그것들이다.

이와 같이 지능에 대한 요즘의 관점은 과거의 단일지능 관점과는 많은 시각 차이를 드러내고 있지만, 다중지능의 관점에서 보더라도 지능과 창의성 간에는 특별한 관련이 없는 것처럼 보인다.

⑩ 갈등을 참고 해결하는 능력

⑪ 창의적인 자아상

자극하고, 자극받고 ─ 창의적인 사람의 환경

아벨은 오슬로 근교의 가난한 프로테스탄트 목사의 아들로 태어났다. 그는 어렸을 적에 그렇게 두드러진 재능을 나타낸 적이 없는 평범한 학생이었으나 15세 때에 오슬로의 대성당 학교에 들어갔을 때 유능한 수학자 홀름보에 선생을 만나 수학적 재능이 발굴되었다. 18세 때 아버지를 잃었고, 우울증에 걸린 형을 대신하여 어머니와 여섯 명의 형제들을 보살펴야 하는 책임이 그에게 주어졌지만 그의 천재성을 알아차린 홀름보에 선생의 도움으로 가난과 싸우면서 수학공부를 계속했다.

그의 첫 성과는 어렵기로 이름난 5차 방정식의 해법이었다. 카르다노와 페라리 등에 의해 3, 4차 방정식의 일반적인 해법이 발견된 이후로 많은 수학자들이 5차 방정식의 일반적인 해법을 발견하려고 노력했으나 그 해법은 3백여 년간 발견되지 않았다. 아벨은 5차 방정식의 해법을 연구하여 19세 때 그때까지 약 3세기 동안 수학에서 아주 어려운 문제로 남아 있던 그 답의 열쇠를 찾았다.

▶ 아벨, Johan Gorbitz가 그린 그림을 보고 제작한 석판화(1826)

그 답은 '풀리지 않는다'는 것이었다. 이 위대한 것을 발견한 아벨은 무척 가난했음에도 불구하고 큰돈을 들여 5차 방정식에 관한 논문을 인쇄하고 당시 수학계의 제1인자였던 가우스에게 보냈다. 그러나 가우스는 그것을 읽어보지도 않고 쓰레기통에 버렸다고 한다. 그 후 그의 업적이 수학계에 알려져 높이 평가되었고 베를린대학에서는 그를 교수로 초대하기에 이르렀다. 그러나 그 초대장이 도착하기 이틀 전인 1829년 4월 6일 아벨은 파리에서 얻은 폐병으로 26년 8개월의 짧고 불행한 생을 마감했다.

— 이태욱, 한국교육신문, 2005. 8. 1

세기의 대천재 가우스가 알아보지 못한 노르웨이의 수학자 닐스 헨릭 아벨(1802~1829)은 '아벨적분', '아벨의 정리', '아벨방정식', '아벨군' 등 오늘날 사용되고 있는 수학용어 속에 살아 있다. 뿐만 아니라 필즈상과 더불어 수학의 노벨상이라 일컬어지는 아벨상은 바로 그의 이름을 딴 것이다.

아벨의 사례를 보면 창의적인 사람들이 공통적으로 지니는 몇몇 특성이 고스란히 드러난다. 실제로 가난에 허덕여 은사의 재정적인 도움을 받은 것을 제외하면 창의적인 사람들의 환경적 요인을 많이 지니고 있다. 학자들의 분석에 따르면 일반적으로 창의적이라고 인정받는 역사상의 인물들에게는 다음과 같은 환경이 있었다.

가장 중요한 것은, 창의적인 사람들은 지적이고 문화적인 자극이 충만한 가정환경에서 자랐다는 것이다. 그리고 규율이 약하거나 덜 조직화된 환경에서 자랐으며, 특히 첫째 아이일 확률이 높았는데, 이는 첫째 아이에 대한 부모의 높은 관심이 보다 지적 자극이 풍부한 환경으로 만들었기 때문으로 이해된다.

그리고 명성이 뛰어난 과학자들의 15%가 10살 이전의 나이에 부모 중 한 명을 잃었으며, 노벨문학상을 받은 사람의 경우에는 약 30%가 어릴 때 부모의 사망 등 심각한 위기를 겪었다고 한다. 이러한 환경으로 인해 자연히 독립적이고 자율적인 성격이 형성되었다는 것이다. 또한, 창의적인 사람들에게는 그 직업의 초기 단계에서 좋은 스승이 있었다. 이런 스승은 제자에게 역할모형이 되므로 제자가 스승이 지닌 가치를 내재화할 수 있게 된다.

모파상의 스승은 「보바리 부인」(1857)을 발표해 당대 프랑스 최고의 작가라는 칭호를 얻은 플로베르다. 모파상이 플로베르를 만나 문학 지도를 부탁했을 때 플로베르는 그를 인근 군부대 앞으로 데리고 갔다. 부대 출입구 인근에는 보초 몇몇이 왔다갔다 하며 경계를 서고 있었다. 플로베르는 모파상에게 연필과 종이를 주며 이 광경을 묘사하라고 했다.

모파상은 몇 줄밖에 묘사하지 못했다. 10분이 지나든 1시간이

형만 한 아우 없다

인구통계학적으로 보면 맏이가 동생들보다 나은 교육을 받고 좋은 직장을 구한다. 융합모델이라는 것에 따르면, 아이의 지능지수는 아이가 태어났을 때 아이를 둘러싼 환경에 달렸는데, 그 환경이라는 것이 가족의 평균 지능지수라고 한다. 예컨대 첫째 아이가 태어나면 아이는 부모의 평균 지능지수만큼의 환경에 놓이게 된다는 것이다. 즉 아버지의 IQ가 100, 어머니의 IQ가 120이라  면 아이는 IQ 110[(100+120)/2]의 환경에서 자라게 되는 것이다.

한편, 3년 뒤 둘째 아이가 태어난다면 그 아이는 아버지(IQ 100), 어머니(IQ 120), 그리고 형(3세이므로 IQ 20이라 가정)의 환경, 즉 IQ 80[(100+120+20)/3]의 환경에 놓이게 된다. 이는 첫째 아이보다 낮은 수준의 환경이다. 이 때문에 융합모델에서는 전반적으로 첫째 아이보다 둘째 아이의 지능지수가 평균적으로 낮다고 설명한다.

(장재윤·박지영, 창의성의 심리학)

지나든 눈앞의 광경은 변하는 것이 거의 없었기 때문이다. 하지만 플로베르의 지도가 계속되자 모파상은 그 단순한 광경을 수십 장의 종이에 묘사해냈다. 그 후, 모파상은 날카로운 인간관찰과 작품의 짜임새 등에서 뛰어난 작가로 명성을 얻었다.

이러한 스승-제자의 개인적인 관계는 아니라 하더라도 예술가들에게는 모범-모방자의 관계가 더 많은 영향을 끼쳤다는 연구도 있다. 하지만 어떤 유형이든지 자신이 따르는 모형의 존재가 창의적인 업적을 이루는 데 중요함을 보여준다. 그리고 창의적인 인물들의 전기나 자서전을 보면, 자신의 활동이나 업적을 인정해주고 그것의 중요성과 의미를 제대로 인식하는 인지적 지지자와, 자신이 외롭고 힘들고 어려울 때 정서적으로 지지해주고 함께해준 정서적 지지자들이 있었다. 아벨의 사례에서는 홀름보에 선생이 스승이자 후원자였다.

한편, 창의적인 사람들의 특성을 종합적으로 잘 기술한 심리학자 아마빌레(Amabile)에 따르면 창의성을 발현시키는 사람들은 해당 영역에서 풍부한 지식으로 무장하고, 창의적 행동과 사고를 하며, 창의성을 향한 내적 동기가 풍부한 사람이라고 한다. 즉 특정 영역에서 요구되는 기술 및 지식이 많고, 주의집중,

▶ 생전에는 전혀 인정받지 못해 가난 속에 살았던 인상파 화가 빈센트 반 고흐(Vincent van Gogh, 1853~1890). 그에게는 평생 그의 재능을 인정하고 지지해준 후원자였던 동생 테오가 있었다. 테오는 매달 일정한 액수의 돈을 형에게 보내 생계를 도와주었고, 당시 아무도 사지 않던 형의 그림을 사들였다. 〈밀짚모자를 쓴 자화상. 1887〉

헌신, 끈기, 의지 등의 창의적 행동과 개방적이며 폭넓은 사고를 하며, 외부 압력이 아니라 자신의 흥미, 만족과 같은 개인적인 도전으로 창의적 작업에 몰입한다는 것이다. 내적 동기가 높은 사람일수록 일에 열정을 갖고 그 일에 빠져들며, 일을 놀이라고 생각하는 특성이 있다고 한다.

동심의 세계로 가자? —연령과 창의성[¶]

창의력은 나이가 들어감에 따라 계속 증가하는 것인가, 변함없이 유지되는 것인가, 아니면 점차 감퇴하는 것인가?

이러한 관심과 관련하여 상반되는 주장이 있다. 감소모델과 증가모델이 그것이다. 감소모델은 나이가 점점 들어가면 창의력이 감소하며, 열 살 어린 아이의 창의력과 50세 성인의 창의력을 비교해보면 50세 성인의 창의력이 더 낮다는 주장을 한다. 반면, 증가모델은 나이가 점점 들어가면서 창의력이 증가한다고 주장한다.

아동기가 가장 창의적인 시기라고 주장하는 관점은 어린아이의 사고는 매우 독창적이어서 너무나도 기발한 아이디어들을 많이 생각해낸다는 것에 기초하고 있다. 그래서 어른들은 새로운 아이디어를 내려고 할 때, "동심의 세계로 돌아가자", "꿈의 세계로 돌아가자"는 얘기들을 많이 한다. 그 이유는 아동기가 가장 창의적인 시기이며, 논리, 법칙, 규범, 기존 질서와 가치의 영향을 받지

[¶] "연령과 창의성" 부분과 다음의 "정신질환과 창의성" 부분은 장재윤·박지영, 『창의성의 심리학』에서 수정 인용하였다.

않는, 즉 일반 사회의 공통적인 생각의 틀이나 고정관념에 거의 영향을 받지 않는 순수한 시기이기 때문이다. 무한한 상상력이 있는 아동기가 가장 창의력이 높은 시기이며, 이후부터 공식적인 학교교육을 받고 사회의 가치나 규범을 점차 내면화하게 되면서 창의력은 점점 감소한다고 주장한다.

반면, 성인 초기가 가장 창의적인 시기라고 보는 관점은, 실제적으로 역사상 창의적인 업적을 남긴 사람들의 연령대를 비교해보면 가장 많은 시기가 2~30대였다는 것에 주목하고 있다. 그래서 창의성과 연령 간에는 역 J 자형의 관계가 있다고 주장한다. J자를 거꾸로 뒤집어놓으면 중간 부분에서는 상당히 증가했다가 그 이후로는 점차 감소하는 모양을 보인다.

창의적인 업적을 남긴 연령대를 분야별로 비교해보면, 과학이나 수학 분야에서는 2~30대가 가장 많았고, 역사나 철학 분야에서는 5~60대가 가장 많았다. 그래서 분야마다 창의성이 꽃피는 시기가 다르다는 것을 알 수 있다. 가령 철학의 경우는 오랜 기간의 지식과 경험을 통해서 창의적인 성과를 낼 수 있을 것이다. 결국, 분야마다 창의성이 정점에 이르는 시기는 다양하다고 볼 수 있다.

"지금 난 미쳐버릴 것 같아요."—정신질환과 창의성

"지금 난 미쳐버릴 것 같아요. 더 이상 이 끔찍한 시기를 견디며 살아갈 수 없습니다. 이번에는 회복하지 못할 것 같아요. 환청이

들리고 일에 집중하지 못하겠습니다…. 이제껏 내 모든 행복은 당신이 준 것이고, 더 이상 당신의 삶을 망칠 수 없습니다."

1941년 3월 '의식의 흐름' 기법으로 알려진 영국 최고의 모더니스트 작가 버지니아 울프는 이런 쪽지를 남편에게 남겨놓고 산책을 나가서, 돌멩이를 주워 외투 주머니에 가득 넣고 강으로 뛰어들어 스스로 삶을 마감했다. 예술가나 작가 중에는 헤밍웨이, 반 고흐, 「그리고 아무 말도 하지 않았다」의 전혜린처럼 자살로 삶을 마감한 사람들이 많다.

지금껏 많은 연구자들은 천재와 정신병자에게서 공통적으로 정신질환 증상이 나타난다고 주장해왔다. 특히 흥분과 침울이 번갈아 나타나서 '조울증'으로 불리는 극단적인 성격장애가 정신분열증과 유전적으로 유사하다는 연구결과도 있다. 편집증도 '천재적인 질병'에 속한다. 전체 인구 중 편집증 환자는 0.8%에 불과하지만, 영재와 천재에게서는 7%로 비율이 높아진다.

정신의학자 루드윅(Ludwig)은 자신의 책, 『위대함의 대가(The price of greatness)』에서 분야마다 정신질환의 유형이 다르다고 소개하고 있다. 그에 따르면 문학, 미술, 작곡, 연주, 연극 등과 같은 전문 예술 분야의 사람들이 다른 분야(예 : 과학, 비즈니스)보다 더 많이 정신적 고통을 경험하고 장기간

▶ 정신분열증세를 나타내는 한 수학천재(존 내쉬)가 자신의 병적 어려움을 극복하고 노벨상을 수상하기까지의 실화를 그린 휴먼드라마 〈뷰티풀 마인드〉.

2010년 스웨덴-미국 연구팀은 피실험자를 정신병자, 보통사람, 굉장히 창의적인 사람 등 3개 그룹으로 나누어 '창의성 평가 테스트'를 실시하는 동시에, 양전자 방출 단층촬영 기법으로 뇌 구석구석을 세밀히 촬영했다.

그 결과, 창의적인 사람들의 뇌 이미지가 정신질환으로 고생한 사람들과 비슷한 것으로 드러났다. 높은 수준의 창의성을 지닌 사람은 정신병을 앓은 적이 없음에도 불구하고 뇌의 시상(thalamus) 부위의 도파민(신경전달물질) 수용체 밀도가 낮았다. 이는 정신분열증 환자들의 뇌 상태와 유사하다.

시상은 각종 감각정보를 적절히 조절해 대뇌피질로 전달하는 역할을 하는데, 도파민 수용체가 적으면 정보를 걸러내지 못해 대뇌가 훨씬 더 많은 데이터를 처리해야 한다. 즉 갖가지 생각과 이미지가 머릿속을 스치면서 좀더 창의적인 해결책을 발견할 여건이 조성되는 것이다.

계속된다고 한다. 일반적으로 창의적인 작업에 종사하는 사람들의 정신적 고통 중 알코올 중독과 우울증이 가장 많이 나타나는 정신적 병리 현상인데, 분야마다 많이 나타나는 정신병리의 유형이 조금씩 다르다. 예를 들어, 배우나 연주가는 약물 과다복용이 많고, 작곡가, 화가, 논픽션 작가들에게는 알코올 중독과 우울증이 많으며, 시인, 배우, 소설가, 연주가들에게는 자살 시도가 많으며, 특히 시인들에게는 정신분열과 같은 심각한 정신병을 가진 사례가 많다. 반면 정확성, 이성, 논리 등이 강조되는 과학이나 비즈니스 분야 그리고 수필가, 비평가, 저널리스트와 같은 분야에서는 상대적으로 정신병리들이 덜 나타난다.

과학자들은 오랫동안 왜 창의성과 정신질환 간에 관련성이 있는지 궁금해했다. 한 연구(Peterson)에 의하면, 창의적인 사람들의 뇌는 자신을 둘러싼 환경으로부터 오는 자극들에 대해 일반인들보다 훨씬 더 개방적인 특성이 있다고 한다.

보통 사람들의 뇌는 대개 '잠재 억제(latent inhibition)'라는 기제를 통해 불필요한 것으로 인지된 자극들을 적절히 차단하지만, 창의적인 사람들은 정신병 환자와 마찬가지로 잠재 억제의 수준이 훨씬 낮다는 것이다. 이러한 특성이 높은 지능을 가진 사람들에게서 나타나면 독창적인 사고를 하는 데 중요한 기여를 하지만, 그런 특성이 없으면 정신질환으로 이어진다고 한다.

"불에 구우면 흑연은?"—창의적인 문제해결 과정

연필을 발명한 콩테의 사례를 보면서 창의적인 문제해결 과정은 어떠한지 살펴보자.

프랑스의 화가 니콜라스 자크 콩테는 흑연과 진흙을 혼합하여 삼목으로 껍질을 씌운 연필을 발명했는데 이것이 현대적 연필의 시초다. 콩테는 그림을 그리다가 자꾸 부서지는 숯덩이를 '좀더 좋은 것으로 바꿀 수 없을까?'라는 생각을 하다가 독일의 한 논문에서 흑연을 필기구로 사용했다는 대목을 읽었다.

"흑연을 이용한 필기구라…. 그것 정말 괜찮군. 미술도구로서뿐만 아니라 새로운 필기도구로 쓸 수도 있겠어."

콩테는 얼굴에 미소를 머금고 있었다. 그는 곧바로 실험에 착수했고 그의 작은 작업실은 연구실로 바뀌었다. 콩테는 우선 심을 만드는 일을 시작했다. 그러나 작업은 계속 실패했다. 흑연을 여러 날 햇볕에 말려도 계속 부서지는 것이었다. 그는 더 이상 연구할 의욕을 잃고 난감해하였다. 그림을 그리거나 작업을 하기에는 너무나 부적합했다. 제일 중요한 문제는 흑연에 일정한 강도를 주는 일이었는데 그는 매일 새로운 방법을 시도해보았으나 결과는 항상 실패였다.

어느 날 콩테는 저녁을 먹다가 무심코 접시를 만지고는 갑자기 자리에서 벌떡 일어섰다. 접시를 만지는 순간 문제의 해답이 떠올랐기 때문이었다.

'만약 접시처럼 불에 구우면 흑연이 딱딱해질까?'

콩테는 바로 작업에 들어갔다. 콩테의 추측대로 실험은 대성공이었다. 그는 가마에서 검게 빛나는 단단한 흑연 막대기를 집어냈다. 이것을 미리 준비한 나무막대의 홈 속에 차근차근 끼워 넣고 적당한 크기로 잘라냈다. 연필이 탄생하는 순간이었다. 그때가 1795년이었다. (http://www.shihwa.net/pandora)

창의적인 문제해결 과정은 앞에서 살펴본 문제해결 과정과 비슷하지만 약간의 차이가 있다. 사이먼이라는 심리학자에 따르면 ① 문제가 불분명하여 문제의 재구성이 필요할 때, ② 고도의 동기수준과 지속적인 노력이 요구될 때, ③ 기존의 아이디어를 수정 또는 기각시켰을 때, ④ 해결책이 독창적이고 유용할 때 그 과정을 창의적인 문제해결 과정이라고 한다.

그러면 창의적인 문제해결 과정은 어떤 단계를 거칠까? 학자들에 의하면 다소 차이는 있지만 내용면에서는 서로 유사하다고 한다. 일반적으로 역사상 위대한 발견에 관한 뒷이야기들을 보면 다음과 같은 공통적인 요소가 많이 발견된다. 즉 ① 해결해야 할 구체적인 문제가 있어야 하고, ② 이 문제를 해결하기 위해 상당 기간 노력을 해야 하며, ③ 이러한 노력에도 불구하고 해결이 되지 않아서 거의 포기한 상태가 되고, ④ 그리고 어느 날 갑자기 아이디어가 떠오른다는 것이다.

이와 유사하게, 창의성을 사고의 과정으로 이해하는 왈라스라는 심리학자는 창의적인 문제해결 과정을 네 단계로 구분한다.

1. 준비(preparation) 단계   문제를 인식하고, 필요한 정보를 수집하고, 원인을 찾는 등 문제탐구를 위한 준비상태다. 주어진 문제를 여러 각도에서 보고 이해하려고 노력한다.
2. 부화(incubation) 단계   문제해결에 고심하지만 외견상으로는 다른 일을 하거나 휴식을 하고 있는 것처럼 보이는 정지상태다.
3. 조명(illumination) 단계   갑자기 새로운 아이디어가 떠오르면서 부화기를 종료하는 단계다. 직관적 사고나 영감 등의 작용으로 지금껏 해결 못했던 문제해결의 열쇠가 나타난다.
4. 검증(verification) 단계   직관이나 영감에 의해 제시된 아이디어를 논리적 사고로 확인하고 검증하는 단계다.

그 외에 사실찾기 → 아이디어찾기 → 해결책찾기로 구분하는 학자도 있고, 문제발견 → 문제표상 → 해결계획 → 계획수행 → 해결평가 등으로 구분하는 학자도 있다. 창의적 문제해결에서는 문제 자체가 명확하지 않기 때문에 문제를 발견하는 것이 중요한 단계다.

한편, 창의적 문제해결 과정에서는 통찰이라는 단어가 많이 등

▶ 피카소의 대표작 〈게르니카, 1937〉. 형태심리학자 아른하임은 이 작품을 분석하기 위해 피카소가 초기의 구상부터 최종 그림이 완성되기까지의 시기 동안 스케치한 종이를 전부 모아 시간대별로 분석했다(피카소는 이 작품을 준비하면서 50점에 가까운 스케치를 했는데, 대부분 날짜를 적어두었다). 그 결과 조금씩 개선되거나 변화한 흔적은 있었지만, 갑작스럽게 어떤 그림의 형상이나 형태가 결정된 통찰이나 영감의 흔적은 없었다. 그리하여 아른하임은 예술가들이 자신의 생각이나 신념, 비전을 나타내기 위해 매우 의식적이고 목표지향적으로 활동한다는 결론을 내렸다. (장재윤·박지영, 창의성의 심리학)

장한다. 위 사례 중 '어느 날 콩테는 저녁을 먹다가 무심코 접시를 만지고는 갑자기 자리에서 벌떡 일어섰다. 접시를 만지는 순간 문제의 해답이 떠올랐기 때문이었다'와 같은 경우다. 통찰은 문제를 구성하는 요소들이 갑자기 재구성되어서 새로운 해결책에 이르게 하는 과정이다.

이러한 통찰은 문제해결을 뒤로 미룬 채 다른 일을 하다가(왈라스의 부화단계에 해당) 다시 그 문제를 다룰 때 보통 발생한다. 에디슨도 필라멘트를 무엇으로 만들까를 고심하던 중 테이블 위의 부채가 눈에 띄는 순간 대나무가 적합하다는 사실을 발견했다.

통찰(insight)

왓슨 박사와 홈즈가 처음 만났을 때 홈즈의 첫마디는 "안녕하십니까? 아프가니스탄에 있다가 오셨군요"였다. 나중에 홈즈와 왓슨 박사가 함께 하숙을 하면서 다음과 같은 이야기를 나눈다.

홈즈 : 처음 만났을 때 제가 박사님에게 아프가니스탄에서 왔다고 말하자 좀 놀라시는 것 같더군요.

왓슨 : 누구한테 그 얘기를 들으셨겠지요.

홈즈 : 전혀 그렇지 않습니다. 나는 박사가 아프가니스탄에서 왔다는 사실을 알고 있었습니다. *아주 습관이 되어버린 탓에 수많은 생각이 한꺼번에 머릿속을 스쳐갔고, 나는 중간단계를 의식하지 못한 채 결론에 도달했습니다.* 하지만 중간단계는 있었습니다. 그 과정을 구구절절 설명하자면 이렇습니다. '이 신사는 의사 같지만 그러면서도 군인 같은 분위기를 풍긴다. 그러면 군의관이 분명하다. 얼굴빛이 검은 것으로 보아 열대지방에서 귀국한 지 얼마 안 되는 것 같다. 손목이 흰 걸 보면 살빛이 원래 검지 않다는 것을 알 수 있다. 얼굴이 해쓱한 것은 고생을 많이 하고 병에 시달렸기 때문이겠지. 왼팔에 부상을 입은 적이 있나보다. 왼팔의 움직임이 뻣뻣하고 부자연스럽다. 열대지방에서 영국 군의관이 그렇게 심하게 고생하고 팔에 부상까지 입을 만한 곳이 어디일까? 분명히 아프가니스탄이다.' *이러한 생각들이 1초도 안 되는 사이에 스쳐갔습니다.* 그래서 나는 박사가 아프가니스탄에서 왔다고 한마디 슬쩍 건넸고, 박사는 깜짝 놀란 것입니다.

(코난 도일, 셜록 홈즈 전집 1(주홍색 연구), 황금가지)

문제에 대한 해결책이 순간적으로 떠오르는 경우가 있다. 이러한 것을 통찰(insight)이라고 한다. 유머를 들었을 때 그 의미를 순간적으로 이해하고 폭소를 터뜨리는 것도 통찰이라 할 수 있다. 통찰을 할 때에는 우반구의 측두엽(뇌의 귀쪽 부분)이 폭발적인 신경활동을 보인다고 한다. 그 때문에 우리가 어떤 문제해결전략을 사용하고 있다는 사실을 깨닫고 있지 못한 상태에서 생각이 튀어나오는 것이다.

머리 쥐어짜기 — 창의적 발상기법

많은 사람들은 자신이 창의적이지 않다고 생각한다. 그러나 이러한 것은 창의성에 대한 오해에서 비롯되는 부분이 많다. 실제로 창의성은 사람마다 약간의 차이가 있을 뿐 누구나 가지고 태어난다. 단지 창의력을 발휘할 수 있는 적절한 기법을 제대로 배우지 못했기 때문에 창의적이지 않은 것을, 우리는 창의적으로 태어나지 못했다고 오해하고 있을 뿐이다.

다음의 창의력 발상기법들은 주요한 몇몇 기법만을 소개한 것이다. 아래 기법이 아니더라도 자신만의 발상기법을 만들 수 있다면 우리가 가진 창의성을 충분히 발휘할 수 있을 것이다.

⟩ 브레인스토밍

브레인스토밍(brainstorming)은 한 사람보다는 여러 사람이 더 많은 아이디어를 낼 것이며, 아이디어는 많을수록 좋다는 믿음에 바탕을 두고 있다. 따라서 이 기법은 짧은 시간 내에 많은 아이디어를 얻을 수 있고, 비판을 하지 않음으로써 창의적인 사고의 저해 요소를 제거할 수 있다는 특징이 있다.

이 기법은 ① 좋거나 나쁘다는 비판을 해서는 안 되며, ② 아이디어는 자유분방할수록 좋고, ③ 아이디어의 양이 많을수록 좋으며, ④ 타인의 아이디어를 개선하여 더 나은 아이디어를 만들어내야 하는 네 가지 원칙이 있다. 브레인스토밍은 리더가 이끄는 10여 명 내외의 구성원으로 진행된다.

🏃 체크리스트법

체크리스트법은 막연하게 생각하기보다는 생각할 수 있는 모든 점을 조목조목 적어놓은 다음 그것을 하나씩 대조해가면서 말 그대로 체크하는 것이다. 사고의 출발점 또는 문제해결의 착안점을 미리 정해 놓고 그에 따라 다각적인 사고를 전개함으로써 능률적으로 아이디어를 얻을 수 있다.

이 방법은 중요한 점을 빠뜨리지 않고 파악할 수 있고 또 작업하기 쉽다는 장점이 있어 아이디어를 만들어내는 데 널리 이용되고 있다. 하지만 체크리스트에 없는 항목을 빠뜨릴 우려가 있고, 없는 것까지 체크해야 하므로 시간낭비를 할 수도 있다.

체크리스트법 중 하나가 스캠퍼(SCAMPER)라는 것이다. 이것은 조금 후에 다시 보기로 하자.

🏃 속성열거법

속성열거법은 문제가 되는 대상을 가능한 한 잘게 나누어서 새로운 아이디어를 얻기 용이하도록 해주는 아이디어 창출기법이다. 어떤 문제가 갖고 있는 속성들을 세세하게 쪼개어 분석함으로써 가능한 한 여러 가지 방법으로 속성들을 개선하여 해결책을 찾으려는 것이다. 속성을 전부 열거했으면, 하나의 속성을 선택하여 검토함으로써 아이디어를 이끌어내고 그중에서 가장 좋은 아이디어를 고르는 방법이다.

🏃 결점 열거법과 희망점 열거법

결점 열거법은 어떤 대상이 갖고 있는 결점을 찾아내어 그것을

해결하는 아이디어를 만들어내는 방법이다. 어떤 대상이 결점을
갖고 있다면 문제가 있다는 뜻이므로 그것을 어떻게든 개선하기
위한 것이다.

　반면 희망점 열거법은 "어떠어떠한 것이 있었으면 좋겠다"는
희망을 열거하는 것이다. 그리하여 이런 희망을 구체화하기 위한
해결책을 만들어내는 것이다. 이런 것은 주로 발명으로 이어진다.

넣고, 빼고, 바꾸고, 뒤집고… ― 스캠퍼(SCAMPER)

　스캠퍼는 체크리스트법을 변형하여 만든 기법으로, 발명을 위
한 아이디어를 만들어낼 때 유용하게 사용된다. SCAMPER는 대

체(substitute), 결합(combine), 적용(adapt), 변형·확대·축소 (modify·magnify·minify), 다른 용도(put to other use), 제거 (eliminate), 역발상(reverse)의 첫 자를 따서 조합한 말이다.

🏃 S(대체)

죽음을 목전에 둔 아버지가 두 자식 중 한 명에게만 유산을 상속 시키려고 했다. 아버지는 두 자식이 모두 말을 가지고 있으므로 둘이 경주를 해서 늦게 들어오는 말을 가진 자식에게 상속을 하겠노 라고 했다. 늦게 들어오는 말의 주인에게 상속한다고 했으므로 상속 을 서로 받으려는 이들의 경주는 쉽게 끝날 것 같지가 않았다. 아버 지가 사망하기 전에 경주를 끝내려면 어떤 방법을 쓰면 될까?

대체는 '재료를 다른 것으로 바꾸면 어떻게 될까? 다른 에너지 로 바꾸면 어떻게 될까? 장소를 바꾸면 어떻게 될까? 방법을 달리 하면 어떨까?'에 관한 것이다. 위 사례의 문제를 해결하기 위해서 는 어떻게 하면 될까? 정답은 물론 여러분이 예상하다시피 대체 다. 서로 말을 바꿔 타게 하면 된다. 그러면 자신이 탄 말이 상대방 의 말이므로 쏜살같이 달리려고 할 것이다.

은행 창구를 무인자동화 창구로 대체함으로써 은행은 경비를 절감하고 있다. 또 우리나라 광동제약이 드링크의 성분을 비타민 으로 대체하여 마시는 비타민 '비타 500'을 선보였을 때 시장의 반응은 폭발적이었다.

🏃 C(결합)

결합은 비슷한 기능이든 아주 다른 기능이든 두 가지 이상의 기능을 혼합해서 새로운 것을 만들어내는 것이다. 카메라폰은 휴대폰과 카메라의 결합으로 히트를 쳤고, 맥가이버 칼로 유명한 스위스의 빅토리녹스는 칼 이외에 드라이버, 송곳, 가위, 손톱깎이 등을 하나로 결합하여 세계적인 유명상품이 되었다.

🏃 A(적용)

적용은 다른 곳에서 아이디어를 빌려오거나 과거의 유사한 것에서 아이디어를 구하여 새로운 것에 아이디어를 덧붙이는 것이다. '이 아이디어를 응용하면 어디에 활용할 수 있을까?'

양들이 울타리를 넘어 이웃의 콩밭을 망가뜨릴 때마다 주인에게 꾸중을 들은 소년 조셉은 양들이 철사로 둘러친 울타리 쪽으로만 뛰어넘고, 가시가 돋친 장미덩굴이 있는 쪽으로는 뛰어넘지 않는 것을 보고 대장간의 아버지를 찾아가 가시철조망을 만들도록 부탁했다. 그 후 가시철조망은 울타리뿐만 아니라, 세계 각국의 육군이 사용하여 조셉 부자를 돈방석 위에 올려놓았다.

🏃 M(변형 · 확대 · 축소)

이것은 모양을 바꾸게 되면 어떻게 될까? 색깔을 바꾸면? 소리를 바꾸면? 그리고 크게 하면? 작게 하면? 길게 하면? 횟수를 늘리면? 다른 것을 첨가하면 어떨까에 대한 것이다.

영화 〈킹콩〉이라든가 볼링장 건물에 있는 대형 볼링핀은 확대법을 이용한 것이며, 오디오 시스템을 축소시킨 워크맨이라든가 골프장을 축소시킨 게이트 볼, 카메라 렌즈를 축소시켜 내시경을 만든 것은 축소법을 이용한 사례다.

🏃 P(다른 용도)

이것은 이 제품을 다른 용도로 사용한다면 어떤 용도들이 있을까? 기존의 제품의 기능 중 일부를 수정하여 사용한다면 어떤 용도로 사용할 수 있을까에 관한 것이다.

스카치테이프와 더불어 3M의 대표적 제품인 포스트잇은 지금 전 세계적으로 안 쓰이는 곳이 없을 정도로 유명해진 제품이다. 하지만 처음 개발되었을 때에는 접착력이 형편없어 사라질 처지에 있었다. 이때 한 직원이 뗐다 붙였다 하는 메모용지로 사용하면 되겠다는 아이디어를 냈다. 이것이 시장에 나오자 일약 세계적인 제품이 되었다.

🏃 E(제거)

제거란 '이 제품에서 포장을 없애버리면 어떻게 될까? 이 제품에서 없어도 되는 기능들은 어떤 것들인가?'를 따져보는 것이다.

괜히 집어넣었다가 꼴이 우스워지는 경우가 한둘이 아니다. 사족은 필요 없고, 필요 없는 것은 과감하게 없애버리는 것이 '필요' 하다.

실생활에 적용해볼 수 있는 창의성 기법에 관련된 책은 많다. 하지만 그런 기법들을 실시할 때에는 창의적 사고에 기본이 되는 원리들을 이해할 필요가 있다. 이럴 때 보다 높은 수준의 창의성이 개발될 것이다.

① 문제를 정확히 파악하라
② 틀에 박힌 사고에서 벗어나라
③ 다양한 각도에서 사물을 보라
④ 남들과 다르게 생각하라
⑤ 독창적인 것만이 창의적인 것은 아니다
⑥ 부정적인 사고를 최소화하라
⑦ 모험을 두려워하지 마라
⑧ 사고의 균형을 이루어라
⑨ 좋은 분위기를 만들어라

(문정화·변순화, 창의성이 보인다 성공이 보인다)

🏃 R(역발상)

한 꼬마가 병원을 찾았다. 꼬마는 온몸 구석구석이 다 아프다고 했다. 의사 선생님은 꼬마의 몸에서 이상한 징후를 발견하지 못했다. 하지만 꼬마는 자기 몸의 이곳저곳을 손가락으로 누르며 "여기도 아파요, 이쪽도 아파요, 또 이곳도요…"라고 아픈 표정을 지으며 말했다. 하지만 의사 선생님에게서 돌아온 말은 이것이었다. "꼬마야, 네 손가락이 아픈 것 아니니?"

역발상은 '뒤집으면 어떻게 될까? 위아래를 거꾸로 하면? 서 있는 것을 눕히면 어떻게 될까?' 하는 식으로 거꾸로 생각해보는 것이다. 앞과 뒤, 좌우를 바꾸거나 아래 위의 순서나 방법을 바꾸면 새로운 것이 떠오르기도 한다. 남성용 화장품도 지금은 보편적

인 상품이 되었지만, 몇 년 전만 해도 상상하기 힘들었던 때에
한 화장품회사에서 남성용 마스크팩을 출시하여 히트를 쳤다. 이
것은 여성만 화장을 하는 것이 아니라 남성도 화장을 할 수 있다는
역발상의 사례다.

동기

*동기(motivation)는 행동을 일으키거나 지속시키는
원인이 되는 행동자의 상태로서 기아, 갈증, 성취
등과 같은 구체적인 욕구, 욕망, 소망을 말한다.
동기의 작용과 메커니즘을 연구하여 인간행동의
원인적 측면을 분석하는 것이 동기심리학이다.*

왜 그랬을까? ─행동의 원동력, 동기

IQ가 특히 높은 사람들의 모임(MENSA)이 저택에서 열리고 있
었다. 동업을 하는 두 사람이 2층으로 올라간 후 한 사람만 내려왔
다. 몇 분 후 2층에서 총소리가 났다. 사람들이 2층으로 올라갔다.
내려오지 않은 한 사람이 두 방의 총을 등에 맞고 숨진 채로 발견되
었다. 그러나 살인자는 흔적조차 없었다.

현장에 도착한 콜롬보 반장은 내부소행으로 판단하고 살인의 동
기를 지닌 사람을 찾기 시작했다.

사람들은 다른 사람 또는 자신의 행동을 관찰하고 그렇게 행동

하는 이유를 알고자 한다. 예컨대, 그 사람이 나에게 그런 말을 하는 까닭이 무엇인가? 왜 그 사람이 나에게 갑자기 친절한가? 오랫동안 연락이 없던 그가 나를 찾아온 이유가 뭔가? 등이다.

뿐만 아니라 많은 경우에 자신이 어떤 행동을 하게 된 원인을 알아내려고 한다. 내가 그 상황에서 왜 그런 말을 했는가? 정말로 내가 그 사람에게 호감을 갖고 있는가?

이것은 동기의 문제다. 동기(motivation)는 목표행동을 향해 나아가도록 하는 개인의 욕구, 욕망, 흥미와 같은 요소들이다. 동기가 있는 행동은 동기가 없는 행동에 비해 더 오래 지속되고 활발할 뿐만 아니라 목표지향적인 행동을 보인다. 동기를 알면 그 사람이 행동한 원인을 알아낼 수 있다. 사례의 경우에서는 왜 죽일 수밖에 없었는가라는 이유(동기)를 찾는 것이 범인을 잡는 단서가 된다.

우리가 다른 사람의 마음을 알고자 하는 것은 그 사람의 동기를 알고자 하는 것과 일맥상통한다. 가령 누군가가 어떤 문제에 대해 찬성발언을 했다고 하자. 이때 우리가 관심을 갖는 것은 그가 찬성발언을 한 동기다. 그 사람이 그 문제에 관심과 흥미를 갖고 있고 또 신념이 있어서 행동을 한 것인가, 아니면 상황의 압력이나 사회적 지위 때문에 마음에도 없는 찬성발언을 한 것인가? 이런 상황에서 그 사람에 대한 동기를 어떻게 판단하느냐에 따라서 그 사람과의 인간관계가 영향을 받게 되며 그 사람에 대한 인상도 달라진다. 사례를 보자.

차들은 힘겹게 한계령을 넘고 있었다. 워낙 꼬불꼬불한데다 가파르기 때문에 모든 차들이 엉금엉금 기어갔다. 그런데 차 한 대가

틈만 나면 중앙선을 넘어 다른 차들을 추월해 가는 것이었다. 아주 위험하기 그지없었다. 멀리서 교통경찰이 지켜보고 있다가 그 차를 세웠다.

그는 서울로 가는 길이었다. 어머니가 위급하다는 연락을 받자마 자 곧장 차를 타 액셀을 밟은 것이었다. 이 사연을 들은 교통경찰 은…

그 다음 이야기는 어떻게 됐을까? 의무에 충실해야 하는 교통경 찰은 그에게 스티커를 발부했을까? 아니면 조심해서 가라며 그냥 보냈을까?

🏃 처녀가 애를 낳아도 할 말이 있다

꼭 이런 경우가 아니더라도 일상생활에서 비슷한 예는 얼마든 지 찾아볼 수 있다. 동생이 집에 들어오면서 현관문을 '쾅' 하고 닫았다면 나무라기 전에 사연을 들어봐야 좋은 형노릇을 할 수 있다.

관광버스 안에서 시골어른들이 술 마시고 노래 부르고 춤을 추면서 가는 것도 볼썽사납다고 얼굴을 찌푸릴 일만도 아니다. 알고 보면 고생해서 키운 딸을 시집보내고 큰 짐을 덜었다는 안도 감에서 동네 친구분들과 흥겹게 '한잔' 하면서 내려가는 길일지도 모른다. 아니면 한해 농사를 마무리하고서 그간의 고생을 풀어보 고자 꼬깃꼬깃 아껴놓았던 돈으로 봄놀이라도 다녀오고 있는 것 일지도 모른다. 법에도 이에 관해서는 따뜻한 인정이 있다. 우리 나라 법은 안전운전에 '현저히' 장애가 될 정도일 때 그런 것을 금지하고 있다(고속도로에서는 모든 승차자가 안전벨트를 매야 하기 때문에 허용되지 않는다).

남에게 얻어먹기만 하고 대접 한번 하지 않는 사람, 파업중인데 도 동참하지 않고 근무하는 사람, 막힌 고속도로의 갓길로 비상등 을 켜고 달리는 사람, 평소에는 안부전화 한번 없다가 아쉬울 때 찾아오는 사람…. 처녀가 애를 낳아도 할 말이 있듯이 알고 보면 모두가 그만한 이유가 있는 법이다.

하인 두 명이 무슨 일로 시비가 붙었으나 결론을 내지 못했다. 그들은 주인어른에게 잘잘못을 가려달라고 왔다. 주인어른인 황희 정승은 한 하인의 말을 듣고 "네 말이 옳구나"라고 했다. 다른 하인 이 그렇지 않다며 사연을 이야기하자 "그럼 네 말도 옳구나"라고 했다.

옆에서 보고 있던 부인이 "한 사람이 옳으면 다른 사람은 그를 터인데 왜 둘 다 옳소?"라고 말했다. 듣고 있던 정승이 이야기했다. "당신 말도 옳구려."

누구든 어떤 사람의 사정을 알게 되면 고개를 끄덕일 수밖에 없다. 우리가 어떤 사람을 깊이 이해하고 있다는 말은 바로 그의 동기를 제대로 알고 있다는 말이기도 하다. 동기를 제대로 알고 있고 또 그 동기가 사악하지 않다는 것을 알고 있다면 아무리 나쁜 일을 저지른 사람이라 할지라도 이해해주지 못할 사람은 없다. 다른 사람들도 그와 같은 상황이 되면 그런 행동을 할지도 모르기 때문이다. 그래서 '죄는 미워하되 사람은 미워하지 말라'

는 말은 앞으로도 계속 유효할 것이다.

그러므로 우리가 어떤 사람을 깊이 이해하고 그 행동을 제대로 설명하려면 인간의 동기를 무시해서는 안 된다. 사람의 다양한 행동들을 일으키는 동기를 모른다면 우리가 단편적인 행동들에서 일관되고 조직적인 인상을 어떻게 형성하며, 또 타인이나 자신을 어떻게 파악하고 이해할 수 있겠는가? 이런 의미에서 동기는 중요하다.

타고나는 동기 — 1차적 동기

1차적 동기는 주로 생존과 관련되는 생리적인 욕구들이다. 배고픔, 목마름, 성(性), 고통회피, 수면 등이 바로 그것이다. 얼핏 생각해 보면 이런 욕구들은 아주 당연해 보이고 우리가 충분히 이해할 수 있을 것 같은 욕구들이다.

그러나 조금만이라도 깊이 들어가 보면 그렇게 만만치가 않다. 배고픔만 하더라도 위(胃)가 관련이 되어 있는지, 뇌가 관련이 되어 있는지, 또 뇌에서는 어떤 작용으로 인한 것인지 등을 보게 된다면 그렇게 쉬운 내용이 아니다.

1차적 동기의 예로 잠을 보고 넘어가자. ¶

¶ 동기이론 : 1940년~50년대에 심리학자들은 동기가 충동을 감소(drive reduction)시키기 위한 것으로 생각했으나 긴장을 일으키는 행동을 하는 것(예를 들어 모험 혹은 롤러코스터를 타는 것)과 같은 동기를 설명하지 못했다. 보다 설득력 있는 설명은 최적의 충동이나 흥분 수준을 유지하기 위한 것이 동기라는 것이다.

1996년 4월, 인천에 이어 부천에서도 국민이 낸 세금을 중간에서 가로챈 비리가 발각되었다. 전 국민의 관심을 끄는 사건이 아닐 수 없었다. 수사기관은 으레 그렇듯 관련자를 불러 철야조사를 했다. 빨리 수사를 하여 국민들에게 사건의 진상을 밝히기 위해서다.

물론 조속한 시일 내에 진상을 밝히기 위해서도 맞는 말일 것이다. 그러나 그 뒷면을 보게 되면 철야조사를 빌미로 한 고문의 방법이라고도 볼 수 있다. 왜냐하면 잠을 재우지 않는 것은 인간의 아주 기본적인 욕구를 빼앗는 것이기 때문이다. 일본의 경우 밤 12시가 넘어 진행된 조사내용에 대해서는 법원에서 증거능력을 인정해주지 않고 있다. 다행히 우리나라 대법원도 1997년 7월 '잠 못 잔 상태에서의 진술은 증거능력이 인정되지 않는다'고 판결했다.

식욕과 성욕 같은 대부분의 일차적인 동기들은 사람의 행위를 촉진시키고 강하게 만든다. 그래서 배고프면 먹을 것을 찾고 목마르면 마실 것을 찾는다. 그러나 같은 생리적 동기인 잠은 수면을 하고 있는 동안 아무런 외적인 행위를 보이지 않는다는 점에서 다른 동기들과 차이가 있다.

잠이 부족하면 운동속도가 떨어지고, 판단에 장애가 생기며, 주의집중이 곤란해진다. 또 잠을 오랫동안 자지 못하면 수면에 대한 욕구가 대단히 강렬해진다.

그러나 아직까지도 왜 자야 하는지에 대한 이유는 확실치가 않다. 지금까지 밝혀진 한 가지 이유는 피로회복 때문이라는 것이다. 수면이 피로회복에는 최상의 방법이긴 하지만, 생리학적으로 보면 잠자는 것이 깬 채로 휴식을 취하는 것보다 나을 것은 없다. 왜냐하면 수면중에도 뇌는 쉬지 않는다. 또 수면중의 어떤 때에는 깨어 있을 때보다 뇌가 더 활발히 움직이기 때문이다. 게다가 많은 운동을 해서 피곤한 사람은 그렇지 않은 사람보다 잠을 더 많이 자야 하는데, 실제로는 그렇지가 않다.

또 다른 이유로는, 먼 옛날 먹이를 구하기 어려운 기간 동안 에너지를 절약하기 위해 수면이 나타나게 되었다는 설명과, 낮 동안 일어난 일들을 기억하기 위해 수면중에 분류하여 정리하기 때문이라는 설명도 있는데(그래서 밤샘공부가 높은 성적을 보장해 주지 않는다), 둘 다 결정적인 증거는 없다.

이유야 어떠하든지 간에 사람이 잠을 자지 않으면 어떻게 될까? 직접 경험해볼 필요는 없다. 200시간 동안 잠을 자지 않은 사람이 여기 있으니까.

1959년, 뉴욕의 유명한 DJ인 피터 트립은 200시간 동안 잠을 자지 않았다. 그는 8일 이상 동안 자신의 정규방송을 실시하고 또 타임스 광장에 마련된 방송부스에서 진행상황을 보고했다.

트립의 장시간 비수면은 많은 뉴욕시민들뿐만 아니라 심리학자나 의사들의 주의를 끌었다. 이들은 트립을 연구하기 위해 광장 근처의 호텔에 심리실험실을 설치하고 그에게 매일 심리테스트를 실시하여 그의 반응을 검사했다. 광장은 그를 보기 위해 나온 호기심 많은 시민들로 북새통을 이뤘다.

이틀째 되던 날 트립은 심한 피로를 느끼고, 3일째 되던 날 착시와 환각을 경험하기 시작했다. 그는 자신의 신발에서 거미집을 보았다. 그는 테이블 위의 얼룩이 살아 있는 곤충이라고 생각했다. 그는 또 부스 안에서 토끼를 봤다고 생각했다. 기억에 있어서도 문제가 발생했다.

100시간(4일)쯤 지났을 때 주의집중과 정신적인 능력이 요구되는 심리검사를 더 이상 받지 못했다. 그는 알파벳도 암기하지 못했다. 그의 정신기능은 급속히 악화되었으며, 170시간(7일)이 지났을 때에는 간단한 검사조차도 고역이었다.

5일째 되었을 때 그는 깨어 있기 위해 각성제를 요구했다. 이때쯤 성격파탄이 일어나기 시작했고 더욱 기묘한 환각이 보이기 시작했다. 그는 코트를 털북숭이 벌레로 생각했다. 그는 간호사가 침을 흘리고 있으며, 한 과학자의 넥타이가 춤을 추고 있다고 주장했다.

150시간(6일)이 지날 무렵 트립의 방향감각은 없어졌으며, 그가 누구인지, 어디에 있는지도 알지 못했다. 이런 희한한 경험을 설명하기 위해 트립은 '자신의 한계를 검사하기 위해 고안된 음모의 희생자'라는 망상을 했다.

▶200시간 동안 잠을 자지 않은 피터 트립

그가 깨어 있기는 하나 가끔 그의 뇌파는 깊은 수면상태에서 나타나는 것과 비슷했다. 그러나 그는 오후 5시부터 8시까지의 방송시간 동안 놀라울 정도의 수완을 발휘했다. 청취자들은 그의 개인적인 고통을 전혀 눈치채지 못했다.

마지막날 아침, 신경학자가

낮잠 권하는 사회를!

몇몇 남미국가와 유럽(특히 스페인)에서는 점심시간 후 낮잠을 즐기는 '시에스타(siesta)'가 유행이다. 그러나 대부분의 산업국가에서는 낮잠을 카페인(커피)으로 대체하는 경향이 있다. 하지만 카페인이 능률과 경계심을 높여준다는 것은 착각일 뿐, 실은 신체와 뇌의 기능을 빼앗는 등 건강상의 역효과를 초래한다.

낮잠은 에너지 재충전을 위한 좋은 청량제가 된다. 일부 회사들은 만성수면부족에 빠진 근로자들을 위해 사내에 안락의자와 담요, 자명종 시계를 갖춘 '낮잠방'을 마련하고 있다. 낮잠을 권하는 회사들은 낮잠이 오히려 사고와 실수를 줄여주고 생산성을 향상시킨다고 보고하고 있다.

아인슈타인, 나폴레옹, 에디슨, 케네디, 레이건, 클린턴 대통령 등은 모두 낮잠을 즐겼던 사람들이다.

그를 검사할 때 그는 이 의사가 자신을 생매장시킬 사람이라고 판단하고는 냅다 도망치기 시작했다. 의사들이 따라가 그를 설득하고는 겨우 마지막 날을 넘길 수 있었다. 그리고 트립은 13시간 동안 깊은 잠에 빠졌다.

그가 눈을 떴을 때 정신적 고통은 사라지고 방향감각도 되돌아왔다. 그는 정신적인 문제도 해결할 수 있게 되었다. 이후 3개월 동안 약간 침울한 것만 제외하면 그의 다른 기능들은 모두 정상으로 돌아왔다.

배우는 동기 — 2차적 동기

심리학자들은 초기에 동기를 본능이라고 보는 경향이 있었다. 즉 일정한 자극이 있으면 일정한 방식으로 행동한다는 것이다. 그러나 시간이 흐르면서 학자들은 상당히 많은 동기가 있음을 확인했고, 행동을 보다 정확히 설명하기 위해 다른 생각을 하게 되었다.

그리하여 모든 동기가 타고나는 것은 아니며, 배우게 되는 동기도 있다는 결론에 도달하게 되었다. 이런 동기에는 성취욕구, 친애욕구, 지배욕구, 과시욕구, 굴욕회피욕구, 양호욕구, 질서욕구, 구호욕구 등이 있다. 이런 욕구에는 생리적인 면은 없고 대신 심리적인 면이 있다.

이런 욕구는 생활에는 필요하지만 생존에는 그리 필요하지 않다. 또한 사람에 따라 그 강도가 대개는 달리 나타난다. 호기심과 성취동기를 보자.

🏃 호기심

다음 문제를 풀어보기 바란다. 각 알파벳은 0부터 9까지의 숫자 중 하나를 의미한다.

$$\begin{array}{r} AA \\ + \ BB \\ \hline CAC \end{array}$$

너무 쉬운가? 그렇다면 다음 문제를 풀어보라. 마찬가지로 각 알파벳은 0부터 9까지의 숫자 중 하나를 의미한다. 불행히도 힌트는 없다.

```
    SEND              CROSS
+   MORE          +   ROADS
─────────         ──────────
   MONEY             DANGER
```

내기가 있어야 분발하는 독자를 위하여 한 가지 더.

아버지가 당신에게 다음과 같이 제안을 했다고 하자.
"지금 아버지가 어떤 생각을 하고 있는지 맞히면 10만원의 용돈을 주겠다."
당신은 어떤 대답을 해야 10만원을 당신의 것으로 만들 수 있을까?

여러분이 방금 선물을 하나 받았다고 하자. 아마도 여러분은 그것이 뭔지 궁금해질 것이다. 또 이상한 소리까지 난다면 더욱 궁금해질 것이다. 뜯어보지 않고서는 못 견딜 것이다. 또 공포영화나 괴기영화가 대대적으로 광고되었다고 하자. 이것도 극장 앞에 줄을 서게 만든다. 어려운 수수께끼라도 들으면 답이 무엇인지 찾기 위해 머리를 쥐어짜게 된다. TV드라마나 신문 연재소설은 꼭 중요한 대목에서 끝을 맺는데, 호기심(curiosity)을 자극하여 다음번에도 계속 보아달라는 은근한 압력이다.

위의 문제를 풀지 못한 독자는 아마도 이 책의 어딘가에 독자를 위한 배려로 정답을 넣었을 것이라고 생각하고는 답을 찾기 위해 책의 처음부터 끝까지 책장을 넘길지도 모른다. 이것 역시 호기심 이다(정답은 296쪽에 있다).

사람이나 동물은 태어난 지 얼마 되지도 않아 주변을 탐색하기 시작한다. 그러므로 호기심은 본능적인 것이기도 하다. 조금 더 나이가 들면 아빠의 목소리가 들리는 전화기를 '아빠가 이 속에 계시나보다' 생각하고는 전화기를 분해한다. 또 엄마손을 놓고 다른 곳을 두리번거리다가 길을 잃어 엄마아빠 속을 태우기도 한다.

호기심은 특별한 보상을 기대하고 행하는 것은 아니다. 너무 복잡하면 재미가 없고 고통스럽기도 하지만, 그냥 알고 싶어 하는 것이다. 이런 호기심 때문에 발명가가 있고 학자가 있으며 탐험가가 있다. 인류가 발전하게 된 데에는 이런 호기심이 있었다.

그러나 호기심이 항상 긍정적인 결과를 가져오는 것은 아니다.

▶ 호기심은 어린이에게는 세계를 알아가는 출발점이다.

바람직하고 인류에게 공헌하는 호기심에는 부와 영예가 따르고 개인과 사회, 인류의 발전이 이루어진다. 그러나 바람직하지 못한 호기심에는 망신과 고통과 파멸이 뒤따른다. 청소년들의 술과 담배, 약물에 대한 호기심이 그렇고, 다른 사람의 답안이나 지갑에 호기심을 가지는 행위가 그렇다. 여자화장실에 몰래카메라를 설치한 백화점의 행위 또한 그렇다. 아마도 인류 최악의 호기심은 희망만을 남겨놓고 온갖 불행을 쏟아낸 판도라의 상자일 것이다.

호기심의 대상이 너무 복잡하거나 이상하면 오히려 역효과를 낸다. 바둑에 호기심이 있어 접근했는데 생각대로 되어주지 않으면 지쳐버린다. 보통의 상식을 뛰어넘는 천재적인 음악이나 미술, 패션 등도 강한 거부와 비판을 각오해야 한다.

'그래도 지구는 돈다'는 갈릴레이가 인정을 받는 데 많은 시간이 걸린 것처럼 개인의 호기심에도 학습이라는 배움의 과정이 필요하다. 즉 「학교종이 땡땡땡」으로 시작하고 「동구 밖 과수원 길」을 지나야 베토벤의 「운명」을 이해할 수가 있다. 차근차근 하나씩 배워감으로써 그 호기심의 수준도 높아지고 또 다음에 나오는 성취욕구도 충족시킬 수 있다.

🏃 성취동기

친구는 시험을 아주 잘 봤다고 했다. 그러나 나는 그렇게 잘 보진 못했다. 많은 시간을 들여 공부를 했음에도 불구하고 결과가 나쁘게 나올 것 같았다.

…결과가 나왔다. 시험을 아주 잘 봤다는 그 친구는 평균을 약간 넘었을 뿐이었으나 나는 최상위 점수로 나왔다.

성취동기(achievement motive)는 장애를 극복하고 어려운 일을 달성함으로써 높은 목표에 도달하고자 하는 욕구를 말한다.

1등을 하려는 학생, 신기록을 세우려는 운동선수, 남보다 월등한 매출실적을 올리려는 세일즈맨들에게만 해당되는 것은 아니다.

많은 사람들에게 성취동기는 그 사람의 생활을 지배하고 있다. 명예나 부, 권력이 목표일 수도 있다. 어떤 목표든 자신이 설정한 목표에 도달함으로써 얻는 만족감 때문에 많은 사람들이 맡은 일에서 힘을 다하고 있다.

성취동기의 수준은 사람마다 차이가 있다. 같은 IQ를 가진 학생이라도 성취동기가 높은 학생이 더 높은 성적을 얻는다. 사례에서 친구는 공부를 많이 하지 않았기 때문에 자기는 과락만 면하면 된다는 정도의 성취동기를 가졌을 것이다. 그래서 평균 정도의 점수로도 친구는 크게 만족해하는 것이다. 그러나 공부를 많이 한 나는 만점을 목표로 삼았기에 한두 문제라도 틀린 것이 아쉬운

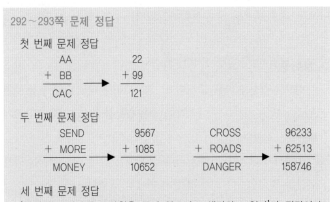

292~293쪽 문제 정답

첫 번째 문제 정답

AA	22
+ BB	+ 99
CAC	121

두 번째 문제 정답

SEND	9567		CROSS	96233
+ MORE	+ 1085		+ ROADS	+ 62513
MONEY	10652		DANGER	158746

세 번째 문제 정답
'아버지는 저에게 10만원을 주지 않으려고 생각하고 있다'가 정답이다. 이것이 정답이라면 아버지는 10만원을 아무말 없이 줄 것이고, 정답이 아니라면 아버지는 정답이 아니라는 것을 증명(즉 10만원을 주려고 했다)하기 위해 10만원을 당신에게 내놓아야 한다.

것이다.

　하지만 성취동기가 강하다 하여 모든 것을 이룰 수 있는 것은 아니다. 목표가 자신의 능력에 비해 적당히 어려워야 한다. 목표가 너무 쉬우면 성취감을 느낄 수 없고, 또 너무 어려워 달성하기가 불가능하면 포기하는 것을 배운다. 그래서 다른 일도 지레 겁을 먹고 시도조차 하지 않게 된다.

　'하면 된다, 하면 된다'고 말들 하지만 세상에는 아무리 해도 되지 않는 일도 있는 법이다. 계속하다간 학습된 무력감(107쪽 참조)을 느낄 수도 있다. 그런 일은 오히려 하지 않음만 못하다. 그러므로 자식의 우둔한 실력을 과신하여 서울대를 강요하다가는 전문대학에도 보내지 못한다. 과유불급(過猶不及, 지나친 것은 모자라는 것만 못하다)이 생각나는 대목이다.

사고일까? 자살일까? ─ 동기의 위계

　경남에 거주하는 이모(39)씨는 1997년 6월, 인근 국도에서 중앙선을 침범, 마주 오던 트럭과 충돌하여 사망했다. 사망 당시 이씨는 50여 종의 생명/손해보험에 가입하여 보험금 총액이 50여억원에 이르는 것으로 나타났다.

　보험사들은 이씨가 자신의 월급보다 훨씬 많은 액수를 보험금으로 지불한 사실과 최근 2~3년 사이에 집중적으로 보험에 가입한 사실을 중시하고, 대낮에 충돌사고를 내는 등 석연치 않은 점이 많다며 보험금 지급을 미루고 있다. 이에 대해 유족측은 당초 약정

한 보험금 지급을 하지 않을 경우 법적 대응을 불사하겠다는 입장을
보이고 있다.   − 조선일보, 1997. 7. 6

　누군가 어떤 행위를 하면 일반적으로 우리는 그가 왜 그런 행동
을 했는지 원인을 알고 싶어 한다. 칭찬받기 위해서인지 아니면
처벌이 두려워서인지 또는 성취감을 느끼기 위해서인지를 알려고
한다. 위 사례의 사건을 접한 사람들은 이씨가 정말로 우연한 사고
로 사망했는지, 아니면 다른 동기가 있었는지, 또 보험사가 큰돈을
주기 싫어 트집 잡는 것인지를 생각해보게 된다.

　매슬로(Maslow)라는 심리학자는 동기들을 단계별로 묶어 위계
화하였다. 그는 식욕·성욕 등 기본적인 욕구가 충족되어야 다음
욕구로 나아간다고 했다. 즉 먹고사는 게 만족되어야 몸의 안전
을 돌볼 수 있고, 이게 또 만족되어야 소속감·사랑욕구라든가

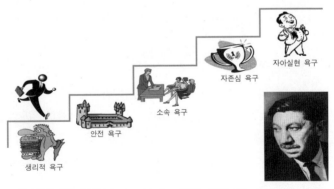

▶ 동기의 위계와 매슬로(Abraham Maslow, 1908~1970). 그는 사람에게는 저마다
기본적인 생리적 욕구에서부터 사랑, 존중, 그리고 궁극적으로는 자기실현에 이
르는 충족되어야 할 욕구의 위계가 있다고 주장했으며 진정으로 건강한 사람은
가장 높은 심리적 욕구까지 충족시키고 자기실현을 이룬 사람이라고 믿었다.
(그림 : 장영광·정기만. 생활속의 경영학)

자존심, 자아실현 욕구 등 다른 고차적인 동기를 추구한다는 것이다. 국방 당국자들이 북한의 동향을 예의주시하는 한 가지 이유도 나라나 개인이나 곳간이 비면 몸 다치는 것은 안중에 없기 때문이다.

🏃 배고프고 목마르다 – 생리적 욕구

어떤 사람이 건강을 위해 술·담배를 끊고 다이어트를 하고 조깅을 시작했다. 얼마 지나 누군가가 그에게 컨디션이 어떠한지 물어보았다. 그가 말했다.

"목마르고 초조하고 배고프고 힘들지, 뭐."

술을 먹지 못하니 목이 마르고, 담배를 피우지 못하니 초조하고, 다이어트를 하니 배가 고프고, 아침마다 뛰니 힘들다는 우스갯이야기다.

욕구 중 가장 기본이고 중요한 욕구는 생리적 욕구다. 생리적 욕구는 배고픔과 목마름, 수면, 성욕 등을 포함한다. 매슬로에 따르면 생리적 욕구가 만족되어야만 안전을 생각한다고 한다. 생리적 욕구가 만족되지 않은 전쟁중의 병사는 빵조각이나 물이 지뢰밭에 있더라도 들어간다는 말이다.

배고픈 사람의 유토피아는 단지 음식이 많은 곳이다. 또 생리적 욕구가 만족되지 못한 사람들은 감옥에 가는 한이 있더라도 그 욕구를 충족시키려 한다. 몇 년 전 경제적으로 자립능력이 없는 10대 남편과 20대 초반의 부인이 생활비를 벌기 위해 한 달 동안 60여 차례 범행하기도 했다.

음식부족이 얼마나 무서운 결과를 초래하는가 하는 예는 1972년 여객기가 안데스 산맥에 떨어진 사건을 보면 알 수 있다. 생존자들은 음식이 떨어지자 죽은 승객의 사체를 먹었다. 사회에 뿌리박힌 도덕조차도 생명을 위협하는 상황에서는 포기된다.

보험에 들어야지 — 안전욕구

생리적 욕구가 만족되고 나면 사람은 안전에 대한 욕구에 관심을 갖게 된다. 안전욕구는 개인이 실제적인 위기, 가령 전쟁, 재난, 폭동, 실업 등에 직면했을 때 크게 나타난다. 의식주를 해결할 수 있는 직업, 저축, 보험 등을 좋아하는 것도 부분적으로 안전의 추구 때문이다.

대통령을 지낸 사람들이 수천억대의 비자금을 감춰놓은 것도

얼라이브(Alive)

1972년 10월 13일 금요일, 페어차일드 F-227호가 안데스 산맥에 추락했다. 이 비행기는 우루과이에서 칠레로 가는 중이었는데, 칠레 산티아고 시에서 벌어질 시합에 참가하려는 아마추어 럭비팀과 그 가족, 친지들을 태우고 있었다.

승무원은 비행기 추락시 모두 사망하고 40명의 승객 중 32명이 최초로 살아남아 생존을 위한 투쟁을 시작한다. 각자의 역할분담이 이루어지고 협동하여 일했으나 의견불일치가 벌어지기도 한다. 하지만 생존을 위해서는 한 집단으로 결속해야 된다는 것을 깨닫고 리더 아래 단결하여 결국 70여일 후 끝까지 살아남은 16명이 구조된다.

이 사건은 얼라이브(Alive: The Miracle of The Andes)라는 제목으로 1993년 영화화되었다.

그들이 대단한 안전욕구의 소유자들임을 말해준다. 하긴 군인이라면 목숨이 오가는 전장에서는 조국을 위하여 안전욕구를 뿌리쳐야 할 때도 많을 것이거늘 군 출신답지 않게 제 한 몸 살기에 급급했다는 이야기다. 동기가 단계적으로 되어 있다는 매슬로의 이론으로 따진다면 그들에게서는 다음에 나오는 사랑이라든가 소속감, 자존심이나 자아실현 등은 기대해볼 수가 없다.

1994년 10월 21일, 한강에 있는 다리 중의 하나인 성수대교가 무너졌다. 아침 출근길의 시민들과 학교로 가던 여학생 등 32명이 숨졌다. 이 사건은 해외로 타전되어 여러 나라에서 중요 뉴스로 취급되었다.

꼭 사람 개인에게만 안전욕구가 해당되는 것은 아니다. 나라에도 해당된다. 먹고살기가 바쁜 시기에는 안전이 크게 문제가 되지 않는다. 무조건 빨리 만드는 것이 지상과제다. 그 결과 부실시공

▶ 경부고속도로 준공식(1970)과 무너진 성수대교(1994). 1968년 2월 착공하여 1970년 7월 준공한 경부고속도로는 1968년 교육비 예산과 맞먹는 430억원의 비용을 들여 2년 5개월 만에 완공했다. km당 1억원의 비용은 앞서 건설한 일본 도쿄-나고야 고속도로 공사비의 1/5에 불과했다. '선개통 후 보완' 방침에 따라 서둘러 공사를 끝내다 보니 1990년말까지 들어간 보수비만 1527억원에 달했다. 건설비의 4배 가까운 돈이 든 것이다. 성수대교도 2년 6개월 만에 완공되었다. 먹고살기가 바쁜 시기에는 안전이 크게 문제가 되지 않는다.

된 다리가 끊어지고 건물이 무너진다. 경부고속도로의 보수비로 그런 고속도로를 몇 개를 더 만들 수 있다는 것도 같은 맥락이다.

🏃 사랑하고 사랑받고 — 소속감 · 사랑욕구

소속감 · 사랑욕구는 생리적 욕구와 안전욕구가 충족되었을 때 나타난다. 사람은 다른 사람과의 애정적인 관계, 자기 가족 내에서의 위치, 준거집단 등을 갈망한다. 집을 떠나 유학하는 학생이라면 동아리 활동이나 향우회에 참석하는 횟수가 많아진다. 이동이 심한 현대의 산업사회는 사랑을 더욱 갈망하게 만든다.

여기서의 사랑은 성(性)과 같은 말이 아니다. 성은 아주 기본적인 생리적 욕구이나, 사랑은 상호존중, 칭찬, 신뢰, 사랑하는 것과 사랑받는 것 등을 포함하고 있다. 사랑받는 것을 통해 자기가 가치 있다는 건전한 기분을 갖게 된다. 사랑을 받지 못하면 공허감, 무가치, 적대감을 가져온다.

지금 우리 사회는 매슬로의 단계로 따지면 세 번째 단계인 사랑욕구의 단계에 있다고 한다. 한민족, 한겨레로서의 실재를 자각하고 공동체의식을 키워가고 있다. 그래서 통일에 대한 열망이 과거 어느 때보다 높기도 하다. 그러나 다리가 끊어지고, 백화점이 무너지고, 지하철 사고가 빈번한 것을 보면 우리 사회는 아직 안전욕구조차 충족시키지 못하고 있는 것 같다.

🏃 남이 알아주지 않더라도 — 자존심의 욕구

한 남자가 군대를 갔다. 몇 달 후 여자친구에게서 다음과 같은 내용으로 편지가 왔다. "우리 이제 헤어져요. 내 사진을 돌려보내줬으면 좋겠어요."

남자는 화가 났지만 군에 있는 몸으로 어떻게 할 수가 없었다. 그래서 부대 내에 있는 모든 여자 사진을 다 모은 뒤 편지와 함께 보냈다.

"어떤 사진이 네 사진인지 기억이 안 난다. 네 것만 빼놓고 다른 사진은 돌려보내줘."

사랑을 받고 남을 사랑하려는 욕구가 제대로 충족되면 자존심의 욕구가 생긴다. 이것은 능력, 신뢰감, 성취, 독립, 자유 등을 의미하는 자기존중과, 명성, 주목, 지위, 평판 등을 말하는 존경받음 둘 다를 말한다.

건강한 자존심은 명성, 지위, 아첨과는 상관이 없다. 또한 다른 사람들의 의견에 따라 자존심이 좌지우지되는 것은 위험하다. 중요한 것은 자신에 대한 믿음이다. 따라서 위 사례의 남자의 자존심은 건강하지 못하다. 그러면 건강한 자존심은?

꼬마는 50원짜리와 10원짜리 동전의 가치를 모르는 것 같았다. 동네 친구들이 10원짜리 동전과 50원짜리 동전을 양손에 쥐고 꼬마보고 고르라고 하면 항상 꼬마는 10원짜리를 골랐다. 동네 아이들은 꼬마를 놀리면서 재미로 이 장난을 계속하곤 했다.

꼬마를 측은히 여긴 이웃의 아저씨가 꼬마에게 말했다. "애야! 10원짜리가 더 크고 무겁긴 하지만 50원짜리가 더 가치 있는 것을 모르니?"

꼬마가 이야기했다. "알아요. 하지만 50원짜리를 고르면 친구들
이 그 장난을 더 이상 하지 않을 거예요."
꼬마는 커서 미국의 대통령이 되었다.

언제 어디서든지 마음에 조금이라도 거슬리는 말을 듣게 될
때 "아이, 자존심 상해"라는 말을 상습적으로 쓰는 사람들이 있다.
놀림을 받을 때, 단점이 들춰지거나 질책을 받게 될 때, 뚱뚱하다
거나 못났다는 말을 들을 때, 또는 자기의 능력이나 재능을 남들이
알아주지 못하거나 무시할 때 등등. 이럴 경우 대개는 그 사람이
아주 자존심 강한 사람으로 알려진다. 그래서 말을 붙이는 것조차
어려워진다. 과연 그 사람은 건강한 자존심을 가진 사람일까?
자존심을 양적인 개념으로 한번 생각해 보면 자명해진다. 커피
잔 속의 커피만 한 자존심이 있는 사람과 강이나 바다만큼 정말로
많은 두 경우를 가정하자. 커피잔에는 아주 작은 돌멩이(다른 사
람의 비난) 하나가 떨어져도 풍랑이 생긴다. 그릇이 깨어질 염려
도 있다. 그러나 강이나 바다만큼의 자존심을 가진 사람은 집채만
한 바윗덩어리가 떨어지더라도 그때 그뿐 별다른 동요나 풍랑이
생기지 않는다.
자존심은 글자 그대로 자기를 스스로 존경해주는 마음가짐이
다. 자기가 중요하기 때문에 남도 자기만큼 중요한 줄을 '자존심의
사람'들은 알고 있다. 한나라 명신 한신은 어렸을 때 동네 깡패의
가랑이 사이를 기어갔다 하여 남의 비웃음을 샀다. 하지만 그는
태연했다. 오히려 후에 대장군이 되었을 때 그를 장수로 임명했다
고 한다.

이것이 자존심이다. 남이 자기를 알아주지 않더라도 성내지 않으면 군자라는 이야기다. 자존심이 조금밖에 없는 사람은, 그래서 자존심이 쉽게 상하는 사람은 다시 한번 되씹어주기 바란다. 자존심은 다른 사람의 평가에 영향받는 것이 아니다.

🏃 나를 찾아라 — 자아실현의 욕구

안전욕구가 만족된 다음에는 다른 사람들과 사귀고 사랑하고 싶어하는 애정욕구가 싹튼다. 그 다음에는 다른 사람으로부터 인정받고 능력 있는 사람이 되고자 노력한다(자존심의 욕구). 이런 식으로 해서 대부분의 욕구가 만족되면 최고의 욕구인 자아실현의 욕구로 나아간다.

자아실현은 자기가 성취할 수 있는 모든 것을 성취하려는 욕구를 말한다. 자아실현은 자아증진을 위한 개인의 갈망이며, 그가 잠재적으로 지닌 것을 실현하려는 욕망이다. 자신의 본성에 진실해지는 것이다.

인간의 잠재력을 실현하려는 충동은 자연스럽고 필요한 것이라고 매슬로는 말했다. 그러나 모든 사람들이 자아실현을 달성할 수 있는 것은 아니다. 대부분의 사람들은 자아실현을 원하며 또 찾고 있으나 그것을 달성한 사람들은 극소수에 불과하다. 이것은 많은 사람들이 그들의 잠재력에 대해 모르고 있다는 사실, 즉 그것이 존재하고 또 자아증진이 가져다주는 보상을 사람들이 모르고 있기 때문이라는 것이 매슬로의 생각이다. 오히려 사람들은 자신의 능력을 의심하고 두려워하는 경향이 있으므로 자아실현할 기회를 잃어버리고 있는 것이다.

또 사회적인 환경이 자아실현을 억눌러버린다. 그림을 좋아하고 소질이 있더라도 성적이 괜찮으면 법대에 원서를 내야 한다. 적성과는 무관하게 더 큰 회사에 취직을 해야 한다. 소설을 좋아하고 소질도 있어 소설가가 되고자 문학을 전공한 사람이 졸업 후 많은 월급을 보장해 주는 직장에 취업하는 것처럼 많은 사람들은 자아실현을 포기하고 안전욕구에 따라 행동한다.

성(性)에 대한 고정관념도 한 예다. 친절하고 예의 바르며 부드러운 것들은 비남성적인 것으로 사회는 생각한다. 또 여성들이 자아실현을 하겠다고 하면 사회는 편협한 눈으로 그녀를 보게 된다.

그런 면에서 간간히 신문지상을 오르내리는 여러 미담들은 우리들을 부끄럽게 만든다. 일흔이 넘어 한글을 배워 뭐하겠느냐고 하겠지만 그 할머니에겐 손자에게 동화책 읽어주는 이상의 자아실현이 어디 있겠는가. 라면분식집을 차린 치과의사(서울대 출신), 신학공부하러 사퇴한 대기업 과장(쌍용화재), 농사지으러 시골로 간 기업체 임원(금호그룹), 우리 주위의 고령의 수험생들. 모두 우리와 같은 사람들이지만 또 역시 우리와 다른 사람들이다. 보다 극적인 것은 서머싯 몸(W. S. Maugham)의 『달과 6펜스』를 보길….

▶ 영국의 소설가 서머싯 몸(1874~1965)과 『달과 6펜스』(The moon and sixpence) 초판(1919) 표지. 프랑스 후기인상파 화가 고갱의 생애에서 힌트를 얻어 쓴 소설이다. '달'은 광기와 예술의 극치를 뜻하고, '6펜스'는 재산과 세속적인 명성을 갈망하는 감정의 상징이라 볼 수 있다.

매슬로가 말하는 자아실현한 사람의 특성은 다음과 같다. 자신은 과연 자아실현한 사람인지 한번 생각해보기 바란다.

1. 효율적인 현실판단을 하며 불확실성과 모호성을 잘 수용한다.
2. 자기나 타인을 있는 그대로 받아들인다.
3. 자발적으로 행동한다.
4. 문제중심으로 사고하며 중요한 목표가 있다.
5. 사생활을 중시하며, 혼자 있는 것도 꺼리지 않는다.
6. 환경에 의존하지 않고 자율적으로 행동한다.
7. 반복되는 경험조차도 새롭게 평가한다.
8. 가끔은 황홀한 느낌에 빠진다.
9. 공동체의식이 있다.
10. 몇 사람과 깊은 대인관계를 갖는다.
11. 고정관념으로 사람을 판단하지 않는다.
12. 수단과 목표를 구별한다.
13. 유머가 있다.
14. 창의성이 있다.
15. 특정 문화에 집착하지 않는다.

정서

정서(emotion)는 감정경험을 동반하는
흥분상태로서, 분노, 공포, 놀람, 질투, 애정, 박애,
슬픔 등 헤아릴 수 없을 만큼 많다. 정서는 앞에
나온 동기와 밀접하게 관련되어 있어서 이 둘을
구분하기란 사실상 쉽지 않다.

어느 쌍둥이 어머니 — 사례

　어머니의 아들 중 둘은 올해 수학능력시험을 친 쌍둥이다. 어머니는 항상 새벽 5시에 일어나 도시락을 두 개씩 싸주고, 늦은 밤에는 야식을 만들어 주는 등 5남매 가운데 마지막 수험생인 쌍둥이를 극진히 보살펴왔다. 시험 당일엔 새벽 4시에 일어나 도시락을 챙겨 시험장에 데려다주었다.

　…수능시험을 치르고 돌아온 쌍둥이 형제는 생각보다 시험을 잘 봤다고 했다. 중상위권 대학이 목표였던 두 아들이 상위권 대학 진학도 가능하다고 하자 어머니는 즐거웠다.

　식사 후 아들이 방송의 문제풀이를 보면서 "1교시에 두 문제밖에

안 틀렸다"는 말을 어머니는 부엌에서 들었다. '이제 너희들 도시락 싸는 일도 끝났구나.' 어머니는 흐뭇하게 설거지를 계속하다가 쓰러졌다. 그리고 다시는 일어나지 못했다.

1994년 11월 서울에서 일어난 일이다. 당시 신문보도에 따르면 어머니 김모씨(46)는 평소 뚜렷한 지병이 없었다고 한다. 경찰은 자식들의 입시 뒷바라지로 인한 긴장이 풀리면서 심장마비로 인해 숨진 것으로 보았다.

이런 사례는 그리 드문 일만은 아니다. 미국에서도 20년 동안 헤어져 못 만났던 80살 아버지와 55살 아들이 만났을 때 아들이 갑자기 사망하자 그 순간 아버지도 넘어져서 사망했다. 또 단돈 2달러의 배팅으로 1,600달러를 배당받은 한 노인이 돈을 손에 쥐었을 때 급작스럽게 사망한 사건도 있었다. 울화통이 터지는 것이나 화병도 신체적으로는 아무 이상이 없으나 정서적으로 느끼는 고통은 실제 질병 이상이다.

최근에 와서야 과학적으로 정서와 건강의 관계를 연구하기 시작했다. 그래서 가족 중 한 명의 죽음은 남아 있는 가족(특히 남자)이 심장마비 등 질병으로 사망할 위험을 증가시킨다는 결과가 나왔으며, 감정을 억제하는 사람은 위궤양이나 고혈압, 비만, 심장병, 암에 걸릴 수 있다는 결과도 나왔다. 우리나라 사람에게만 나타나는 '화병'¶은 이제 국제적인 공식 의학용어가 되었다.

¶ 화병(火病, Hwa-byung) : 냄비가 끓다가 어느 순간에 뚜껑이 열리면서 국물이 넘치는 것과 같이 '장기적으로 스트레스를 받고 이를 풀지 못해 폭발하는 병'으로 다른 나라에서는 찾아보기 어렵다. 1996년 미국정신과

심리적인 요인과 신체 간의 상호관련을 연구하는 것이 최근에 관심을 끌고 있는 건강심리학이다. 이것은 뒤의 스트레스 부분에서 다시 한번 보자.

쌍둥이 어머니의 사례 같은 경우는 예부터 창자를 조각낼 만큼 강한 모성애를 설명하는 사례와 많이 비슷하다. 그러나 이것은 정서의 문제이기도 하다. 동기는 어떤 행동을 하게끔 하는 요인이었는 데 반해, 정서는 심리적인 반응이나 감정에 관련된 것이다.

개와 고양이 — 정서표현

- 저 개새끼는 내가 좀 친해지려고 하면 꼭 꼬리를 세워 위협한단 말이야. 내게 무슨 불만이 있는지 모르겠어. – 고양이
- 저 고양이새끼는 쪼그만한 게 겁도 없이 꼬리를 내리고 내게 덤벼들려고 한단 말이야. 한 방이면 날아갈 텐데. – 개

개와 고양이가 서로 친해질 수 없는 것은 그들이 정서를 표현하는 방법이 서로 다르기 때문이다. 즉 개는 즐겁고 기쁘면 꼬리를 세우고 살랑살랑 흔드는데, 이것을 고양이는 자신을 위협하는 것으로 받아들인다.

▶ 꼬리를 세우는 것이 개에게는 친근함의 표시지만, 고양이에게는 적개심의 표현이다. (사진 : www.wit.co.kr)

의사협회에서 '한국인에게 주로 나타나는 분노증후군'으로 화병을 공식적으로 인정했다. 병명도 우리말을 그대로 쓴 Hwa-byung이다.

사람에게도 정서의 표현이 저마다 다르다면 아찔해질 수밖에 없다. 싱글벙글 웃는 그 여자가 호의적으로 자기를 맞아주리라 생각하고 접근을 했는데, 알고보니 웃음이 그녀에겐 강한 거부의 표시였다고 한다면 말이다. 혼동이 올 수밖에 없다. 남하고 친하게 지내지도 못할 뿐만 아니라 길조차 물을 수도 없게 된다. 만나고 사랑하고 결혼하는 것들은 아마도 전설에나 남아 있었을 것이다. 그러므로 바벨탑을 쌓은 인간에 대한 형벌(언어불일치)이 정서불일치가 아니었기에 조금은 다행스럽다.

정서는 언어나 행동으로 표현할 수 있다. '슬프다', '성난다'라고 말할 때 우리는 정서를 표현하고 있는 것이다. 그러나 여러 가지 이유로 해서 말로 표현된 정서는 그리 믿을 만한 게 못 된다. 걱정이 되지 않더라도 걱정스럽다고 말하기도 하고, 슬프더라도 슬프지 않다고 말할 수도 있기 때문이다.

말로 표현되는 정서보다 더 믿을 만한 것이 신체에 나타나는 정서다.

레이건의 실수 — 신체에 나타나는 정서

미테랑 프랑스 대통령 내외가 미국을 공식방문했을 때다. 레이건 대통령은 미테랑 부인의 팔짱을 끼고 환영만찬회장으로 안내했다. 그런데 미테랑 부인이 걸음을 멈추었다. 그러고는 나직한 목소리로 뭔가 레이건에게 말했다. 이때 만찬회장 책임자가 멀리서 어서 들어오라고 손짓을 했다.

레이건은 미테랑 부인에게 어서 들어가자고 눈짓을 했다. 그러자 그녀는 또다시 무슨 말인가 속삭였다. 결국 통역이 황급히 다가와서 레이건에게 그가 미테랑 부인의 야회복 치마끝을 밟고 있다는 사실을 알려주었다. 레이건 대통령은 프랑스 말을 전혀 몰랐다.

말이 통하지 않으면 행동을 하면 된다. 어느 정도 통할 수가 있다. 그것이 보디랭귀지(body language)다. 보디랭귀지가 언어소통에 도움이 되듯이 정서는 행동을 통하여 더 극적으로 나타난다. 미테랑 부인은 언어에만 집착할 뿐 자신의 당혹스러운 정서를 차마 점잖은 자리에서 얼굴에 표현하지 못한 모양이다. 아니면 레이건이 미테랑 부인의 얼굴에 나타난 미묘한 정서를 보지 못한 것이든지.

정서표현의 극적인 방법은 비언어적인 것이다. 우리는 안면표정, 신체자세, 목소리 등을 통하여 언어 이상으로 우리의 정서를 전달한다. 특히 안면표정은 그 사람의 정서를 그대로 나타내고 있다. 그렇기에 우리는 그 사람의 표정만 보고도 그가 어떻게 느끼고 있는지, 그가 어떻게 행동할지를 추측할 수 있다.

또한 반대로, 어떤 나라 사람이든 그의 처지에 따라 표정을 알 수 있다. 정서는 사람이나 민족마다 별 차이가 없기 때문이다. 다음 경우에서 우리는 인종과 국적에 관계없이 엘리베이터를 탄 이 사람의 얼굴표정을 짐작할 수 있다.

- 여러 사람과 같이 있는데, 방귀가 나오려 할 때(당황)
- 방귀가 나오기 전에 다른 사람들이 내릴 때(다행)

- 혼자만 있는 엘리베이터 안에서 시원하게 한 방 날렸을 때 (기쁨)
- 냄새가 가시기 전에 다른 사람이 탔을 때(창피)
- 둘만 있는데 다른 사람이 지독한 방귀를 뀌었을 때(고통)
- 방귀 뀐 사람이 마치 자기가 안 그런 양 딴전을 피울 때(울화)
- 방귀 뀐 사람이 내리고 그 냄새를 혼자 느껴야 할 때(고독)
- 그 냄새가 가시기 전에 다른 사람이 올라타며 얼굴을 찡그릴 때(억울)
- 엄마손 잡고 탄 아이가 나를 가리키며 '엄마 저 사람이 방귀 뀌었나봐'라고 할 때(울분)
- 엄마가 '방귀는 누구나 뀔 수 있는 거야' 하며 아이를 타이를 때(허탈)

이런 능력은 선천적인 것이다. 외국어를 모른다 하더라도 외국 영화를 보면서 그 영화의 대략적인 내용과 분위기를 파악할 수 있는 것은 우리가 비언어적인 요소들로부터 정서를 읽을 수 있는 타고난 능력이 있기 때문이다.

컴퓨터로 상대방과 대화하는 채팅에서는 ^.^(웃음)과 같은 이모티콘(emoticon, 감정을 뜻하는 이모션과 아이콘의 합성어)들이 많이 등장한다. 자신의 정서를 그림으로 나타내어 보이지 않는 상대방에게 전달해 주는 것인데, 이것을 모르면 대화를 하지 못할 정도다. 간단한 특징만을 나타낸 것이기는 하나 다음의 그림(이모티콘)들이 어떤 정서를 나타내고 있는지는 알 만하다.

^^ ^.^	웃는 얼굴	*^^*	아이, 부끄러워라
T_T ㅠ_ㅠ	우는 얼굴	^O^	만족해!
-_-;	죄송	{{>-<}}	추워! 썰렁!
(^.*)	너 찍었어	(?.?)	황당해!
-.-a	쑥스럽구먼!	*.*	놀람
(-.-)(-.-)(-.-)	두리번두리번	^^;;	앗! 실수!
(^o^)	호호!	@.@	어리둥절, 취함
m(_ _)m	큰절	^~.~^	몰라몰라!
-.-)….	???(어이없음)	(*^O^*)	수줍게 웃는 모습

"네 죄를 네가 알렷다"—정서의 파악

말로는 아무리 무섭지 않다 해도 가슴이 두근거리고, 호흡이 빨라지고, 목소리가 떨리는 것을 보면 그가 상당히 겁먹고 있다는 것을 알게 된다. 옛날에는 제 발 저리는 놈을 도둑놈으로 알고 "네 죄를 네가 알렷다"라고 호통쳤지만 지금은 거짓말탐지기를 이용한다.

수사기관에서 많이 이용하는 거짓말탐지기도 용의자가 거짓말을 하는

▶ 초기의 거짓말탐지기. 용의자의 답변 중에 호흡수, 심박수, 피부 전기반응 등의 변화를 관찰한다.

지 안 하는지를 정확하게 잡아주는 것은 아니다. 어떤 질문, 특히 범죄상황과 관련하여 범인이 행했으리라 여겨지는 질문을 받았을 때 그의 정서적인 반응, 즉 호흡수, 심장박동수, 피부전기반응의 변화 등등을 기초로 하여 거짓말을 하고 있다 또는 아니다라는

그럴싸함만 찾아낼 뿐이다. 그래서 거짓말탐지기 결과가 법적 증거로 채택되기 어렵다.¶

신체자세로도 정서를 파악할 수 있다. 의자에 깊숙이 앉는 것은 그 사람의 긴장이 풀려 있다는 얘기가 되지만, 다리를 모으고 빳빳하게 앉아 있다면 긴장하고 있다는 이야기가 된다. 팔다리를 꼬는 것, 시선의 방향, 제스처 등이 모두 단서가 된다.

또 그 사람의 행동도 정서를 파악하는 데 중요한 도구가 된다. 문을 '쾅' 하고 닫고 나가는 사람이나 물건을 이리저리 내던지는 사람은 상당히 화가 나 있음을 말해준다. 또 악수할 때의 세기라든가 대화할 때 말하는 속도 등도 그가 어떠하다는 것을 말해주며, 한밤중에 전화를 했으면 상당히 다급했음을 알려준다.

그러나 언어와 마찬가지로 신체언어도 항상 정확한 것은 아니다. 눈물 흘리는 것만 하더라도 슬퍼서 울 수도 있고 기뻐서 울 수도 있다. 또 매운 것을 먹어서 눈물이 날 수도 있다. 멍하니 있는 것도 때에 따라서는 깊은 생각에 잠겨 있는 것처럼 보이기도 한다. 미소를 짓는다는 것이 비웃는 것처럼 보이기도 해 가끔은 주먹이 오가기도 한다.

예나 지금이나 다른 사람의 기분을 잘 이해하는 것은 아주 중요하다. 그래야 심신이 건강하게 살아갈 수 있다. 상대방이 극도로

¶ 우리나라의 경우 거짓말탐지기의 결과가 증거능력을 인정받을 수 있기 위해서는 첫째, 거짓말을 하면 반드시 일정한 심리상태의 변동이 일어나고, 둘째, 그 심리상태의 변동이 반드시 일정한 생리적 반응을 일으키며, 셋째, 그 생리적 반응에 의하여 피검사자의 말이 거짓인지 아닌지가 정확히 판정될 수 있다는 전제조건이 충족되어야 한다. 이런 요건을 갖추지 않으면 형사소송법상 증거능력을 부여할 수 없다(대법원 판결).

그래, 아들아~!!

▶ "아버지!!" "그래, 아들아!!"
–병사의 정서를 이해한 대통령
2004년, 유럽 3개국 순방을 마친 노무현 대통령은 귀국길에 자이툰 부대를 전격 방문하게 되었다. 오랜 파병생활에 지친 장병들은 갑작스런 대통령의 방문을 뜨거운 환호로 열렬히 환영했다.
　그러던 찰나, 갑자기 한 병사가 감격에 겨워 "아버지"라고 외치며 대통령에게 달려가 안겼다. 당황한 경호원들은 병사를 대통령에게서 떼어낼 참이었다. 하지만 대통령은 경호원들을 손짓으로 제지하고는 "그래, 아들아~!!" 하며 병사를 힘껏 껴안아주었다. 그런 노무현 대통령의 깊은 마음씀씀이에 장내는 울음바다가 되었다고 한다. (그림 : www://blog.naver.com/mellisama By 연수)

화가 나 있을 때에는 말을 조심해야 한다. 상대방의 처지를 동정해 주면 큰돈 안 들이고도 좋은 평판을 얻는다. 병장의 '정서'를 잘 이해해야 일병의 몸과 마음은 조금이라도 편해질 수 있다.

　다른 사람들과 계속적으로 유대관계를 맺으며 한 사회의 일원으로 살아가려면 어쩔 수 없이 또 적극적으로 상대방의 정서를 이해하고 또 자신도 이해받으며 살아가야 한다.

　남들이 어떤 생각을 하고 있는지를 알게 되면 대단한 이점이 아닐 수 없다. 그래서 심리학 책을 뒤지게 된다. 서점의 심리학 책들은 독심술이니 행동으로 마음을 아는 법이니 하여 수북이 쌓여 있다. 웬만한 책에는 심리 또는 심리학이니 하는 제목을 달고 있다. 그래서 심리학을 전공한 사람들은 타인의 마음을 읽는 사람으로 오해를 받기도 한다.

결론을 이야기하자면 독심술이 따로 있는 것은 아니다. 역지사지(易地思之)란 말이 이 경우에 잘 들어맞는다. 꼭 그런 건 아니지만 그가 놓여 있는 상황을 파악해 그의 입장에서 생각하면 그의 정서를 제대로 읽을 수 있다. 이 말을 한 권의 책으로 쓰면 시중의 독심술 책이 된다.

웃으면 복이 와요 ─ 정서이론

두 친구가 산길을 가다가 곰을 만났다. 한 친구는 잽싸게 도망을 가 나무 위로 올라갔다. 나머지 한 친구는 그럴 겨를이 없어 땅바닥에 납작 엎드려 죽은 사람의 흉내를 냈다. 곰은 죽은 사람을 해치지 않는다는 것을 알았기 때문이었다.

곰은 엎드린 친구의 몸을 냄새 맡고는 사라졌다. 나무에서 내려온 친구가 그 친구에게 물었다. "곰이 너에게 무슨 말을 하는 것 같던데, 뭐래?" 그 친구는 이야기했다. "위급할 때 혼자 도망가는 친구하고는 사귀지 말래."

심리학에서 증조할아버지에 해당하는 제임스라는 학자는, 정서는 신체에서 나오는 피드백 때문이라고 했다.[1] 즉, 우리는 울기

¶ 약 120년 전 하버드 대학의 제임스(W. James)는 신체변화에 대한 지각 자체가 바로 정서의 주관적 경험이라고 했으며, 비슷한 시기에 덴마크의

귀신 이야기를 들으면 우리의 몸도 변화한다. 무서운 이야기는 스트레스 호르몬을 증가시켜 우리의 몸이 추위를 느낄 때와 비슷한 상태로 변한다. 소름이 돋고, 몸이 떨리며, 땀구멍과 말초혈관이 수축하고, 오줌이 마려운 현상은 추울 때와 무서울 때 똑같이 일어나는 우리 몸의 변화다. 이럴 때는 순간적으로 몸이 오싹해지며 긴장된다. 그래서 한여름에 귀신 이야기를 들으면 서늘한 느낌을 갖게 된다.

때문에 슬프고, 남을 때리기 때문에 성이 나며, 떨고 있기 때문에 무섭다는 것이다. 사례에서 나무로 올라간 친구는 도망갔기 때문에 무서움을 느낀 것이며, 땅에 엎드린 친구는 도망가지 않았기 때문에 무섭지 않은 것이다. 그렇기에 독설적인 유머를 말할 정신이 있는 것이다.

운동을 하고 난 후의 느낌은 좋아하는 사람과 함께 있을 때의 느낌과 비슷하다. 가슴이 두근거리고 얼굴이 화끈거린다. 이럴 때 눈앞에 이성이 나타나게 되면 운동을 해서 가슴이 두근거리는 것이 아니라 그 사람 때문에 두근거리는 것으로 오해하게 된다. 그래서 별볼일없는 사람에게라도 호감을 가진다. 이것은 운동을 하고 난 후 쉬고 있을 때 효과가 있다. 운동 바로 직후에는 운동

랑게(C. Lange)도 이와 비슷한 입장에 도달했으나 자율신경계의 흥분을 포함했다. 이들의 입장을 종합하여 제임스-랑게 이론이라 한다. 즉 신체는 자극에 대하여 먼저 생리적으로 반응하고 그 후 대뇌피질은 어떤 정서를 경험하고 있는지를 판단한다는 것. 제임스-랑게 이론 이외의 정서이론으로는 캐넌-버드 이론과 인지이론이 있다. 캐넌-버드 이론은 자극이 대뇌피질과 생리적 반응에 동시에 영향을 끼치므로 정서의 경험은 생물학적 변화와 동시에 일어난다고 한다. 한편 뜨거운 국물을 먹으면서도 '시원하다'고 하는 것처럼 인지이론(cognitive theory)은 정서적 경험이 우리가 현재 처해 있는 상황에 대한 지각이나 판단에 달려 있다고 한다.

때문이라는 것을 명확하게 알 수 있기 때문에 효과는 떨어진다.

또 남자의 경우 미팅을 할 때 여자가 마음에 들면 분위기 좋은 집으로 가고, 그렇지 않을 경우엔 맛있는 집으로 간다는 우스갯소리도 이 이론으로 설명된다. 분위기 좋은 집에서는 여자를 자극시켜 들뜨게 하고, 그것이 남자 때문에 설렌다고 생각하게 만들면 대성공이다. 물론 여자가 마음에 들지 않으면 식사라도 맛있게 할 심보로 맛있는 집을 찾는다.

▶ 매도 먼저 맞는 게 낫다. 예고된 충격을 기다리는 시간이 그 충격만큼이나 고통스럽기 때문이다. 연구에 의하면 충격을 기다리는 도중에도 통증을 감지하는 뇌 부분에서 실제 충격이 가해졌을 때만큼이나 격렬한 반응이 관찰된다. 그 때문에 나쁜 일을 뒤로 미룰수록 그 시간만큼 고통은 증가할 수 있다. 오랜 도피생활을 한 범죄자가 체포되면 오히려 홀가분하다고 말하기도 하는 게 이 때문이다. (사진 : 영화 〈말죽거리 잔혹사〉)

그러므로 등산이나 하이킹과 같은 가벼운 운동을 같이 할 때, 흔들다리를 건너거나 바이킹을 타는 것처럼 약간 흥분되는 경험을 하게 되면 둘 사이의 관계는 훨씬 가까워진다.¶ 그래서 바이킹을 탈 때에는 서먹서먹했지만 내려올 땐 손을 잡고 있는 경우도 있다.

술을 마시는 것도 비슷하다. 솔직하게 대화하기 때문에 가까워질 수도 있지만, 술 마신 후의 흥분으로 인해 상대방이 매력적

¶ 1991년 중동에서 벌어진 걸프전 때 이스라엘에서는 이른바 '전시사랑(war love)'이라 불리는 현상이 나타나 수많은 남녀들이 사랑에 빠졌다. 전쟁이라는 극적인 사태를 함께 경험하면서 남녀가 쉽게 사랑에 빠지게 됐고, 심지어 이혼을 했거나 별거를 하고 있던 부부들도 대피소 생활을 함께 하면서 다시 결합하는 경우도 생겨났다고 한다.

행복해지려면, 행복한 척하라

"날씬한 몸매에 독신에다 돈 많은 것이 행복을 보장해주지 않는다. 그보다는 높은 자부심과 사교적 생활, 그리고 자제력이 내적 행복의 티켓이다."

최근 뉴욕에서 열린 미국 심리학회 연례회의에서 '어떤 사람이 행복하냐'는 문제에 대해 심리학자들이 내린 결론이다. 미시간에 있는 호프 대학의 심리학자 데이비드 마이어스 씨는 이 회의에서 발표한 조사보고서에서 행복이란 개인적 특성에서 나오는 것이지, 생활환경에서 나오는 것이 아니라고 강조했다. 그는 세계 45개국에서 실시, 작성된 916건의 조사보고서를 분석한 결과 몇몇 놀라운 사실들을 접하게 됐다고 밝히면서 그같이 말했다.

"통계적으로 볼 때, 어느 한 그룹이 다른 그룹들보다 더 행복하거나 더 불행하다고 할 수 없다"고 그는 지적했다. 예외가 있다면, 그것은 결혼하지 않은 또래들보다 훨씬 행복하다고 떠벌리는 경향이 있는 결혼한 남녀들이란 것. "나이, 성별, 인종, 교육, 거주지 등 그 밖의 모든 것이 행복에 별다른 영향을 주지 않는다"고 그는 강조했다.

마이어스 씨는 그러나 앞으로 행복해질 것으로 점칠 수 있는 네 가지 특성을 사람들에게서 발견할 수 있다고 주장한다. 그에 따르면, 이 특성들은 자부심, 자제력, 낙천주의, 그리고 사교적 성격이라는 것.

한편 일리노이 대학의 심리학자 에드 디너 씨는 아주 바람직한 일자리를 얻거나 복권에 당첨되는 것과 같은 외적 상황은 단기적 행복감만을 불러일으킨다고 지적했다. 새로 갓 차지하게 된 명성이나 돈에 사람들은 곧 적응하게 되고, 그 결과 그것들이 가져다준 애초의 행복감도 곧 시들해져 버리고 점차 사라진다는 말이다. 은막의 스타들이나 실업계 거물들이라고 해서 반드시 다른 일반 사람들보다 더 행복하지는 않은 까닭이 바로 여기에 있다고 디너 씨는 강조했다. (연합뉴스, 1995. 8. 16)

으로 보이게 된다. 따라서 가까워지기 위해서는 가벼운 운동이나 흥분, 한잔의 술이 도움이 되지만 절교를 위해서는 도움이 되지 못한다.

표정과 정서 사이에도 밀접한 관계가 있다. 연필을 입술로 물고 2분간 있어보라. 기분이 '별로'일 것이다. 하지만 연필을 이(齒)로 물고 2분간 있어보라. 기분이 좋아질 것이다. 연필을 입술로 문

것은 얼굴의 무뚝뚝한 근육을 활성화시키기 위한 것이며, 이로 물게 한 것은 웃는 근육을 활성화시키기 위한 것이다. 그래서 미소 짓는 표정을 몇 분간 유지하면 기쁨의 감정을 경험하게 되고, 찡그린 얼굴을 하고 있으면 기분이 나빠진다. 바꿔 이야기하면 기쁜 감정을 느끼고 싶으면 웃으면 된다는 것이다. 웃으면 복이 온다는 말이다.

스트레스와 대처

스트레스는 주로 적응이라는 주제로 광범위하게
연구되나, 상담심리학에서 주로 다룬다.
상담심리학(counseling psychology)은 성격 및
대인관계, 적응상의 문제 등 비교적 가벼운 문제를
가진 사람들을 도와주는 분야다.

피할 수 없는 스트레스—왜 생길까?

버스가 신호등에 걸려 늦어지는 것도 스트레스이며 기다리는 친
구가 오지 않는 것도 스트레스다. 구내식당에서 식사를 할 때 긴
줄의 꽁무니에 서야 하는 것도 스트레스이며 그 많은 사람들에게
일일이 한 주걱씩 밥을 떠줘야 하는 식당 아주머니도 적잖은 스트레
스를 겪는다. 학생은 리포트가 많아 스트레스이며 그 많은 리포트를
채점해야 하는 교수님의 스트레스도 크다.

가히 현대는 스트레스의 시대라 할 만하다. 일이 잘 안 되어도
스트레스이고 너무 잘되어 바쁜 것도 스트레스다. 스트레스가 많은
것도 스트레스이고 스트레스가 없는 것도 역시 스트레스다.

생활의 변화가 많거나 어떤 상황에 의해 해를 받을 것으로 생각되면 우리는 긴장하거나 불편함을 느낀다. 이것이 우리가 흔히 말하는 스트레스(stress)다. 우리는 생활하면서 크든 작든 간에 스트레스를 경험한다. 이는 끊임없이 환경과 상호작용하면서 신체적으로나 심리적으로 균형을 유지하려는 노력 때문이다.

하지만 한 사건에 대한 스트레스가 모든 사람마다 동일한 강도로 느껴지는 것은 아니다. 사람이 스트레스를 느끼는 정도는 외부 사건의 실제적인 위험의 정도, 사람이 위협을 느끼는 정도, 외부사건에 대한 과거의 경험, 그리고 책임감의 정도에 따라 다를 수가 있다. 즉 전쟁이나 자연재해 등은 그 위험도가 크기 때문에 스트레스도 크다고 볼 수 있으며, 말단사원보다는 총괄적인 책임을 맡고 있는 부서장이 책임감이 더 크기 때문에 스트레스가 더 크다고 볼 수 있다.

스트레스가 있으면 일시적으로 주의력이 감소되는 것에서부터 심할 경우 환경에 적응하지 못함으로 인해 인간의 안녕 자체가 흔들리고 심리적 장애를 일으키기도 한다. 그러나 환경과의 끊임없는 작용으로 인한 것이 스트레스라면 스트레스는 생활에서 피할 수 없는 부분이다.

또 스트레스라 하여 꼭 불쾌한 것만은 아니다. 결혼이라든가 승진, 여행, 소개팅, 복권 당첨 등은 생활의 변화를 일으키는 스트레스이긴 하지만 유쾌한 것들이다. 하하하!

결혼도 피곤해? ─ 유쾌함도 스트레스

과장 승진을 하게 되면 다른 사람들과 새로운 관계를 가져야 하고 새로운 일을 하기 위해 배워야 한다. 출근시간도 조금은 빨라지고 이전보다 조금 더 늦게 퇴근을 하게 된다. 도장을 찍는다는 게 책임을 요하기 때문에 한 번이라도 더 서류를 보게 된다. 불쾌한 것은 아니지만 스트레스가 아닐 수 없다.

▸일상생활에서 이사는 여러 가지 스트레스를 일으킨다. 이삿짐을 옮기는 것도 만만치 않거니와 짐을 정리하는 것도 며칠 고생이다. 이웃과 새로운 인간관계를 맺어야 하고 버스노선도 새로 알아야 한다.

신도시의 더 넓은 집으로 옮기든, 변두리의 좁고 초라한 곳으로 옮기든 이사는 여러 가지 스트레스를 일으킨다. 이삿짐을 옮기는 것도 만만치 않거니와 짐을 정리하는 것도 며칠 고생이다. 이웃과 새로운 인간관계를 맺어야 하고 버스노선도 새로 알아야 한다.

이처럼 우리가 겪게 되는 여러 생활상의 변화는 스트레스를 가져온다. 홈즈와 라헤(Holmes & Rahe)라는 두 심리학자는 여러 생활변화에 대한 스트레스 평정값을 만들었다(다음 표 참조). 우리가 생각하기에 대단치 않은 일들도 엄청난 스트레스임을 유의해서 보기 바란다.

하지만 이 생활변화사건은 생활의 극히 일부분에 불과하다. 또 우리가 일상적으로 겪게 되는 여러 사건들은 빠져 있다. 예를 들어 매일매일 교통난을 겪는 것도 큰 스트레스인데 이 척도에는 없다. 또 학점 문제로 리포트를 제출하고 시험을 치러야 하는 학생들의 스트레스는 빠져 있다.

또 평정값이라는 것이 모든 사람에게 일률적으로 적용되는 것도 아니다. 배우자의 사망이라도 어느 정도 예견하고 있었던 경우(예컨대 불치병)라면 사고로 갑자기 사망한 경우에 비하여 그 강도는 낮을 것이다. 그럼에도 불구하고 이 척도는 스트레스를 측정하는 유용한 지침이 된다.

표에 제시된 43개의 각 생활사건 중 한 사건과 그로 인해 나타날 수 있는 여러 뒤따르는 사건들의 평정값을 합하면 스트레스의 강도가 나온다. 예를 들어 여러분이 지방의 고등학교를 졸업하고

생활변화사건	평정값	생활변화사건	평정값
배우자의 죽음	100	자녀결혼	29
이 혼	73	친척간의 싸움	29
별 거	65	큰일 해냄	28
교도소 수감	63	아내의 취업/퇴직	26
가족의 죽음	63	입학이나 졸업	26
부상이나 질병	53	생활조건 변화	25
결 혼	50	습관 바꿈	24
해고당함	47	상사와 불화	23
별거 후 재결합	45	업무시간/조건 변화	20
은 퇴	45	이 사	20
가족의 질병	44	전 학	20
임 신	40	여가활동 변화	19
성 문 제	39	교회활동 변동	19
출 산	39	사회활동 변동	18
사업재적응	39	만 달러 미만의 저당	17
경제사정 변화	38	수면습관 변화	16
친구의 사망	37	동거가족수의 변화	15
직업변경	36	식사습관 변화	15
부부싸움 횟수변화	35	휴 가	13
만 달러 이상의 저당	31	크리스마스	12
저당물상실이나 대부	30	가벼운 법규위반	11
직책변화	29		

서울에 있는 대학에 입학했다면 입학(26), 생활조건 변화(25), 이사(20) 등을 겪기에 평정값은 최소 71이 된다.

또 모든 사람들이 부러워하고 축하해주는 결혼(50)은 경제사정 변화(38)와 생활조건 변화(25), 개인습관의 변경(24), 이사(20)를 포함하므로 평정값은 최소 157이 된다. 게다가 임신(40), 성 장애(39), 출산(39), 아내의 취업이나 퇴직(26), 수면습관(16) 및 식사습관(15)의 변화 등 가까운 장래에 예상되는 변화까지 합치면 엄청난 스트레스가 된다. 이 때문에 결혼식장에서는 위로의 말이 더 어울릴지도 모른다.

실제로 미국에서는 신부에게 "축하합니다"라고 말했다간 좋은 소리를 못 듣는다. "행복하십시오"라고 얘기해야 된다. 그래야 신부의 키스라도 받을 수 있다. 수많은 구애자들 중에서 선택받은 신랑이 축하를 받아야 하는 것이다(실제로 "축하합니다"는 신랑이 받는 인사말이다).

지난 1년 동안 여러분의 평정값 합계가 200 이하이면 낮은 것이고, 200~300 정도면 적당하다. 300을 넘어서면 높은 것이다. 평정값에서 높은 점수를 보이면 그렇지 않은 사람보다 질병에 걸릴 가능성이 더 높다(스트레스와 질병의 상관관계가 높다는 것은 이미 알려진 사실이다).

빨래? 싫어! ─ 일상 속의 스트레스

모든 스트레스 상황이 배우자의 사망이라든가 출산처럼 단 하나의 단기적인 사건은 아니다. 업무조건이 좋지 않다거나 상사가 보기 싫은 사람일 때, 그리고 마음에 들지 않는 하숙집 룸메이트와 생활하는 것과 군 입대 등은 비교적 장기간에 걸친 스트레스를 가져온다. 또 '언제나 최선을 다해야 한다'거나 '나는 안 돼', '모든 게 내 탓이야'와 같은 우리들의 비합리적인 내부규칙도 스트레스를 가져온다.

또 생활사건 그 자체가 스트레스를 유발하기도 하지만 그 상황에 따라오는 여러 가지 작은 사건들이 스트레스를 일으키기도 한다. 예를 들어 이혼을 하게 되면 빨래, 식사, 청소, 돈벌이 등 이전까지 상대방이 해주던 일들을 해야 한다. 이런 일들이 이전에 전혀 하지 않던 일이라면 그만큼 더 많은 적응이 필요하게 된다. 배우자의 사망이나, 이혼, 별거, 교도소 복역, 결혼 등 평정값이 50이 넘는 중요한 생활사건들이 스트레스의 강도가 큰 것은 바로 자질구레한 사건들이 장기간에 걸쳐 많이 뒤따라오기 때문일 것이다.

특히 하루의 일상생활 중 직장에서 보내는 시간이 많기 때문에 자연스럽게 일과 관련된 스트레스가 많이 있을 수밖에 없다. 업무와 관련된 스트레스는 주로 자신의 경력상의 문제, 전직, 업무수행, 동료와의 관계에서 많이 나타나고 있다. 우리나라의 경우도 직장생활로 인해 스트레스를 받고 있는 사람이 94%에 이른다. 주로 상사나 동료, 부하와의 갈등이 가장 많고 조직 내 역할, 과중한 업무, 적성, 승진, 직무환경의 순으로 스트레스를 경험하고 있다.

일과 관련된 스트레스가 문제되는 이유는 생산성과 관련이 있

영국의 과학자들이 전 세계 30여 개 도시를 대상으로 진행한 연구에서, 현대인의 걸음 속도가 10년 전에 비해 10% 빨라졌다는 사실을 밝혀냈다. 전체 평균 걸음 속도는 시속 5.63km.

허트포드셔 대학교의 심리학 교수 리처드 와이즈먼 연구팀은 세계 여러 도시에서 시민들의 걷는 속도를 측정했다. 비밀 측정의 대상이었던 남녀들은 공히 휴대폰을 이용하지도 않았고 무거운 짐도 들지 않은 상태에서 홀로 걷고 있었다.

그 결과 60피트(18m)를 걷는 속도가 1990년대에 행해진 연구 결과에 비해, 10% 이상 빨라진 것으로 나타났다. 특히 아시아 지역 사람들의 걸음 속도 증가율이 가장 높았다. 싱가포르는 30%, 중국 광저우는 20% 이상 증가했던 것. 또 여성보다는 남성이 25% 정도 빨리 걷는 것으로 측정되었다.

연구팀은 이런 결과가 스트레스와 업무 중압감이 커져 마음이 바빠졌기 때문에 나타났다고 분석했다. 또 휴대폰, 이메일, 인스턴트 메신저 등의 이용 증가가 매 순간 무엇인가를 생산해야 한다는 강박을 일으켰고, 이것이 보행 속도에 영향을 끼친다고 덧붙였다. (팝뉴스, 2007. 5. 3)

기 때문이다. 직무 자체가 자신에게 맞지 않고 업무량이 많거나 적을 때, 자기가 해야 할 일이 뚜렷하지 않을 때, 인간관계와 근무 분위기가 좋지 않을 때, 예기치 않은 해고나 은퇴 등은 회사의 생산성을 떨어뜨리고 개인의 자기개발 기회를 박탈해버린다.

실제로 핀란드에서는, 스트레스가 심한 사람은 적은 사람에 비해 심장마비 등 심혈관 질환으로 사망할 위험이 2.2배 높은 것으로 조사되었고, 미국에서 스트레스와 관련된 심장병을 조사했을 때, 이 병은 근로자 근무태만의 12%를 초래하고 매년 40억 달러의 경제손실을 가져왔다. 또 스트레스로 인한 편두통은 단 1년 내에

2,280만 근로일수를 잃어버린 결과를 가져왔다고 한다. 이것은 2,280만명이 스트레스로 인한 편두통으로 하루를 쉬었거나, 1,140만명이 이틀 쉬었다는 것을 말한다. 또 직장에서의 스트레스는 가정에서 다른 가족들에게도 스트레스를 일으킨다고 한다.

"모든 게 내 탓이오"—비합리적 사고의 스트레스

우리는 일상생활을 하면서 많은 규칙과 관습에 얽매여 있다. 그러한 규칙들 중 어떤 것은 우리가 잘 알고 있으며 또 잘 지켜나간다. 그러나 다음과 같이 우리가 잘 인식하지 못하는 규칙들이 있다. 너무 당연한 것처럼 보이기 때문에 전혀 규칙 같지 않고 유일하게 옳은 지침처럼 보이는 것들이다. 중요한 아홉 가지를 보자.

1_ 흑백논리 (이분법적 사고)

흑백논리는 사물을 흑과 백의 두 가지 종류로만 보는 경향성이다. 항상 우수한 성적으로 전 과목 A를 받던 학생이 어쩌다 한 과목에서 실수로 B학점을 받고서 "이제 끝났어! 난 실패자야"라고 말하는 경우다. 이러한 사고방식은 실수나 불완전함에 대한 공포나 불안을 유도하여 어떤 일에 쉽게 착수하는 데 어려움을 겪게 만든다. 또한 자신에 대한 무가치감을 느끼게 하고 작은 실패에도 자신을 패배자로 간주하게 된다.

2 _ 과잉일반화

하늘을 나는 동물이 새라는 것을 알게 된 어린이가 나비나 잠자리를 보고서도 새라고 하는 것처럼 한 사건을 다른 분야에까지 부당하게 확대하는 것이 과잉일반화다. 데이트를 거절당한 경우 '난 여자한테 인기가 없는 모양이다. 과연 세상에 나 같은 남자하고 데이트하고 싶은 여자가 있을까? 다른 여자들도 마찬가지로 날 싫어할 거야'라고 생각하는 것처럼 과잉일반화는 부정적 사건을 마치 계속적으로 반복되고 있는 실패로 생각하는 것이다.

3 _ 부정적인 면에 대한 선택적 주의

잘못된 부분에는 계속 집착하면서도 자신의 좋은 측면에 대해서는 인정하려 들지 않는 것이다. 시험에서 100문제 중 일곱 문제를 틀렸는데, 그 일곱 문제에 집착하여 자책하는 경우다. 그 결과 자긍심과 자존심은 약화되고 스스로를 무력감과 우울감에 빠뜨리고 만다. 이는 겸손이 아닐 뿐만 아니라 좋은 일도 나쁜 일로 만들어버린다.

4 _ 성급한 결론

성급한 결론은 자신의 생각이나 결론을 뒷받침할 확실한 증거도 없이 어떤 일을 부정적으로 해석하는 것이다. 가령, 한 여자가 마음속으로 그 남자의 전화를 기다리고 있었는데, 그 남자는 '내가 전화하면 귀찮아할 거야. 그 여자처럼 매력적인 아가씨가 나 같은 녀석을 거들떠볼 리가 없지'라고 생각하면서 전화를 걸지 않는 것이다.

　이들은 일이 잘못될 것이라고 지레짐작한 나머지 그 진위도 확인해보지 않은 채 남들이 자기를 거부했다고 단정해버린다. 또 그러한 잘못된 추측으로 인해 자기도 부정적으로 반응함으로써, 결국 원래에 없었던 부정적 결과를 초래할 수 있다.

5 _ 과잉확대/과잉축소

　이것은 자신의 실수나 타인의 성공은 그 중요성을 과장해서 확대하고, 자신의 잘한 일이나 타인의 실수는 불공평하게 축소하는 것이다. 이렇게 되면 열등감에 빠지지 않을 사람이 없다.

6 _ 감정적 판단

　'난 저 녀석이 싫어. 아마 일도 제대로 못하고 인간관계도 좋지 않을 거야'라고 생각하는 것처럼 감정적 판단은 자신의 감정이나 느낌을 사실의 증거로 생각하는 것이다. 그러나 이러한 판단은 잘못된 것이다. 생각이 왜곡되어 있으면 그 감정은 타당성이 없다.

7 _ '해야 한다', '하지 않으면 안 돼'의 과용

　약속시간에 5분 늦은 상대방을 '시간관념 없는 사람'으로 매도하는 경우다. 자신에게 엄격한 규율을 강요하면서 자신을 채찍질하는 것은 불필요한 죄책감, 수치감 또는 자기혐오감을 불러일으키며, 타인에 대해서는 분노와 실망감을 느끼게 만든다. 이런 태도를 갖고 있는 사람에게는 항상 불만과 실망만 있을 뿐이다. 따라서 이런 사람은 현실에 맞추어 자신의 기대를 조정하지 않으면 항상 기분이 상한 상태에서 살 수밖에 없다.

8 _ 잘못된 이름 붙이기

이것은 극단적인 과잉일반화의 한 가지 형태로서, 잘못된 행동을 말하는 대신 자신이나 타인에게 '실패자', '무능한 녀석'과 같은 부정적인 이름을 달아주는 것이다.

자신에게 부정적 이름을 붙이는 경우 자신도 모르게 거기에 맞추어 행동함으로써 실제로 부정적 결과를 초래할 수 있다. 또한 타인에게 그러한 이름을 붙여주는 경우 그 상대에게 적대감을 갖게 되고 상대 역시 부정적 반응을 일으키게 되므로 결국 악순환의 고리가 형성된다.

9 _ 모든 게 내 탓이오

실제적인 이유가 없음에도 불구하고 자신이 어떤 불행한 사건의 원인이라고 생각하면 비현실적인 죄책감의 원인이 된다. 애완견이 차에 치인 것은 당신이 먹이를 많이 줘 몸이 둔해져서도 아니고 현관문을 완전히 닫아놓지 못해서도 아니다.

이처럼 우리가 잘 의식하지 못하는 규칙들은 우리의 내적 관념이나 사고체계들로서, 자신의 경험을 통해 스스로 선택한 내적 규칙이라 할 수 있을 것이다. 이러한 내적 규칙들은 우리 생활에 강력한 영향을 주며 때로는 도움이 되기도 하지만, 그것을 지키려는 노력은 많은 경우 스트레스의 주된 원인이 되기도 한다.

자신의 규칙을 어겼을 때 느끼게 되는 실망, 좌절, 분노, 불안, 죄책감 등은 우리가 겪는 스트레스 중에서 상당한 비중을 차지한다. 따라서 일상생활의 스트레스를 해결해나가는 효과적인 방법은 우리 자신이 갖고 있는 왜곡된 내부규칙, 즉 비합리적 사고를 자각하고 이를 보다 합리적이고 건강한 생각으로 바꾸어나가는 것이다.

일반적으로 스트레스가 나타날 때에는 몇 가지 유형이 있다. 그것들은 자극의 결핍, 압박감, 좌절, 갈등 등이다.

심심한 것도 풀어야 — 자극의 결핍

서울 동대문경찰서는 백화점에서 상습적으로 수입명품을 훔친 혐의(절도)로 주부 이모(50)씨의 구속영장을 신청했다.

이씨는 28일 오후 5시 20분께 서울 중구 ㄹ백화점에서 33만원짜리 실크 스카프를 훔치는 등 지난해 2월부터 최근까지 1년여 동안 20여 차례에 걸쳐 모두 1,100만원어치의 수입 의류와 가방 등을 훔친 혐의를 받고 있다. 경찰조사 결과, 이씨는 건축업을 하는 남편과 60평대의 고급아파트에 살면서 대형승용차를 몰고 다니는 등 부유층인 것으로 드러났다. 이씨는 경찰에서 "울적하고 세상사는 재미가 없을 때, 백화점에서 좋은 물건을 훔치면 위안이 됐다"고 말했다. ─ 동아일보, 2002. 3. 30

아무것도 없는 독방에서 여러분이 몇 시간 혼자 있다고 생각해보라. 동행 없이 밤기차를 타는 것도 생각해보라. 하루하루의 생활들이 무미건조하게 흘러간다고 생각해보라. 갑갑할 것이다. 동네 아주머니들이 여럿 만나면 자연 시끌벅적해진다. 별로 우습지도 않은 일에 킬킬거리고 옆집 개가 강아지를 낳은 것도 큰 화제가 된다. 자극을 받기 위해서다.

외부에서의 자극이 없으면 스트레스를 일으킨다. 심심한 것을 풀어야 한다(이것이 심심풀이다). 일상생활을 정상적으로 수행하기 위해서는 일정한 수준 이상의 각성상태를 유지해야 한다.¶ 그러려면 역시 일정수준 이상의 자극이 요구된다. 외부자극이 없으면 사람들은 불안정해지고 심하면 주의력이나 판단력에 장애가 오며 더 심하면 환각을 경험하기도 한다.

또 개인의 기본적인 욕구를 만족시키는 수단이 박탈되었을 때에도 스트레스를 경험하게 된다. 다른 사람과 떨어져 혼자 있는 경우, 정서적으로 다른 사람과 떨어져 있는 경우 또는 할 일이 없는 경우가 여기에 해당한다. 간혹 사회지도급 인사의 부인들이 먹고살기에는 아무런 지장이 없으면서도 도박에 손을 대어 구속되는 사건이 발생하는 것은 그들에게 일상생활에서 적당한 수준의 자극(스트레스)이 없기 때문이다.

¶ 각성수준이 낮으면 수행도 낮고, 각성수준이 너무 높아도 수행이 낮다. 중간 정도의 각성수준이 최고의 수행을 얻는다. 각성수준과 수행수준은 U자를 거꾸로 한 형태(종 모양)를 갖는데, 이것을 여크스-닷슨 법칙(Yerkes-Dodson Law)이라고 한다. 스트레스 수준도 이 법칙을 따른다. 즉 스트레스가 적당해야 최고의 수행을 얻는다.

밀어붙이기 — 압박감

압박감(pressure)은 우리가 어떤 행동기준에 꼭 맞추려고 하거나 급속한 변화에 적응하려고 할 때 경험하는 긴장상태다. 자신의 실력이나 재능에 대한 신뢰 때문에 보다 우수한 수준까지 자신을 끌어올리려고 하는 경우 또는 남들과의 경쟁, 사회조건의 변화, 주위의 기대 등 내외적인 경우를 포함한다.

보고서나 원고처럼 마감시간이 정해져 있는 경우라든가 정해진 시간까지 뭔가를 해야 하는 경우 등, 바쁜 현대인들은 시간으로 인한 압박감으로 고통 받고 있다.

외적인 경우의 압박은 대개 경쟁 때문이다. 내신성적, 대학입시, 취직, 승진 등에서 우리는 남보다 앞서려고 한다. 현대사회에서는 실패가 수치이고 실패자는 가치 없는 존재로 받아들여지기 때문에 우리는 경쟁에서 승리해야 한다는 압박을 심하게 받고 있다.

부모나 친구들의 기대와 같은 외적인 요구가 내면화되면 장학금을 받겠다든지, 무슨 대학에 들어가겠다든지와 같은 포부나 욕심으로 나타난다. 이러한 것들은 열심히 공부하여 장학금을 받아 성취감을 느끼는 경우처럼 생산적인 결과를 가져오기도 하지만, 실현불가능한 이상이나 목표에 자신을 밀어붙이는 경우에는 파괴적인 결과를 가져오기도 한다.

"난 안 돼"—좌절

좋아하던 여자가 약혼을 했다든가 수능시험 결과가 좋지 않게 나와 가고 싶은 대학에 들어가지 못하는 경우, 또는 약속시간은 촉박한데 시내버스가 교통체증 때문에 못 갈 경우 우리는 좌절 (frustration)을 경험한다. 좌절은 방해물에 가로막혀 있어 목표로의 접근이 금지된 상태를 말한다.

좌절은 일반적으로 행동의 지연 때문으로 생긴다. 현대사회에서 스트레스가 더 많은 것은 속도와 시간을 중요한 가치로 인정하고 있기 때문이다. 공중전화나 식당, 매표소에서 오랫동안 기다리게 될 때 또는 중요한 업무서류가 제때에 올라오지 않을 때에도 마찬가지다.

입학시험이나 승진시험에서 떨어졌을 때 겪는 실패는 좌절의 단골요인이다. 실패가 특히 적응하기 힘든 스트레스가 되는 것은 실패에 뒤따르는 죄책감 때문이다. 실패를 하고 나면 뉘우침 또는 자신이나 다른 사람들의 실망에 대한 죄책감을 느끼게 마련이다. 게다가 '출신학교'라든가 '여자라서' 혹은 '못생겨서'와 같은 외적 요인 때문이라면 좌절의 강도는 훨씬 세진다.

재정적인 문제로 좌절이 생기기도 한다. 아이들의 과외나 외식을 시켜주기가 쉽지 않을 때, 광고에 나오는 제품을 살 여력이 없을 때 좌절을 경험한다. 또 가까이 지내던 사람을 잃을 때나 인생에 대한 무상함이 좌절의 근원이 되기도 한다.

기대나 목표가 없으면 좌절은 일어나지 않는다. 좌절은 그 사람이 목표를 포기하거나, 아니면 목표를 가로막고 있는 장애물을 제거하는 방법을 찾음으로써 해결된다. 교통정체로 좌절을 겪고 있다면 약속시간까지 가는 것을 포기하거나 아니면 지하철로 바꿔 타고 감으로써 좌절을 극복할 수 있다.

좌절이 특히 문제가 되는 것은 공격성을 높이기 때문이다. 여객기가 늦게 도착했다든가 지하철이 고장을 일으키면 으레 한바탕 소동이 벌어진다. 특히 경제적인 문제로 좌절을 겪게 되면 범죄로 발전한다.

이것? 저것? ─갈등

우리는 아침에 눈을 뜨면서부터 갈등상황에 마주친다. 지금 일어날까 10분만 더 누웠다가 일어날까, 자가용으로 출근할까 지하철로 출근할까, 점심은 뭐 먹을까 등 일상생활에서 우리가 고민하는 일 중에서 아마도 갈등(conflict)이 가장 흔한 문제일 것이다.

갈등은 두 가지 이상의 상반되는 요구, 욕구, 기회, 또는 목표에 당면했을 때 일어난다. 한 가지 목적을 만족시키기 위해서는 다른 한 가지 목적을 포기해야 하기 때문이다.

¶ 좌절-공격가설(frustration-aggression hypothesis) : 어떤 목표에 도달하려는 노력이 막히게 될 때에는 언제나 공격충동이 유발되어 그 좌절을 일으킨 대상이나 사람을 해치려는 행동을 동기화한다는 것. 하지만 좌절원(源)에 대한 직접적인 공격이 항상 가능하거나 현명한 것은 아니다. 때로 좌절원은 파악이 곤란한 경우도 있고 또는 매우 강력해서 위험스러울 수도 있다. 이때 공격은 다른 쪽으로 치환(displace)되는데, 이 대상이 희생양(scapegoat)이 된다.

🏃 행복한 고민(접근-접근갈등)

갈등이라 하여 꼭 불쾌한 고민만 있는 것은 아니다. 행복한 고민도 스트레스를 일으킨다. 접근-접근갈등은 동일한 가치를 지닌 매력적인 목표 사이에서 선택할 때 나타난다.

꼬마는 가족과 외식도 하고 싶고 집에서 TV도 보고 싶다. 하지만 외식하러 가면 TV를 못 보고, 집에서 TV를 보면 외식하러 가지 못한다. 심리학개론과 경제학개론을 수강신청하고 싶은데 시간이 겹친다든가, 합격통보를 받은 회사가 둘이라든가 또는 노처녀에게 두 명의 신랑감이 나타난 경우 등의 접근-접근갈등은 행복하다.

꼬마는 친구에게서 TV의 내용을 듣든가 녹화를 해서 보면 되고, 노처녀는 '이 사람이 인물이 잘나서' 등 어떤 이유를 붙여 한 사람을 선택하면 다른 사람이 가진 장점은 사라지게 되므로 이런 종류의 갈등은 해결하기가 쉽다.

🏃 돈 낼래, 맞을래 (회피-회피갈등)

돈 내기도 싫고 맞기도 싫다. 이런 갈등은 동일한 크기의 불쾌한 목표 사이에서 선택해야 할 때의 상황이다. 시험을 앞둔 학생이 공부도 하기 싫고 낙제도 하기 싫을 때라든가 또는 몸은 아픈데 병원에 가기 싫을 때가 이런 갈등의 경우다. 이런 갈등은 강렬한 스트레스이면서도 쉽사리 해결되지 않는다.

🏃 먹을 것은 없고, 버리기는 아깝고 (접근-회피갈등)

이런 갈등은 어떤 한 가지의 목표가 매력적인 것과 불쾌한 것을 동시에 갖추고 있을 때의 상황이다. 아이스크림을 먹고는 싶으나 살이 찔 것이 두려워 먹기가 망설여질 때라든가, 개가 귀여워 한번 쓰다듬어주고는 싶으나 물릴 것이 무서워 접근을 못하는 경우, 맞선 본 남자가 마음에는 들지 않으나 부자인 경우, 월급쟁이 노릇을 계속해야 되는데 상사가 꼴불견인 경우 등이 해당된다. 이런 경우도 해결이 만만치 않다. 매력적인 쪽에 접근할수록 불쾌한 쪽에 대한 두려움이 함께 커지기 때문이다.

🦌 이수일이냐, 김중배냐? (이중접근-회피갈등)

각각의 목표가 매력적인 것과 불쾌한 것을 동시에 갖고 있다면 이중접근-회피갈등상황이 생긴다. 일하고 싶은 회사이긴 하나 대우가 변변치 못한 회사와, 내키지는 않으나 대우가 좋은 회사 중 하나를 선택할 때 나타난다. 사랑하긴 하나 가난한 이수일과, 사랑하진 않으나 부자인 김중배 사이에서 갈등하는 심순애의 상황이다.

불쾌한 갈등이 포함되어 있는 경우 주로 사람들은 이러지도 저러지도 못한다. 그러다가 '될 대로 돼라'는 식으로 반응을 하게 된다. 예를 들어, 공부도 하기 싫고 낙제도 하기 싫은 학생은 밖에서 친구가 놀러 가자고 부르면 앞뒤 안 가리고 뛰어나간다는 이야기다.

또 선택을 못하고 있다가 어느 한쪽이 불쾌한 정도가 커지면 그때서야 다른 쪽을 택하게 된다. 아픈데도 병원가기 싫어하는 사람은 그 병이 더 악화되어 참을 수 없을 때 병원을 찾게 되고,

선택의 폭이 너무 많으면 역효과

사람들은 선택의 폭을 지나치게 강조하는 경향이 있다. 하지만 감당할 수 있을 정도를 넘어서면 오히려 부정적 효과를 가져온다.

한 연구에서 슈퍼마켓에 6가지 잼과 24가지 잼을 시식할 수 있는 부스를 설치하고 고객들의 반응을 지켜보았다. 고객들은 더 많은 선택이 있는 부스를 선호했다. 지나가는 고객의 60%가 24가지 시식대에 머물러 시식한 반면, 6가지 잼 시식대에는 40%의 고객만 발길을 멈추었다. 그러나 24가지 잼 부스에서는 3%의 고객만이 잼을 샀고, 6가지 잼 부스에서는 30%의 고객이 잼을 구매했다. 즉 대동소이한 선택들이 한꺼번에 너무 많이 주어지면 사람들은 그 수에 압도당하고 기가 질려 오히려 덜 구매하게 된다. 게다가 그런 사람들은 오히려 제한된 숫자에서 선택한 사람들보다 자신이 선택한 결과에 덜 만족하고 더 큰 후회와 불만을 갖게 된다.

따라서 기업들이 고객들을 위해 끝없이 확대하는 선택전략이 반드시 효과적인 것만은 아니다. 실제로 P&G는 자사가 생산하는 샴푸 종류를 26종에서 15종으로 대폭 축소했다. 그 결과 샴푸시장에서 이 회사 제품의 비중이 오히려 커졌다는 사실이 이를 반증한다.

상사가 보기 싫지만 아직 사퇴할 생각이 없는 샐러리맨은 한바탕 상사와 다툰 후 그의 책상을 엎어버리고 회사를 나오게 된다.

뿐만 아니라 갈등 자체를 회피하기 위해 성급한 결정을 내리는 경우도 있다. '어느 대학을 갈 것인가', '어느 직장을 선택할 것인가', '누구와 결혼을 할 것인가' 등의 선택의 기로에 섰다고 하자. 이런 결정은 개인적으로 아주 중요하며 일생에 커다란 영향을 끼친다.

그 중요성이 큰 만큼 갈등도 크다. 따라서 '순간의 선택이 평생을 좌우하는' 결정을 신중히 하기 위해 갈등을 계속하는 사람이

있기도 하지만, 빨리 결정을 해버림으로써 그 갈등에서 벗어나고
자 하는 사람들도 있다.

빠른 결정을 내린 경우 호의적인 결과는 과장되고 비호의적인
결과는 최소화되거나 무시되어 선택한 해결책을 합리화한다. 또
한 최선의 해결책을 찾기보다는 최소한의 기준을 만족시키는 작
전을 사용함으로써 갈등을 줄이기도 하고, 사소한 문제에 초점을
둠으로써 더 큰 문제를 다루는 것을 회피한다(207쪽 비보충모형
참고). '썩 마음에 들지는 않지만 이 정도의 직장(사람)이라면 괜
찮다'라거나 애정이 없는데도 '열쇠'를 몇 개 주겠다는 말에 결혼
하는 식이다. 장고 끝에 악수가 나오더라도 다시 한번 갈등과 직면
하길 바란다.

또 우물쭈물하다가 저절로 갈등상황이 사라져버리는 경우도 없
진 않다. 운 좋게 지나가는 경찰관이 있어 돈도 안 내도 되고
맞지 않아도 된다. 보기 싫은 상사가 하루아침에 다른 부서로 옮겨
갈 수도 있다. 어쩌면 가난한 줄 알았던 사랑하는 그이가 뜻밖에
'열쇠'를 몇 개 챙겨올 부자일 수도 있을 것이다.

그러나 매번 이러한 요행을 바라볼 수는 없다. 그런 점에서 다음
에 나오는 스트레스 대처방법은 가히 스트레스 시대라고 할 만한
현대를 살아가는 사람들에게 몇 가지 대안을 제시하고 있다.

여우와 신 포도―스트레스 대처

여우가 길을 가다가 포도를 발견했다. 포도는 넝쿨 위쪽에 달려

있었다. 여우는 포도를 따기 위해 몇 번이나 시도했지만 결국 따지 못했다. 할 수 없이 여우는 포기하고 길을 가면서 중얼거렸다. "저건 신 포도일 거야."

이 이야기는 자신의 한계를 극복해서라도 목표한 바를 이루도록 해야 한다는 교훈을 주는 것으로 배워왔다. 그래서 몇 번의 시도로 포기하고 마는 여우를 본받지 말고 '안 되는 것도 되게 하라'며 선생님들은 학생들을 격려해왔다.

그러나 조금만 더 깊이 이해를 하게 되면 꼭 그것이 아니라는 것을 알게 된다. 여우는 이솝 우화에서 아주 영리한 동물로 묘사된다. 여우가 포도를 따지 못했다면 어느 누구라도 따지 못했을 것이다. 먹고는 싶은데 따지 못한다면 좌절을 경험하게 된다. 더구나 여우같이 영리하다면 그 좌절은 더욱 클 수밖에 없다.

포도를 따지 못한 여우는 길을 가면서 "저건 신 포도일 거야"라고 중얼거린다. 무슨 수를 써서라도 따봐야 시기 때문에 먹을 수도 없는 것, 뭐하러 따느냐는 말이다. 그렇게 생각하면 포도를 따지 못한 데 대한 스트레스는 경험하지 않게 된다. 역시 대단한 이솝이다.

스트레스는 바라는 욕구가 있으나 원만히 해결되지 않기에 나타난다. 그렇기 때문에 스트레스를 줄이기 위해서는 욕구를 포기하거나 수정하면 된다. 이렇게 해도 결과가 신통치 않으면 자신을 변화시키면 된다.

예를 들어 여러분의 상사가 아주 마음에 들지 않는다고 하자. 그런데 회사를 그만두기도 싫다. 이럴 경우 상사가 회사를 나가주거나 그가 개과천선하여 자기에게 잘해주면 만사는 해결된다. 그러나 이것을 기대하기는 힘들다. 자신이 회사를 나가기 싫으면 자신을 바꾸면 된다. 즉 회사를 옮기더라도 그런 상사를 만나지 않을 것이라는 보장도 없고(이것은 정말 사실이다), 또 상사도 알고 보면 좋은 사람이라고 생각하는 것이다(알고 보면 모든 사람이 좋은 사람들이다). 이렇게 하면 스트레스는 줄어든다.

이렇듯 스트레스를 효과적으로 다루려고 하는 것이 대처(coping)다. 일반적으로 스트레스에 대처하는 방법에는 크게 두 가지가 있다. 하나는 문제에 중심을 둔 대처이고 다른 하나는 정서적인 면에 중심을 둔 대처다.

돌진하거나 포기하거나 — 문제중심적 대처

커피자판기에 동전을 집어넣었다. 돈이 들어가는 소리가 들리며 버튼에 불이 들어왔다. 밀크커피 버튼을 눌렀다. 잠시 지나 문을 열어보니 커피는 나오지 않았다. 컵도 나오지 않았다. 다시 한번 버튼을 눌렀다. 결과는 마찬가지였다. 반환버튼을 눌렀으나 돈도 나오지 않았다.

이 사례에서 대부분의 사람들은 커피나 동전이 나오지 않는 이유를 파악하기 힘들다. 설사 알고 있다 하더라도 기계의 손상 없이

커피나 동전을 꺼내 가기는 더욱 힘들다. 도둑으로 몰리지 않으면서 자기의 손실을 보상받을 길은 관리인을 불러와 커피를 받거나 동전을 받는 것뿐이다.

  문제중심적 대처는 이처럼 문제를 해결하는 방식이다. 어떤 사람이 문제해결을 잘하면 그만큼 스트레스에도 잘 대처할 수 있다는 말이다. 이 대처는 스트레스를 일으키는 상황을 판단하고 그것을 변화시키거나 피하기 위한 여러 가능한 방법을 생각해서 가장 적합한 방법을 선택하여 스트레스 상황을 없애는 것이다.

  이런 방법에는 직면, 타협, 퇴각이 있다. 즉 우리는 문제에 정면으로 맞서서 자신의 목표를 향해 단호히 밀고나갈 수도 있고(직면, confrontation), 목표를 수정하거나 변경할 수도 있으며(타협, compromise), 아니면 투쟁을 그만두거나 패배를 받아들일 수도 있다(퇴각, withdrawal).

  퇴각이 무슨 스트레스 대처방법이냐는 의문이 있을 수도 있겠지만, 다른 방법들이 먹혀들지 않을 때 퇴각은 현실적인 대처라 할 수 있다. 죽어 있는 흑 두 점을 살리겠다고 계속 바둑을 두다가는 살아 있는 대마를 죽일 수 있다. 포기도 빨리하면 오히려 득이 될 때가 많다.

"액땜했군" — 정서중심적 대처

그러나 관리인을 불러올 수 없는 한밤중에 그런 일이 벌어졌으면 어떻게 될까? 대개는 반환버튼을 몇 번 눌러보다가 그래도 안 되면 한두 번 자판기를 발로 걷어차고 뒤돌아서게 된다.

정서중심적인 대처는 문제를 해결하려는 것보다는 스트레스 상황을 판단하고 평가하는 방법을 바꾸어버리는 것이다. 즉 상황에 직접 대처하지 않고 '액땜했다고 치지 뭐'라는 식으로 스트레스를 감소하려는 것이다.

정서중심적 대처의 극단적인 예가 있다. 그것은 스톡홀름 증후군¶(Stockholm syndrome)이라는 것이다. 스톡홀름은 스웨덴의 수도 이름이다.

🏃 스톡홀름 증후군

1973년 스웨덴 스톡홀름의 은행에 몇 명의 무장강도가 들이닥쳤다. 곧 경찰이 출동했다. 강도들은 경찰과 대치하다 손님 중 4명을 인질로 잡아 도주했다. 그들이 잡힌 건 6일이 지나서였다.

놀랍게도 체포 당시 인질들은 강도편을 들었으며, 경찰에 대항했다. 또 인질들은 나중에 범인들에 대한 증언을 거부했다. 더욱 놀라

¶ 증후군(症候群, syndrome) : 몇 가지 증후가 늘 함께 나타나지만, 그 원인이 명확하지 아니하거나 단일하지 않은 병적인 증상들을 통틀어 일컫는 말이다. 만성피로증후군, 대사증후군 등으로 사용되는 의학 용어였으나 심리학 용어로 확장되었다. 영어 낱말인 신드롬(syndrome)도 많이 쓰인다. 신드롬(syndrome)은 그리스어에서 나온 것으로 "함께 달리다(run together)"라는 뜻이다.

운 것은 한 여성인질이 강도 중 한 명에게 애정을 느껴 약혼자와의
약혼을 파기한 것이다.

인질로 잡히는 것은 갑작스럽고, 생각지 않은 것이며, 또 엄청난
스트레스다. 이런 경우 인질들은 자신들을 잡고 있는 범인들 편을
들면서 스트레스를 극복하려 한다.

인질들은 범인들의 잔악한 행동을 알면서도 그들을 자신을 해
치지 않을 좋은 사람으로 보게 된다. 따라서 서로 다른 이 두
생각의 충돌을 막고 조화를 유지하기 위해서는 한쪽으로 생각을
몰고 가야 한다(72쪽 인지부조화 참조). 그 방향은 인질범을 좋게
보게 되는 쪽이다. 또 자신의 목숨을 구하기 위해 협상하는 경찰이
지만, 인질의 생각엔 경찰이 자기의 생명을 중요하게 생각지 않는
것으로 판단한다.

범인들 또한 그들의 인질을 동정하게 된다. 일단 경찰과 맞붙게
되면 범인들은 인질극이 성공할 수 없다는 것과 자신들이 죽을
수도 있다는 것도 알고 있다. 그래서 그들은 인질에게 잘해줌으로
써 스트레스를 피하려고 한다(리마 증후군¶). 또한 인질을 해치

¶ 리마 증후군(Lima syndrome) : 인질범이 인질에게 동화되는 현상을 말
한다. 1996년 12월 17일 페루 리마의 일본대사관에서 아키히토 일왕 생일
기념 리셉션이 열리던 날, 웨이터로 위장해 잠입한 범인들이 대사관저를
점령하여, 한국대사를 포함한 15개국 외교관과 페루 관료 등 400여 명을
인질로 잡았다가 1997년 4월 22일 진압되었다. 인질범 14명은 모두 사살
되었다. 인질들에 의하면 상황이 그렇게 살벌하진 않았으며, 게릴라들의
교육수준이 상당해 자주 토론을 벌였고 주제도 법률에서 요리까지 다양
했다고 한다. 또 인질범들이 인질들의 교양에 점차 동화되어 가족과의 편
지 교환과 미사의식도 허용했다고 한다. 인질범들의 이러한 호의는 결국
자신들에게 독이 되었다. 인질들의 요청으로 들여온 기타와 보온병 속에

게 되면 살아남기 더욱 어렵다는 것을 알기에 인질을 해치는 행동을 삼간다.

방어기제

스톡홀름 증후군과 같은 극단적인 경우는 아니라 하더라도 우리는 정서적인 대처방법을 알게 모르게 사용하고 있다. 그것은 방어기제라는 것이다.

방어기제(defense mechanisms)는 정신분석에서 거론되는 것으로서, 무의식적으로 현실을 왜곡함으로써 불안을 감소시키고 자아를 보호하려는 것이다. 그러므로 받아들이기 힘든 본능적 충동을 우리가 의식하지 않도록 도와주며, 충동이 간접적으로 만족되도록 해주는 것들이다. 프로이트는, 방어기제란 이드(id, 인간의 원초적 본능과 관련된 성격의 한 부분, 자세한 것은 정신분석 참조)충동의 공개적 표현과 이에 대립되는 초자아(super-ego, 양심)의 압력으로부터 개인을 보호하는 전략이라고 말했다.

다음은 우리가 스트레스 상황에서 무의식적으로 사용하는 방어기제들이다.

도청기가 설치되어 있었던 것. 진압군은 대사관 내부 사정을 훤히 들여다보며 허를 찌르는 구출작전을 짤 수 있었다.

⚡ "어, 그랬어?" – 억압

억압(repression)은 망각의 한 형태다.¶ 고통스럽거나 수치스런 생각, 받아들일 수 없는 충동이나 죄의식을 일으키는 감정 등을 의식에 떠오르지 않도록 막으며, 무의식으로 밀어버리는 것이다.

이것은 때로 '동기화된 망각'이라고 불리기도 한다. 보기 싫은 사람과 만나기로 한 약속이 그날이 지나서야 생각나는 경우라든가, 어릴 때 몹쓸 짓을 당한 사람이 어른이 되어 의식적으로 기억이 나지 않는다면 억압 방어기제를 쓰고 있는 것이다.

외부표출을 시도하는 억압된 충동은 꿈이라든가 농담, 실언 등으로 일시적으로 나타나기도 한다.

⚡ "그럴 리가!" – 부인

부인(否認, denial)은 고통스러운 상황을 참아내기가 힘들 때 사용하는 방어기제로서 가장 흔한 것이다. 부인은 불안을 일으키는 생각과 반대로 행동하거나 불안이 없다고 생각하는 것이다. 무시하는 것도 부인의 가벼운 표현이다. 즉 아들이 강도짓을 하다가 붙잡혔다는 연락을 받고 '절대 아닐 거야, 뭔가 잘못됐어'라고 하면서 실신하는 부모의 경우이다. 불안이 의식적으로 되지 않도록 하는 면에서는 억압과 비슷하다.

여자에게 퇴짜 맞은 남자가 자기는 차인 것이 아니라고 하거

¶ 억제(suppress) : 억압과 비슷한 것으로 억제라는 것이 있다. 억제는 불안을 일으키는 감정이나 욕망을 의식적으로 생각하지 않으려고 하는 것이다. 〈바람과 함께 사라지다〉의 스칼렛은 위협적인 것들을 오늘이 아닌 '내일' 생각한다. 억제가 억압(repression)과 다른 점은 의식적인 방어기제라는 것이다.

나 여자가 전부가 아니라고 말할 때에는 부인 방어기제를 사용하고 있는 것이다.

🏃 "저건 신 포도일 거야." – 합리화

여우와 늑대가 길을 가다가 길에 떨어진 레몬을 발견했다. 여우가 잽싸게 뛰어가 집었다.

늑대는 조금만이라도 달라고 졸라댔으나 여우는 응하지 않았다. 여우가 한입 먹었을 때 늑대가 맛이 있는지 물었다. 여우는 아주 달다고 말했다. 그러나 실제로는 아주 신 레몬이었다.

합리화(rationalization)는 사회적으로 용납되지 않는 감정이나 행동에 대해 논리적으로나 사회적으로 그럴 듯한 이유를 붙여 자신의 행동을 정당화하고 보호하는 것이다. 포도를 따지 못하고 "아마 저건 신 포도일 거야"라고 중얼거리며 가는 여우

조삼모사, 지혜로운 원숭이들

조삼모사(朝三暮四)는 『열자(列子)』〈황제편(黃帝篇)〉에 나오는 이야기다. 춘추전국시대에 송나라의 저공(狙公)이란 사람이 원숭이를 많이 기르고 있었는데 먹이가 부족하게 되자 원숭이들에게 말하기를 "앞으로 너희들에게 도토리를 아침에 세 톨, 저녁에 네 톨 주겠다"고 했다. 원숭이들은 화를 내며 아침에 세 톨을 먹고는 배가 고파 못 견딘다고 하였다. 그러자 저공은 "그렇다면 아침에 네 톨, 저녁에 세 톨 주겠다"고 하자 그들은 뛸 듯이 기뻐했다.

원숭이의 어리석음을 이야기하고자 한 일화이지만, 심리학적으로 보면 원숭이들의 지혜가 돋보이는 얘기다. 즉 원숭이들은 아침에 미리 네 톨의 도토리를 확보함으로써 불안감을 줄일 수 있었으며, 또한 스스로 결정을 함으로써 스트레스를 줄일 수 있었다.

의 신 포도 이야기가 대표적이다.

⚡ "법대로 합시다." — 주지화

주지화(intellectualization)는
감정보다는 사고(思考)로써 불안
을 일으키는 상황을 처리하려는
것이다. 주지화를 할 때에는 감정
을 차단한다. 주사기를 꽂아 피를
뽑는 간호사의 경우 '검진해야 하
기 때문에'라고 생각하면 보다 냉
정하게 일을 할 수 있다. 또 의사
는 수술부위만 남기고는 환자를

▶ 주지화는 감정을 차단하고 사고로써
스트레스 상황을 피하려는 것이다. "법
대로 합시다!"라는 말은 주지화를 활
용하는 것이다.

시트로 덮고, 머리를 감기는 미용실 아가씨는 멀뚱멀뚱 눈뜨고
있는 손님의 얼굴을 수건으로 덮는다. 이는 환자와 손님을 인간으
로 보지 않고 '치료해야 할 육체'와 '감겨줘야 할 머리'로 보기
위해서다. 그래야 일이 된다.

불법주차에 모두 그럴 듯한 이유가 있음에도 주차단속원들은
아랑곳하지 않고, 버스기사는 정류장 아닌 곳에 내려달라는 승객
의 부탁을 거절한다. 이 모두는 그들이 몰인정한 사람이라는 것을
이야기하는 것은 아니다. 봐주고는 싶지만, 감정을 차단하고 '법
대로' 함으로써(주지화) 스트레스를 피하려는 것이다.

⚡ "시집 안 갈 거야." — 반동형성

이것은 받아들여질 수 없는 충동이나 생각, 감정을 그것과 반대가 되는 측면을 강조하거나 과장함으로써 자신의 원래 생각을 숨기고 불안을 억누르는 것이다. 미운 자식 떡 하나 더 주는 것이다.

동성동본의 여자를 좋아하는 남자가 동성동본 금혼법을 과장되게 찬성하거나 그 필요성을 역설할 때에는 반동형성(reaction formation)의 기제를 사용하고 있는 것이다. 강한 성욕으로 불안한 사람은 외설영화 상영을 극도로 반대한다. 강한 부정은 강한 긍정이라는 것이다.

잘되면 자기 탓, 못되면 조상 탓 – 투사

투사(projection)는 자신이 스스로 받아들일 수 없는 충동이나 태도, 행동을 무의식적으로 다른 사람이나 환경 탓으로 돌려버리는 것을 말한다. '잘되면 자기 탓, 못되면 조상 탓'이라는 식으로 보통 누구 때문으로 탓을 돌리는 경우가 이에 해당한다. 흔히 쓰는 방어기제다.

남대문에서 뺨 맞고 종로에서 화풀이한다 – 치환

치환(displacement)은 원래의 불안대상에서 그것보다 위협이 작은 다른 대상으로 충동표현의 방향을 바꾸는 것이다. 상사에게 꾸중을 들은 사람은 집에 들어와 부인에게 화를 내거나 술집 종업원에게 분풀이하고, 꼬마가 화가 나면 개가 고생을 하게 된다. 남대문에서 뺨 맞고 종로에서 화풀이하는 식이다. 치환의 대상이 되는 것이 희생양이다.

🏃 공격충동을 스포츠로 — 승화

승화(sublimation)는 충동을 사회적
으로 용납되는 생각이나 행동으로 돌리
는 것이다. 성충동을 그림이나 조각 같
은 미적 표현으로 돌리거나 공격충동을
축구나 복싱 같은 스포츠로 돌리는 것
이다.

▶ 승화는 충동을 스포츠와 같은
사회적으로 바람직한 방향으로
표출하는 것이다.

승화는 방어기제 중에서 가장 바람직
한 것으로 평가받는다. 충동을 감추기
위해 사용되는 에너지를 적게 소모하
며, 또 승화된 행동은 사회적으로 칭찬받기 때문이다.

🏃 연예인을 따라하는 청소년 — 동일시

'50등'은 남에게 공부 잘하는 학생으로
비치고 싶었다. 그러다 '1등'이 어렵다고
소문난 A회사 학습서를 들고 다니는 것을
보게 되었다. 그날부터 '50등'은 똑같은 참
고서를 구입해 보란 듯이 들고 다녔다.

동일시(identification)는 자기보다 강하
거나 우세한 다른 사람의 가치나 태도를
자기 것인 양 따라하면서 내면화하는 것이
다. 그럼으로써 자신의 불안을 감소시키

▶ 동일시는 자기보다 강하거
나 우세한 다른 사람의 가치
나 태도를 자기 것인 양 따
라하면서 내면화하는 것이
다. (사진 : www.wit.co.kr)

고 약함을 감추려 한다. 투사와 반대가 된다. 최초의 동일시는 오이디푸스 콤플렉스(남자 아이가 4, 5세경에 어머니를 사랑하는 것. 자세한 것은 423쪽 정신분석 내용 참조)를 겪고 난 직후 나타난다. 남자 아이는 아버지와 동일시함으로써 자신의 불안을 감소시킨다.

전문의들이 제시한 스트레스를 푸는 10가지 방법

1. 가족이나 친구의 도움을 받아라 : 당장 필요한 것은 가족이나 친구의 도움을 받는 것이다. 스트레스를 가져온 문제들을 가족, 친구들에게 얘기하면 스트레스가 줄어든다.

2. 매일 하던 일을 계속하라 : 아침에는 늘 조깅을 하고 토요일 저녁에는 외식을 했다면 중지하지 말고 그대로 계속하라. 평소에 하던 일을 계속하다 보면 위안을 얻게 되고 스트레스가 가라앉는다.

3. 운동을 충분히 하라 : 걷기, 화단 가꾸기, 조깅, 수영 등 무슨 운동이든 좋지만 가장 효과적인 것은 요가다. 운동은 스트레스의 해독제가 되며, 특히 요가는 불안을 이완시키는 효과가 있다.

4. 카페인이나 알코올의 과다 섭취를 피하라 : 카페인과 알코올은 수면을 방해하고 우울한 기분을 깊게 한다.

5. 충분한 휴식을 취하라 : 악몽 때문에 잠을 푹 잘 수 없다면 짧게라도 수면을 취하라. 밤에 잠이 오지 않으면 불을 끄고 눈을 감고 그냥 누워 있어도 된다.

6. 식사를 제대로 하라 : 인스턴트 음식으로 가볍게 때우지 말고 제때에 식사를 하는 게 좋다.

7. 사교활동을 하라 : 평소에 하지 않는 것이라도 외출해서 저녁식사를 하고 춤을 추거나 재미있는 영화와 연극을 보는 것이 도움이 된다.

8. 자원봉사를 하라 : 남을 도와주는 일을 하다 보면 무력감이 사라질 수 있다.

9. TV 앞에 붙어 있지 말라 : TV에 무서운 장면이라도 나오면 오히려 불안만 더해진다. 차라리 인터넷을 즐기거나 신문을 읽는 것이 낫다.

10. 자신의 증세를 인정하라 : 직장이나 집에서 무엇 때문에 마음에 상처를 받았는지를 솔직하게 정리를 하라. 자신에게 무엇이 잘못되었는지를 인정하지 않으면 치유가 어렵다. (미국 NBC방송)

연예인의 행동을 따라하는 청소년, 선생님의 말투를 흉내 내는 학생, 스타의 안경과 같은 모양의 안경을 쓰는 20대 등이 동일시의 예다. 스타들도 선글라스를 쓰지만 사실 스타인 것처럼 보이려는 사람들이 불필요한 곳에서 더 많이 선글라스를 쓴다. 역시 동일시다.

방어기제는 대개 실패를 완화하고 긴장과 불안을 경감시키며 고통을 치유해준다. 따라서 대개의 사람들이 현 상황에서의 스트레스에 대처하기 위해 사용한다. 그러므로 방어기제를 사용한다 하여 그가 미숙하다고는 볼 수 없다. 때에 따라서는 문제중심적인 대처보다 훌륭한 대책이 될 수도 있고, 어떤 경우에는 생존을 위해 필수적인 때도 있다. 의사는 주지화를 함으로써 냉정과 객관성을 유지할 수 있고 환자는 자신의 치명적인 병을 부인함으로써 삶의 희망을 버리지 않을 수도 있다.

그러나 방어기제를 사용한다 하더라도 객관적으로 스트레스 상황을 바꾸지는 못한다. 또 방어기제는 사실을 왜곡하고 자기를 기만하며 고통스런 상황을 순간적이나마 벗어나려고 하는 것이기에 궁극적인 해결책은 못 된다. 예를 들어, 자신이 병의 초기증세를 부인하다가 치명적인 순간에 병원문을 들어선다고 생각하면 아찔하다. 또 방어기제가 강하게 나타나면 정서장애로 발전하는 경우도 있다.

감각과 지각

감각(sensation)은 시각, 청각, 후각, 미각, 촉각과
같은 자극의 경험을 말하며, 지각(perception)은
감각 등 환경에서 오는 정보를 해석하고 의미 있는
형태로 수용·처리하는 과정이다.
감각과 지각은 외부정보를 받아들이고 해석하는
단계이므로 심리학 서적에서는 첫 부분에 주로
위치한다.

개코가 따로 없어—인간의 감각

TV 외화 시리즈 주인공인 6백만불의 사나이는 대단한 시력을
갖고 있다. '뚜—뚜
—뚜—' 한번 해버
리면 웬만한 거리
에 있는 것은 모두
가 눈에 들어와 버
린다. 역시 비슷한
주인공인 소머즈도
보통사람과   달리

▶ 전직 우주비행사였다가 비행
사고로 생명의 위험에 이르
자, 양쪽 다리와 한쪽 팔, 한
쪽 눈을 최첨단 생체 공학을
이용해 교체하고 다시 태어난
바이오닉 인간의 활약을 그린
유명 TV 시리즈 〈6백만불의
사나이〉. 1974년부터 1978년
까지 전부 108편의 에피소드
로 구성되었다. 1976년부터
1978년까지 자매편인 〈소머
즈〉도 함께 방영되었다.

엄청난 청력을 갖고 있다. 방향을 잡고 귀를 기울이면 듣지 못하는 게 없다. 비록 인공적이긴 하지만 부럽지 않을 수 없다. 그러나 실망은 말자. 여러분의 감각도 생각보다는 예민하기 때문이다.

사람은 맑고 깜깜한 밤중이라면 48km 정도 떨어진 곳에 있는 촛불을 볼 수 있다. 최고의 마라톤 선수들이 두 시간 반을 뛰어야 갈 수 있는 거리다.

미각이나 후각으로 가면 더욱 극적이다. 세 스푼의 설탕을 넣어야 커피의 단맛을 느끼는 사람이 있기도 하지만, 두 갤런(1갤런＝3.78ℓ)에 넣은 한 스푼의 설탕을 알아맞힐 수 있는 게 사람이기

도 하다. 두 갤런이라면 4되 정도의 분량이
다. 또 우리의 코는 방이 여섯 개나 딸린 아파
트에 뿌려진 단 한 방울의 향수냄새를 맡을
수 있다. 개코가 따로 있는 것이 아니다.

그러나 실제로 여러분들이 이 정도의 감각
을 갖고 있지 못하다 하여 걱정할 필요는 없
다. 이 결과는 조건이 상당히 좋은 상태에서
나왔기 때문이다. 또한 모든 사람이 느낄 수
있는 것을 기준으로 한 것이 아니라 50%의
사람들만 구별할 수 있는 것을 기준으로 한
것이다. 그런 감각이 여러분 자신에게 없다
면 불행히도 여러분이 나머지 50%에 들기
때문이다. 또 이런 감각은 현재의 신체조건

▶ 우리가 각 신체부위의 위
치와 운동을 지각(운동지
각)할 수 없다면 날아오
는 공을 잡지 못할 뿐만
아니라 운전하는 것, 걷
는 것, 심지어 밥을 먹기
위해 입에 수저를 넣는
것도 어려울 것이다.

과 동기, 시간에 따라서도 변한다. 조금은 위안이 된다.

망막은 2차원인데…—입체지각

우리는 사물을 입체로 지각한다. 그래서 그것이 우리로부터 얼
마나 떨어진 곳에 있는지 단번에 알아볼 수 있다. 하지만 우리가
보는 사물의 상은 망막에 맺힌다. 망막은 필름처럼 평면이다. 평
면에 맺힌 상을 우리는 어떻게 입체로 지각하게 되는가?

그것은 우리가 한쪽 방향으로 구성되어 있는 두 눈을 갖고 있
기 때문이다. 두 눈은 약간 떨어져 있기 때문에 각 눈으로 들어

오는 상은 서로 다르다. 눈앞에 손가락을 세우고 눈을 번갈아 감아보라. 그러면 손가락의 상이 서로 다름을 알 수 있다. 이러한 것을 망막부등(retinal disparity)이라 한다. 이것은 눈에서 멀수록 그 차이가 작아지고, 가까울수록 커진다. 그래서 우리의 두뇌는 망막부등이 크면 가까이 있는 것으로 지각하고, 작으면 멀리 있는 것으로 지각하게 된다.

또 두 눈이 함께 전방을 향하기 때문에 두 눈이 가까운 곳을 볼 때에는 두 눈의 초점이 안쪽으로 쏠리게 된다. 이것을 수렴(convergence)이라고 한다. 두 눈의 수렴 각도를 파악하면 두뇌는 그 물체가 얼마나 떨어져 있는지 알 수 있게 된다.

이런 것 때문에 다른 동물을 잡아야 하는 포식동물은 두 눈이 정면에 배치되어 있다. 먹잇감과의 거리를 제대로 파악할 수 있어야 유리하기 때문이다. 하지만 먹이가 되어야 하는 동물들은 적의 출현을 파악하는 것이 우선이다. 따라서 사방을 볼 수 있게끔 눈이 양옆으로 붙어 있는 것이 많다.

▶ 3D영화 〈아바타〉의 포스터. 3D(입체)영화는 약간 위치를 달리한 두 대의 카메라로 촬영함으로써 망막부등을 흉내 낸 것이다. 맨눈으로 3D영화를 보면 두 화면이 약간의 간격을 두고 겹쳐 보이지만, 특수안경을 끼면 입체로 보이게 된다. 스테레오 방송 역시 떨어져 있는 두 대의 녹음기로 녹음하여 좌우 스피커로 따로 소리를 내보내면 세기와 시간이 다른 음이 들려와서 음원의 위치가 재현된 것처럼 느껴진다.

▶ 평면인 이 사진에서도 우리는 거리를 지각할 수 있는데, 같은 크기라면 먼 곳에 있는 것이 작게 보이고(상대적 크기), 앞에 있는 것이 뒤의 것을 가리는 것(중첩) 등과 같은 단서를 이용하기 때문이다. 이런 것은 한눈으로도 가능하므로 단안(單眼)단서라 한다. 한편, 본문에 나온 망막부등과 수렴같이 두 눈에 의존하는 깊이단서를 양안(兩眼)단서라 한다.

끊어진 철로 잇기—맹점

책을 40cm 정도 떼고 아래 그림을 보자. 오른쪽 눈을 감고 왼쪽 눈으로 X표를 보면서 점점 다가가 보자. 20cm 정도에 이르면 왼쪽철로가 사라지고, 더 다가가면 철로의 끊어진 부분이 이어져 보이게 된다.

이는 망막상이 맹점이라는 곳에 맺혔기 때문이다. 일상생활에서 흔히 쓰이는 말로, 우리가 보통 의식하지 못한 허점이 있을 때 쓰는 '맹점이 있다'는 말은 바로 여기에서 유래했다. 맹점은 신경과 혈관이 통과하는 망막의 한 지점으로, 시각신경이 없는 곳이다. 시각신경이 없기 때문에 이곳에 상이 맺히게 되면 볼 수가 없다. 그래서 왼쪽철로가 사라져 보이고, 또 끊어진 부분이 보이지 않으므로 철로는 이어져 있는 것처럼 보인다.

하지만 우리의 시각계통은 민감하지 못한 시야의 부분들을 메워주기 때문에 아무 어려움 없이 외부세계를 볼 수 있다. 이 때문에 우리는 일상생활에서 맹점이 있다는 것을 알아채지 못한다.

깜박거리는 비행기 ─ 외부단서

물론 비행기가 눈을 깜박거린다는 얘기가 아니다. 비행기 밑에 붙어 있는 불빛이 깜박거린다는 얘기다. 48km 떨어진 촛불은 못본다 해도 밤하늘을 나는 비행기에 켜져 있는 불빛과 깜박이는 불빛이 같이 있는 것은 본 적이 있을 것이다.

모든 불을 켜놓고 가면 될 텐데 왜 깜박거리는 불이 있을까?

▸ 눈의 진동. 그림을 볼 때 눈이 진동하거나 시선을 옮기게 되면 그림이 떨리는 것을 알게 된다.

그 이유는 비행기가 날고 있는 방향을 정확하게 알려주기 위해서다. 지상에 있는 우리들에겐 별 필요가 없다. 그러나 야간비행을 하는 조종사들끼리는 다른 비행기의 위치와 방향을 알기 위해 아주 필요하다.

깜깜한 방에서 고정되어 있는 조그마한 불빛을 몇 초 동안 바라보고 있노라면 그 불빛은 마치 살아 있는 것처럼 움직이기 시작한다. 이리로 갔다가 저리로 가기도 하며, 자기에게 돌진해 오기도 한다. 이것은 깜깜하기 때문에 그 불빛이 고정되어 있다는 것을 알려줄 만한 외부의 단서가 없기 때문에 일어나는 현상이다(자동운동, autokinetic movement).

실제로 우리 눈은 한 곳에 초점을 고정시켜 볼 만큼 멈춰 있진 않다. 조금씩 떨리기 때문에 망막에 맺히는 불빛의 상이 변하고, 그래서 불빛이 움직이고 있는 것처럼 보이게 된다.

비행기가 불을 깜박깜박하는 것은 '켜져 있는 불'의 위치를 알려주는 외부단서의 역할을 하게 된다. 그러면 비행기의 방향을 알수 있고 위와 같은 착시를 하지 않게 된다.

그러므로 캄캄한 밤중에 가로등조차 없는 국도에서 부득이 차를 세워야 할 경우 꼭 방향등이나 비상등을 켜야 한다. 미등만 켜놓으면 정차하고 있다는 것을 알려줄 단서가 없기 때문에 추돌사고가 날 수도 있다.

무용지물 최고급 오디오—중년의 청각

사람의 청각이 만만치는 않지만 이것은 우리가 들을 수 있는 가청범위(20~2만 헤르츠) 내에서의 일이다. 세상에는 무지하게 높은 소리와 아주 낮은 소리들도 있다. 그러나 이 소리들은 우리가 들을 수 있는 범위를 벗어나기 때문에 들을 수가 없다. 이런 소리들은 초음파나 초저음파로 불린다.

박쥐들은 주파수가 너무 높아서(10만 헤르츠) 사람들이 들을 수 없는 소리(초음파)를 낸다. 이 소리를 이용하여 박쥐들은 먹이를 잡고, 대화를 하고, 장애물에 부딪치지 않게 비행할 수 있다. 이 소리들은 우리가 듣는 일반적인 소리에 비해 엄청나게 높다. 이 소리를 우리가 듣지 못하는 것은 다행한 일이다. 우리가 들을 수 있다면 금방 귀에 손상이 올 것이기 때문이다.

박쥐의 소리가 너무 고음이라서 우리가 듣지 못한다면, 코끼리의 초저음파는 너무 낮아서 듣지 못한다. 인간이 귀로 들을 수 있는 저음의 한계는 20헤르츠인데, 코끼리는 12헤르츠의 낮은 음으로 서로 대화한다. 이 초저음파를 이용하여 암컷 코끼리들은 수컷들에게 신호를 보내고, 다른 코끼리 가족들과 정보를 주고받는다.

틴벨(teenage bell)

10대들만이 들을 수 있는 벨소리. 일반 벨소리는 누구나 들을 수 있는 200~8,000헤르츠 주파수대를 이용하는데, 틴벨은 이 주파수를 훨씬 넘어서는 17,000헤르츠의 주파수를 사용한다. 그 때문에 청력이 좋은 청소년들만 들을 수 있다.

우리의 오감 중에서 태어난 순간 가장 예민한 것은 청각이다. 갓난아기는 16에서 3만 헤르츠에 이르는 소리를 알아낼 수 있다. 그러나 안타깝게도 태어난 순간부터 청각은 쇠퇴하기 시작한다. 사춘기에 이르면 들을 수 있는 상한은 2만 헤르츠로 떨어지고 60살이 되면 1만 2천 헤르츠로 떨어진다. 더 나이가 들면 범위는 더욱 줄어든다. 이 때문에 중년의 사람은 어린이가 들을 수 있는 높은 헤르츠의 음악을 듣지 못하고, 노인들은 여러 사람이 동시에 이야기를 한다면 목소리를 가려내기가 어렵다.

그래서 음악에 조예가 깊은 한 중년가장이 거액을 들여 2만 헤르츠까지 기능을 발휘할 수 있는 최고급 오디오 시스템을 마련했다 하더라도 이 음역을 감상할 수 있는 가족이라곤 어린 자녀들밖에 없다. 투자한 가장의 입장에서는 속 터지는 일이 아닐 수 없다.

불빛을 내는 전화기 — 편해진 귀

여러분이 회사원이라면 이런 경험이 한두 번 있을 것이다. 사무실에 전화가 걸려 왔을 때 자기 책상에 놓인 전화라 생각하고 수화기를 들었는데 알고보니 바로 뒷사람한테 온 전화였다는 경험 말이다. 무안한 마음에 수화기를 바로 내려놓지는 못하고 어디론가 전화를 건다.

부끄러운 일이 아니다. 귀가 정상적으로 작동하고 있다는 증거다. 우리의 귀가 소리 나는 방향을 찾는 데는 오른쪽과 왼쪽 귀에

▸ 소리의 방향을 알아내는 데는 양 귀로 들어오는 소리의 강도와 시간차이를 이용한다.

도달하는 미세한 시간차이를 이용한다. 벨이 오른쪽에서 울리면 소리는 오른쪽 귀에 먼저 도달하고 뒤이어 왼쪽 귀에 도달한다. 또한 오른쪽 귀에 도달하는 소리는 왼쪽 귀에 도달하는 소리보다 크다. 물론 그 차이는 극히 작다. 어디선가 소리가 들려올 때 그 방향으로 한쪽 귀를 돌리는 것은 소리로부터 각각의 귀까지의 거리를 최대로 벌리면서 방향을 잡기 위해서다.

그래서 바로 앞이라든가 바로 뒤처럼 소리가 귀에 도착하는 시간이나 크기가 비슷하면 귀는 방향을 찾는 데 가끔 어려움을 겪는다. 이럴 때에는 고개를 조금 돌려주면 문제는 해결된다.

같은 벨소리를 내는 전화기가 책상 위에 나란히 여러 대 놓여 있다면 어느 전화기에 전화가 왔는지를 알아내기 힘들다. 그래서 벨소리와 함께 불빛을 내는 전화기도 나왔다. 그 때문에 귀는 그만큼 일이 줄어든 셈이다.

보이지 않는 킬러 — 소음

사람의 목소리는 그리 크지 못하다. 그러나 사람이 많다보면 목소리 큰 사람이 있게 마련이고 가끔은 큰 도움을 얻기도 한다. 목소리 큰 재주 하나로 먹고 놀고만 지내던 사람이 강 건너 사공을 불러 위험에 처한 상전을 도피시킨 옛 이야기도 있다. 일본에서와 같이 목소리 크기대회가 벌어지면 상품과 상금을 거머쥐기도 한다. 목소리 큰 사람이 장땡인 것 같기도 하다.

그러나 큰 소리는 청각장애를 가져온다. 총소리나 제트엔진 소리와 같은 150데시벨(dB) 이상의 소리에 한 번 노출되기만 하더라도 청각이 손상될 수가 있다. 전투기의 이착륙이 빈번한 항공모함에서 갑판 승무원들이 헬멧을 쓰고 있는 한 이유는 비행기 소리로부터 귀를 보호하기 위한 것이다.

인체가 시끄러운 소리에 오랫동안 노출되면 청각기관의 이상으로 청각장애를 수반하고, 불안, 초조, 신경장애, 불면증, 식욕감퇴, 정서불안 등을 일으킬 수 있다. 특히 어린이들의 학습능력에 대단

데시벨 수준	예	위험시간
0	인간의 귀로 들을 수 있는 최저소리	
10	나뭇잎 흔들리는 소리	
20	5피트 거리에서 속삭이는 소리	
30	조용한 도서관	
40	조용한 사무실, 침실	
50	냉장고, 조용한 자동차	
60	일반적인 대화	
70	일반 자동차, 시끄러운 식당	
80	복잡한 교통, 공장소음	8시간 이상
90	트럭, 시끄러운 가전제품	8시간 이하
100	지하철, 기차, 전기톱	2시간
130	스피커 앞의 음악, 천둥소리	즉각적 위험
150	제트비행기, 일제사격	즉각적 위험
180	로켓발사대	청각상실

* 위의 데시벨 수준은 연구자마다 다소 차이가 있다. 소리는 10데시벨이 증가할 때마다 10배씩 강해진다. 따라서 20데시벨이 증가하면 10배의 10배, 즉 100배 강해진다.

▶ 볼륨이 크다면 낮춰라. 미국 베이비붐 세대들은 록 음악의 1세대로서 록스타의 공연과 개인 음향 시스템을 통해 115데시벨(dB) 이상의 높은 소음에 지속적으로 노출돼 서서히 청력을 잃어갔다. 뉴욕타임스는 베이비붐 세대의 6명 중 한 명이 청각장애로 생활에 불편을 느끼고 있다고 전했다. 그 수가 65세 이상 청각장애인구 900만 명보다 많은 1,000만 명에 육박한다고 한다.

히 부정적인 영향을 끼친다.

또한 스트레스 반응이 유발되어 근육이 긴장되고 심장박동이 빨라지며 혈액 내 지방치와 혈당치가 달라진다. 그리고 아드레날린이 갑자기 분비되면서 위궤양이나 위경색이 오고, 심근경색 발생가능성도 눈에 띄게 높아진다. 무서운 것이다. 독일의 시사주간지 「슈피겔」은 매년 2천 명 이상의 독일인이 소음으로 죽어가고 있다고 보도했다.

그러므로 입석으로 기차를 탈 경우 서럽더라도 객차 안에 서 있는 것이 귀에 좋다. 객차 밖의 기차 소리도 100데시벨이 넘는다. 맞선을 보러 가는 경우라면 돈을 들여서라도 조용한 특실에

소음은 기억력을 감퇴시킨다

소음은 특히 아동의 기억력과 학습능력을 손상시킨다. 스웨덴에서 행한 연구결과를 보면 구공항 주변 어린이들은 공항폐쇄 후 장단기 기억력과 독서력이 향상된 반면, 신공항 주변 아이들은 새로운 소음에 노출된 후 이러한 능력이 감퇴  했음을 알 수 있다. 또한, 신공항 주변 아이들은 듣기능력도 떨어졌고, 구공항 주변 아이들도 저하된 듣기능력이 공항폐쇄 이후 쉽게 회복되지 않았는데, 이것은 언어학습능력이 소음에 특히 취약함을 보여준다. 이러한 연구결과는 공항이 인적이 드문 곳이나 학교가 없는 곳에 건설되어야 한다는 것을 시사한다.

자리를 잡아야 한다. 불안, 초조한 모습을 상대방에게 보이지 않으려면 말이다. 또 이어폰을 꽂은 채로 음악을 크게 듣고 있다면 볼륨을 줄이는 것이 현명하다. 그렇지 않으면 나중에는 이어폰 대신 보청기를 꽂아야 할지도 모른다.

귀밑에는 '키미테'를

우리가 심하게 몸을 움직이더라도 시선을 고정시키고 몸의 균형을 유지할 수 있는 것은 귓속에 있는 전정기관(몸의 운동감각이나 위치감각을 중추에 전하는 기관) 때문이다.

장시간 차를 타게 되면 아래위로 요동치기도 하고 앞뒤로 빨리 갔다 느리게 갔다 하면서 불규칙하게 움직인다. 이 경우 감각기관은 과부하를 받게 된다. 그러면 어질어질하거나 메스꺼움을 느끼게 된다. 이것이 멀미다.

▶짧은 시간 동안 심하게 움직이는 것은 쾌감을 불러온다. 놀이공원의 시설들은 이 원리를 이용한 것이다.

멀미는 나이에 따라 느끼는 정도가 다르다. 어린 아기들은 거의 영향을 받지 않는다. 아기를 잡고 위로 높이 올렸다 내리는 광경을 많이 볼 수 있다. 몇 번을 하더라도 아기들은 좋아할 뿐이지 멀미

를 하거나 울지도 않는다. 2살에서 12살까지의 어린이들이 가장
멀미에 약하고 나이가 들면서 줄어든다.

그러나 짧은 시간 동안 심하게 움직인다 하여 기분 나쁜 멀미를
일으키지는 않는다. 오히려 짜릿한 쾌감을 일으킨다. 놀이공원에
있는 대부분의 놀이시설들은 이 원리를 이용한 것이다.

멀미약이라는 것도 알고 보면 우리들의 귓속에 있는 전정기관
의 민감성을 줄여주는 것이다. 멀미약 '키미테'를 '귀밑에' 붙이는
이유를 알 만할 것이다. 또 한 가지. 멀미할 때 귀밑에 키미테가
붙어 있지 않으면 이 방법을 한번 써보라. 눈을 감고 여러분이
어떤 물체를 보고 있다고 상상해보는 것이다. 아니면 입을 벌려
크게 숨을 내쉬어보자. 이 방법이 먹혀들지 않으면 다음번부터는
차 타기 전에 귀밑에 키미테를 붙여라.

믿고 싶은 초능력─초감각

1994년 10월 한국정신과학학회 창립총회 겸 제1차 학술대회가
대전에서 열렸다. 서울 모여중 2년생인 S양은 200여 명의 참석자들
앞에서 특수제작된 눈가리개로 눈을 완전히 가린 채 현장에서 참석
자가 내준 책을 읽었다. 참석자들은 대부분 대학, 연구소의 과학자
들이었으며 의사, 한의사들도 있었다.

이날 S양은 책 위 20cm 가까이에 펴든 손바닥으로 70분 동안
참석자들이 내놓은 20종의 책과 이날 학술대회 논문집을 읽었다.
참석자들은 S양이 자신들이 펼쳐준 페이지를 한 글자도 틀리지 않

고 술술 읽었으며, 오색 사인펜의 색깔도 알아맞혔다고 말했다. 또 S양은 눈가리개를 풀고 알루미늄 판 뒤에 숨겨진 트럼프의 그림과 숫자를 맞히는 시범을 보여 모두 알아맞혔다고 참석자들은 전했다.

자신들이 초감각(ESP, Extrasensory perception)을 갖고 있다고 주장하는 사람들이 많이 있었다. 이들은 사람의 마음을 읽을 수 있고(텔레파시), 보통 사람들은 볼 수 없는 사물을 볼 수 있고(투시력), 미래를 예언하며, 물체를 만지지 않고 움직일 수 있다고 주장해왔다. 이런 발언들은 사람들의 마음을 사로잡았으며, 실종된 아이를 찾거나 암살을 예견할 수 있다는 등의 이야기가 신문을 메운 적도 있었다.

그러나 이런 것들은 대부분의 심리학자들에 따르면 눈속임에 불과하다고 한다. 제임스 랜디라는 마술가는 속임수를 못 쓰도록 정해놓은 조건 아래서 그런 '신통술'을 부리는 사람에게 1만 달러를 주겠다고 제의한 바 있다. 몇 백 명의 사람들이 30년간 도전했지만 아무도 그 돈을 가져가지 못했다.

그러면 왜 많은 사람들은 초감각을 믿을까? 사람들은 쉽게 설명되지 않는 희한한 사건을 듣거나 경험하면 그럴 듯한 설명을 하려 한다. 초감각은 기본적으로 주관적이고 기묘하기 때문에 사람들은 그런 경험에 대한 설명으로 초감각을 받아들인다.

또 일반인들은 대개 복잡한 과학적 정보를 평가하고 처리하기가 어렵다. 그리고 일상생활에서 일어나는 많은 사건들에서 우연적인 것과 필연적인 것을 구분하기가 힘들다. 그렇기 때문에 그런 경험을 알려주는 사람이나 신문방송이 마치 그것이 사실인 양 떠벌리면 믿을 수밖에 없다.

그러나 사람들이 초감각을 믿는 가장 중요한 이유는 우리들이 그것을 믿기 원하기 때문인 것 같다. 옛날이야기나 만화, 영화들을 보면 많은 초인들과 마력들이 나온다. 이것은 인간의 강력함을 보여주는 것들이다. 이런 것을 믿고 싶어 하기 때문에 초감각이 입에 오르내리고 있는 듯하다.

술잔이냐, 얼굴이냐 — 과거의 지각경험

우리가 이전에 어떤 경험을 했느냐 하는 것도 우리가 사물을 보는 데 영향을 미친다. 배고픈 사람에게는 보름달이 빵으로 보이는 법이다. 가난하게 자란 사람은 부유하게 자란 사람보다 동전의 크기를 더 크게 본다.

모호한 그림을 보게 하면 과거의 경험이 얼마나 지각에 강한 영향을 끼치는지(어느 것에 초점을 맞추느냐)를 더욱 확실하게 알 수 있다. 다음의 첫 그림(루빈의 컵)은 술잔으로도 보이고 마주한

▶ 우리가 주의를 기울이는 부분이 전경(figure)이고 나머지는 배경(ground)이다. 위 왼쪽부터 시계방향으로 술잔과 얼굴(루빈의 컵), 풍경과 아기, 노파와 미녀, 천사와 악마, FLY.

두 사람의 얼굴로도 보인다. 그러나 얼굴 실루엣을 금방 본 사람이라면 술잔보다 사람의 얼굴로 그림을 보게 된다(시간적 맥락).

또 하나, 이 그림과 관련하여 재미있는 이야기가 있다. 이 술잔의 시초는 클레오파트라가 자신의 신체 일부를 이용하여 도자기 만들듯이 술잔을 만들어 신하들에게 술을 부어 주었다는 이야기도 있다. 여러분은 그림이 여체의 어느 부분과 비슷하게 보이는가?

자명종 소리가 커졌어요! — 순응

집으로 돌아오는 길에 자명종 시계를 샀다. 적당한 가격에 디자인도 괜찮았고, 종소리도 듣기 좋았다.

다음날 아침 방을 흔드는 요란한 소리에 잠을 깼다. 그 소리는 자명종 소리였다. 전날 가게에서는 그리 크지 않았는데 고장이 났는지 소리크기가 어제와 달랐다.

화장실에 들어가면 처음에는 냄새가 나더라도 나올 때쯤에는 사라져버린다. 영화관 안을 들어설 때 캄캄하던 것이 몇 분 지나면 밝아 보인다. 똑같은 소리라도 계속 듣고 있으면 조금은 약하게 들린다. 같은 크기의 목소리로 친구가 나를 부를 때에는 디스코장에서 막 나왔을 때보다 독서실에서 막 나왔을 때 더 크게 들린다.

이런 경험이 있을 것이다. 어제 오후에 마음 편하게 들은 스테레오 소리가 오늘 아침에 상당히 크게 들려 볼륨을 줄인 경우 말이다. 물론 어머니가 우리를 놀라게 하기 위해 볼륨을 크게 해놓은 것도 아니다.

하루일이 끝날 즈음이면 우리의 청각기관은 낮 동안의 각종 소리에 순응되어 있다. 그러나 고요한 밤에는 회복된다. 그래서 밤에는 같은 크기의 소리라도 크게 듣는다. 또한 잠자는 동안 귀는 순응에서 회복된다. 그래서 전날 구입한 자명종 소리가 가게에서는 별로 크지도 않고 듣기 좋았는데 아침에는 천둥소리 같이 들리는 것이다.

이상과 같이 오랫동안 자극을 받고 있으면 감각기관이 자극에 적응되기 시작한다. 이것이 순응(adaptation)이다. 모든 감각기관이 다 그렇다. 그러나 냄새와 같은 감각은 빨리 순응되는 반면 통증 같은 것은 아주 느리게 순응된다.

이것은 아마도 필요에 의해 진화되어 왔다고 생각된다. 후각이 빨리 순응되지 않으면 우리는 하루에도 몇 번이나 화장실에서의 고통을 견뎌내야 할 것이다. 반대로, 통증이 빨리 순응되어 치명적이 될 때까지 고통을 느낄 수 없다면 결과는 어렵지 않게 예상해볼 수 있다. 청각이 빨리 순응되어버리면 전쟁터에서 총알이 날아오는지 포탄이 날아오는지 분간이 가지 않을 것이다. 이것도 생명과 직결된다. 총알이 날아오면 고개만 숙이면 되지만 포탄이 날아오면 상황이 다르다.

또 어떤 경우 순응은 감각을 왜곡시켜버리기도 한다. 한 가지 실험을 해보자.

한 손은 찬물에, 다른 한 손은 따뜻한 물에 담그자. 두 온도에 어느 정도 익숙해졌다면 양손을 미지근한 물에 담그자. 그러면 물은 뜨겁고 동시에 차갑게 느껴질 것이다.

그래야 여러분은 정상이다. 이것은 각각의 손이 원래의 온도에 순응되었기 때문에 나타난 결과다. 그래서 찬물에 넣었던 손은 미지근한 물이 뜨겁게, 더운 물에 넣었던 손은 미지근한 물이 차갑게 느껴진다. 차갑지도 뜨겁지도 않은 것이 미지근한 물인데 감각을 제대로 받아들이지 못한 것이다. 즉 왜곡되어 버린 것이다.

보는 것이 믿는 것이라고는 하지만 우리가 있는 그대로 보는 것은 아니다. 같은 교통사고를 보았는데도 목격자들마다 진술이 다르다. 또 다음에 나오는 착시도 실재하는 것과 우리가 보는 것 사이에는 차이가 있다는 것을 말해준다.

같은 길이도 달라 보여─착시

다음 그림도 많이 보아온 그림이다. A와 B 중 ∧, ∨를 제외하고 나서 어느 선분이 길어 보이는가? 물론 두 선분의 길이는 물리적으로 같다. 그러나 우리는 A보다 B의 선분이 길게 보인다고 말한다. 왜 그럴까?

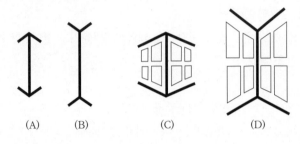

(A)　　　(B)　　　(C)　　　　(D)

뮐러─라이어 착시라고 불리는 이 현상은 산업화 사회에서 더욱 두드러지게 나타난다. 산업화가 많이 된 사회일수록 직선과 직각형태로 만들어진 건축물에서 생활한다. 짧아 보이는 A는 빌딩의 튀어나온 부분(C)을 나타낸다. 그리고 길어 보이는 B는 건물 내부의 구석진 부분(D)을 나타낸다. 그래서 같은 길이라면 앞으로 튀어나온 것보다는 뒤로 움푹 들어가 있는 것이 더 길게 보이는 것이다. 멀리 있다고 생각하기 때문이다. 다음 그림을 보면 양 선분은 같은 길이라는 게 증명된다.

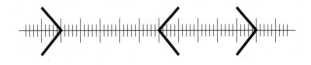

이제 다음 그림을 보자.

 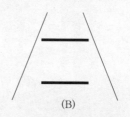

(A)   (B)

A그림에서 두 선은 길이가 같고 또 같은 길이로 보인다. 그러나 B그림에서는 같은 길이지만, 윗선이 더 길게 보인다(Ponzo 착시).

이것 역시 우리가 물체의 크기를 지각할 때 거리를 참작하여 판단하기 때문이다. 먼 곳

▶ 크기항상성을 보여주는 철길. 거리가 멀면 작게 보이고 가까우면 크게 보이지만 우리는 그 물체의 크기를 같게 본다.

에 있는 황소가 개미만 하게 보이더라도 우리는 그것이 크다는 것을 알고 있는 것처럼, 물체의 크기를 판단할 때에는 거리를 감안한다. 즉 거리가 멀면 작게 보이고 가까우면 크게 보이지만 우리는 그 물체의 크기를 같게 본다(크기항상성). 또 눈에 보이는 크기가 같다면 멀리 있는 것이 더 크다고 판단한다. 그래서 위의 B그림에서는 같은 길이의 선분이지만 철로에 놓인 막대처럼 멀리 있다고 생각되는 윗선분이 더 길게 보이는 것이다.

▶ 미술가들은 그림에서 심도를 나타내기 위해 거리단서를 이용하며, 착시를 위해 그 단서를 사용하기도 한다(물의 흐름에 주목하라). 그림은 네덜란드의 미술가 M.C. 에셔의 판화 〈폭포, 1961〉

직선이 곡선 될까 — 여러 착시

착시는 잘못되거나 왜곡된 지각이다. 착시는 자극 속에 부정확하거나 엉뚱한 단서가 포함되어 있을 때 일어난다. 착시는 대상의 물리적 조건이 동일하다면 누구든지 그리고 언제든지 경험하게 되는 지각현상이다. 그래서 배경의 영향을 받아 직선이 곡선으로 보이기도 하고, 같은 크기의 원이 다른 크기로 보이기도 한다. 이러한 현상은 주위의 자극상황에 강요되어 지각을 조직화해야 될 때 나타난다.

다음 그림은 여러 가지 착시들이다.

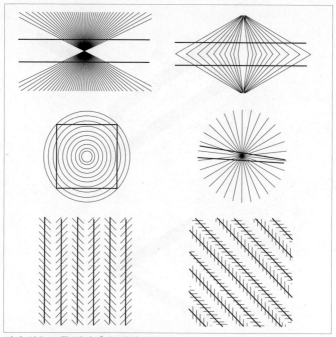

위의 선은 모두 직선 혹은 평행이다.

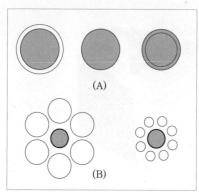

(A)

(B)

회색 원의 크기는 같다.

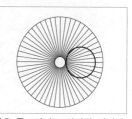

작은 동그라미는 완전한 원이다.

점선의 길이는 같다.

▶ 불가능한 도형들. 이 도형들은 현실적으로 만들 수 없는 것들이다. 어느 한 부분을 보면 의미가 있지만 전체적으로 보면 의미가 없다. 이것은 우리의 지각이 한정된 부분에 대해서 일어난다는 것을 말해준다.

산은 산이요 물은 물? — '보는 것이 믿는 것' 아니다

택시기사 박씨는 오전 8시경 서울 신제기로터리에서 대광고교 쪽으로 진행하다가 안암로터리 부근에서 불법 U턴 했다는 이유로 적발됐다. 단속경찰관인 의경은 박씨에게 3만원의 스티커를 발부했다.

박씨는 그러나 그런 사실이 없는데 교통경찰관이 착각했다며 범칙금 납부를 거부했다. 박씨는 즉결심판에 회부됐고 결과는 벌금 3만원이었다. 박씨는 이에 불복하여 정식재판을 청구했다. 1심에서는 즉심과 마찬가지로 벌금 3만원이 선고됐으나 2심에선 무죄가 선고됐다.

사실이 아닌데 스티커를 발부했겠느냐는 교통경찰과, 돈 3만원을 내고 말지 얼마나 억울했으면 정식재판을 청구했겠느냐는 택시기사 중 누구의 말이 진실일까?   ─ 동아일보, 1994. 11. 28

일어난 사건은 하나인데 당사자들조차도 엉뚱하게 사건을 보고 있다(145쪽 월터 롤리의 사례도 참조하라). 이것뿐만이 아니다. 사탕을 먹고 난 다음에 커피를 마시거나 커피를 마신 다음에 사탕을 먹으면 느껴지는 맛이 완전히 다르다. 또 같은 맛의 빵인데도 배고플 때와 배부를 때에는 꿀맛과 똥맛의 차이가 있다.

같은 길이도 여건에 따라 달라 보인다. 고속도로의 차선 하나가 10m라면 아마도 놀랄 것이다. 속도 때문에 길어 보이지 않는 것이다. 대낮의 터널 불빛은 전등을 모두 켜놓았다 하더라도 밤에 몇 개만 켠 것보다 더 어두워 보인다.

같은 크기의 소리도 때때로 달리 들리고, 같은 시간이라도 때에 따라 길거나 또는 짧게 느껴진다. 또 시간은 나이가 들수록 두루마리 화장지 풀리듯 지나간다. 처음엔 표시도 나지 않지만 반을 넘기면 하루가 다르게 없어진다. 그래서 20대엔 시간이 시속 20km로

세월도 나이 따라 ─ 시간착시

해가 갈수록 날짜가 훨씬 빨리 가버리는 것처럼 생각될 때가 있다. 과학자들의 연구에 의하면 신경계의 노화로 인해 인간의 시간감각이 바뀐다고 한다. 즉 나이가 들면서 시간이 빨리 가는 것처럼 느끼게 된다는 얘기다.

미국의 심리학자 피터 맹건 박사는 사람들을 나이별로 나누어 이들에게 속으로 숫자를 세면서 3분을 측정하도록 하는 연구를 실시했다. 20대 초반의 사람들은 3초 이내로 비교적 정확하게 대답했고, 그중 일부는 아주 정확하게 맞혔다. 60대의 노인들은 3분 40초가 지나서 대답했고, 중장년층의 사람들은 이들의 중간 정도에 대답했다. 즉 60대는 3분이라 생각했는데, 실제로는 3분 40초가 지나버린 것이다.

남녀의 체중착시

정상체중일 경우 여자는 살이 쪘다고 생각하는 반면 남자는 너무 말랐다고 느끼는 등 본인의 체중에 관한 남녀의 감각은 정반대다.

연구에 따르면 피험자들에게 신장, 체중과 자신의 체중에 관한 느낌을 묻고 스스로의 매력, 만족, 건강을 어떻게 평가하는지를 조사한 결과 정상체중인 경우 여성은 31%, 남성은 5%가 과체중으로 느끼고 있고, 정상체중을 체중미달로 생각하는 경우는 남성이 25%인 데 비해 여성은 5%에 불과한 것으로 나타났다. 또 과체중인 경우는 남성은 거의 50%, 여성은 4%만이 자신이 정상체중이라고 생각하고 있었다.

닮아 보이는 것도 착시

부모와 자식의 얼굴 중 어느 부분이 닮아 보이는 것은 실제로 닮은 것이 아니라 부모─자식간이니만큼 유전적으로 강한 연관이 있을 것이라는 자가 판단에서 나온 착시현상인 경우가 대부분이라는 주장이 있다. 즉 자식의 턱이 아버지를 닮아 보인다든가 눈이 어머니를 닮아 보인다든가 하는 것은 두 사람이 부모와 자식이니까 당연히 닮았을 것이라는 생각 때문에 그렇게 보이는 것뿐이지 실제로 닮은 경우는 많지 않다는 것.

가지만, 40대가 되면 40km, 60대가 되면 60km로 간다는 이야기
도 있다.

　이것이 저것처럼 보이기도 하고 저것이 이것처럼 보이기도 하
고 또 어떤 것은 아예 보이지도 않는다. 그러므로 다시 한번 당부
하건대 절대 여러분의 감각을 과신하지 말라. 완전하지가 못한
까닭이다. 그래서 '산은 산이요 물은 물이다'라는 말도 있지만,
'산은 산이되 산이 아니요, 물은 물이되 물이 아니다'라는 말도
있다. 물론 둘 다 어려운 말이다.

성격

성격심리학(personality psychology)은 개인의
성격에 초점을 맞추어 인간을 연구하려는 심리학
분야다. 같은 상황에서도 서로 다른 행동이 나오는
것은 개인의 성격 때문일 가능성이 크다.

우리는 어떤 사람을 만나면 그 사람에 대해 알고 싶어 한다. 그 사람이 내향적인지 외향적인지, 따뜻한 사람인지 차가운 사람인지 알려고 한다. 소설을 읽거나 영화를 보면서도 우리는 주인공의 행동이나 생각을 통해 그가 어떤 사람인지 알고자 한다. 그 사람에 대해 알게 되면 그의 많은 것을 이해할 수 있기 때문이다.

사람들이 갖고 있는 특성들 때문에 어떤 상황에 처했을 때 똑같은 행동으로 나타나지는 않는다. 위급한 상황에서 어떤 사람은 희생을 감수하면서까지 도와주려 하는데, 또 어떤 사람은 멀뚱히 보고만 있기도 한다. 잔소리를 들을 때 기분이 언짢아지는 건 누구나 마찬가지지만, 어떤 사람은 묵묵히 듣고 있는 반면 또 어떤 사람은 반발하기도 한다.

그러므로 어떤 사람의 특성에 대해 알면 그가 앞으로 어떻게 행동할 것인지도 예측할 수 있다. 자신에게 차인 남자가 술로 괴로움을 달랠 것이라는 것을 예측한다면, 그녀는 그를 어느 정도 '알고' 있는 것이다. 자신이 술로 괴로움을 달래면 그녀가 다시 와주리라 확신하는 그 역시 그녀를 어느 정도 '알고' 있는 것이다. 서로 알고 있는 관계는 헤어지기 힘들다.

이런 것들은 성격의 문제다. 성격(personality)이라는 말은 라틴어의 '페르소나레(personare)'에서 유래되었다고 한다. 페르소나레는 '~을 통하여(through)'란 뜻의 '페르(per)'와, '말하다(speak)'라는 뜻의 '소나레(sonare)'가 합쳐져 생긴 말로, 원래는 배우가 무대에서 쓰는 가면이나 탈을 뜻했다고 한다. 그러므로 이 말의 의미는 거짓 모양이고, 눈에 보이기는 하지만 속이는 것이다. 이처럼 우리 모두는 성격이라는 가면 뒤에서 어느 정도 자신을 위장하기에 성격을 파악하는 것이 어려운 일인지도 모른다.

▶ 영화 〈브이 포 벤데타〉(V for Vendetta, 2005)에서 시민들이 주인공 브이가 쓴 것과 같은 가이 포크스의 가면을 쓰고 의사당으로 향하고 있다. 성격이라는 말은 가면에서 유래했다. 가면 뒤에 감추어진 인간의 본모습을 알기란 참으로 어렵다.

좋은 성격? 나쁜 성격? — 나쁜 성격은 없다

성격은 '한 개인의 행동특성들에 비교적 일관되게 나타나는 독특한 심리적 자질'이라고 말할 수 있다. 성격은 하루아침에 갑자기 이루어진 것이 아니다. 개인이 자라면서 환경과의 상호작용을 통해 서서히 이루어진 것이다. 그 때문에 성격은 쉽게 바뀌지 않고 나이가 들면서 점차 더욱 견고하게 형성되어간다. 그러므로 내향적인 당신이 정반대인 외향적인 사람으로 바뀌는 것은 고목에 새순이 돋는 것만큼이나 어려운 일이다(설사 바뀐다 하더라도 대개는 당신의 나이에 맞먹는 세월이 걸릴 것이다).

또 하나 주의할 것이 있다. 일반적으로 "누구는 성격이 좋다", "누구는 성격이 나쁘다"고들 말한다. 그러나 사실 성격에는 좋고 나쁜 것이 없다. 남자가 내향적이라 해서 성격이 나쁘고, 여자가

혐오감은 원초적 본능?

사랑하는 그이와 진한 키스를 하며 지내는 사이라 하더라도 그이가 내 음료수에 침을 뱉어놓는다면 그 음료수를 마시기 싫을 것이다. 음료수에 자신의 침을 뱉었다 하더라도 마시기 싫어지는 것은 마찬가지다. 이러한 혐오감은 인류가 질병의 위험으로부터 몸을 보호하기 위해 생겨난 감정이라는 설명이 있다. 런던대 커티스 교수가 침, 대변, 토사물, 고름, 구더기 등 대부분의 사람들이 싫어하는 것이 병균이 좋아하는 대상과 일치한다는 사실에 주목하고 조사한 결과다. 혐오감의 수치는 남성보다는 여성이 높았다. 또한, 나이가 들수록 혐오감 수치가 떨어졌다. 이것은 남성보다는 여성이, 노인보다는 젊은이가 건강에 더 민감해야 종이 유지되는 데 유리하기 때문이다.

그런데 키스를 할 때에는 왜 타인의 침과 접촉해도 혐오감을 느끼지 않을까? 커티스 교수는, 자손을 낳으려는 본능이 감염되지 않으려는 본능을 억누르기 때문이라고 설명한다.

외향적이라 해서 성격이 나쁜 것이 아니라는 말이다. 성격은 개인이 긴 세월 동안 환경과의 상호작용을 통해 이룩한 특성일 뿐, 좋고 나쁘다는 평가의 대상이 아니기 때문이다.

물론 그 사람이 나와 잘 맞아서 "성격이 좋다"고 일상적으로 표현할 수 있겠지만, 좋고 나쁨이라 말할 수 있는 것은 인간의 격이라 할 수 있는 인격이다. 성격은 인격이 아니다.

걸음을 알면 성격이 보인다―행동과 성격

일반적으로 행동을 보면 그 사람의 성격을 대충 파악할 수 있다. 먼저 다음 걸음걸이와 그 사람의 성격을 한번 생각해보자.

1. 보폭이 넓고 팔을 자유롭고 힘차게 흔들면서 걷는 활보형
2. 머리를 내밀고 어깨를 늘어뜨리며 질질 끌면서 걷는 형
3. 찰리 채플린처럼 몸을 이쪽저쪽으로 흔들며 걷는 오리걸음형
4. 보폭이 좁고 무겁게 걷는 형
5. 하이힐을 신은 여성이 걷는 걸음걸이로, 보폭이 좁고 점잔 빼며 걷는 형
6. 패션모델의 걸음걸이로, 엉덩이를 흔들고 뽐내며 걷는 형

이 질문은 플로리다 애틀랜틱 대학에서 한 연구인데, 걷는 모습만 봐도 그 사람의 성격과 기분, 성별은 물론 거주지까지 알 수 있다고 한다. 위 걸음걸이와 아래의 성격을 한번 연결해보자.

a. 자신감이 넘치고 독립심이 강한 성격

b. 순종적인 사람이거나 기분이 우울하고 힘이 없을 때 걷는 스타일

c. 추진력이 강하고 장난꾸러기 같은 성향이 있으며 많은 사람들이 호감을 갖는 스타일

d. 순종적이고 다른 사람과 잘 어울리지 못하며 욕구불만적인 성격

e. 순종적이고 소심하며 자신이 없을 때의 걸음

f. 무관심하며 매정한 성격을 가진 사람

그 대학에서 규정한 각 문제의 정답은 문제의 순서와 같다. 즉 1번 문항 걸음걸이의 성격은 a이며, 2번 걸음걸이의 성격은 b이다. 그리고 3-c, 4-d, 5-e, 6-f이다.

이것은 우리가 어느 정도 예상해 볼 수 있는 결과다. 그러나 이 연구는, 성격 때문에 걸음걸이가 그렇게 되었는지, 거꾸로 걸음걸이 때문에

▶ 찰리 채플린처럼 몸을 이쪽저쪽으로 흔들며 걷는 오리걸음형은 추진력이 강하고 장난꾸러기 같은 성향이 있으며 많은 사람들이 호감을 갖는 스타일로 평가된다. 영화 〈모던 타임즈〉의 마지막 장면.

성격이 그렇게 되었는지는 보여주고 있지 않다(이러한 인과관계는 성격에서의 문제만은 아니다).

하지만 일반적으로 우리는 보통 어떤 사람의 행동을 보고 성격을 짐작하려 한다. 예를 들어, 자정이 넘은 시각의 도심에서 택시를 잡기란 여간 어렵지 않다. 이때 어떤 사람이 맨정신으로 도로로

뛰쳐나가 택시를 잡으면 그는 상당히 적극적인 사람이라고 평가하기 쉽다. 대신 인도에서 택시를 기다리면 대개는 소극적인 사람으로 여겨진다.

그러나 문제는 남는다. 그것은 그 사람의 성격이 아닐 수도 있기 때문이다. 성격의 원뜻이 가면이듯이 어떤 사람의 성격이 어떻다 하더라도 항상 그러라는 법은 없다. 그날따라 기분이 침울해서 힘없이 걸었을 수도, 뭔가 기분 좋은 일이 있어 뽐내면서 걸었을 수도 있다. 평소에는 법규를 잘 지키는 사람이라도 개인적으로

모험심은 커플끼리 같아야

모험을 좋아하는 성격을 심리학에서는 '새로움 추구'라고 정의한다. 스릴, 모험의 추구, 쉽게 지루해하는 것이 이 성격의 기본 특성이다. 이런 사람들은 위험을 감수하고 성공했을 때 짜릿한 기분을 느낀다.

새로움 추구는 인간관계, 특히 남녀관계에 결정적인 영향을 끼친다. 성격이 다른 경우에도 잘 사는 부부가 많지만, 새로움 추구만은 그렇지 않다. 미국, 네덜란드, 독일 학자들의 조사 결과 새로움 추구만은 점수가 비슷해야 만족을 느끼고 행복하게 사는 것으로 조사됐다.

가끔 상대방의 새로움 추구 경향에 이끌려 친해지는 수가 있지만, 시간이 갈수록 점수가 높은 사람은 상대의 열정 부족에 실망해 헤어지는 경우가 많다. 또 점수가 낮은 사람은 새로운 것을 찾아 헤매는 상대방의 예측할 수 없는 변화에 견디지 못하고 결국 헤어지게 되는 경우도 많다. 점수가 높은 남자가 점수가 낮은 여자와 살 경우에는 남자답게 행동한다고 느끼고 무리 없이 사는 경우도 적지 않다. 하지만 점수가 낮은 남자가 점수가 높은 여자와 사는 경우에는 성적 욕구를 잃어버리거나 발기불능상태에 빠지기도 하는 등 심각한 문제가 발생할 수 있다.

급한 사정이 생기면 언제든지 택시를 잡기 위해 도로 한가운데로
뛰쳐나갈 수도 있다. 즉 성격은 행동특성들에 비교적 일관되게
나타나는 개인의 독특한 심리적 자질이지만, 그날그날의 기분에
따라 바뀔 수도 있는 것이다.

유전이냐 학습이냐—성격은 복합적

성격을 이해하기 위한 주요 이론들로는 특성이론, 행동주의 이
론, 인지주의 이론, 정신분석 이론 등이 있지만,[1] 논란이 되는
질문은 성격이 유전적·선천적인 것이냐 아니면 학습의 결과로
생성된 후천적인 것이냐에 대한 것이다. 일반적으로는 유전과 환
경의 복합적인 산물로 성격을 이해하려는 것이 주류다.

장(場) 이론으로 유명한 독일의 심리학자 쿠르트 레빈(Lewin)
은 사람의 행동은 그 사람의 성격과 당시 환경의 상호작용 함수라
고 말하고 있다. 즉 $B = f(P \cdot E)$라는 공식으로 사람의 행위를 설
명한다. 여기서 B(behavior)는 행동, P(personality)는 성격,
E(environment)는 환경이다. 사람의 성격은 거의 변화하지 않기

---

[1] 특성이론은 특성들이 다양한 자극들에 대한 반응을 연결하고 통합시키기
때문에 행동에 일관성을 보인다고 한다. 행동주의 이론에서는 사람들이
강화를 받은 역사가 다르기 때문에 다른 성격을 보인다고 주장하며, 인지
주의 이론에서는 성격을 만들어가는 데 있어 개인의 참여를 강조한다. 정
신분석 이론에서는 우리의 성격이 생의 첫 5년 동안 벌어진 사건에 의해
결정된다고 한다. 이들 각 이론들은 유전/환경, 선천적/후천적, 의식/무
의식, 내부요인/외부상황, 과거/현재/미래의 강조 등에 있어 주안점이 다
르다.

'아우'들이 더 개혁적이다!

MIT의 역사학자인 프랭크 설로웨이는 25년간 출생순서와 성격 간의 상관관계를 연구하면서 흥미로운 사실을 발견했다. 정치와 과학 분야의 변혁은 대부분 맏아들이 아닌 아우들에 의해 주도되었다는 것이다. '장남'은 동생보다 보수적이고 현상유지를 원하며 새로운 아이디어를 배격하는 성향이 높지만, '아우'들은 '큰형'보다 모험을 즐기고 급진적이며 편견이 적은 것으로 나타났다는 것이다.

그는 16세기 중반부터 20세기 중후반까지의 400년 동안 있었던 28개의 주요 과학 논쟁에 참가한 2,800여 명의 과학자들의 입장을 조사했다. 그 결과 코페르니쿠스의 지동설에 대해 '장남' 과학자들은 22%가 지지했지만, '아우' 과학자들은 75%가 지지했다. 다윈의 진화론에 대해 '장남' 과학자들은 20%, '아우' 과학자들은 61%가 지지했다. 또 아인슈타인의 상대성이론에 대해 '장남' 과학자들은 30%, '아우' 과학자들은 76%가 지지했다.

지미 카터나 빌 클린턴 그리고 조지 W. 부시 등 '합법적' 정치 지도자는 장남이며, 카를 마르크스나 피델 카스트로 같은 모험심이 엿보이는 '혁명가'들은 '비(非)장남' 출신이다. 우리나라의 경우 육군 소장일 때 쿠데타로 정권을 잡았다는 공통점이 있는 박정희와 전두환 전 대통령도 장남이 아니다. 박정희는 5남 2녀의 막내, 전두환은 3남 3녀의 넷째이다. 김대중 대통령은 4남 2녀 중 차남이며, 노무현 대통령도 3남 2녀의 막내이다.

때문에 불변이라고 보더라도 환경이 바뀌면 행동이 달라진다는 설명이다.

요컨대 사람의 성격은 유전적 요인과 문화적 요인, 사회적 요인 그리고 상황적 요인이 모두 합쳐져 영향을 끼친 결과라는 것이다. 그 때문에 여자는 결혼 후 남자가 변하길 바라지만 남자는 변하지 않고, 남자는 여자가 결혼해도 변하지 않길 바라지만 여자는 변한다.

당신의 성격은? — 성격검사

성격을 검사하기 위해서는 관찰 등을 하기도 하지만, 대부분의 경우 MMPI, 로샤검사, 주제통각검사 등을 사용한다. 관찰법은 면접이나 행동관찰 등에서 얻은 인상을 평정척도를 사용하여 판단하는 것이다. MMPI는 검사문항을 제시하여 답을 요구하는 것이며, 로샤검사와 주제통각검사는 모호한 그림을 보여준 다음, 응답을 하도록 하는 것이다. 로샤검사와 주제통각검사는 모두 응답에 피험자의 사고, 감정, 공상, 신념 등이 투사(project)되기 때문에 투사법이라고도 한다.

로샤검사는 스위스 정신과 의사인 헤르만 로샤(Hermann Rorschach)가 1921년에 개발한 검사법으로 총 10개의 카드로 구성되어 있다. 피험자는 다음 그림과 같은 좌우대칭 잉크반점을 보고, 이것이 무엇처럼 보이는지를 말하게 된다.

주제통각검사(TAT, Thematic Apperception Test)는 사람과 상황에 대한 모호한 그림을 보고 이야기를 구성하도록 한다. 그러면 피험자는 자신의 경험에 의해 그림을 해석하고 이야기를 만들어

낸다. 이전의 경험을 이용하여 새로운 경험을 인식한다는 의미에서 통각(統覺)이라는 명칭이 붙었다.

예를 들어, 다음의 TAT 그림을 본 21살의 남자는 다음과 같이 말했다.

"이 여자는 어떤 사람의 도착을 위해서 이 방을 정리했으며, 마지막으로 방의 일반적인 분위기를 확인하기 위하여 문을 열었다. 이 여자는 아마 아들이 돌아올 것을 기대하고 있다. 이 여자는 아들이 떠날 때처럼 모든 것을 배치하려고 한다. 이 여자는 매우 폭군적인 성격을 가진 것처럼 보인다. 이 여자는 아들의 생활을 아들에게 유익하게끔 이끌어왔으며, 아들이 돌아오면 바로 다시 생활을 이끌어가려고 한다. 이것은 단지 이 여자의 지배의 시작이며, 아들은 이러한 그녀의 태도에 분명히 겁을 먹고서 그녀의 잘 정돈된 생활양식 속에 빠져들어갈 것이다. 그는 그녀가 그를 위해서 깔아놓은 선로를 따라서 인생을 터벅터벅 걸어갈 것이다. 이러한 모든 것은 그녀가 죽을 때까지 자식의 인생에 대한 그녀의 완전한 지배를 의미한다."

이러한 반응에 대해 심리학자들은 개인의 욕구, 동기 또는 대인관계를 처리하는 특징적인 양식을 드러내는 반복되는 주제를 찾아 개인의 성격을 파악할 수 있다.

언제나, 어디서나 변함없이 ― 신뢰도와 타당도

어떤 성격검사든지 길이나 무게를 재듯이 손쉽게 성격을 측정할 수 있는 것은 아니다. 그 때문에 검사가 정확성을 유지하기 위해서는 두 가지 핵심적인 조건이 있다. 언제 어디서 측정을 하든 일관된 결과가 나와야 하고(신뢰도), 측정하려고 목적한 것을 측정해야 한다(타당도)는 것이다.

신뢰도와 타당도는 성격검사에만 적용되는 것은 아니다. 학교에서 치르는 시험뿐만 아니라 IQ검사라든가 적성검사 등 대부분의 심리검사에 공통으로 적용되는 개념이다.¶

🏃 50등이 10등 되랴 ― 신뢰도

한 학급에서는 누가 공부를 잘하고 누가 공부를 잘 못하는지 대충 정해진 등수가 있다. 20등을 하는 학생이라면 어떤 시험에서든 20등 내외의 성적을 거둔다. 급작스럽게 등수가 오르거나 내려간다면 '커닝 의혹'의 눈초리를 받거나 나름대로의 이유가 있을 것이라고 생각한다.

하지만 중간고사에서는 평소의 등수와 비슷한 성적이 나왔는데, 기말고사에서는 40등 하던 학생이 10등을 하고 1등 하던 학생이 30등을 하는 식으로 시험 성적이 들쑥날쑥하게 나왔다고 해보

¶ 신뢰도와 타당도 이외에 또 하나의 중요한 개념이 있는데, 바로 표준화(standardization)다. 이것은 검사를 받는 조건이 모든 사람들에게 동일해야 한다는 것이다. 즉 검사시간도 같아야 하며, 지시문도 같아야 하는 등 똑같은 조건에서 검사가 실시되어야 한다. 이렇게 해야 점수를 제대로 해석할 수 있다.

자. 이렇게 되면 그 시험 성적은 믿기 어렵다. 일관성이 없기 때문이다.

즉 신뢰도는 동일한 사람에게 그 값이 비교적 일관성 있게 나와야 한다는 것이다. 그래야 그 검사가 제대로 된 것으로 평가받는다.

그러면 신뢰도는 어떻게 검사할까? 많이 사용되는 방법은, 일정한 기간을 두고 동일한 검사를 실시하는 것이다(검사-재검사 신뢰도). 즉 검사지로 한 번 실시한 후 일정 기간이 지난 뒤 똑같은 검사지로 다시 한 번 실시하는 것이다. 그리하여 그 값이 비슷하게 나오면 그 검사의 신뢰도는 상당히 높다고 할 수 있다. 이 방법은 검사의 실시기간을 어떻게 잡느냐가 중요하다. 기간을 너무 짧게 잡으면 첫 검사에서의 연습효과나 기억이 두 번째 검사에 영향을 미칠 수 있다.

또 다른 방법은, 한 검사지와 내용도 같고 난이도도 같지만 질문하는 문항을 조금 바꾼 새로운 검사지로 한 번 더 검사하는 것이다(동형검사 신뢰도). 이 방법은 검사-재검사 신뢰도가 갖는 기억이나 연습효과를 줄이는 장점이 있지만, 검사지를 만들기 어렵다는 문제가 있다.

마지막 방법은 한 검사를 절반으로 나누어 절반을 실시한 후 일정 시간이 지난 뒤에 나머지 절반을 갖고 검사하는 것이다(반분신뢰도). 이 경우에도 마찬가지로 이전과 이후의 값이 비슷해야 신뢰도가 높다.

🏃 수학시험인지, 국어시험인지… ─ 타당도

검사가 신뢰도만 높다고 하여 가치가 있는 것은 아니다. 타당도라는 또 하나의 개념이 추가되어야 한다. 타당도는 심리측정도구가 문항 제작시 의도했던 목적을 어느 정도 충실히 재고 있느냐는 것이다. 수학시험을 볼 때 질문이 잘 이해가 되지 않으면 문제풀이보다 질문이 무엇을 요구하는가에 더 신경이 쓰이게 된다. 이것은 수학 실력을 평가하는 것이 아니고 국어 이해력을 평가하는 것일 수도 있다. 이런 시험은 타당도가 떨어진다.

어떤 오토바이 퀵서비스 회사에서 사원모집을 위해 광고를 낸다고 하자. 문구를 적어 넣은 모집광고가 다음과 같다면 여러분은 쓴웃음을 지을지도 모르겠다. 그것은 이 모집광고가 타당도를 결여했기 때문이다.

《사 원 모 집》

당사는 사세 확장으로 다음과 같이 사원을 충원합니다.

채용인원 : 00명

원서마감 : 200○. 5. 30

시험과목 : 국어, 영어, 상식

기타 : 제2외국어 능통자 우대, 해외여행에 결격사유가 없을 것

타당도를 결여했다는 이야기는 퀵서비스 회사에 필요한 직원에 대한 검사(시험과목)가 아니라는 말이다. 퀵서비스 직원한테 제일 먼저 요구되는 자질은 오토바이를 빠르고 안전하게 운전하는 능력과 물품을 제대로 전달하기 위해 주소를 찾아가는 능력일 것이

다. 국어와 영어, 상식에 능통하다 하여 이 사람이 퀵서비스 업무를 제대로 할 수 있을지는 보장할 수 없을 것이다.

타당도는 검사해야 할 항목을 검사하는 것을 뜻한다. 국어시험이라면 국어에 해당하는 능력을 시험해야 되고, 수학시험이라면 수학능력에 관한 것을 시험해야 한다.

이렇듯 성격검사에서 가장 중요한 것은 신뢰도와 타당도다. 하지만 여전히 성격을 검사하는 데는 어려움이 따른다. 앞서 말한 것처럼 동일한 사람이 똑같은 상황에서도 서로 다른 행동을 보일 수 있기 때문이다. 이 때문에 성격검사에서는 그 사람이 보여주는 전형적인 행동에 관심을 갖는다. 그러면 성격검사의 하나인 MMPI를 살펴보자.

"때때로 나는 욕을 하고 싶다" ― MMPI

MMPI는 '미네소타 다면적 인성검사(Minnesota Multiphasic

Personality Inventory)'의 줄임말이다. 1940년대 초에 개발된 이 기법은 원래는 정신질환을 측정하기 위해 개발되었지만, 이후 성격을 검사하는 용도로 바뀌었다. MMPI는 다음과 같은 550개의 짧은 문항으로 구성되어 있다(1990년 한국임상심리학회에서 새롭게 표준화 작업을 한 한국판 MMPI는 556문항).

> "나는 가끔 오늘 내가 할 일을 내일로 미룬다."
> "때때로 나는 욕을 하고 싶다."
> "나는 거의 공상을 하지 않는다."
> "내 생각과 착상을 훔치려는 사람이 있다."
> "나는 스릴을 맛보기 위해 어떤 위험스런 일을 한 일이 결코 없다."

🏃 "예", "아니오", "말할 수 없다"—거짓은 통하지 않는다

MMPI는 "예", "아니오", "말할 수 없다"의 세 가지 답변만 하도록 되어 있다. 이 정도 답변만으로 어떤 사람의 성격을 속속들이 파악할 수 있을까 의문이 생기기도 하지만, 또 다른 여러 연구를 보면 유효한 것으로 입증되고 있다.

혹시 어떤 독자는 이 검사의 진실성을 알아보기 위해 자신을 숨기고 엉뚱한 답변을 하고 싶은 충동을 느낄지도 모르겠다. 하지만 그런 것은 통하지 않는다. 문제 중에는 비슷한 문항이 여럿 있기 때문에(예를 들어 "나는 쉽게 피로하다", "나는 거의 항상 힘이 없다" 등) 답의 진실성을 알아볼 수 있다. 비슷한 내용의 질문에 상반되게 응답했다면 그 검사는 신뢰성 없는 검사가 된다.

뿐만 아니라 응답하지 않은 문항이라든가 부주의한 답변 등을 알아내는 무응답 척도(물음표(?) Cannot say 척도), 지나치게 긍정적이고 모범적인 답변을 하려는 성향을 잡아내는 긍정왜곡 척도(L Lie 척도), 보통 사람과 다르거나 일탈된 응답을 잡아내는 부정왜곡 척도(F Frequency 척도), 자신이 심리적 문제가 있으면서도 정상적인 사람으로 보이기 위해 방어적으로 응답하는 방어성 척도(K Correction 척도) 등의 타당도 척도가 있다. 예를 들면 다음과 같은 것이다.

- 무응답 척도(?척도) : "말할 수 없다"에 응답한 것이 많을 때
- 긍정왜곡 척도(L척도) : "나는 언제나 진실만을 말하지 않는다."
- 부정왜곡 척도(F척도) : "나는 사람을 만날 때마다 매번 살기를 느낀다."
- 방어성 척도(K척도) : "나는 대부분의 내 친구들보다도 내 인생에 더 만족하고 있다."

이런 문항들이 교묘하게 위장되어 문항 곳곳에 숨어 있다. 이러

심리검사

MMPI와 같은 성격검사라든가 적성검사 등 심리검사는 엄격한 조건을 갖춘 상태에서 측정한다. 그 때문에 심리검사를 다루는 검사지는 시중에서 구할 수가 없다. 혈액형이나 손금, 머리 형태 등을 기초로 하거나 여성잡지 등에서 간단한 몇 문항만으로 평가하는 시간 때우기식 심리검사는 모두 신뢰할 수 없다. 한 개인의 앞날을 좌우할 수 있는 심리검사니만큼 검사를 받을 때에는 전문가를 찾아야 한다.

한 척도는 검사의 신뢰도와 타당도를 높이기 위한 것이다. 예를 들어 너무 많은 문항에 "말할 수 없다"에 체크하거나 또는 응답을 하지 않는 경우 이 검사는 타당하지 않는 것으로 여겨진다(?척도). 그리고 "나는 언제나 진실만을 말하지 않는다"라는 항목은 거의 모든 사람들이 "예"라고 답하는 문항인데, 이 문항에 "아니오"라고 답했다면 자신을 모범적으로 보이기 위한 것으로 평가된다.

또 부정왜곡 척도가 높으면 현재의 성격검사에 무관심하거나 일부러 일탈된 모습으로 보이기 위해 의식적·무의식적으로 답변을 왜곡한 것으로 평가받는다. 방어성 척도에서 높은 점수를 받는 것도 마찬가지다. 이러한 응답은 신뢰성이 없는 것으로 평가된다.

OO형과 XX형만 지원해주세요? — 혈액형과 성격

2004년 말, 지방의 한 금융회사가 직원을 모집하면서 특정 혈액형으로 지원자를 제한하다 물의를 빚었다. 이 회사는 취업알선 사이

▶ 특정 혈액형을 가진 사람으로 지원자격을 제한하여 물의를 빚은 지방의 한 금융회사 채용공고

트에 "신용결격 없고 성실한 분. OO형과 ××형만 지원해주세요. 다른 형은 지원 삼가바랍니다. 다른 형은 추진력이 없어요"라는 내용의 채용공고를 냈다. 이를 한 네티즌이 다른 사이트에 올려 널리 퍼지게 되었고 항의성 댓글이 잇따랐다. 혈액형 채용공고가 큰 파문을 일으키자 채용공고 담당자는 공고내용 중 혈액형 부분을 삭제하고 사죄의 글을 올렸다.

이따금씩 혈액형과 성격의 상관관계가 입에 오르내리고 있다. 혈액형을 제목으로 한 노래가 있는가 하면 혈액형을 소재로 한 영화도 만들어졌다. 한 케이블 방송사에서 혈액형과 성격의 상관관계에 대해서 우리나라 사람이 어떻게 생각하고 있는지를 조사한 적이 있었다. 이 조사 결과 전체 응답자의 75.9%가 상관관계가 밀접하다는 반응을 보였다고 한다.

혈액형은 1901년 오스트리아 빈의 병리학 연구소에서 일하던 세균학자 란트슈타이너(Landsteiner)가 수혈할 때 피가 엉기는 것을 막기 위해 만들었다(란트슈타이너는 이 공로로 1930년 노벨상을 받았다). 그러다 1927년 일본의 다케지 후루카와라는 철학강사가 「혈액형을 통한 기질 연구」라는 논문에서 처음으로 혈액

형과 성격을 나눴는데, 당시 일본의 선정적인 언론보도와 라디오
프로그램을 통해 큰 반향을 불러일으켰다고 한다. 이에 따라 이력
서에는 혈액형 난이 생겨났고, 2차대전 중에는 일본 육군과 해군이
병사의 성격을 파악하기 위해 혈액형을 이용했다는 소문이 돌기도
했다.

   그러다가 1970년대 초 일본의 노미 마사히코라는 저널리스트가
쓴 『혈액형 인간학』이라는 책이 나오면서 혈액형에 대한 관심은
다시 불붙기 시작했다. 그는 혈액형에 따라 몸의 구성물질이 다르
며, 이것이 체질을 만들고 성격을 결정한다고 주장했다. 이러한
주장에 힘입어 일본에서는 혈액형 껌, 음료수, 달력, 콘돔까지 나
왔다고 한다. 게다가 혈액형에 따라 원생들을 나눠서 가르치는
방법을 달리하는 유치원이 생겼고, 결혼중매업체에 등록한 남녀
의 가장 중요한 목록 역시 혈액형이라고 한다. 가히 혈액형 붐이라
하지 않을 수 없다.

   성격과 혈액형에 대한 이런 견해는 의사들뿐만 아니라 심리

학자들 사이에서도 환영받지 못하고 있다. 과학적 근거가 없고, 설사 맞는 것이 있더라도 우연의 일치라고밖에 볼 수 없다는 것이 과학자들의 생각이다. 게다가 성격과 혈액형의 상관관계는 아주 낮다는 것도 밝혀졌다.

그런데도 왜 사람들은 혈액형이 자신의 성격과 맞다고 생각할까? 그것은 바넘효과(Barnum effect)로 설명할 수 있다. 바넘효과는 점성술이나 점괘 등의 성격묘사에서 대부분의 사람들에게 해당하는 일반적인 진술을 마치 자기 것인 양 믿는 현상이다(바넘효과에 대해서는 160쪽 참조). 그러한 점괘는 우리의 머릿속에 저장되어 있는 기억을 인출하게끔 하는 단서의 역할을 하기 때문에, 그런 인출단서가 있으면 그와 일치하는 것만을 기억해낸다. 그 때문에 혈액형과 성격이 맞아떨어지는 것처럼 보이는 것뿐이다.

앞서 보았듯이 사람들은 복잡한 외부세계를 파악할 때 단순히 몇 개의 그룹으로 나누어 알려고 한다. 있는 자/없는 자, 흡연자/비흡연자, 남자/여자, 혈액형별/띠별 성격 등등…. 이것은 복잡한 환경을 몇 그룹으로 단순화시킴으로써 두뇌의 부담을 덜기 위한 우리의 지각체계의 특성(범주화)이기도 하다.

80대 노부부의 참극―성격은 바뀌지 않는다

부산 서부경찰서는 18일 가정불화 끝에 아내를 흉기로 찔러 숨지게 한 혐의(살인)로 김모(83)씨를 긴급체포했다. 경찰에 따르면 김씨는 이날 오전 6시께 부산 서구 자신의 집에서 아침밥을 차려주지 않고 잔소리를 한다며 아내 이모(74)씨와 말다툼을 벌이다 이런 비극에 이른 것으로 밝혀졌다. 이들 부부는 성격차이로 지난 40여 년간 떨어져 살다 자식들의 권유로 지난 주말부터 한집에서 생활해 왔다.

오랜 별거 끝에 어렵게 재결합했으나 끝내 성격차이를 극복하지 못하고 3일 만에 살인극을 맞게 되자 이들의 행복한 새 출발을 기원하던 지인들이나 소식을 접한 사람들은 한결같이 마음 아파했다. 이들 부부는 1945년 결혼했으나 김씨의 바람기와 급한 성격, 아내의 곧고 강건한 성격 때문에 불화를 겪으면서 40대 후반부터 별거에 들어가 이혼은 하지 않았지만 지금까지 따로 살아왔다. 이들 부부는 명절 때와 집안 경조사를 제외하고는 지금까지 왕래가 거의 없었다는 게 경찰의 설명이다.

그러나 최근 들어 아들(53)이 "나이도 드셨으니 이제 함께 사시라"고 권유하자 부부는 크게 내켜하지 않았지만 지난 15일부터 아내가 사는 전세방에서 함께 살기로 했다. 하지만 40여 년 동안 떨어져 살았던 간극이 너무 깊었던지 만난 첫날부터 둘 사이는 삐걱거렸고 쉽게 마음을 열지 못했다고 한다.

김씨는 경찰에서 "일요일 아침 부인이 아침밥만 차려주고 혼자 외출하는 바람에 점심, 저녁까지 굶었고 화가 나는 바람에 뜬눈으로 밤을 새웠다"며 "이 일로 이날 아침 말다툼을 벌이다 순간적으로 분을 참지 못해 범행을 저질렀다"고 진술했다. — 연합뉴스

"말년을 행복하게 해드리려는 자식들의 배려가 끔찍한 결과를 낳아 안타깝기 그지없다"며 탄식했다는 경찰관의 말로 신문기사

는 끝난다. 안타까운 이야기다.

하지만 성격이라는 것이 "한 개인의 행동특성들에 비교적 일관되게 나타나는 독특한 심리적 자질"이라는 것을 생각해보면 사람의 성격은 바뀌기가 거의 어렵다는 것을 알게 된다.

시간이 지나면 성격이 변할 것이라고 생각하는 것은 대부분 환상이다. 배우자가 번지점프를 좋아하면 이를 말리기보다는 점심을 싸주고, 생명보험 액수를 두 배로 올리는 것이 더 현실적이다.

▶ 성격은 바뀌지 않는다. 모험적인 사람은 평생 모험을 추구한다. 말리기보다는 점심을 싸주고 생명보험 액수를 높이는 것이 현실적이다.

정신분석

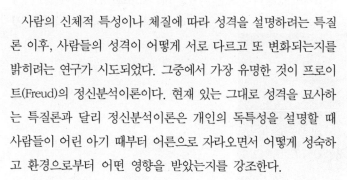

정신분석(psychoanalysis)은 신경증 치료를 위해
프로이트가 발전시킨 치료방법을 일컫기도 하며,
정신분석 방법으로 생겨난 심리학 이론의 체계를
말하기도 한다. 정신분석은 성격심리학과
임상심리학에서 주로 다룬다.

사람의 신체적 특성이나 체질에 따라 성격을 설명하려는 특질론 이후, 사람들의 성격이 어떻게 서로 다르고 또 변화되는지를 밝히려는 연구가 시도되었다. 그중에서 가장 유명한 것이 프로이트(Freud)의 정신분석이론이다. 현재 있는 그대로 성격을 묘사하는 특질론과 달리 정신분석이론은 개인의 독특성을 설명할 때 사람들이 어린 아기 때부터 어른으로 자라오면서 어떻게 성숙하고 환경으로부터 어떤 영향을 받았는지를 강조한다.

정신분석이론은 프로이트가 성문제를 겪고 있던 환자를 치료하는 과정에서 이루어졌다. 프로이트는 환자들이 겪고 있던 행동적·정서적 문제들이 그들의 어린 시절에 이루어진 성적(性的) 사건들과 관련이 있다는 사실에 충격을 받았다. 정신과의사로서 환자에 대한 치료경험을 토대로 그는 우리의 무의식 속에 기억이 저장되어 있으며, 이것이 현재의 행동에 영향을 미친다고 하였다.

에로스냐, 타나토스냐―인간 행동의 두 동기

프로이트의 이론에서 인간 행동의 동기는 무의식 내의 정신적 긴장이나 충동으로부터 나온다고 한다. 이런 충동들을 프로이트는 본능이라 말했는데, 삶의 본능과 죽음의 본능 두 가지로 나누어진다.

삶의 본능(eros)은 배고픔과 같이 삶을 유지해주는 것과 종족을 번식시키는 성(性)과 같은 충동을 말한다. 성본능은 개체의 정신 구조에서 상당히 중요한 역할을 하므로 프로이트는 이것이 가장

▶ 오스트리아의 신경과의사이자 정신분석의 창시자 프로이트(Sigmund Freud, 1856~1939). 히스테리환자를 관찰하고 최면술을 행하며, 인간의 마음에는 무의식이 존재한다고 하였다.

영향력이 큰 삶의 본능이라 생각했다. 성본능에 내재하는 힘은 리비도(libido, 라틴어의 '소망', '욕구'에서 유래)라는 것인데, 이것은 생존본능의 힘을 일컫는 것이 되었다.

두 번째 본능인 죽음의 본능(thanatos)은 우리 모두가 타고나는 죽음과 파괴에 대한 경향을 말한다. 여기에는 공격과 자기파괴가 포함된다. 프로이트는 이런 죽음의 본능을 소리를 지르든가 욕을 하든가 스포츠를 하거나 영화를 관람하면서 평소

에 조금씩 내보내야 된다고 보았다. 댐이 물을 방출하지 않으면 결국 무너지듯이 한꺼번에 죽음의 본능이 폭발하면 폭력이나 자살 또는 살인으로 나타나거나 정신병에 걸리게 된다고 한다(때문에 건강한 욕이 발달된 사회가 건전한 사회이기도 하다). 이런 것들은 방어기제를 통해서 어느 정도 줄일 수 있다.

의식, 전의식, 그리고 무의식 — 인간의 마음

프로이트는 마음이 의식과 전의식, 무의식으로 구성되어 있다고 보았다. 이것들은 곧잘 빙산으로 비유된다. 즉 수면 위에 튀어나온 작은 부분이 의식, 수면 바로 아래의 부분이 전(前)의식, 그리고 그 아래에서 빙산의 큰 부분을 차지하는 것이 무의식이다.

의식은 우리가 깨달을 수 있고 기억할 수 있는 것을 말한다. 이것은 우리가 어느 순간에 알거나 느낄 수 있는 모든 경험과 감각을 포함한다. 또 이 경험도 잠시 동안 의식될 뿐 우리가 다

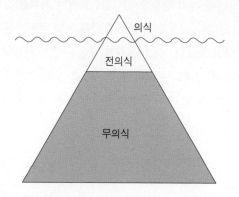

른 쪽으로 주의를 돌리면 전의식이나 무의식 속으로 사라져버린
다. 의식은 아주 작고 제한된 부분이기 때문이다. 이것은 기억의
구조 중 단기기억과 유사하다.

의식의 아래에는 우리가 즉시 깨닫지는 못하나 쉽게 기억할
수 있는 전의식이 있다. 전의식은 어느 순간에 있어서는 의식이
되지 않지만 우리가 조금만 노력하면 바로 의식될 수 있는 경험을
말한다. 그냥 기억(장기기억)이라고 보면 된다.

정신에 있어서 가장 크고 중요한 부분은 무의식이다. 무의식은
우리가 깨닫기를 완강히 거부하는 것으로서 전혀 인식되지는 않
지만 행동에 가장 중요한 영향을 미친다. 사람들이 말하거나 행동
할 때 무의식은 실수를 통해 나타나는데, 프로이트는 이것이야말
로 그의 진짜 생각이라고 한다.

일상 속의 무의식 — 실언과 꿈

프로이트는 환자의 행동을 연구함으로써 무의식적 갈등이론을
완성했다. 그러나 신경증 증상을 유발하는 갈등은 보통사람에게
도 나타난다고 보았다. 이 내부적인 갈등은 통제 아래에 있어 큰
불안은 없으나 그래도 존재하며, 이것들은 우리가 일상생활에서
기억을 잘 할 수 없거나 실언을 할 때, 또는 꿈으로 나타난다.

🏃 실언과 망각

우리의 적은 혁신적이고 많은 자원을 가지고 있다. 우리도 "그렇
다." 그들은 우리나라와 국민을 해치기 위해 새로운 방법을 끊임없
이 연구한다. 우리도 "그렇다." (Our enemies are innovative and
resourceful and so are we. They never stop thinking about new
ways to harm our country and our people, and neither do we.)
　　　　　　　 - 조지 부시(9.11 이후 대테러전쟁 관련 한 연설에서)

며칠 동안 보지 못했던 친구에게 전화를 걸려고 했으나 전화번
호가 생각이 나지 않는다는 것은, 무의식 속에는 그 친구에게 전화
를 걸 마음이 없기 때문이라는 것이 프로이트의 생각이다. 회장이
개회사를 할 때 "지금으로부터 회의를 폐회하겠습니다"라고 말하
면 그는 빨리 회의를 끝내고 싶다는 것이다. 또 "나의 반은 '자기'
의 것이고 '자기'의 반은 '자기' 것이고…"라는 실언을 했다면 '나'
는 '자기'를 사랑하고 있지 않다는 진짜 마음을 나타낸다는 것이
다. 우리가 정말로 하고 싶지 않은 일에 대해서는 억제라는 방어기
제가 작용해 우리를 멍한 사람으로 만든다는 것이다.

그러나 프로이트에 따르면 모든 실언이나 실수, 망각이 무의식
적으로 동기화가 되었기 때문은 아니다. 예를 들어 남편을 다른
사람에게 소개할 때 남편 이름이 갑자기 떠오르지 않는 것은 또
다른 이유가 있을 수 있다는 것이다. 순간적으로 그녀가 멍해졌거
나 이름이 너무 단순하거나 아니면 기억들이 간섭을 일으켰을지
도 모른다.

🏃 꿈

할머니 : 애야, 어제 꿈을 꾼 모양이네. 무슨 꿈을 꾸었니?

손 녀 : 할머니, 기억 안 나세요? 제 꿈에서 같이 계셨잖아요.

프로이트가 독특하게 영향을 끼친 분야는 꿈이다. 그에 따르면 꿈은 의미를 갖고 있기 때문에 해석할 수 있다고 한다. 겉으로는 꿈이 아무런 의미가 없어 보이고 희한하게 보이지만, 그것은 내부 충동들이 무의식적으로 갈등을 일으킨 것으로 이해하면 해석이 된다는 것이다.

꿈은 소망을 충족하려는 것이다. 깨어 있을 때에는 충동적인 소망이 자아와 초자아(자아와 초자아는 뒷부분 참조)의 눈치를 봐야 하기 때문에 그대로 활동하지 못한다. 그러나 잠을 자는 동안에는 이들의 힘이 약해지기 때문에 나타나게 된다. 소망충족은 간단하고 직접적이다. 배고픈 사람은 맛있는 음식 꿈을 꾸고 목마른 사람은 물 마시는 꿈을 꾼다. 그러나 이렇게 단순한 꿈은 그리 많지 않다.

보다 많은 꿈들은 이상하고 비논리적이며 희한하다. 이런 꿈들도 마찬가지로 소망충족의 꿈이다. 그러나 소망이 음식을 먹거나 물을 마시는 정도가 아니고, 성(性)이나 폭력과 같이 사회적으로 제약이 있는 것이라면, 그래서 불안을 일

▶ 프로이트에 의하면 꿈은 무의식이 나타나는 전형적인 사례다. 퓌슬리. 〈악몽. 1781〉

으키는 것이라면 그 소망은 그대로 나타날 수가 없다. 자고 있기는 하지만 자아와 초자아의 힘이 완전히 없어진 것은 아니기 때문에 변장함으로써 이들의 '검열'을 피한다. 이 꿈이 잠재몽이며 우리가 진실로 소망하는 것이다. 그러나 꿈을 꾼 사람은 자신의 소망이 무엇인지 알지 못한다. 그 꿈은 방어기제가 작용하여 변장되고 난 다음 조심스럽게 나타나기 때문이다.

▶ 전형적인 자유연상 장면. 치료자는 환자의 뒤편에 앉아 내담자가 편안한 상태에서 무엇이든 말하게 한다.

정교하게 변장하기 위해 소망은 다른 사물로 바뀌어 나타난다. 이것이 정신분석에서 말하는 상징(symbol)이다. 예를 들어, 송곳이 남성 성기를 의미하고 상자가 여성 성기를 의미하는 것처럼 몇몇 상징들은 모양이나 기능, 언어적인 유사성으로 인해 널리 통용되고 있다. 그러나 전혀 그렇지 않은 것들도 있다. 상징은 꿈을 꾼 사람의 과거 경험과 관련되어 있기 때문에 이런 것들은 자유연상(자유롭게 생각하면서 머리에 떠오르는 것은 무엇이든지 말하는 것, free association)을 통해서만 해석될 수 있다.

상 징	의 미	상 징	의 미
목 욕	출 산	풍선, 비행기	발 기
방	여 자	송곳, 연필, 뱀	남 근
상 자	자 궁	아이들과 노는 것	자위행위
숲, 덤불	음 모	과 일	유 방
이빨제거, 대머리	거 세	계단오르기, 말타기	성교, 자위

하나의 꿈을 예로 들어보자. 이 꿈을 꾼 사람은 수년 동안 결혼 생활을 한 여성이고, 꿈을 꾸기 직전에 그녀는 친구인 엘리스가 약혼했다는 것을 알게 되었다.

　　그녀는 남편과 함께 극장에 앉아 있었다. 일등석은 완전히 비어 있었다. 엘리스가 그녀의 약혼자와 함께 오려고 했으나 1.5달러짜리 나쁜 좌석밖에 없어 되돌아갔다고 남편이 그녀에게 말했다. '그 좌석이라도 구했더라면 괜찮았을 텐데'라고 그녀는 생각했다.

꿈이란 게 원래 이렇다. 앞뒤가 맞지 않다. 그러나 자유연상을 통해 이 꿈은 그녀의 최근 사건과 관련이 있음이 밝혀졌다.

비어 있는 극장은 극장표를 미리 사놓음으로써 비싼 돈을 치러야 했던 최근의 일을 암시하고 있다. 그날 빈자리가 많았기 때문에 표를 미리 사놓을 필요는 없었다. 또 그녀는 늦으면 안 된다고 남편에게 시달려야 했다.

꿈속의 극장표는 자신의 남편이 시누이에게 준 150달러와 간접적으로 관련이 있었다. 시누이는 곧바로 보석을 사는 데 그 돈을 다 써버렸다. 프로이트는 그녀가 좋지도 않은 표를 너무 빨리 샀다고 몇 차례 되뇌는 것을 보고, 그녀가 결혼을 너무 빨리 했다는 데 대해 실망하고 있다는 것을 알아냈다. 즉 동갑내기 친구인 엘리스는 결혼을 서두르지 않았고 또 지금까지 기다려서 좋은 남자를 만났다는 것이다. 그래서 그녀의 꿈은 그녀 역시 기다려야 했다는 것을 나타낸다. 지금의 남편은 별 가치가 없고, 기다렸다면 더 좋은 사람을 만날 수 있었다는 것이다. 1.5 대 150처럼 백 배나 더 좋은 남편을.

이드, 자아, 그리고 초자아 — 성격의 3요소

   프로이트의 성격이론은 정신역동이론으로 불린다. 그 이유는
정신 내에서의 역동적이고 활동적인 상호작용을 강조하기 때문
이다. 이 상호작용은 정신의 세 구성요소들 사이에서 일어난다.
세 가지 구성요소는 이드(id), 자아(ego), 그리고 초자아(super-
ego)다.

🏃 이드

이드는 태어나면서부터 지니고 있는 성격의 한 부분으로, 미성숙되고 충동적이며 비합리적이고 완전히 무의식적인 것이다. 이드는 삶의 본능이나 죽음의 본능과 같은 정신에너지를 보관하는 창고다. 욕구의 충동이 있으면 긴장을 가져오게 되고, 이드는 긴장을 해소하기 위해 즉각적인 만족을 추구한다. 프로이트는 이것을 쾌락원리라고 불렀다.

🏃 자아

두 번째로 발달되는 것은 자아다. 자아는 환경과 초자아의 통제를 감안하여 이드의 욕구를 만족시킨다. 그러기 위해서 자아는 계획을 세우고, 문제를 해결하며, 이드를 통제하는 역할을 한다. 이드는 쾌락원리를 따르지만 자아는 현실원리를 따른다. 현실원리의 목적은 욕구를 만족시키는 대상이나 조건이 성숙될 때까지 만족을 늦추는 것이다. 그래서 자신의 안전을 꾀한다.

🏃 초자아

초자아는 성격에서 가장 마지막에 발달하는 것으로서 자아로부터 나온다. 그러나 자아로부터 분리되어 정신을 감독하고 검열하는 역할을 한다.

초자아의 분리는 아이들이 부모들로부터 규칙과 가치를 배울 때 생긴다. 부모들은, 어른들에게 존대를 하지 않으면 예의가 없는 것이고, 다른 사람들과 친하게 지내는 것이 좋은 것이며, 남의 물건을 훔치는 것은 나쁜 것이라는 등등을 아이들에게 가르친다. 이런 선악의 판단들이 우리에게 내면화된 것이 초자아인데, 초자아는 부모 대신에 우리의 행동을 판단한다. 양심이라고 보면 된다.

이드는 끊임없이 충동의 즉각적인 만족을 꾀하며, 초자아는 이드의 충동을 제지하려 한다. 이 중간에서 자아는 현실적인 여건을 고려하여 이 둘을 모두 만족시켜야 한다. 그렇지 못하면 불안이 나타나게 된다.

이드가 강하면 충동을 억제하지 못하게 되기 때문에 사회적으로 바람직하지 못한 일을 저질러 처벌을 받을 수 있다. 이 경우 경험하게 되는 것이 신경증적 불안¶이다. 또 초자아가 강하면 죄책감이나 자기비하를 경험한다. 이것이 도덕적 불안이다. 불안을 경감시키기 위해 방어기제(348쪽 이하 참조)를 사용한다.

쾌감의 원천은 입에서 항문으로 ― 성격의 발달단계

프로이트의 성격발달은 단계를 강조한다. 각 단계는 전단계를 성취함으로써 이루어진다. 아기들은 쾌락만을 추구하는 경향을 갖고 생을 시작한다. 쾌락은 신체의 어떤 부위를 자극함으로써 구해지는데, 이 부위는 입이라든가 항문, 성기와 같이 촉감에 특히 민감한 곳이다. 프로이트는 이 부위를 성감대라고 불렀다.

어린이가 성장해감에 따라 성감대도 변한다. 이것에 따라 단계

¶ 신경증적 불안(neurotic anxiety) : 제기된 실제의 위험에 걸맞지 않은 공포(무대공포 등)

가 정해진다. 애초에는 입을 통해 쾌락을 얻는다(구순기). 변훈련을 할 때쯤이면 항문으로 옮겨간다(항문기). 좀더 지나면 성기를 자극함으로써 쾌락을 추구한다(성기기). 성이 억압되는 몇 년(잠복기)을 지나면 다른 사람을 통해 만족을 얻는 단계(생식기)에 도달함으로써 성격발달은 끝나게 된다.

프로이트는 한 단계에서 다른 단계로 넘어갈 때 두 가지 반응이 있다고 생각했다. 하나는 고착(fixation)이다. 이것은 다음 단계가 시작된 후에도 이전 단계의 쾌락추구에 집착하여 머무르고 있는 것이다. 젖을 뗀 아기가 손가락을 빤다든지 하여 이전 단계에 집착하는 것이다.

고착은 더 심한 문제를 일으킬 수 있다. 다음 단계에서 갈등이나 좌절이 있게 되면 아기는 만족을 얻었던 이전 단계로 되돌아간다(퇴행, regression). 예를 들어, 동생이 태어남으로써 이전의 '주목받던 자리'를 내주어야 하는 네 살배기 아이는 운다든가 손가락을 빤다든가 변통제를 하지 않는 등 화려했던 '왕년'으로 돌아가려고 한다.

또 하나는 반동형성(reaction formation)이다. 이것은 좌절이 있으면 나타난다. 한 발달단계에서는 쾌락추구 이전에 해야 할 것이 있다. 예를 들어, 변훈련 동안에는 괄약근을 조절할 수 있어야 된다. 이것은 아이에게 힘든 일이다. 그러나 부모들이 그렇게 해야 된다고 하기 때문에 아이들은 불안을 경험하게 된다. 이 불안을 처리하기 위해 아이는 자기가 하고 싶은 것과 정반대의 행동을 하게 된다. 이것이 반동형성이다. 이런 경우의 반동형성은 변비나 지나치게 깨끗해지려는 것으로 나타난다.

🏃 구순기

태어나서 1살 전후까지가 구순기다. 이 단계에서는 입술 또는 입 부위가 쾌감의 원천이다. 유아가 젖을 빨고 따뜻한 젖이 입, 입술을 자극하게 되면 본능적인 쾌감을 느낀다. 이러한 활동은 젖을 먹을 때가 아니더라도 나타난다. 일반적인 것은 손가락을 빠는 것이다. 처음에는 공복상태일 때 나타나지만, 이것이 쾌감을 자아낸다는 것을 알게 되면 배고픈 것과 관계없이 계속된다.

또, 다른 욕구가 제한되어 불안을 느끼게 되면 손가락을 빪으로써 긴장을 줄이려고 한다. 이가 나면서부터는 물어뜯거나 씹는 것으로 쾌감을 느끼게 된다.

만일 이 단계에 푹 빠지게 되면(고착) 성인이 된 후에도 여러 장애가 생긴다고 한다. 성인이 된 후에 정도가 심한 키스를 즐긴다든가 술, 담배에 강한 유혹을 경험하게 된다. 특히 담배의 부드러운 필터는 어머니의 젖꼭지의 촉감과, 담배연기는 젖과 같이 따뜻하게 목에 느껴진다.

구순기 때에는 강보에 싸여 따뜻하고 잘 먹고, 보호받기 때문에 고착이 되면 수동적이고 친절하며 낙천적·호의적 성격을 갖게 되고 고독을 싫어한다(이 성격을 구순기 성격이라고 한다). 그러나 반동형성이 이루어지면 그와 정반대로 거칠며 빈정대고 야심 있는 사람이 된다.

🏃 항문기

구순기 후부터 3살 전후의 기간에는 배설기관이 쾌감을 가져오는 부위가 된다. 이때가 항문기다. 유아의 근육은 점차 발달하여 괄약근을 조절할 수 있게 되며, 이 부분의 점막이 과민해져 쾌감을 얻게 된다. 그러므로 변을 참으려고 한다든가 손가락으로 자극을 줌으로써 쾌감을 얻는다. 자기 배설물을 가지고 장난하기도 한다.

변훈련이 시작되는 것도 이 단계다. 변훈련은 대개 아이가 스스로 괄약근을 조절할 수 있기 전에 이루어지기 때문에 아이들에게는 아주 힘든 일이다. 그 결과 불안이 생기며 아이들은 불안을 감소시키기 위해 방어기제를 사용하게 된다. 그것은 주로 반동형성인데, 변을 내보내기보다는 억제하게 된다. 그러다보니 이들은 지나칠 정도로 정돈을 하고 규칙적이며 완고하고 검약, 인색한 성격을 갖게 된다(이 성격을 항문기 성격이라고 한다). 반대로 마려울 때마다 내보내어 고착이 되어버리면 무절제하고 기분파가 된다.

일본사람들의 높은 질서의식은 정신분석이론에 따르면 항문기 성격 때문이다. 볏짚으로 엮은 일본의 다다미방은 우리나라의 장판과는 달리 관리가 매우 까다롭다. 다다미방에서 아기들이 변을 보게 되면 변과 냄새가 바닥에 스며들게 된다. 그렇기 때문에 아기들의 변훈련을 엄격하게 할 수밖에 없다. 그 때문에 불안해진 아기들은 반동형성을 하게 되고, 그러다보니 질서의식이 높고 깔끔한 성격을 가지게 되었다는 것이다. 반대로 고착이 되어버리면 줏대가 없이 이리저리 쏠려다니는 성격이 된다. 이 역시 모방을 잘하고 리더를 필요로 한다고 알려진 그들의 성격이다.

변훈련과 관련하여 재미있는 이야기가 있다. 일반적으로 여자는 언어에 강하지만 남자는 수학이나 과학에 강점을 갖고 있다. 사고력이 필요한 수학이나 과학 방면에서 남자가 여자보다 뛰어

위생제품이 호황을 누리는 일본

일본의 업체들은 일본국민들 사이에 만연하고 있는 병적인 집단결벽증을 이용, 때 아닌 호황을 누리고 있다. 이른바 '멸균제품'이라 불리는 기상천외한 위생제품들이 시장에 무한정 쏟아지고 있는 것.

항균처리된 만년필이나 계산기서부터 악취가 제거된 양말, 건조시 자동 살균처리되는 세탁기, 말 그대로의 현금 세탁기, 일회용 가라오케용 마이크나 수화기, 소독용 가스를 함유한 마스크에 이르기까지 6백여 종에 달하는 멸균 및 항균 제품들이 매출액 연 45억 엔대에 이르는 내수시장을 형성하고 있다.

접촉 후 자동으로 손과 입을 반복세척할 수 있는 스프레이나 각종 기구가 보편화되어 있고, 치약판매량이 지난 4년 사이에 5배나 늘었다. 맥주캔 모양의 휴대용 여성국부세척기는 지난 1년 사이에 20만 개나 팔렸다. 분비물의 악취제거용 약품들도 젊은이들 사이에 날개 돋친 듯 팔리고 있다.

그런가 하면 전국 4만 7천 개 초등학교에선 학생들의 손씻기를 의무화하고 있고, 배달도시락이 집에서 싸온 도시락으로 대체되고 있다. 간이나 날고기, 스시(생선초밥) 등 날 음식의 가격이 폭락하고 있다. 일본인들의 멸균 강박관념은 특히 젊은 층일수록 더욱 심하다. 어린이들 사이에는 친구에 대한 가장 심한 욕이 '사이킹(세균)'이라는 말이 나돌 정도다. 일본인들이 지닌 결벽증의 원형은 일본 고유의 전통 종교인 신토(神道)의 정화의식에서 유래됐다는 설이 있다. 이것이 현재 사회에서는 위생에 대한 세심한 주의력으로 표현되고 있다는 것이다.

하지만 지난해 여름 오사카 근방 사카이에서 출처불명의 O-157 바이러스가 출현, 일본 전역에 걸쳐 1만여 명의 환자가 발생하고, 그중 12명이 식중독으로 사망한 사건이 발생한 이후, 사람들 사이에 전염병 독성세균에 대한 공포는 더욱 병적인 상태로까지 치닫고 있다.

여기에 1995년 3월 도쿄 지하철역에서 발생한 사린독가스 테러사건도 일본인의 집단적 괴벽현상을 부추기는 또 다른 요소가 되고 있다. 심리학자들은 이 같은 현상이 사람과 사람 간의 접촉에 대한 두려움을 낳고 있다고 말한다. 집단결벽증은 한국인이나 중국인들 사이에서는 그다지 심하지 않다. 더구나 이들 나라에서는 그처럼 심각한 중독현상이 발생한다 하더라도 일본처럼 난리법석을 떨지도 않는다. 일본은 청결에 관한 한 면역결핍 상태인지도 모른다.

(문화일보)

▶우리나라의 한옥(좌)과 일본의 다다미방(우). 마루나 장판으로 이루어진 우리의 한옥과 달리 일본의 다다미방은 볏짚으로 되어 있어 엄격한 변훈련을 해야 한다. 정신분석이론에 의하면 그 때문에 일본인은 항문기 성격을 갖게 되었다.

나게 된 것이 변훈련 때문이라고 설명하는 사람들도 있다. 즉 남자는 변훈련을 할 때 '큰 것'이냐 '작은 것'이냐에 따라 자세가 달라지고 바지를 내리는 범위에도 차이가 있다. 그러나 여자는 무조건 들어가 앉고 본다는 것이다. 품위 있게 이야기하면 남자는 화장실에 들어가기 전에 '서느냐, 앉느냐'의 문제로 고민을 하는데(엄마가 물어본다), 여자들은 그 문제를 따져보지 않는다는 것이다. 어릴 때의 이런 변훈련 차이로 인해 남자의 사고력이 여자보다 뛰어나다는 것이다(요즘은 그 차이가 계속 좁아지고 있다는 보고들이 나오고 있다).

🏃 성기기

항문기 이후 5살 정도 될 때까지가 성기기 단계다. 이때에는 성기에 대해 주의를 하게 되고 자기 성기를 노출하려 한다든가 다른 사람의 몸에 흥미를 가지게 된다. 또 성인과 아동, 남성과 여성의 성기 차이에 대해 이상하게 생각하게 된다.

아동은 성생활이 성기와 관련이 있다는 것을 느끼고 호기심을 만족시키기 위해 성적인 놀이를 즐기는 일도 있다. 여자 아이의 경우, 남자 아이는 성기를 갖고 있으나 자기에게는 그것이 없다는 것을 알고 남자 아이의 성기를 부러워한다(남근 선망, penis envy).

▶ 오이디푸스 콤플렉스는 남자아이가 어머니를 사랑하는 것이다. 하지만 아버지의 보복이 두려워 아버지를 동일시하게 됨으로써 사회화되어간다. 크로넨버그 감독의 영화 〈스파이더〉의 한 장면.

이 시기에 남자 아이와 어머니의 관계는 강한 애정관계다. 아이는 어머니를 사모할 뿐만 아니라 어머니의 존재를 기쁘게 느끼고 어머니를 사랑하게 된다. 이것이 오이디푸스 콤플렉스다(오이디푸스는 아버지를 죽이고 어머니와 결혼한 테베의 왕 이름이다). 그러나 아이는 어머니를 독차지하는 것이 불가능하다는 것을 알게 된다. 어머니 옆에는 아버지가 있기 때문이다. 아버지는 아이에게 있어서 경쟁상대이다.

여자 아이의 경우에는 이와 반대로 아버지를 사랑하게 된다. 이것이 엘렉트라 콤플렉스다(엘렉트라는 자기 동생을 부추겨 어머니를 살해하도록 한 그리스의 여자 영웅이다). 어머니도 역시 여자 아이의 경쟁상대다.

아이들은 동성의 경쟁자인 부모와 한판 승부를 벌이려고 하지만 신체도 작고 훨씬 무력하기에 당할 수가 없다고 느끼게 된다. 부모에게 적대감을 가짐으로써 보복을 당하지 않을까 하는 두려움도 가지고 있다. 예를 들어 남자 아이는 아버지가 자신의 '고추'를 떼어가지 않을까 하는 불안을 갖고 있는데, 이것은 여자 아이가 '고추'를 갖고 있지 않다는 것을 알기에 더욱 위협이 된다.

그래서 남자 아이는 어머니에 대한 성적 욕구를 억압하고 아버지를 닮음으로써 아버지의 위협을 피하려고 한다. 여자 아이는 어머니를 닮음으로써 어머니의 위협을 피하려고 한다. 이 과정이 동일시(identification)다. 여기에서 아이는 동성 부모의 가치를 자기 것으로 내면화시키고 초자아를 형성한다(여자 아이가 어머니를 닮아가는 과정은 연구된 것이 거의 없다).

🏃 잠복기와 생식기

부모와의 '삼각관계'를 해결한 아동은 이에 관한 기억을 잊어버린다. 이것을 유아기 건망(아동기 기억상실증)이라고 부른다. 보통사람의 경우 3～5살 이전의 기억은 거의 없다(기억을 할 수 있을 만큼 뇌가 완전히 발달하지 않았기 때문이라는 게 아직까지 정설이다). 6살 이후가 되면 본능적 충동은 점점 쇠퇴하여 이른바 잠복기로 들어간다. 아동은 학교생활을 하면서 본능적 충동을 사회적이고 받아들여지는 쪽으로 승화시킨다.

사춘기가 되면 여러 성기관이 성숙하고 생식하려는 욕망이 왕성하게 활동한다. 이와 동시에 오이디푸스 콤플렉스 때의 여러 갈등은 또다시 모습을 보여주며, 성적인 것과 공격적인 것이 고개를 쳐들게 된다.

사춘기에 있어서 최초의 성적 대상이 되는 것은 동성이다. 이것은 오이디푸스 콤플렉스 때의 세력이 남아 있는 것이라고 볼 수 롤리타 콤플렉스는 '미성숙한 소녀에 대한 정서적 동경이나 성적 집착'을 뜻하는 말이다. 롤리타 콤플렉스는 '페도필리아(Pedophilia, 아동성애)'와의 관련설 등으로 인해 오랫동안 논의 자체가 터부시되어 왔다. 페도필리아는 심리학 용어로는 '신경과민성의 잠재적 공상이 변태성욕적으로 표출되는 것'을 가리킨다.

'롤리타(Lolita)'는 본래 러시아 작가 블라디미르 나보코프(1899~1977)가 1954년에 완성한 소설 제목이다. 작중 주인공은 중년의 남자와 12살 소녀 롤리타. 두 사람의 로맨스를 기둥줄거리로 한 이 소설은 1970년대 초 우리나라에서도 번역 출판돼 큰 반향을 불러일으켰다. 이 소설은 또한 1962년 영국 스탠리 큐브릭 감독에 의해 영화로 제작되기도 했다.

롤리타 현상은 일본에서 매우 뚜렷하다. 일본에서는 이미 1980년대 중반 '세일러복과 기관총'이란 영화가 빅히트할 정도로 롤리타 콤플렉스가 뿌리 깊고, 이른바 '엔조고자이(원조교제)'도 롤리타 콤플렉스의 한 변형에 불과하다고 전문가들은 진단한다.

있다. 환경적으로 특수한 경우를 제외하고는 누구든지 한 번은 다 경험한다고 한다.

그 후 성적 대상으로 이성을 택하게 되는데, 처음에는 옛날과 같이 소녀는 아버지 상을 연인에게서 구하고 소년은 연상의 여자를 사랑한다. 좀더 지나게 되면 비로소 어렸을 때의 이상에서 깨어나 독립적으로 이성을 선택한다. 이 시기에는 감정적으로 아주 불안정하지만 어린 시절을 순조롭게 보낸 사람은 곧 불안정을 끝낸다.

집단

집단을 다루는 심리학 분야는 사회심리학(social psychology)이다. 사회심리학에서는 집단역학(group dynamic)이라는 주제로 집단을 다룬다.

왜 집단에 가입할까? ― 집단형성의 욕구

욕구 5단계설을 주장한 미국의 심리학자 매슬로는, 다른 사람과 친하게 지내려 하는 것을 욕구의 하나로 본다. 즉 음식이나 물 등의 생리적 욕구가 만족되면 안전을 추구하는 단계로 나아가고, 안전욕구가 만족되면 소속감·사랑욕구로 나아간다는 것이다. 그리하여 다른 사람과의 애정적인 관계, 자기 가족 내에서의 위치, 준거집단 등을 갈망하게 된다. 집 안에만 틀어박혀 지내는 '은둔형 외톨이족'이 아니라면 다른 사람과 관계를 유지하며 생활하는 것은 욕구의 하나라는 것이다.

진화론에 기반을 둔 사회생물학에서는 다른 사람과 함께 있고 싶어 하는 것이 기본적인 인간 본성이기는 하지만, 집단을 형성하게 된 데는 환경적응적인 면이 더 강하다고 강조한다. 즉 집단이 개인의 욕구를 만족시켜주기 때문에 사람들이 집단을 형성하게 된다는 것이다.

인류가 처음 집단을 형성한 오랜 옛날, 인류의 조상들은 혼자서 생활하는 것보다 집단으로 생활하는 것이 살아가는 데 훨씬 유리함을 알았을 것이다. 즉 집단을 이루게 되면 맹수들로부터 자신을 보호할 수 있고, 협동하여 사냥함으로써 먹이를 더 확보할 수 있었다. 뿐만 아니라 이성을 찾기가 더 쉬웠으며, 자신의 후계자를 양육하고 보호해야 하기 때문에 집단을 갖는다는 것이 매력적이었을 것이다.

실제로 실험을 보면 두려울 때에는 다른 사람과 함께 있고 싶어 한다는 것을 보여준다. 그렇기 때문에 두려움이 존재할 때 집단의 단결도 훨씬 잘된다. 우리나라가 사상 초유의 IMF 구제금융을 받게 되었을 때, 당시 전 국민이 동참했던 금모으기 운동을 생각해보라.

또 다른 사람들은 사회적 상호작용을 경제학적 관점에서 보고 있다. 즉 다른 사람들(집단)과의 상호작용이 자신에게 가치가 있는지를 비교해보고 결정한다는 것이다. 한 집단에 가입할 때 이것이 주는 보상과 부담을 어떻게 보느냐에 따라 집단에의 가입여부를 결정한다는 것이다(이것을 사회교환 또는 사회비교라고 한다). 동호회나 친목회 등 자발적인 참여와 이탈이 가능한 집단이라면 그 집단에 '붙어 있는' 것이 나름대로의 이득이 되기 때문에 가입되어 있다는 것이다.

요약하면, 우리가 동호회에 가입하고 있든 기업에 몸담고 있든 어떤 조직에 머물러 있는 이유는 세 가지라고 할 수 있다. 그 조직이 좋기 때문이거나, 다른 조직에 가봐야 현재보다 더 나을 것이 없기 때문이거나, 그 조직에 자기가 투자한 것이 많을 때다. 그 때문에 특수 직업군의 협회나 지하조직 등과 같이 응집력이 높은 조직은 많은 액수의 가입비를 요구하거나 가혹한 입단식 등의 과정을 거치는 경우가 많다. 개인적인 투자를 통해 개인과 집단의 연결끈을 확실하게 하고, 섣부른 이탈을 방지함으로써 조직의 안전을 꾀하기 위해서다.

접촉의 즐거움 ─ 집단이 개인에게 주는 이익

집단에 가입하면 개인이 받는 보상은 한두 가지가 아니다. 일단 인간의 기본 욕구인 사회적 상호작용을 할 수 있다. 사람들을 만나고 대화하고 같이 시간을 보내고 하는 등의 행위 자체가 집단의 개인한테 이롭다는 것이다. 목마름이나 배고픔과 같은 기본 욕구들이 충족되지 않으면 보다 더 강렬한 욕구가 생기는 것처럼 다른 사람과의 사회적 접촉이 없을 때에는 욕구가 더 강해진다는 것을 연구결과는 보여준다. 그만큼 다른 사람과 접촉한다는 것 자체가 보상이 된다.

그리고 집단은 비교적 비슷한 사람끼리 구성된다. 정치적 신념이라든가 종교, 사회경제적 지위, 또는 고향 등이 같은 경우가 많다. 그리하여 동질적인 한 집단에 소속됨으로써 자기의 태도와 가치관 등이 유사한 구성원들은 자기를 지지해주는 후원자가 된다. 이러한 유사성 때문에 집단은 자기를 인정하고 승인하고 지지하는 버팀목이 된다.

게다가 집단이라면 나름의 목표가 있는데, 이러한 목표는 개인으로 추구할 때보다 집단으로 추구할 때가 성공 가능성이 더 크다. 혼자서 결혼 상대자를 찾는 데는 많은 노력과 비용이 든다. 하지만 결혼을 목적으로 한 인터넷 사이트에 가입하면 그러한 비용과 노력을 최소로 줄이면서 최대의 효과를 얻게 된다.

집단의 구성원이 되면 또 다른 '좋은' 구성원들을 만나게 되는 것도 집단을 찾는 이유다. 이런 구성원들은 우리가 집단에 들어갈지 말지를 결정하는 중요한 요인이기도 하다. 즉 '좋은' 구성원이 많을수록('물'이 좋을수록) 집단에 가입할 가능성이 크다는 것이다. 이런 집단에 들어가게 되면 자신이 부담해야 할 비용보다는 얻게 될 보상이 더 크다.

능력, 또는 매력 ─ 선호되는 구성원

여러분이 어떤 집단에 가입한 가장 큰 이유는 '그 집단의 구성원들이 마음에 들어서'일 것이다. 실제로 집단에 관한 연구를 보면 사람들은 조직 내에서 건강하고 관대하고 사교적이고 편견이 없고 솔직하고 사려 깊은 사람들을 좋아하는데, 이러한 구성원 속에서는 자신이 감당해야 할 부담을 줄이고 보상을 최대로 받을 수 있기 때문이다. 그래서 우리는 보다 나은 구성원들이 모인 집단에 들어가길 원한다.

따라서 집단에서는 능력 있는 사람이 선호된다. 유능하고 지적이고 노련한 사람들은 더 사랑받는다. 하지만 지나치게 능력 있는 사람은 때로 거부되기도 한다. 그것은 지나치게 능력 있는 사람은 접근하기 어렵고 초인처럼 보이기 때문이다. 그리고 이들의 존재로 인해 다른 구성원들이 상대적으로 자신이 무능력하다는 느낌을 갖게 되는 것도 또 다른 이유다. 하지만 지나치게 능력 있는 사람일지라도 커피를 쏟는 것과 같은 사소한 실수를 저지르면 더욱 인기가 높아진다. 인간적으로 보이기 때문이다.

"톰! 왜 이렇게 스토브가 뜨겁지? 빨리 불 좀 낮춰줘!"
뉴턴의 벼락같은 호통에 깜짝 놀라 잔심부름꾼이 방에 들어가 보니, 뉴턴은 스토브 앞에 한 자도 채 못 되는 가까운 거리에 바짝 다가앉은 채 열심히 책을 읽는 중이었다.
"주인님, 스토브가 뜨거운 것이 아니라 스토브에 바짝 다가가 계시는군요. 한 발짝만 뒤로 물러앉으세요!"

뉴턴은 29세 때 케임브리지 대학의 교수가 되었고, 30세에 영국 과학자라면 누구나 부러워하는 최고의 영예인 런던의 왕립협회 회원이 된 위대한 과학자다. 그런 그가 이러한 사소한 실수를 하다니…. 하지만 이런 실수로 인하여 오히려 그가 인간적으로 혹은 친근해 보이지 않는가?

또한 집단에서는 신체적인 매력이 있는 사람들이 선호된다. 외모는 사회적 재산으로 여겨진다는 것이 여러 연구에서 입증되고 있다. 하지만 능력과 마찬가지로 극단적으로 매력적인 사람들은 배척된다. 매우 매력적인 사람은 개인적이고 야심 있고 성취지향적인 특성이 있다고 여겨지는데, 이들은 덜 매력적인 다른 동료들에게 관심을 보이지 않아 배척된다.

왕따는 괴로워! ─ 집단이 개인에게 주는 부담

1956년 러시아의 흐루시초프가 집권에 성공한 후 군중 앞에서 연설을 할 때였다. 흐루시초프는 스탈린이 죽기 전 그의 총애를 받았지만, 그가 죽은 뒤에는 스탈린을 맹비난하며 정치적인 입지를 굳힌 것으로 유명하다.

일부 군중은 그의 이중적인 모습이 못마땅했고 진작부터 적극적으로 축출에 나서지 못한 것에 대한 야유를 퍼부었다.

마침 군중 가운데 누군가 "당신은 왜 그렇게 비겁했냐"고 외쳤다. 흐루시초프는 대답 대신 되물었다. "지금 질문한 사람은 누군지 손을 들어주십시오." 그러나 군중은 침묵했고, 결국 질문을 한 당사자는 대중 앞에 나서지 않았다.

그러자 흐루시초프는 말했다. "나 역시 바로 지금 당신과 같은 심정이었소."

집단이 개인에게 이익만 주는 것은 아니다. 한 개인이 집단에 들어가면 처음에는 낯설고 불편하고 긴장된 느낌을 갖게 된다. 부담이 아닐 수 없다. 그래서 어떤 모임에 처음 참석하는 사람은 자신이 잘 알지 못하는 그 집단의 사람들을 만날 때 대단히 조심하게 된다. 게다가 집단에 어떤 규범이라도 있지 않으면 신참들은 더욱 조심하게 된다. 무엇을 어떻게 해야 할지 모르기 때문이다. 사람에 따라서는 이런 것이 상당

▶ 군대나 지하조직 같은 경우 입문식은 엄격하거나 가혹한 경우가 많다. 개인과 집단의 연결끈을 확실히 하기 위해서다.

한 부담으로 작용하여 집단에 가입하는 것을 꺼리기도 한다.

뿐만 아니라 일반적으로 집단은 가입 초기에 부담을 요구한다. 가입비나 까다로운 가입절차 등이 그것이다. 하지만 이처럼 집단에 투자를 많이 했을 때에는 조직에 남아 있게 될 가능성이 큰데, 그것은 투자를 많이 할수록 집단에 대한 호감이 증가되기 때문이다. 인지부조화 이론(72쪽 참조)에 따르면, 투자는 분명 개인적인 부담으로서 불편감을 갖지만 개인은 집단이 주는 보상적인 측면을 더 강조함으로써 부담의 측면을 최소화하기 때문이다. 그래서 조직에 대한 비판은 흐루시초프 사례에서처럼 쉽지가 않다.

그 밖에도 집단에 가입했다가 자칫 '왕따'가 될 수 있다거나 집단의 간섭을 일일이 받아야 된다는 부담도 있다. '왕따'(배척)는 일반적으로 처벌의 형태로서 이루어지는데, 이럴 경우 자신의 고집을 꺾게 됨으로써 조직의 목적을 우선시하는 역할을 하기도 한다. 하지만 자신을 따돌린 구성원을 좋지 않게 보게 되기 때문에 실제로 집단에 도움이 되지는 못한다. 간섭도 개인이 느끼는 부담으로 작용한다. 집단의 구성원이나 지도자가 자신의 개인 생활에

개입하게 되면 부담을 느끼게 될 뿐만 아니라 집단에 대한 매력을 감소시킨다.

이러한 왕따나 간섭이 많아지면 반발이 일어나기도 한다. 개인이 갖고 있는 자유의 상실에 대한 걱정 이상으로 집단의 간섭이 이루어지면 개인은 자신의 자율성을 지키기 위해 반발하고, 극단적인 경우 집단을 떠나게 된다.

사공이 많으면 배가 산으로 간다? ― 집단갈등

집단 내에서 지내다 보면 갈등이 없을 수가 없다. 같은 목적을 위해 한 배에 올라타기는 했어도 의견충돌은 어디든 있게 마련이다. 이러한 갈등은 물밑에서 떠돌다 갑자기 나타날 수도 있고, 어떤 누군가의 주의하지 않은 한마디 말로도 촉발될 수 있다.

갈등이라는 말 자체는 그리 유쾌한 개념이 아니다. 갈등에 관한 연구가 시작된 초기에는 갈등은 커뮤니케이션의 효율성을 저해하고 인간관계를 해치는 등 유익하지 못한 요인이므로 해소되거나 해결되어야 한다고 생각되었다(전통적 관점). 그러다가 집단에서 필연적으로 나타나는 필요악이므로 갈등을 수용하고 인내하는 것이 대책이라는 관점도 생겨났다. 요즘은 오히려 갈등이 집단 내에서 절대적으로 필요하다는 관점이 우세하다. 즉 갈등은 새로운 아이디어를 촉진시키고 집단의 응집성을 향상시키며 우수한 의사결정을 내리게 하고 욕구불만의 탈출구를 제공하는 등의 이익을 집단에 제공한다는 것이다. 따라서 갈등을 촉진시키고 장려해야 한다는 것이다. 그래서 요즘은 경영학에서도 갈등을 조직관리의 한 형태로 다루고 있다.

그러면 이러한 갈등은 어떻게 시작되고 그 과정은 어떠한 경로를 거칠까?

톨게이트 끼어들기의 최후 — 갈등의 과정

　2005년 독일의 한 고속도로 요금소에서 발생한 황당한 교통사고 사진이 인터넷에 올라 네티즌들의 폭소를 자아낸 적이 있다.

　독일의 한 커뮤니티 사이트를 통해 소개된 아래의 사진에는 고속도로 요금소에 먼저 진입하기 위해 경쟁을 벌이던 두 자동차의 최후가 담겨 있다. 두 대의 자동차는 차량 한 대가 진입할 수 있는 요금소 통로에 동시에 들어와 옴짝달싹 못하는 신세가 되고 말았는데, 양보의 미덕을 발휘하지 않아 두 명의 운전자 모두 상당한 곤란을 겪게 되었다고 한다. 언뜻 봐도, 두 명의 운전자가 어떻게 밖으로 나왔을까 궁금해진다.

　우리는 이 두 차량의 운전자들이 끼어들기 진행과정에서 서로 어떤 갈등을 겪었는지 짐작할 수 있다. 그저 앞 운전자가 기분 상하지 않게 끼어들었다면 혹은 뒤 운전자가 대수롭지 않게 그냥 넘겼다면 이 정도로까지 상황이 악화되지는 않았을 것이다.

　갈등은 흔히 비탈을 굴러 내려오는 눈덩이와 비슷하다. 개인이든 집단이든 갈등은 대개 사소한 의견불일치로부터 시작된다. 그러다가 불안과 긴장이 높아지며 서로 감정적이 된다. 갈등은 당사자들간의 불신을 증가시키며, 이것이 다시 갈등을 증폭시킨다. 사회 전반에서 — 개인, 기업, 정당, 심지어 국가간에도 — 발생하며, 그 피해는 예측한 것보다 훨씬 큰 경우가 많다.

'달러경매'라는 실험은 갈등상황에서 긴장과 감정이 어떻게 증폭되며 나타나는가를 잘 보여준다.

1달러 지폐 한 장이 경매에 부쳐졌다. 일반 경매와 같이 가장 높은 입찰가를 부른 사람에게 낙찰된다. 그러나 특이한 규칙이 한 가지 있다. 그것은 최고의 입찰가를 부른 사람이 그 지폐의 임자가 되기는 하지만, 두 번째 높은 입찰자는 아무것도 얻지 못한다. 뿐만 아니라 두 번째 높은 입찰자는 자기가 부른 입찰가만큼의 금액을 내놓아야 한다.

구성원들은 처음에는 이런 게임을 꺼리지만 곧 입찰가는 50센트를 넘어서 1달러로 향한다. 처음엔 농담과 대화로 시작되지만 점차 분위기는 험악해진다. 불안과 초조, 신경질적인 감정이 솟아난다. 입찰을 포기하는 사람들이 늘어나고 결국 두 명만 남게 된다.

이제는 입찰가가 높아질수록 게임을 포기하면 크게 손해본다는 것을 깨닫고 서로 대결로 빠져들기 시작한다. 대화는 없어지고, 얼굴이 굳어지며, 생리적으로도 변화가 온다.

당신이 90센트를 불렀을 때 상대방이 1달러를 불렀다면 당신은 어떻게 할 것인가? 여기서 포기하면 당신은 90센트를 잃게 된다. 1달러보다 비싸게 부르는 것이 어리석게 느껴지기도 하지만, 당신은 결국 1달러 10센트를 부른다. 그러면 상대방도 또한….

게임이 진행될수록 이제는 이성의 문제가 아니고 감정과 자존심의 문제다. 어떤 대가를 치르더라도 상대를 굴복시켜야 한다.

이 실험에서 입찰가는 거의 모두 1달러를 넘어섰고, 어떤 경우는 20달러까지 올라갔다.   — Allan Teger, 1980

이제 앞의 두 운전자의 사례를 참고하면서 어떻게 저 지경으로 사고가 날 정도로까지 갈등이 진행되었는지 그 과정을 살펴보자. 그 과정을 보다 재미있게 보여줄 수 있는 인터넷 유머를 소개한다.

🏃 의견불일치

A : 어제 중국집 가서 자장면 시켜 먹었는데 정말 맛있더군요.

B : 자장면이 뭐가 맛있어요? 우동이 훨씬 맛있지.

C : 우동이요? 에이, 우동보다는 자장면이죠. 돼지고기도 들어 가고.

D : 자장면에 돼지고기라면 우동에는 해물이죠. 맛을 안다면 역 시 우동!

A의 평범한 문제제기에 대해 B의 평범한 반론이 있다. 여기에 C의 재반론이 생겨 A편을 들며, C의 재반론에 또 다른 반론을 하는 D가 B의 의견에 합류한다.

개인간이든 집단간이든 갈등은 대개 사소한 의견불일치에서 시작된다. 그러다가 불안과 긴장이 높아지면서 서로 감정적이 된다. 갈등은 당사자들의 불신을 증가시키고, 이것은 다시 갈등을 증폭시킨다.

일반적으로 집단 가입 후 초기의 어색한 기간이 끝나면 개인은 각자의 목소리를 내게 된다. 그러면서 서로를 더 잘 이해하게 되고, 상호간에 상호작용을 더 활발히 하게 된다. 하지만 이 시점에서 의견불일치가 나타나게 된다. 이러한 의견불일치는 단순한 것에서부터 아주 심각한 것에 이르기까지 다양하게 나타날 수 있다.

갈등은 대부분 오해에서 시작되는 경우가 많다. 집단에 의견불일치가 있다 하더라도 이러한 불일치는 대개는 집단의 목적을 달성하기 위한 것이다. 하지만 의사소통이 제대로 되지 않으면 서로를 오해하게 되고 그러다 보면 갈등이 나타나게 된다. 이런 경우 문제를 조금 더 탐색해 들어가다 보면 서로가 목적하는 바가 똑같고 아무런 갈등거리도 되지 않는다는 것을 깨달을 수 있다.

의견불일치로 인한 이러한 갈등은 초기에 비교적 손쉽게 해결된다. 그 중요성도 크지 않고 집단에 미칠 영향도 그리 크지 않은 것들이다. 하지만 이런 갈등도 까딱 대처를 잘못하다 보면 심각한 갈등으로 번지는 경우도 많다.

그 다음 대화를 보자.

🏃 대결

A : 님, 그럼 우동 안 먹는 사람은 맛을 모른단 말인가요?

B : 그만큼 우동이 낫다는 거죠. 에이, 자장면은 느끼해서….

C : 님께서 자장면에 대해서 잘 모르시는군요. 제가 설명해드리죠. (지식과 데이터, 증거 등등을 늘어놓기 시작하여 긴 설명이 이어진다) 아시겠죠? 자장면에 대해 잘 알지도 못하면서 함부로 말하지 마세요.

A가 말꼬리를 잡기 시작한다. B는 상대가 좋아하는 것을 깎아내리고, A편에 선 C는 이론으로 무장하여 B를 공격한다.

의견불일치 단계를 지나면 대결 국면으로 접어든다. 이 단계에서는 상대방의 약점을 부각시켜야 하며 자신의 입장을 합리화해야 한다. 그 과정에서 불안과 긴장이 높아진다.

이쯤 되면 서로가 '막 가보자'는 식이 된다. 문제해결보다는 감정이 앞서게 된다. 그리하여 토론은 논리적인 것에서 감정적인 것으로 대체된다.

🏃 격화

D : 님의 글 잘 읽었습니다만 혹시 ○○○씨 아닌가요?

A : ○○○씨 맞습니다. 그게 뭐가 중요한가요? 본질을 아셔야죠.

B : 님들 얘기 잘 들었습니다. 근데 말투가 좀 기분 나쁘군요.

C : 기분 나쁘다뇨? 시비를 건 건 그쪽 아닌가요? 맛도 제대로 모르면서.

D : 시비? 말이 너무 지나친 거 아냐? 사사건건 가르치려고 들잖아!

C : 어쭈? 어따 대고 반말이야? 너 몇 살이야?

A : C님, 참으셈. 잘 돼봤자 고딩이에요.

D : 고딩? 당신은 몇 살인데? 내 참, 군대 갔다 와서 직장 다니다 별꼴을 다 보네, 에이 ○○(욕설)

A : ○○? 왜 욕을 하고 그래? 진짜 기분 ☆(더 심한 욕설) 같이….

B : 그쪽에서 욕 나오게 하잖아! 택도 아닌 자장면 갖고 사람을 우습게 봐?

C : 택도 아닌 자장면? ○○(욕설). 당신 좋아하는 우동보다는 100배 1,000배 나아!

E : 님들, 싸우지 마셈. 둘 다 맛있는 음식이잖아요. (말리는 사람 등장)

D : 님들도 아시겠지만 우동이 훨 낫잖아요? 근데 저 맛도 모르는 @%#들은….

F : 난 짬뽕이 맛있던데…. (엉뚱한 논제 제기, 이런 사람 꼭 있음)

A : F님, 지금 자장면 우동 얘기 중이니 짬뽕은 끼어들지 마시길….

C : 맞아요, 껴들 때 껴들어야지, 주제도 모르고.

F : 뭐라고? 아, ○○(욕설). 싸우지 말라고 좀 웃겨볼라고 그랬더니, 짬뽕을 무시하는 거야?

E : 님들 싸우려면 밖에 나가서 싸우세요!

드디어 상대방의 흠집 내기와 깔보기가 시작된다. 그리하여 말투를 물고 늘어지고 반말과 욕설이 난무한다. 인터넷 채팅이 아니라면 한판 붙을 기세다.

대결의 단계를 지나면 갈등은 격화국면을 맞게 된다. 여기에서는 갈등이 상승기류를 타게 된다. 오해와 불신이 싹트면서 서로가 점점 더 적대적으로 변해가고 강압적인 방법을 선호하며, 서로를 위협하게 된다. 극단적인 경우에는 언어폭력이 신체폭력으로 바뀌기도 한다.

☄ 파국 또는 진정

이전의 단계를 지났다면 파국이나 진정의 두 국면으로 전환된다. 앞의 고속도로 요금소 사고처럼 비극적인 파국으로 치달을 수도 있고, '한 끼 음식 갖고 뭘 감정 상하느냐'며 화해하고 진정되기도 한다. 일반적으로 화해와 진정으로 전환되는데, 이것은 계속된 논쟁으로 집단의 에너지가 낭비되고 있음을 인식하게 되기 때문이다. 즉 끝없는 대결은 집단의 존립까지 위태롭게 할 수 있다는 인식이 생겨나는 것이다. 따라서 높았던 긴장 수준은 낮아지고, 이성과 이해가 증가한다. 그러면서 협상이 시작된다.

집단의 단결 ─ 응집력

어떤 집단은 단결이 잘되는 반면 어떤 집단은 그렇지 않다. 이것은 집단 응집력의 문제이다. 집단 응집력은 집단 구성원들이 서로 단결하여 집단 목표와 행동규범에 순응하는 정도를 말한다.

집단 응집력이 높을수록 집단의 단결력은 강하고, 응집력이 낮을수록 집단의 단결은 약해진다. 응집력이 높은 집단의 구성원들은 모임에 빠짐없이 나가고 적극적으로 활동하지만, 응집력이 낮은 집단은 집단의 활동에 대해 구성원들의 열의가 없고 모임에 참석도 잘 하지 않으며 별다른 공헌도 하지 않는다.

응집력이 강한 집단은 의사결정이 신속하게 이루어지고 결정된 방침에 대해 별다른 이견도 없다. 일체감이 조성되고 구성원들의 참여횟수도 많다. 향우회나 친목회처럼 집단의 목표에 공감하고 있을 때, 구성원들간에 친밀한 상호작용이 빈번할 때, 집단이 매력있다고 개인이 생각할 때 응집력은 증가한다.

또한 응집력이 높은 집단은 일반적으로 가입하기가 쉽지 않다. 의사협회나 변호사협회는 의사나 변호사가 되어야 가입할 자격이 주어지지만 의사나 변호사가 되는 게 그리 쉬운 일은 아니다. 마찬가지로 은밀한 지하조직처

▶'한번 해병은 영원한 해병'에서 알 수 있듯이 해병대의 응집력은 강한 것으로 평가된다.

럼 혹독한 가입행사를 치러야 한다든가, 상류층 사교클럽처럼 상당한 가입비를 지불해야 하는 여건이라면 응집력이 증가한다.

집단의 크기도 응집력에 영향을 미친다. 구성원 수가 적을수록 응집력은 증가하고 구성원 수가 많을수록 응집력은 떨어진다. 3학년 1반 반창회 참가율은 총동창회 참가율보다 높다. 재향군인회처럼 군대를 갔다 오기만 하면 누구나 회원이 될 수 있는 집단은 응집력이 떨어진다(이런 집단은 다른 집단과 경쟁이 붙을 경우에는 수적으로 우세하기 때문에 결집되면 막강한 힘을 가진다).

집단의 역사가 길면 응집력은 커진다. 좋은 고등학교라도 신흥명문보다는 역사와 전통을 자랑하는 고등학교가 더욱 응집력이 있다.

집단 외부로부터의 위협이 있으면 응집력은 증가한다. 좁게는 의약분업 때 의사협회와 약사협회의 대치상황에서라든가, 한약조제를 놓고 약사와 한의사 사이의 갈등이 있었을 때 각각의 집단의 단결력, 그리고 넓게는 외환위기 당시 금모으기 운동을 벌일 때

우리나라 국민의 응집력을 보면 이해가 된다.

하지만 외부의 위협이 상상을 초월할 정도로 크면 오히려 응집력은 약화되고 분열된다. 집단이 개인을 보호해주지 못할 것이므로 개인이 자신의 안전을 도모해야 하기 때문이다. 따라서 뿔뿔이 제 살길을 찾게 된다.

집단은 언제나 옳은가?

재정위원회에서는 핵발전소 건설에 10,000,000달러를 배정할 것인지를 다루었다. 토의는 간단하여 2분 30초간의 토의 끝에 만장일치로 승인되었다. 그러나 사무실 직원이 쓸 자전거보관소 시설에 2,350달러를 배정할 것인가에 대해서는 모든 위원들이 한마디씩 발언했다. 45분간의 토의가 진행되었고, 300달러를 절감하고는 구성원들이 만족감을 느끼고 돌아갔다.   – 파킨슨, 평범의 법칙

우리 사회에서는 중요한 결정을 집단에 맡긴다. 회사에서의 중요한 결정은 한 사람의 책상 위에서보다는 최고경영자들의 회의 석상에서 이루어진다. 정부의 주요 정책결정 또한 각료들이나 위원회의 회의를 통하여 이루어진다.

그러면 왜 많은 결정들이 집단에 회부되는가? 그것은 우리들이 개인으로 혼자 결정하는 것보다 집단이 결정하면 집단성원들은 자신들의 지식과 경험을 모두 동원할 것이며, 따라서 더 나은 결정을 할 것이라고 생각하기 때문이다.

물론 집단이 개인보다 효과적인 경우도 많다. 화성에 탐사선을 보낸 NASA의 성공은 여러 분야의 전문가들이 있었기에 가능했다. 하다못해 넓은 마당을 쓸어야 하는 일이라면 여러 사람이 구역을 정하여 분담하면 혼자 하는 것보다 훨씬 빨리 일을 끝낼 수 있다. 줄다리기를 할 때에는 불공정하긴 하지만 집단이 클수록 이길 수 있다.

그러나 집단이 개인으로 행동할 때보다 못할 경우도 있다. 어려운 수학문제를 풀어야 하는 경우, 가장 똑똑한 한 사람의 해답이 집단의 해답이 된다. 나머지 구성원들은 들러리에 불과하다. 또 이어달리기나 등산을 할 때에는 가장 느린 사람의 결과가 승부를 좌우한다. 가장 약한 고리가 쇠사슬의 전체 강도를 결정하는 것이다.

요약하자면 집단의 효율성이라는 것은 해결해야 할 과제가 어떤 종류의 것이며, 집단성원들의 자질이 어떠하며, 집단성원들의 상호작용이 어떠한가에 달려 있다. 이것이 적절치 못하면 회의를 오래 하더라도 결과가 흡족치 못하며, 회의를 회의적(懷疑的)으로 보게 된다. 그러나 더욱 겁나는 것은 집단의 응집성이 강할 때 나타나는 집단사고다.

만장일치의 위험 — 집단사고

■ 집단사고의 사례 : 피그만 침공작전

1961년 4월 17일, 새벽의 어둠 속에서 8척의 상륙정이 쿠바 남부

▶ 피그만에서 생포된 반군 포로들

의 한 해안(피그만)으로 접근하고 있었다. 상륙정에 탄 1,400명은 카스트로에 반대하는 쿠바 난민들로서, 미국의 후원하에 무장봉기를 통해 새로운 정부를 세우려고 하고 있었다. 이들의 수는 적지만 피그만에 교두보를 확보, 방어하면 미 공군이 공습하여 쿠바군을 무력화시키고, 이것이 쿠바 대중의 전면봉기를 유도하여 카스트로의 군대를 몰아낼 수 있을 것이라 판단했다.

하지만 불행히도 거의 모든 것이 계획대로 되지 않았다. 해안접근 중 상륙정이 좌초했으며, 침공사실은 카스트로에게 즉시 전달되었다. 또 미 공군의 공격은 이미 날이 새어 취소되었다. 도리어 카스트로의 공군이 상륙군을 벌집 쑤시듯 공격했다. 결국 1,200명에 가까운 사람들이 죽거나 체포되었고, 미국은 몸값으로 5,000만 달러의 식량과 의약품을 지불해야 했다.

■ 집단사고의 반대 사례 : 쿠바해상 봉쇄

1962년 10월 13일은 전 세계가 일촉즉발의 핵재앙 위기 속에 놓여 있었다. 소련은 미국의 쿠바침공이 실패로 끝나기는 했으나, 피그만 침공사건으로 위협을 느껴 쿠바에 핵미사일기지를 설치하여 완성단계에 이르렀다. 미사일기지가 완성되면 8천만의 미국인이 사정권 안에 들게 되었다.

이 위기를 해결하고자 케네디는 고위 보좌관들을 모아 국가안전보장회의 집행위원회를 구성토록 했다. 이들은 5일 동안 이 문제를 생각하고 가능한 해결책을 토의한 끝에 쿠바에 이르는 모든 해상을 봉쇄하는 결정을 내렸다.

▶ 쿠바해상봉쇄 때 소련 화물선과 나란히 항해중인 미해군 구축함

소련은 이 행위를 해적 행위라 맹비난했으나, 결국 핵무기를 적재한 선박은 소련으로 되돌아가고 말았다. 쿠바 미사일위기는 소련이 미사일 발사대를 해체하는 대신 미국은 쿠바에 대한 불가침약속을 하여 해결되었다.

집단사고(groupthink)¶란 응집력이 강한 집단의 사람들이 만장일치를 얻고자 하여 여러 대안적인 행동방안을 현실적으로 평가하려는 것을 억누를 때 나타나는 사고방식이다. 집단사고에 빠지게 되면 강한 일치추구 경향이 나타나 효과적인 집단토의를 방해한다. 즉 집단압력으로 인해 정신능력, 현실검증, 도덕판단의 감퇴가 나타난다.

이런 의사결정으로 인해 조직이나 집단에 엄청난 손해를 가져오는 경우가 많다. 회사에서는 아무도 사지 않으려는 제품을 만들

¶ 집단사고(groupthink)란 말은 연구자인 제니스(Irving Janis)가 불쾌감을 함축하기 위해 조지 오웰(G. Orwell)의 소설 〈1984〉에 나오는 신조어인 이중사고(doublethink) 및 범죄사고(crimethink)와 같은 맥락으로 사용한 용어다.

겠다고 결정하는 것이나, 위생상 판매해서는 안 되는 제품을 팔겠다는 결정도 나온다. 삼풍백화점이나 성수대교 붕괴와 같은 참사에서도, 아랫사람들이 위험에 대한 보고를 해도 윗선의 회의에서는 이를 무시한 엉뚱한 결정을 했음이 보도되었다.

역사의 한 페이지를 장식하는 집단사고의 사례들도 많다. 미국이 일본의 진주만 기습에 대비하지 못한 것, 월남전의 확대, 워터게이트 사건, 우주선 챌린저호의 폭발사고 등은 모두 집단사고에 의해 결정이 내려진 것들로 평가받는다.

그러나 위 사례의 집단사고에 관여한 사람들은 멍청한 사람들이 아니었다. 미국의 쿠바 피그만 침공에 대한 위 사례에서, 이 계획에 참여한 사람들은 케네디 대통령, 러스크 국무장관, 전 하버드대 경영대 교수였던 맥나마라 국방장관, 객관적이고 분석적 인물인 딜런 재무장관, 전 하버드대 학장이던 번디 국방담당 특별보좌관, 유명한 역사학자 슐레진저 등이었다. 그 밖에 라틴아메리카 전문가, CIA 국장과 부국장, 그리고 로버트 케네디 등 백악관 참모들이 이 계획에 참여했다. 당시 미국에서 가장 머리 좋은 사람들이었다. 그런데 왜 집단사고가 일어나는가?

집단사고가 일어나는 원인들 중 하나는 조급하게 만장일치를 추구하기 때문이다. 앞에서 보았듯이, 거의 모든 집단에서 동조압력은 어느 정도씩 있다. 그러나 집단사고의 경우 이 압력은 더욱 뚜렷해지고 압도적이 된다. 아무리 사소한 일일지라도 이의가 허용되지 않으며, 반대자를 끌어들이기 위해 상당히 가혹한 조치가 취해지는 경우도 있다.

또한 집단에 부정적인 정보는 여러 경로로 차단된다. 집단이 갖고 있는 신념을 보호하기 위해 파괴적인 정보를 다른 사람들에게 알려주지 않는 것이다. 실제로 케네디도 몇 명의 구성원으로부터 반대의 메모를 받았으나 회의에서 그 메모를 논의하지 않았다. 더 나아가 그들과의 사적인 대화를 통해 반대자의 의견은 어떤 대가를 치르더라도 억누를 것임을 분명히 했다. 그러므로 결국엔 속으로 그 계획을 반대하나 회의중에는 그러한 반대가 제기되지 못하고 '만장일치'의 기류가 흐르게 되었던 것이다.

집단사고의 또 하나의 이유는 착각 때문이다. 피그만 침공에 참여한 이들은, 자신들이 완전무결한 집단이며, 공산주의와 싸우고 있는 도덕성 높은 집단이라는 착각을 하고 있었다. 또한 카스트로는 멍청한 인물이며, 1,400명만을 파견해도 카스트로의 정규군을 격파할 수 있으리라는 '가소로운' 기대를 갖고 있었다.

그러나 1년 6개월 후의 쿠바해상 봉쇄는 집단사고를 배제한 결정이었다. 피그만 침공과 쿠바해상 봉쇄의 두 결정을 비교해보면, 모두 같은 지도자 밑에서 거의 같은 사람들, 같은 장소, 같은 시간압력하에서 이루어졌고, 같은 지역에서 충돌하여 심각한 결과를 가져올 가능성도 같았다.

이러한 유사점에도 불구하고 이번 위원회에서는 이전의 결정과는 다른 결정을 내놓았다. 위원들은 다양한 행동대안을 철저히 분석했고, 그들이 내릴 조치가 갖는 부담들을 신중히 검토했으며, 해상봉쇄가 실패할 경우 소련을 저지할 2차계획도 구체적으로 수립했다. 케네디 또한 회의분위기를 바꾸고 위원 개개인의 생각을 북돋우며 상호간 의사소통을 증진시켰다.

요약하자면 조급한 만장일치의 억제, 집단성원들의 잘못된 지

각의 교정, 효과적인 의사결정기법이 집단사고를 배제한 결과를
가져온 것이다.¶

관중을 의식하다 — 사회적 촉진

어느 날 강가를 걷고 있는데 한 보이스카우트 소년이 물에 빠져
허우적거리고 있는 게 보였다. 나는 그곳 지리를 잘 알고 있었으며
물이 그리 깊지 않다는 것도 알고 있었다. 나는 소년의 목숨을 구해
주기로 했지만 다만 군중들이 보는 앞에서 하고 싶었다.

나는 잠시 벤치에 앉아 기다렸다. 살려달라는 소년의 비명에 사람
들이 몰려들었다. 나는 그제야 의자에서 일어나 물가로 다가갔다.
나를 격려하는 관중을 의식하면서 천천히 신발을 벗었다. 관중 속에
서 박수가 터져 나왔다. 그런데 내가 양말을 벗으려는 순간 다른
사람이 나를 따라 옷을 벗기 시작하는 것이었다.

"저 소년은 내 차지야." 내가 먼저 소리쳤다. "누구든 먼저 구하

¶ 집단극화가설(group polarization hypothesis) : 토의 후 집단반응의 평
균은 집단이 되기 이전의 개인반응의 평균과 같은 방향이지만 더 극단(모
험 혹은 보수)으로 가는 경향이 있다는 것. 집단이 되면 개인으로 있을
때보다 더 모험적인 결정을 하는 것을 모험이행현상(riskyshift
phenomenon)이라 하는데, 여기에는 몇 가지 설명이 있다. 먼저 집단 속
에 들어가면 책임을 덜 느끼게 되고, 따라서 모험적인 결정을 하더라도
덜 불안해한다는 책임확산이론, 보다 모험적인 사람이 자기주장을 강하
게 펼치게 되어 결정에 영향을 많이 미친다는 지도력 이론, 문제를 다루
다보니 친숙해져서 나중에는 불확실성이 감소되어 모험적인 결정을 하게
된다는 친숙화 이론, 그리고 마지막으로 모험을 추구하는 것을 많은 문화
권에서 긍정적으로 받아들이므로 모험을 추구한다는 가치이론이 있다.

는 사람이 임자지." 그가 응수했다. 가만히 생각해보니 그 말도 맞는 것 같았다. 다행히도 나는 그보다 먼저 옷을 벗기 시작했다. 그대로는 나에게 지겠다고 여긴 그는 바지를 입은 채로 물속에 뛰어들었다.

다급해진 나는 뒤질세라 뛰어들며 그를 덮쳤다. 나는 그 후 소년이 어찌되었는지 모른다. 왜냐하면 소년을 구하려던 우리 둘은 다같이 병원에 실려간 것이다. 나는 그의 팔을 꺾었고, 그는 나의 앞니를 부러뜨렸기 때문이다.

술집에 손님이 많아야 술맛이 나고 잘 넘어간다. 경기장의 관중이 많아야 응원도 신나고 선수들도 몸을 아끼지 않는다. 일반적으로 타인이 존재하게 되면 개인의 수행량이 늘어난다. 이것을 사회적 촉진(social facilitation)이라 한다. 이것이 일어나는 이유는 타인의 존재가 동기를 더 강하게 해주기 때문이다.

그러나 모든 경우에 타인의 존재가 행동을 부추기는 것은 아니다. 집에서 어려운 문제를 풀 때에는 잘 풀리다가도 학교 급우들 앞에서 풀면 잘 풀리지 않는 경우가 있다. 전날 연설문을 완벽하게 소화했는데, 막상 연단에서는 잘되지 않는 경우도 있다. 사회촉진은 과제의 유형에 따라 달리 나타나기 때문이다.

▸관중의 존재는 선수들의 경기력을 증대시킨다.

무임승객효과와 봉효과–사회적 태만의 이유

사회적 태만에 대한 흥미 있는 설명은 무임승객효과 (free rider effect)와 봉(鳳)효과(sucker effect)다.

예를 들어 당신이 한 집단의 사람들과 함께 배를 젓는다고 생각해보자. 모든 사람들이 열심히 노를 젓고 당신은 배가 멋지게 나아가고 있는 것을 본다. 모든 것이 잘되어가고 있기 때문에 당신은 이제 자신의 큰 노력이 필요치 않다고 느낄 수 있다. 따라서 당신은 노 젓는 자신의 노력을 줄이고 무임승객이 되어 빈둥거리게 된다(무임승객효과).

이와 달리, 당신은 온 힘을 다해 노를 젓고 있다가 눈을 돌려보니 다른 구성원이 거의 힘을 기울이지 않는 것을 보게 된다. 그 구성원들은 당신을 하나의 봉으로 보고 있다. 즉 당신이 모든 일을 하면 결국 놀고 있는 그 구성원도 당신만큼의 찬사를 받게 된다. 이제 당신은 자신의 노력을 줄이고 혼자 일할 때만큼 열심히 일하지 않게 될 것이다(봉효과).

연구에 따르면 사람들은 의도적으로 게을리 행동하는 타인들을 위해 봉이 되는 것을 가장 피하고 싶어 한다. 그러므로 이때 사회적 태만이 가장 크게 일어난다.

숙달되지 않거나 잘 모르는 행위, 생소하거나 복잡한 행동에 대해서는 타인의 존재가 방해하지만, 일단 그 행위에 숙달되면 관중은 행위를 촉진시키게 된다. 그러므로 세미나 또는 스터디 그룹 등에서 어려운 주제나 교재를 사용하면 발표하거나 토의하려는 분위기가 잘 이루어지지 않는다. ¶

¶ 주의분산–갈등이론(distraction–conflict theory) : 타인이 존재함으로써 생긴 주의분산과 주의집중 갈등이 단순과제의 생산성을 촉진시키는 반면, 복잡과제의 수행을 억제시킨다고 하는 사회촉진에 관한 이론

한편, 집단 속에 묻혀서 일하는 경우에는 혼자 일할 때보다 덜 일하게 되기도 한다(사회적 태만¶). 특히 다른 사람이 자기가 한 일의 양을 모를 때 심하게 나타난다. 작은 짐을 여러 개 옮길 때에는 개수로 알 수 있기에 열심히 일하지만, 여럿이 냉장고를 옮겨야 할 때에는 얼마나 힘을 쓰는지 모르므로 힘을 덜 쓴다. 줄다리기를 할 때 설사 여러분 팀이 이겼다 하더라도 여러분은 모든 힘을 내지 않았을 수도 있다. 자기가 온 힘을 쏟지 않더라도 일이 잘되어가고 있으며, 또 이겨봐야 찬사를 받는 것은 자기가 아니라 집단이기 때문이다.

¶ 사회적 태만(social loafing) : 사람들이 혼자 일할 때와 비교하여 집단으로 일할 때 생기는 노력의 감소. 연구자의 이름을 따 링겔만효과(Ringelmann effect)라고도 한다.

리더십

*리더십(leadership)은 사회심리학의 한 분야로, 어떤
사람이 리더가 되는지, 리더의 행동에는 어떤
것들이 있는지, 효율적인 리더는 어떤 리더인지
등을 다룬다. 그 과정에서 상황이나 조직원간의
관계도 다루어진다.*

한 연구에서, 각 학교에서 뛰어난 리더십을 가진 학생 수십 명을
선발하여 이들을 무인도에서 지내게 했다. 어느 정도 시간이 흐른
뒤 연구자들이 그곳으로 가서 관찰을 해보자, 리더 역할을 맡은
학생이 있긴 했지만, 대부분은 리더를 따르는 집단 구성원이 되어
있었다.

현대에 리더가 없는 조직은 거의 없다. 학교나 직장, 심지어
친목회나 동호회에도 리더가 있다. 오랜 옛날, 동굴에 살았던 우리
의 조상들이 무리를 짓게 되면서 일을 효율적으로 하기 위해 지도
자를 뽑은 이후 현재에 이르기까지 집단에서 리더는 있어 왔다.
물론 집단 구성원의 독립에 대한 욕구가 크거나, 전문가라는 정체

감을 갖고 있을 때, 또는 능력 있는 개인들로 구성되어 있어 리더가 주는 보상을 하찮게 여기는 집단 등에서는 오히려 리더가 없을 때 성과가 더 잘 나타나는 경우도 있다. 하지만 일반적으로 일이 복잡해지거나 집단이 위기의식을 갖게 되면 자연히 리더를 찾게 된다.

'조직'이라는 오케스트라의 지휘자 ─ 리더

헝가리 출신의 천재 바이올리니스트 유진 오먼디(Eugene Ormandy, 1899~1985)는 1936년부터 필라델피아 오케스트라의 지휘자로 왕성한 활동을 했던 명지휘자이기도 했다.

그가 이끄는 필라델피아 오케스트라는 1970년대 들어 아시아 지역 순회 연주회를 했는데, 1973년에는 당시 동서 화해 무드를 타고 중국을 방문하게 되었다. 이때 오먼디와 필라델피아 단원은 중국 국립 오케스트라단의 교향곡 연주를 들을 기회를 가질 수 있었다.

당시 세계 정상의 수준을 자랑하던 필라델피아 오케스트라 단원들의 눈높이에서 볼 때 중국 단원들의 연주는 아마추어 수준을 벗어나려 하는 단계였다.

오먼디는 중국 오케스트라 단원들을 며칠간 훈련시킨 뒤, 다시 무대 위에 올려 자신의 지휘하에 연주하게 했다. 그런데 불과 며칠 전까지만 해도 불협화음이던 중국 단원들의 연주는 환상적인 수준으로 바뀌어 있었다. 연주를 마친 중국 단원들은 자신들도 그런 환상적인 화음을 낼 수 있었다는 사실에 놀란 나머지 감격의 눈물을 흘렸다.

그러나 중국 단원들보다 더욱 놀란 사람들은 바로 필라델피아 오케스트라 단원들이었다. 그들은 지금까지 자신들의 실력이 뛰어나서 필라델피아 오케스트라가 명성을 날린다고 생각해왔는데, 보잘것없던 중국 오케스트라가 자신들 못지않은 연주를 하는 현장을 목격하고는 필라델피아 오케스트라의 명성이 자신들 덕분이 아니라 지휘자, 즉 오먼디가 이룩한 것임을 깨우치게 되었다.

지휘자는 1백여 명 안팎의 단원을 지휘하는 사람이다. 연말 음악회의 고정 레퍼토리「합창교향곡」을 연주할 때 합창단까지 지휘하게 되면 숫자는 200명을 훌쩍 넘긴다. 단원들이 지휘자의 손끝에 따라주지 않으면 음악은 당연히 엉망이 된다. 단원들을 따라오게 만들면서 아름다운 선율로 통합할 수 있어야 한 곡의 멋진 지휘가 이루어진다.

하지만 지휘자는 아무나 할 수 있는 것이 아니다. 마음만 갖고는 되지 않는다. 지휘자는 곡에 대한 상세한 이해가 있어야 하고 작곡자가 표현하고자 한 바를 제대로 구현해낼 줄 알아야 한다. 관악기, 현악기, 타악기 등 저마다 음색이 다른 악기를 이해하고 있어야 하고, 그 악기를 다루는 단원의 개성까지 파악하고 있어야 한다. 서로 다른 악기들이 내는 소리를 들어가며 고저장단과 세기, 빠르기 등을 조율할 수 있어야 하고, 단원들이 자신의 손끝에 따라오도록 만들 수 있어야 한다.

리더(지도자)는 오케스트라 지휘자와 같다. 조직이든 국가든 리더는 서로 다른 개성을 지닌 구성원들의 역량을 결집시켜 조직의 목표를 향해 가도록 이끄는 사람이다. 오케스트라에서 지휘자가 없다면 곡의 연주가 어떻게 될지 쉽게 상상할 수 있듯이, 조직에도 지도자가 없다면 그 조직의 앞날이 어떻게 될지 충분히 예상할 수 있다. 그래서 대부분의 조직과 사회에는 지도자가 있게 마련이고, 훌륭한 지도자를 갖는 것은 조직과 개인의 발전을 의미한다고도 볼 수 있다.

타고나는 걸까? 시대의 산물일까? — 두 개의 시선

"누가 사장이 되어야 하는가"라는 질문은 "누가 사중창에서 테너가 되어야 하는가?"라고 묻는 것과 같다. 두말할 것도 없이 테너를 할 수 있는 사람이다."

— 헨리 포드

자동차왕으로 불리던 포드자동차 사장 헨리 포드는 지도력이 그 사람이 가진 자질에서 나온다는 사실을 지적했다. 즉 테너 곡을 소화할 수 있는 사람이 테너를 맡아야 하는 것처럼 한 회사를 이끌 수 있는 사람이 사장이 되어야 한다는 것이다.

리더십을 바라보는 하나의 관점은 특성이론이다. 특성이론은, 리더는 그만이 갖고 있는 우수한 자질이나 특성만 있으면 상황이나 환경에 상관없이 언제나 리더가 될 수 있다고 본다. 상황적응력, 성취지향성, 결단력, 협동심, 단호함, 신뢰성, 지배욕, 활동성, 인내심, 자신감, 책임성 등이 리더의 자질(특성)이다. 즉 많은 사람이 리더가 될 수 있는 이러한 자질을 갖추고 있지는 않으므로, 이러한 자질을 가진 자만이 리더가 될 수 있다고 본다.

특성이론에 따르면 리더들은 일반 구성원들보다 키가 조금 더 큰 경향이 있고, 지능도 다소 우수하며, 구성원들보다 보다 성취 지향적이고, 지배적이고, 자기확신이 크다고 한다. 하지만 연구에 따르면 이들의 상관관계는 그리 크지 않다. 역사적으로 보더라도 나폴레옹은 작은 키에도 불구하고 황제가 되었다. 또한 지나치게 지적인 리더는 그리 환영받지 못한다. 설사 그가 매우 유능한 리더라 하더라도 집단 구성원들과 지적인 면에서 차이가 크면 관심이나 태도, 가치관 등에서 마찰이 생겨 뜻하지 않은 문제가 나타날 가능성이 있기 때문이다.

그리고 리더는 일반 구성원들보다 나이가 많은데, 이는 재벌 2세처럼 가족승계가 아니라면 그 자리에 오르기 위한 지식과 지혜, 경험을 쌓는 데 시간이 걸리기 때문이다.

하지만 이런 특성이론은 그다지 환영받고 있지 못하다. 구성원들과 리더를 구별해주는 독특한 리더만의 특성이 거의 없다는 이유에서다. 대신 또 다른 설명은 환경에 중점을 둔다. 집단의 목적이나 가치를 달성하기에 중요한 기술이나 지식을 갖고 있다면 이런 자질이 필요한 상황에서는 리더가 될 수 있다는 것이다. 즉 적당한 장소와 적당한 시간에 적절한 사람이 리더가 된다는 것이다. 이런 접근법을 '시대정신(독일어로 자이트가이스트, zeitgeist)' 접근법이라 한다.

하지만 지도자의 자질을 가진 사람이 어떤 곳에서 어떤 시간에 리더십을 올바르게 발휘하지 못하면 파괴적인 결과를 가져오기도

지도자와 보스

인터넷에는 지도자와 보스의 차이에 대해 다음과 같은 글이 있다. 지도자의 개념을 이해하기에 적당하므로 소개한다.

- 지도자는 앞에서 이끈다. 보스는 뒤에서 감시한다.
- 지도자는 선의에 의존한다. 보스는 권위에 의존한다.
- 지도자는 채찍이 필요 없다. 보스는 늘 채찍이 필요하다.
- 지도자는 '우리'를 주어로 말한다. 보스는 '나'를 주어로 말한다.
- 지도자는 공개적으로 설득한다. 보스는 숨어서 조종한다.
- 지도자는 사람을 신뢰한다. 보스는 사람을 불신한다.

▶ 리더는 "가자!"라 하고, 보스는 "가라!"고 한다. (사진 : www.wit.co.kr)

- 지도자는 희망을 준다. 보스는 겁을 준다.
- 지도자는 자기가 디디고 있는 땅에서 눈을 떼지 않는다. 보스는 무지개를 바라본다.
- 지도자는 자기의 약점을 숨기지 않는다. 그럴 필요를 느끼지 않기 때문이다. 보스는 자기의 약점을 숨긴다. 권위를 잃을까 두렵기 때문이다.
- 지도자는 자기 의견에 반대하는 사람을 가까이 한다. 보스는 자기와 의견을 달리하는 사람을 미워한다.
- 지도자는 권위를 쌓는다. 보스는 권력을 쌓는다.
- 지도자는 타협을 잘하고 대화를 즐긴다. 보스는 타협을 모르고 대화를 거부한다.
- 지도자는 귀가 여러 개 있다. 보스는 듣기 좋은 말만을 듣는 귀 하나만 갖고 있다.
- 지도자는 무엇이 잘못되어 있는가를 알려준다. 보스는 누가 잘못하고 있는가를 지적한다.
- 지도자는 자기 말에 책임을 진다. 보스는 자기 말도 무시한다.
- 지도자는 지지자를 만든다. 보스는 부하만을 만든다.
- 지도자는 권력이란 하나의 수단에 지나지 않는다고 여긴다. 보스는 권력이 전부라고 생각한다.

한다. 짐 존스(Jim Jones)라는 사이비 교주의 예를 보자.

미국의 사이비 종교 지도자인 짐 존스는 자신을 샌프란시스코에 거점을 둔 전도자 집단 '인민사원'의 메시아라고 선포한 뒤 추종자들에게 남아메리카 밀림에 이상향을 세워주겠다고 약속하고는 결국 이들을 집단자살로 이끌었는데, 이 사건은 '존스타운 대학살'(1978. 11. 18)로 알려지게 되었다.

▶ 짐 존스(1931~1978)

그는 1960년대 초에 목사로 임명받아 청중을 사로잡는 정열적이고도 매혹적인 설교로 명성을 얻게 되었는데, 설교의 상당 부분이 인종간 화합의 중요성을 강조하는 것들이었다. 실제로 그 자신이 직접 인권운동에 참여하기도 하고, 인종이 다른 아이들 7명을 입양하기도 했다. 1963년에는 자신의 교회인 인민사원 복음교회를 만들어 교인이 8천 명에 이르기도 했다.

그러나 시간이 지나면서 기괴하고 잔인한 교회 관련 소문이 떠돌기 시작했다. 사이비 종교집단이라는 언론의 계속된 공격과, 집단의 수입을 사적으로 전용한다는 비판을 많이 받게 되자 1977년, 존스는 수백 명의 추종자들을 이끌고 가이아나로 이민, 존스타운이라 불리는 농업공동체를 세웠다. 하지만 이주 후 추종자들로부터 여권과 수백만 달러를 몰수하고 협박·구타·살해 등의 방법으로 그들을 위협했다. 기괴한 집단자살 의식을 여러 번 예행연습하기도 했다.

존스타운이 이상향이라기보다는 감옥에 가깝다는 소문이 떠돌기

▶ 집단자살을 보도하는 뉴스위크. 가이아나에서 벌어진 집단자살은 2001년 9.11 테러 이전에 자연재해가 아닌 사건으로 미국 시민이 가장 많이 죽은 사건이었으며, 역사상 최대의 집단자살로 꼽히고 있다.

시작하자, 1978년 11월 14일 미국 캘리포니아 주 하원의원 레오 라이언은 기자들과 존스 추종자들의 친족들과 함께 가이아나에 도착하여 폭행 소문에 대해 비공식적인 조사를 벌였다. 4일 뒤 라이언 일행과 그 집단을 탈퇴한 14명이 존스타운 근처에 있는 활주로를 떠나려 하자, 존스는 추종자들을 시켜 이들을 암살했다. 라이언과 다른 4명(3명의 기자 포함)이 죽고 다른 사람들은 도망쳤는데, 도망친 사람들이 경찰에 신고했으리라는 보고를 접한 존스는 미리 세워놓았던 자살계획을 실행에 옮겼다.

11월 18일, 존스는 추종자들에게 청산가리를 넣은 탄산음료를 마시도록 명령했는데, 이번은 예행연습이 아니었다. 존스 자신은 머리에 권총을 쏘아 자살했다. 다음날 가이아나 군대가 현장에 도착했을 때, 희생된 사교 추종자들은 913명(어린이 276명 포함)이나 되었다.

1960년대 당시 미국의 국가적 시대정신은 인권이었다. 케네디 대통령 암살(1963년)과 인권운동가 마틴 루터 킹 목사의 암살(1968년) 등에서 보듯이 가난한 자, 흑인, 기타 소외집단의 인권과 관련하여 찬성이든 반대든 강력한 국민감정이 있었다. 이 과정에서 짐 존스는 편견과 가난, 차별이 없는 유토피아를 약속했는데, 그것은 당시 그때 그곳에서 시의적절한 메시지였다는 것이다. 비참한 최후로 끝나기는 했지만, 시대정신 접근법에 따르면 이런 약속이 그를 그 집단의 리더로 만든 것이다.

언제나, 어디서나 리더? —자질과 상황의 상호작용

특성이론에 따르면 지도자는 지도자의 자질을 타고났기 때문에 어디서나 지도자여야 한다. 그러나 집단의 성격에 따라 리더의 역할과 자질은 다르다. 한 회사의 성공적인 리더가 우리나라 축구 국가대표팀 감독을 맡는다면 그리 효율적이지 않을 것이다. 거꾸로 훌륭한 국가대표팀 감독이 한 회사를 경영하는 것도 마찬가지다.

또 한편으로, 훌륭한 지도자라 하여 한순간에 여러 곳에서 리더십을 발휘하기도 쉽지 않다.

시어도어 루스벨트 대통령은 어린 딸 앨리스를 끔찍이 사랑했다. 앨리스는 제멋대로 대통령 집무실을 드나들기 일쑤였다. 하루는 한 방문객이 대통령과 중요한 문제를 상의하고 있는데, 앨리스가 들락거리며 수선을 피웠다. 이를 보다 못해 방문객이 항의를 하자 대통령이 대답했다. "나는 대통령 노릇을 잘할 수 있습니다. 또한 나는 내 어린 딸 앨리스를 다스릴 수 있지요. 그러나 두 가지를 한꺼번에 잘할 수는 없소이다."

▶ 극렬 민족주의와 반(反)유대주의를 지향하는 나치 지도자 아돌프 히틀러가 집권할 수 있었던 것은 제1차 세계대전에서 패배한 독일 국민의 굴욕감과 베르사유조약의 가혹한 조항, 바이마르공화국을 괴롭힌 사회혼란 및 정치불안 등의 요인 때문이었다.

한 분야에서 성공적인 리더가 다른 곳에서는 그렇지 못한 경우가 많다. 임진왜란 때 크게 활약했던 명장 이순신 장군이 비교적 평온한 시대였던 성종 때 살았다면 오늘날만큼 명성을 얻지는 못했을지도 모를 일이다.

뿐만 아니라 두 분야를 한꺼번에 이끌어갈 때에도 효과적이지 않을 것이다. 따라서 어떤 상황에서나 효과적인 유일한 리더십 유형이란 존재하지 않는다.

실제로 알렉산더 대왕은 거대 제국의 모든 중요 사항을 결정할 정도로 권력을 집중하여 통치했다. 간디는 비폭력 저항이 큰 변화를 가져온다는 것을 보여줌으로써 대중을 이끌었고, 스탈린은 정치적인 책략, 숙청, 폭력을 통해 거의 절대적인 통제권을 가졌다. 이들 지도자들은 리더십 방식이나 유형은 서로 다르지만 모두가 역사적인 지도자로 기록되어 있다.

그런 가정 아래서 나온 이론이 상황(상호작용) 이론이다. 이것은 리더란 상황의 산물이기 때문에 한 상황이 요구하는 리더의 형태가 있는데, 리더가 이에 부응할 경우 효율적인 리더십이 발휘된다는 것이다. 즉 리더십은 리더 개인의 특성과 상황(구성원의 자질과 기대, 집단의 목표와 자원, 리더와 구성원의 관계 등) 모두의 영향을 받는다는 것이다. 그리고 이에 따라 리더십의 유효성이

링컨의 리더십

[**일화 1**] 링컨이 변호사가 된 지 얼마 되지 않아 매우 중요한 사건을 맡게 되었다. 그와 함께 변호를 맡게 된 변호사들은 대단히 관록 있는 변호사들이었다. 그중 한 변호사는 링컨을 보자마자 "저런 애송이가 왜 여기 있단 말인가? 저런 촌뜨기와는 같이 일할 수 없으니 당장 꺼지라고 해!"라고 했다. 그런 모욕적인 이야기를 들으면서도 링컨은 자리를 지켰다. 재판 중에도 링컨은 완전히 왕따를 당했다. 그래도 링컨은 매일같이 재판장에 나와 자기를 모욕한 변호사의 능숙한 변호를 지켜봤다. 재판은 링컨 쪽의 승리로 끝났다. 다음날 링컨은 사표를 제출했다. 공부를 더 해야 되겠다는 것이 이유였다.

몇 년이 지나 링컨은 공화당 후보로 대통령이 되었다. 이전에 그를 야유했던 변호사는 여전히 그를 강력히 비판했다. 그래도 링컨은 국방(육군)장관 자리가 비자 민주당원인 그를 장관으로 임명했다. 그만한 적임자가 없었기 때문이었다. 장관이 된 다음에도 그는 여전히 직언을 해댔다. 하지만 대통령이 암살당했을 때 누구보다도 서러워한 사람은 바로 그 사람이었다. 그 사람의 이름은 에드윈 스탠턴이다.

[**일화 2**] 맥클레런 장군은 남북전쟁 당시 스콧 장군의 후임으로 사령관이 되어 뛰어난 조직력과 병참술로 패배의 혼란에 빠져 있던 북군을 재정비하여 뛰어난 전투부대로 되살렸으며, 남군의 침입을 막는 데 큰 역할을 한 사람이다. 하루는 링컨 대통령이 그를 격려하기 위해 국방장관과 함께 그의 야전사령부를 찾았다. 장군은 전투에서 돌아오지 않고 있었다. 링컨은 몇 시간을 사령관실에 앉아서 그를 기다렸다.

드디어 장군이 돌아왔다. 그는 방 안에 앉아 있는 대통령과 장관을 본체만체하고 그냥 2층 자기 방으로 올라가는 것이었다. 링컨과 장관은 서로 얼굴을 쳐다보고는 장군이 곧 내려오리라 생각하고 다시 의자에 앉아서 그를 기다렸다. 한참 후에 하녀가 나타나더니 "죄송합니다만 장군께서는 너무 피곤해 잠자리에 드셨다고 대통령께 말씀드리라고 이르셨습니다"고 말하는 것이었다. 놀란 것은 장관이었다. 일개 장군이 직속상관인 자기는 고사하고 감히 대통령마저도 그렇게 무시할 수는 없는 일이었다. "각하, 저렇게 무례한 놈은 제 생전에 본 적이 없습니다. 맥클레런을 당장 직위해제해야 합니다."

링컨은 잠시 침묵을 지키더니 조용히 장관에게 말했다. "아닙니다. 맥클레런 장군은 우리가 이 전쟁을 이기는 데 절대로 필요한 사람이오. 맥클레런 장군 때문에 단 한 시간이라도 이 유혈의 전투가 단축될 수 있다면 나는 기꺼이 그의 말고삐를 잡아주고 그의 군화도 닦아줄 것이오. 그를 위해서라면 무슨 일이든 다할 거요." (조선일보, '홍사중 문화마당')

결정된다고 한다.

콜럼버스의 달걀—생각보다 중요한 것은 실천!

　1492년 10월 20일, 콜럼버스는 신대륙을 발견했다. 지구가 둥글다고 확신하고 서쪽으로 계속 항해한 결과였다. 그는 이곳이 인도의 일부라고 생각했다. 그리하여 그는 원주민을 인디언이라고 불렀다.
　7개월 만에 콜럼버스는 스페인으로 돌아왔다. 사람들은 마치 개선장군처럼 맞이했다. 환영회를 하는 날, 그를 시기한 한 사람이 나서서 말했다. "배를 타고 서쪽으로 계속 가면 누구라도 섬을 발견할 수 있지 않겠소."
　그러자, 콜럼버스는 삶은 달걀 한 개를 집어 들고 "이 달걀을 누가 세워보시오"라고 말했다. 하지만 아무도 달걀을 세우지 못했다.

▶ 콜럼버스의 달걀

　콜럼버스는 달걀 끝을 깨어 보란 듯이 테이블 위에 세웠다. 사람들은 그것을 보고, "그거야 누구나 할 수 있잖소" 하며 웃었다.
　"남이 한 것을 보면 누구라도 간단하게 할 수 있습니다. 그러나 그것을 처음으로 한다는 것이 어려운 것이죠."

　리더십이 어떤 것인지는 서점에 있는 리더십에 관한 책 한두 권만 읽으면 거의 알게 된다. 그래서 웬만한 지도자들도 리더십에 대해 잘 알고 있다. 하지만 왜 진정한 리더십이 발휘되지 못하는가? 그것은 바로, 자신이 알고 있는 것을 행동으로 옮기지 못하기 때문이다. 마땅한 인재를 적재적소에 써야 하고 지연이나 학연이나 혈연에 휘둘리지 말아야 한다는 것은 리더십 책에 나와 있는 기본 내용이다. 알고는 있지만 행동하지 않는 것이다. 비단 리더십에서뿐만이 아니다. "인생에 있어서 지극한 가치는 생각하는 것이 아니라 행동으로 옮기는 것이다." 다윈의 열렬한 지지자이자 진화론 확장에 앞장선 토머스 헉슬리의 말이다.

오! 히딩크 — 효과적인 리더십

한국리더십센터가 2005년 네티즌 1,213명을 대상으로 '우리 시대의 신뢰받는 리더에 대해 설문 조사한 결과, '자신의 회사에 CEO(최고경영자)로 영입하고 싶은 리더'로 이순신 장군(24.2%)을 꼽은 이가 가장 많았다. 2위는 안철수 사장(20.3%)이었다.
우리나라 지도자가 가장 본받을 글로벌 리더로는 링컨(26.1%), 히딩크 감독(19.5%), 간디(15.7%) 순으로 나타났다.

히딩크 감독은 이제 우리에게 이순신 장군이나 링컨, 간디만큼 잘 알려진 사람이다. 그는 1년 반 동안 우리나라 축구대표팀 감독을 맡아 월드컵 4강의 위업을 달성했지만, 거기에 도달하기까지 우여곡절도 많았다. 그는 한국 대표팀 선수 선발 과정에서도 원칙을 강조하며 외풍을 잠재우곤 했다. 히딩크는 대한축구협회와 스

▶ 2000년 11월부터 2002년 6월까지 대한민국 축구대표팀 감독을 맡아 월드컵 4강까지 이끈 거스 히딩크 감독

카우트 교섭을 할 때부터 '선수 선발과 훈련 등에 관해 일체 간섭하지 않는다'는 조건을 내걸고 대표팀 감독직을 수락했다고 한다.

그의 선수 선발에 대한 고집과 원칙은 결코 흔들리지 않았다. 프랑스 대표팀과 붙어 5 : 0으로 지자 그에게는 '오대영(5 : 0)' 감독이라는 별명이 붙기도 했다. 하지만 그는 묵묵히 리더의 길을 걸어갔다. 그 결과는 월드컵 4강 진출로 나타났다.

리더십을 효과적으로 발휘하기 위해서는 상황을 정확히 파악하고 있어야 하고, 목표를 설정해야 하며, 적절한 전략을 사용해야 한다. 이와 관련하여 히딩크 감독이 우리나라 축구대표 감독으로 부임했을 즈음부터 월드컵까지의 그의 어록을 살펴보면, 리더십이 효과적이기 위해서는 어떠해야 하는지 알 수 있을 것이다.

⚚ 상황파악

"한국선수들이 하나같이 열심히 뛰는 데에 강한 인상을 받았다. 전체적인 사기, 투지, 근성에는 큰 문제가 없다고 판단한다. 한국팀의 가장 큰 문제는 전술이다. 공격·미드필드·수비진의 관계설정과 선수들간의 관계수립을 통해 팀의 역량을 최고조로 올리는 일이 중요하다." - 2000년 1월 8일 네덜란드에서의 기자회견에서.

"한국축구를 잘 모르는 상태에서 선뜻 맡을 수 없다. 일단 나에게

생각할 시간을 달라." - 2000년 11월 한국축구팀을 맡아달라는
이야기에.

리더는 그 조직이 당면하고 있는 문제를 해결하거나 목표를
달성하기 위해 구성원을 동원하기에 앞서 나아갈 방향이나 전략
을 수립해야 한다. 그러한 방향·전략을 합리적·과학적으로 수
립하기 위해서는 곧 상황의 정확한 파악이 전제가 되어야 한다.
상황파악이 전제되지 않고는 올바른 목표설정이나 전략의 설정
및 적용은 불가능하다.

리더십 목표

"뭐든 현실적으로 생각해야 한다. 한국이 월드컵에 많이 나가
인지도는 높지만 단 1승도 거두지 못했다. 그러한 습관을 깨고 싶
다." - 2001년 1월 울산 첫 훈련회견에서.

"현재 대표팀의 16강 진출 가능성은 50%다. 앞으로 하루에 1%
씩 향상시켜 월드컵 개막과 함께 100%로 만들겠다. 6월초 우리
팀의 모든 힘이 폭발하게 될 것이다." - 2002년 4월 9일 기자회견
에서 월드컵 때까지 조금씩 전체 선수들의 기량을 향상시켜 좋은
성적을 거두겠다며.

"오늘과 같은 상태라면 한국은 월드컵 이후에도 아시아를 지배할
것이다. 세계는 우리를 얕잡아 보지만 우리는 세계를 놀라게 할
준비가 돼 있다." - 2002년 5월 16일 스코틀랜드와의 평가전에서
4 : 1로 대승을 거둔 뒤.

목표란 '어떤 행위의 주체가 달성하고자 하는 바람직한 미래의 상태'를 말한다. 목표를 실현하기 위해서는 리더는 그러한 목표를 뚜렷이 가지고 있어야 하며, 그에 걸맞은 힘(능력)을 비축해야 한다.

🏃 리더십의 전략

리더십을 효과적으로 발휘하기 위해서는 전략이 필요하다. 그 것은 이해득실의 전략, 능력비교의 전략, 심리성찰의 전략, 융통성의 전략, 주도권 장악의 전략이다.

《이해득실의 전략》

"베스트 멤버는 통상적인 선수 개인의 능력이 아니라 상대방에 대한 전략에 따라 구성한다." – 2002년 5월 16일 스코틀랜드 평가 전에서 박지성 선수의 기용에 대해.

리더는 부하를 통솔할 때 냉정을 잃어서도 안 되고 일시적인 감정에 따라 행동해서도 안 된다. 반드시 조직 전체의 유·불리 또는 대의명분에 따라 행동해야 하며, 그것은 조직의 이익을 극대화하는 것이어야 한다.

박지성은 히딩크가 발견한 흙 속의 진주다. 박지성은 2002 월드컵 때 포르투갈 전에서 결승골을 넣어 널리 알려졌지만, 명지대를 휴학하고 일본 프로축구에 일찌감치 뛰어든 선수다. 당시에는 국내에 잘 알려지지 않았지만 지칠 줄 모르는 체력과 성실함으로 히딩크가 네덜란드 프로 축구팀인 PSV 아인트호벤 감독을 맡고 있을 때 그 팀에 호마리우라는 유명한 스타 선수가 있었다. 브라질 출신의 호마리우는 현란한 드리블을 바탕으로 한 개인 돌파력이 탁월한 선수였지만 불성실하고 감독의 지시에 잘 따르지 않는 말썽꾸러기였다. 오전 10시부터 훈련을 하는 날이면 감독 히딩크는 10분 전에 훈련장에 나왔으나 호마리우는 정각 10시에 나타났다.

이런 일이 반복되자 히딩크는 자기 시계를 10분 빠르게 맞춰놓고 호마리우를 기다렸다. 10시 정각에 나타난 호마리우에게 히딩크는 왜 시간을 지키지 않느냐고 지적했다. 호마리우는 10시 정각을 가리키고 있는 자기 시계를 내보였다. 히딩크는 10시 10분을 가리키고 있는 자기 시계를 보여주며, 앞으로는 감독의 시계에 시간을 맞춰 오라고 지시했다.

이 일이 있은 후 히딩크는 시즌 첫 경기에서 호마리우를 베스트 멤버에서 제외했고, 그 다음 경기에서도 뺐다. 벤치에 앉아 두 경기를 지켜본 호마리우로서는 자존심 상하는 일이었다. 세 번째 경기를 앞두고 모든 선수가 모인 자리에서 히딩크는 베스트 멤버 리스트에 호마리우 이름을 올리고는 호마리우에게는 아무 말도 하지 않고 나가버렸다. 세 번째 경기에 출전한 호마리우는 해트 트릭을 기록했다. 선수들의 잘못을 일일이 말로 꾸짖기보다는 제재를 가해 스스로 반성하게 하는 것이 히딩크 감독의 리더십이다.

히딩크의 낙점을 받은 그는, 현재는 내로라하는 선수들과 어깨를 나란히 하는 세계적인 선수가 되었다.

《능력비교의 전략》

"안정환과 윤정환은 모두 창조적인 플레이 메이커의 능력을 갖춘 선수들이다. 안정환에게 진짜 프로라면 외모나 인기 등 경기 외적인 부분이 아니라 그라운드에서의 실력으로 승부하라고 경고했고, 그는 내게 달라진 모습을 보여줬다. 윤정환은 소속팀의 2부 리그 추락으로 국제수준의 경쟁력 있는 축구를 못했지만, 최선을 다하는 훈련

모습에서 가능성을 읽었다." - 2002년 5월 1일 D-30 인터뷰에서 안정환과 윤정환의 발탁 배경을 설명하며.

"기본적으로 고종수를 좋아하지만 자신에게 더 많이 투자해야 한다. 게으르고 열심히 하지 않는다면 성공할 수 없다. 이동국도 재능 있는 선수이지만 스타는 필드에서의 능력이 중요하다. 외부 요인에 의해 스타가 되는 것은 의미가 없다." - 2002년 5월 1일 D-30 인터뷰에서 고종수와 이동국의 탈락에 대해.

리더는 자신 및 부하의 능력을 진단하여 그에 적합한 판단을 해야 한다. 그리고 리더가 자신이 왜 그렇게 판단했는지를 구성원들에게 설득시키고 이해하게끔 만들 수 있어야 한다.

《심리성찰의 전략》

"패하면 망신당할까 봐 소극적으로 경기하는 한국선수들을 개선하기 위해 선수 이름을 직접 외워 격려와 독려로 좀더 공격적인 선수들로 개조했다. 정신력과 복종심이 강한 한국선수들은 자신을 전사라고 생각하며 임무를 반드시 완수하는 책임감이 좋다."
      - 2002년 5월 20일자 영국 일간지 「가디언」과의 회견에서.

리더십은 인간을 대상으로 하고 있으므로 인간심리에 기초해야 한다. 따라서 리더는 조직구성원들의 심리를 잘 파악하여 그들의 단결과 사기에 긍정적 효과를 줄 것인가 또는 부정적인 효과를 줄 것인가를 고려하여 행동해야 한다.

《융통성의 전략》

"몇몇 선수는 경기운영에 가속을 주기 위해 후반에 교체 투입해야 한다. 스포츠카에서 기어를 3단 4단 5단으로 바꾸는 것과 마찬가지다." – 2002년 5월 16일 스코틀랜드와의 평가전에서 안정환을 후반에 넣은 이유에 대해.

현대의 조직에서 조직원을 인격체로 보아 자연법칙, 사회법칙, 생활욕구 등을 충분히 존중하여 각자의 판단과 행동을 자연스럽게 그들이 목적한 방향으로 융통성 있게 이끌어가야 한다.

《주도권 장악의 전략》

"여론을 수렴하다 보면 내 축구철학이 흔들릴 수 있고 전술적인 완성도가 방해받을 수 있다. 나는 오로지 나의 길을 간다." – 2001년 4월 이집트 4개국 대회를 앞두고 대표팀 구성에 대해 묻자 언론에 흔들리지 않겠다며.

한마디로 주도권을 장악해야 한다는 것이다. '싸움에 능한 자는 적을 조종하되 적에게 조종당하지 않는다'는 말과 같이 리더는 항상 내가 원하는 대로 구성원들이 따라오도록 이끌어가야 한다. 유리한 기회는 리더가 만들어야 하고 그리하여 기선을 잡아야 한다. 그러나 그 기선을 제압하고 주도권을 장악한다는 것은 구성원들이 어떤 것을 원하기 전에 리더가 한 발 앞서서 이끌어주는, 말하자면 '늘 한 발짝 앞서라'는 관리전략과도 같은 것이다.

모든 준비는 끝났고, 월드컵의 막은 올랐다. 6월 4일 첫 경기인 폴란드전을 앞두고 히딩크 감독은 다음과 같이 말했다.

"흥분된다. 이게 얼마 만에 맛보는 느낌인가. 모든 준비는 끝났다. 이제 월드컵을 즐겨보자. 우리는 그동안 열심히 했다. 경험도 많이 했다. 우리가 해온 만큼만 플레이한다면 좋은 결과가 나올 것이다. 한국선수들은 결코 후퇴하지 않을 것이다. 우리는 그동안 공격수와 수비수의 구분이 없는 토털 사커를 연마해왔다. 우리 선수들이 주도권을 잡고 경기를 컨트롤한다면 이길 수 있다. 팬들은 우리가 어떤 결과를 내는지와 상관없이 대회 끝까지 우리를 성원해줄 것으로 믿는다."

얼마나 자신과 확신에 찬 말인가! 이날 한국은 폴란드에 2 : 0 으로 승리했다. 우리나라가 월드컵 본선 무대를 밟은 지 48년 만의 첫 승이었다.

리더가 되기 싫은 그대?! — 리더가 되지 않는 방법

리더는 조직의 목표를 조율하여 집단을 한 방향으로 이끌어간다. 그 과정에서 소외되는 구성원들로부터 미움을 받기도 한다. 구성원 전원으로부터 지지를 받는 결정은 그리 많지 않기 때문이다. 그래서 리더의 자리는 원래 고독한 자리라고 말한다.

조지 H. W. 부시(아버지 부시) 전 미국대통령은 대통령에 당선된 후 경제자문교수들을 불렀다. 당시 미국경제는 엉망이었다. "경제가 잘되는 방안을 기탄없이 말씀해주십시오." 부시의 요청에 새뮤얼슨을 비롯한 경제자문교수들은 다음과 같이 말했다.

"대통령 선거기간 중에 내걸었던 선거공약을 대부분 무시해야 합니다."

리더의 자리에 오르기는 쉽지 않다. 노력한다고 모두 리더의

자리에 오르는 것은 아니다. 하지만 리더의 자리에 오른 사람들은 노력을 했다.

리더의 자리는 외롭다. 리더는 집단에서 가장 외로운 사람이다. 리더의 행동은 모든 구성원들을 만족시킬 수가 없다. 어떤 결정이 내려지더라도 이에 대립되는 이해관계를 가진 구성원이 반드시 존재하게 마련이고, 그러다 보면 자연히 적이 생기게 된다. 또한 집단의 이익을 위하여 일부 구성원의 손해를 감수해야 하는 경우도 있다. 그래서 리더는 모든 구성원들로부터 호감과 애정을 얻지 못한다.

리더가 되기 싫은 사람에게는 다음과 같이 리더가 되지 않을 수 있는 방법이 있다(물론 이 방법을 거꾸로 실천하면 리더가 될 수 있기도 하다). 한 집단에서 책임 있는 직책을 맡지 않으면서 그저 집단이 내는 성과의 과실을 따먹고 싶다면, 피서라는 심리학자가 제시하는 다음 원리에 따르기 바란다.

첫째, 될 수 있는 대로 모임에 빠져라. 자주 보게 되면 저절로 호감이 간다(단순노출효과, 45쪽 참조). 모임에 자주 참석함으로써 다른 구성원들로부터 많은 시선을 받는다면 리더가 될 가능성이 높아지기 때문이다.

둘째, 상호작용에 가능한 한 적게 기여하라. 다른 사람으로부터 호의를 받았으면 그에 상응하게 자신도 해줘야 하는 것을 상호성이라고 한다. 따라서 상대가 해준 것보다 적게 준다면 리더가 될 가능성은 줄어든다. 대신 집단에서 쫓겨나지 않을 정도로까지다.

셋째, 토론을 할 때에는 서기역을 맡아라. 집단에서 자기주장을 많이 펴게 되면 다른 구성원들은 자연히 리더의 추천목록에 당신을 올려놓는다. 따라서 토론을 할 때에는 말을 하지 않는 서기를 맡아라.

넷째, 남이 하자는 대로 따를 것이라는 의지를 나타내라. 리더는 다른 사람에게 뭔가를 하자고 권유하는 사람이다. 따라서 무엇을 하자고 권유하지 말고 기꺼이 따를 것이라는 것을 나타내면 그들은 리더 추천 목록에서 당신 이름을 지울 것이다.

다섯째, 토론에 일찍 나올 것. 원래 주인공은 늦게 나타나는 법이다. 한 집단의 리더 또한 주로 늦게 나타난다. 그리하여 토론이 진행되고 있는 중이라면 그간의 토론내용을 듣고 지금까지 토론에 나온 내용 중 간과한 중요한 핵심사항을 한두 개 집어냄으로써 자신의 역량을 과시한다. 따라서 일찍 나온다면 핵심사항을 간과한 구성원이 되므로 리더 자격에서 한 발짝 멀어질 수 있다.

여섯째, 농담하는 역할을 맡을 것. 적당한 농담이나 유머는 어색한 분위기를 바꾸고 집단에 활력을 주는 등 좋은 점이 많지만, 신중한 의사결정을 해야 하는 지도자로는 어울리지 않는다는 인상을 구성원들에게 주게 된다.

일곱째, 호언장담을 하라.

여덟째, 지도자 역할을 경멸하라.

위의 여덟 가지 원칙을 지키면, 당신은 지도자의 자질이 전혀 없는 구성원으로 보이게 될 것이다. 그러면 가장 외로운 자리에 앉는 '위험'에서 벗어날 수 있다.

사회행동

*사회심리학의 연구범위는 다양하지만, 이 장에서
다루는 것은 동조와 응종, 복종 등 집단 내에서의
사회적 영향에 관한 것이다.*

남의 행동을 따른다―동조

■ 커닝하는 이유

시험을 치르고 있는 중이다. 아리송한 문제가 있다. 모르는 문제
는 아니나 아무리 생각해도 머리에 떠오르질 않는다. 슬그머니 오른
쪽으로 고개를 돌려본다. 4번에 표시한 답이 눈에 들어온다. 왼쪽으
로도 고개를 돌려본다. 역시 4번에 표시를 했다. 자기도 4번에 표시
를 한다.

■ 식당선택

시내에서 우연히 친구를 만났다. 마침 점심때라 식당을 찾았다.

두 식당이 나란히 붙어 있었다. 한 식당은 사람들로 북적대어 자리가 하나 있을까 말까 할 정도였다. 다른 한 식당은 사람들이 거의 없었다. 한가한 식당 대신 북적대는 식당으로 들어갔다.

▶ 줄을 설 정도로 사람들로 붐비는 식당과 그렇지 않은 식당. 메뉴가 같다면 어느 식당으로 들어갈 것인가?

다른 사람들이 어떤 행위를 하고 있기 때문에 따라하는 것을 동조(同調, conformity)라 한다. 동조는 간단하게는 남의 답을 훔쳐보는 것에서부터 유행에 이르기까지 다양한 형태로 나타난다. 또 자신의 생각과 같지 않을 때에도 사람들은 동조를 한다. 안데르센 동화 「벌거벗은 임금님」에서 사람들은 임금님이 벌거벗었다는 것을 알고 있지만 겉으로는 훌륭한 옷이라고 찬사를 보낸다. 애시(Ash)라는 심리학자의 유명한 실험을 보자.

일곱 명의 사람들이 실험에 참가하기 위해 도착했다. 이들은 제비뽑기로 정해진 자신의 자리에 앉았다. 화면에 선분이 제시되었다. 오른쪽에는 길이가 서로 다른 세 개의 직선(A, B, C)이 있었다. 왼쪽에는 한 개의 직선(X)이 그어져 있었다. 이들이 해야 할 일은 이 한 개의 직선과 길이가 같은 것을 세 개의 직선 중에서 찾는 것이었다. 일반적인 상황에서 100%의 사람들이 맞히는 문제로 아주 단순한 것이었다. 이러한 연습시행을 몇 번 실시한다.

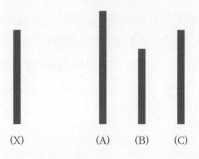

(X)　　　　　(A)　(B)　(C)

그러나 실험상황은 약간 꾸며진 것이었다. 여섯 사람은 실험자를 도와주는 보조자들이었으며, 이들의 자리는 미리 정해져 있었다. 본실험에서 위와 같은 선분이 제시되었다. 보조자들이 틀린 답을 말하기 시작한다.

첫 번째 사람이 답한다. A라고. 두 번째 사람도 A라고 답한다. 세 번째…. 모두 A라고 답한 후 여섯 번째의 진짜 피험자에게 질문이 주어졌다. X와 같은 길이의 선분이 A, B, C 중 어느 것이냐고.

놀랍게도 이러한 상황에서 진짜 피험자들은 많은 수(33%)가 틀린 대답을 했다. 그들은 그 대답이 틀렸다는 것을 알면서도 다른 사람들과 의견을 같이했다.

▶ 애시의 실험 상황. 진짜 피험자(왼쪽에서 여섯 번째)가 자신의 눈을 의심한 듯 자극을 뚫어지게 보고는(위) 자신이 본 대로 말하겠다고 응답하고 있다(아래).

이 실험에 여러분이 참가했다면 어떤 답을 했을까? 이 실험에 참가한 사람들은 여러분과 똑같은 사람들이었다. 비록 틀린 답을 이야기한 사람보다 정답을 이야기한 사람이 많긴 했지만, 여러분도 정답을 이야기할 것이라고, 즉 동조하지 않을 것이라고 장담할 수 있겠는가?

마지못한 동의 – 애빌린 패러독스(Abilene Paradox)

미국 텍사스에 한 가족이 살았다. 아버지는 늘 바빠서 주말이 되어도 가족들과 함께할 시간이 많지 않았다. 그래서 아버지는 항상 미안한 마음을 갖고 있었다.

어느 일요일 아침에 아버지는 가족들에게 이런 말을 던졌다. "우리, 휴일이 되었는데 애빌린에 가서 하루 놀다 올까?" 사실 아버지는 이렇게 말했지만 속마음은 오늘도 하루 푹 쉬었으면 하고 바랐다. 하지만 미안한 마음에 그런 얘기를 했던 것이다. 그 제안을 들은 가족들은 서로 다른 사람들의 얼굴을 쳐다보며 아버지의 제안에 대해 부정적인 반응을 보이진 않았다. 그래서 그 가족은 휴일 하루 애빌린으로 야유회를 갔다.

애빌린이란 곳은 가까운 곳이 아니었다. 차로 왕복 4시간은 족히 되었다. 게다가 휴일에 차가 막히면 몇 시간이 더 걸리곤 했다.

지친 몸을 이끌고 집으로 돌아온 다음 문제가 발생했다. 다들 집에 돌아와서는 지쳐서 불평을 하기 시작한 것이다. 그런 와중에 각자 자기 속마음을 얘기를 하게 되었는데 의외의 사실에 가족 모두가 놀랐다. 즉 그 가족 구성원들 중 어느 누구도 애빌린에 가고 싶어 하지 않았다는 사실이다. 아버지도 쉬고 싶었는데 미안한 마음에 그런 제안을 했던 것이고, 아내나 아이들도 그다지 놀러 가고 싶은 생각이 없었는데 아버지가 모처럼 그런 제안을 해서 '못 가겠다'는 얘기를 못해서 마지못해 '그럼 가지요'라고 답했던 것이다. 결국 어느 누구도 가고 싶어 하지 않았지만 모두가 갔다 온 것이다.

이것은 개인이 혼자 있을 때 판단하고 행동하는 것과 달리 집단 속에서 행동하고 판단할 때에는 집단 속 타인들의 영향을 받는다는 것을 잘 보여 준다. 이와 유사하게 우리가 집단 속에서 활동을 할 때에는 타인들의 영향을 많이 받는다. 회의에서도 개인적으로는 동의하지 않지만 마지못해 공개적으로는 동의할 수밖에 없는 상황에 처할 수 있는 것이다. 즉 모두가 원하지 않는 곳에 가서 야유회를 하고 오는 꼴이 되는 것이다.

동조가 일어나는 데에는 적
어도 세 가지 이유가 있다. 한
가지는 자기가 확실히 알지 못
하는 일이 있을 때 남이 하는
대로 따라가면 적어도 손해는
보지 않게 된다는 것이다. 어차
피 모르는 문제인데 남 따라 쓰
다보면 맞을지도 모른다. 낯선
지방을 여행하다 그 마을 사람
들이 우물물을 먹지 않으면 자

▶ 심리학의 원리를 이용하려는 사람들은 미
리 전화번호가 적힌 조각 하나를 떼서 전
단지를 붙인다. 구걸하는 사람들 역시 통
안에 돈 몇 닢을 미리 넣어둔다. 동조를
유도하는 전략이다.

기도 먹지 말아야 한다. 모르긴 몰라도 뭔가 이유가 있을 것이기
때문이다. 식당이 북적대는 것도 그만한 이유가 있을 것이라고
생각한다.

또 집단압력이 있기 때문이기도 하다. 어떤 집단이든지 규범이
있고 또 구성원들은 그것을 지켜야 한다. 그렇지 않으면 집단에서
쫓겨나게 된다.

나머지 이유는 동조를 함으로써 다른 사람의 인정을 받고 사랑
을 받으려는 욕구 때문이다.

상황이 모호할수록, 개인이 집단에 대해 강하게 애착을 느끼는
경우에는 동조하는 경향도 높아진다. 집단의 응집력이 높으면 동
조는 더 강해지고 처벌 또한 무거워진다. '외로운 반란자'는 '왕따'
를 감수하는 용기가 필요하다. 그러나 집단에 이탈자가 한 명이라
도 생기게 되면 동조하는 성향은 줄어든다. 안데르센 동화에서
임금님이 벌거벗었다고 아이가 소리쳤을 때 모든 사람은 그제야

웃음을 터뜨렸다.

유행(fashion)이 바로 동조 때문에 나타나는 현상이다. 아주 똑같이 희한한 옷차림의 두 아가씨가 자기들 옷차림을 가리키며 '유행이 아니고 개성'이라고 말해봤자 그대로 들어줄 사람은 없다. 한쪽 귀걸이를 하고 돌아다니는 남자도 개성이 아니고 남을 따라하는 것이다. '한쪽 귀걸이의 남자'가 한둘이 아니기 때문이다.

꼭 패션에만 한해서가 아니다. 노래에도 유행이 있고, 책에도 유행이 있고, 방송 프로그램에도 유행이 있다. 입맛에도 유행이 있어 한때 잘나가던 조개구이나 탕수육 전문점은 요즘 찾아보기 어려워졌다.

더 나아가 이런 경향은 사상과 정서에도 적용된다. 1970년대에 홍콩 특파원으로 가 있던 어떤 기자는 축구장에서 북한이 경기를 하자 단순히 동포애 때문에 북한을 응원했는데, 이것이 빌미가 되어 송환을 당해 정보기관으로부터 고초를 겪었다고 한다. 그러나 지금은 상황이 크게 달라졌다.

동조로 인해 우리가 집단의 규범이라든가 질서, 예의범절을 갖게 되었다는 것을 생각하면 동조가 반드시 나쁜 것만은 아니라는 사실을 알게 된다. 여러 사람이 모여 살게 되면 서로의 이익을 위하여 해야 할 것이 있고 하지 말아야 할 것이 있다. 해야 할 것을 하도록 집단의 압력이 작용하고 또 그렇게 행동함으로써 인정을 받고 사랑을 받는다. 물론 하지 말아야 할 것을 하게 되면 각종 제재와 압력을 받는다.

그래서 우리가 누리는 생활의 상당부분은 다른 사람의 생활과 비슷한 데가 많다. 빨간 신호등에서는 정지하고 다른 집을 방문하면서 너무 일찍 혹은 너무 늦게 가지 않는다든지, 초상집에 갈 땐 검은 넥타이를 매든지 하여 서로 비슷하게 행동하고 또 그렇게 행동할 것이라고 예상하고 있다. 그러나 해야 할 일을 못했거나 하지 말아야 할 일을 했을 때에는 단호한 압력이 기다리고 있다. 예의를 지키지 않으면 무례한 놈으로 지탄을 받고 더 큰 잘못을 저지르면 법이라는 제재로 사회와 격리된다.

요청에 응하게 만들기—응종

우리는 생활하면서 다른 사람에게 어떤 행동을 요구하기도 하고 그들로부터 간섭을 받기도 한다. 인간이 사회적 동물이라는 것도 알고보면 서로에게 영향을 끼치고 또 영향을 받기 때문일 것이다. 일찍 일어나라, 수업시간에 늦어서는 안 된다, 이 일을 며칠까지 해라, 담배 피우지 마시오, 이 제품을 사세요 등이 그 예다. 사람들은 이런 요구나 부탁을 하면서 차근차근 설명을 하기도 하고 압력을 넣기도 하며 금전적인 대가를 주겠다고 약속하기도 한다.

이런 요구나 부탁을 할 때 사람들이 얼마나 잘 따르게 하느냐는 개인의 생활에 아주 중요하다. 학생들이 잘 따라주면 교사는 훌륭한 스승으로 평가받고, 고객들이 물건을 잘 사주면 세일즈맨은 유능하다는 평가를 받는다. 다른 사람이 잘 응하게끔 만들어야 돈이라도 쉽게 빌릴 수 있고 데이트의 애프터 신청이 가능해진다. 이것은 응종의 문제다. 응종(compliance)은 사람들의 태도와 무

관하게 어떠한 요청에 응하게끔 만드는 것이다.¶

사람들을 따라오게 하는 압력들 중 한 가지는 그들에게 도움이 될 만한 것(보상)을 주는 일이다. 공부를 더 열심히 하면 칭찬을 해주든지, 용돈을 올려주든지, 여행을 보내주겠다고 약속하는 것이다. 강요도 응종을 이끌어내는 방법이다. 지각하는 사원에게는 징계를 주겠다고 위협할 수 있으며, 교통수칙을 지키지 않으면 과태료가 부과된다.

특수한 지식이나 기술과 같은 전문성 또한 그들을 따르게 만든다. 약사가 약을 주면서 먹으라고 하면 우리는 그대로 따른다. 길을 물을 때 그 사람이 알려주는 쪽으로 발걸음을 옮기는 것도 그가 그쪽 지리만큼은 우리보다 더 잘 알기 때문이다.

정보를 제공하는 것도 눈에 보이지 않는 은근한 압력이다. 광고는 우리에게 '냉기를 차단하는 냉장고가 나왔다'는 정보를 제공함으로써 제품을 사도록 요구한다. 재미있는 새 영화가 언제 어디에서 개봉된다며 우리를 오도록 한다.

또 우리가 좋아하고

▶민방위훈련 때 하위차로에 정차한 차량들. 이러한 훈련은 실제상황 때 피해를 줄여주고 군작전의 효율을 높인다. 그래서 대개 강제적으로 시행된다.

¶앞에 나온 동조와 뒤에 나오게 될 복종도 응종의 한 형태라고 할 수 있다. 동조는 어떤 실례(예를 들어 옷차림)를 설정함으로써 응종을 얻게 되는 것이며, 복종은 권위를 휘두름으로써 응종을 얻는 것이다.

따르고 비슷해지려고 하는 사람(준거세력)도 영향을 미치는 한 요인이다. 부인이 좋아하는 스타가 조미료 광고에 나올 때에는 남편은 별 신경을 쓰지 않아도 되지만, 식기세척기 광고에 나올 때에는 재빨리 채널을 돌려야 한다. 뭉칫돈이 빠져나갈 수 있기 때문이다.

다른 사람에게 어떤 식으로 행동하도록 요구할 권리가 있는 사람에게는 우리가 따라야 할 의무가 있다고 느낀다. 학생은 교사에게 따르며, 부하는 상사의 말에 따른다. 합법적인 권력이 응종을 일으킨다는 얘기다. ¶

우리가 알고 있는 최면도 응종의 한 예다.

무대에서 최면술사가 보여주는 마술은 상당히 신비하다. 구경꾼 중에서 뽑힌 평범한 사람이 최면에 걸려 놀랄 만한 일을 행한다. 관중들은 이런 광경을 최면술사의 힘 때문이라 믿어버린다. 그러나 조금 더 자세히 보게 되면 최면술사의 힘은 최면에 있는 것이 아니라 그가 알고 사용하는 어떤 심리학적인 원리(응종)에 의한 것임을 알 수 있다.

우선 최면술사는 무대에 자원해서 나온 관중들 중에서 몇 가지 테스트를 거쳐 조심스럽게 피험자를 선발한다. 테스트에 통과한 사람들만 무대에 남게 된다. 그리고 나서 최면술사는 최면이 될 것이라면서 '쇼'를 시작한다. 이 과정은 사람들에게 이상한 사건과 행동

¶ 사회적 세력 : 본문에 나온 보수, 강요, 전문성, 정보, 준거세력, 합법적 권위는 어떤 사람이 다른 사람에게 영향을 주기 위해 사용할 수 있는 세력의 근거들이다. 이것들을 사회적 세력이라 한다.

이 일어날 것이라는 기대를 높여준다.

첫 단계에서 최면술사는 피험자들이 암시에 반응할 준비가 되어 있는지 파악한다. 그리고 나서 최면술사는 가장 동기화가 잘되어 있고 외향적으로 보이는 사람에게 비교적 쉬운 어떤 행동을 하도록 요구한다. 예를 들어 "당신은 수탉입니다. 태양이 점점 가까이 다가 옵니다. 당신은 날갯짓을 하면서 '꼬끼오' 하고 웁니다."

피험자들은 순종하지 않기란 어렵다는 것을 알고 있다. 이들은 관중들과 최면술사가 자기들이 그렇게 행동하기를 기대하고 있다 는 것과, 자신들은 최면술사에게 순종적인 위치에 있다는 것, 그리 고 어리석은 행동을 하더라도 욕먹지 않을 것이라는 것을 알고 있 다. 그러므로 그들은 최면에 걸릴(따라 할) 수밖에 없는 것이다.

열광하는 관중들의 반응은 이런 모든 감정을 더욱 부채질한다. 곧 모든 피험자들이 행동하기 시작하고, 급기야는 서로 앞 다투어 경쟁하기 시작한다. 관중들이 실제로 무대로부터 듣는 것은 최면술 사와 피험자들 사이의 대화 중 한 부분일 뿐이다.

최면술사는 '관중들에게는 들리지 않게' 피험자에게 속삭이면서 많은 주문을 한다. 예를 들어 최면술사는 피험자에게 다음과 같이 속삭인다. "앉아서 눈을 감으세요." 피험자들이 따라 하면 최면술사 는 피험자를 감시하면서 정교한 손동작을 한다. 그리고 나서 누군가 를 빨리 최면에 빠뜨리는 자신의 능력을 관중들에게 보여주기 위해 관중들이 듣게끔 소리친다. "당신은 이제 깊은 최면상태에 빠져들 고 있습니다."

대부분의 최면은 '놀랄 만한 업적'들을 보여준다. 그중 하나가 인간판자다. 한 남자 피험자가 두 의자 사이에 누워 있다. 한 의자는 정강이 아래에, 또 한 의자는 어깨 아래에 놓여 있다. 최면술사는 그의 몸이 완전히 굳었다고 말한다. 그러고 나서 매력적인 여자가 그의 가슴에 앉으면 관중들은 열광하기 시작한다.

관중들이 모르고 있는 것은, 보통의 남자라면 이런 방법으로 누워 잠시 동안 100kg 정도는 가슴에 얹어 놓은 채로 있을 수 있다는 사실이다. 최면상태가 아니라도 말이다.

그러면 최면의 예를 또 하나 살펴보자. 최면을 걸어 마취를 해 보이는 공연에서 최면술사는 피험자에게 그들의 손이 마비되었고 무감각하다고 말한다. 최면술사가 성냥이나 라이터를 켜 피험자의 쭉 뺀 손바닥 앞뒤, 아래위로 움직일 때 관중들은 숨을 죽인다. 실제로 최면술사가 불꽃을 움직이는 한 피험자는 화상을 입지 않는다. 피험자는 뜨거운 것을 느끼긴 하나 아프지는 않다.

요약하자면, 최면이 벌어지는 무대상황에서 응종에 대한 심리적인 압력 때문에 신기한 '최면 쇼'가 이루어질 수 있는 것이다. 비협조적인 피험자만 제외한다면 피험자들이 실제로 최면이 되었든 안 되었든 관계없이 최면술사는 훌륭한 최면을 보여주게 되는 것이다.

이처럼 관중이나 최면술사의 요청과 같은 외부의 압력들은 응종을 증가시킬 수 있다. 그러나 너무 많은 압력이 존재하는 경우에는 반발이 일어나기도 한다. 고문(강요)을 하더라도 첩자는 자백하지 않을 수 있고, 흡연의 해악을 아무리 설명해줘도 담배를 끊지 않는다. 사람들이 자신의 행동의 자유를 최대한 유지하려 하기 때문이다. 이런 자유를 위협하는 것이라면 응종을 거부하거나 정반대의 행동을 하기도 한다. 그래서 하라면 하지 않고 하지 말라면 하고 싶어진다. 공부하라고 고함쳐도 하지 않던 학생이 '네 맘대로 하라'고 하면 공부하기 시작한다.

🏃 문간에 발 들여놓기

응종을 이끌어내기 위해 의도적으로 사용하는 몇 가지 기법들이 있다. 이 기법을 사용함으로써 사람들은 자기의 부탁을 들어주게끔 만들고 자기회사의 제품을 사게 만들며 가끔은 사기를 치는 데 이용하기도 한다.

응종을 증가시키는 한 가지 방법은 처음에는 작은 요구에 응하게끔 만드는 것이다. 어떤 사람이 작은 요구에 응하게 되면 더 큰 요구에 응할 가능성이 많아진다. 이것을 '문간에 발 들여놓기(foot-in-the-door technique)'라 한다. 일단 현관문이라도 열어주게 되면 세일즈맨은 거실로 올라서게 되고 그 다음엔 소파에 앉게 된다. 이렇게 되면 물건을 사지 않기가 어려워진다.

이 방법이 효과를 잘 내는 이유는 확실치 않다. 가장 그럴 듯한 설명은, 작은 요구에 동의한 사람들은 그 내용(관계된 이슈나 행동) 또는 단순히 어떤 행동을 취했다는 생각에 관여되고 개입되어 장차의 요구에 더 잘 응한다는 것이다. 또 다른 그럴 듯한 설명은 그 사람의 자기상이 변화되었을 수도 있다는 것이다. 즉 거절하기 곤란한 작은 요구에 동의하게 되면 자기 스스로에 대한 지각에 약간의 변화를 일으킨다는 것이다.

이것은 사기꾼이나 협박범들이 많이 써먹는 방법이다. 천만원을 떼먹으려고 작정한 사기꾼은 10만원, 20만원부터 빌리기 시작하여 조금씩 갚으며 신뢰를 쌓는다. 또 지은 죄가 있어 협박받는 사람

▶ 시음회는 사람들을 제품과 관련시켜 태도변화를 이끌어내고 앞으로 제품을 구매할 가능성을 높인다.

은 처음에는 협박범의 작은 금액에 안도하여 돈을 주지만, 조만간 액수도 높아지고 횟수도 잦아진다. 경찰에 신고하는 것 말고는 발을 뺄 수가 없다.

광고에서도 이 기법은 많이 활용되고 있다. 뻔한 답(대개 정답은 아주 쉽거나 문제 바로 옆에 있다)을 보내주면 추첨하여 경품을 준다고 한다. 또 길 가는 사람을 붙잡아놓고 새로 나온 맥주라며 공짜술을 권한다(시음회). 이것은 어떤 수를 쓰든지 간에 사람들을 그 제품과 관련되었다고 생각하게 만들기 위해서다. 그래야 그 소비자가 그 제품을 살 가능성이 증가되기 때문이다.

🏃 면전에서 문 닫기

'문간에 발 들여놓기'와 정반대의 기법인 '면전에서 문 닫기 (door-in-the-face technique)'도 효과가 있다. 이것은 처음에 매우 큰 요구를 하고 그 다음에 작은 요구를 하는 것이다. 그렇게 되면 처음에 문을 '쾅' 하고 닫은 사람이라도 나중의 작은 요구에는

따른다는 것이다. 누군가 자신의 요구를 줄이게 되면 상대방이 보기에 그는 타협할 줄 아는 사람으로 보이고, 상대방은 이제 자기가 양보할 차례라는 압력을 받게 된다. 그렇게 되면 나중의 작은 요구를 더 잘 들어줄 수 있다.

이것은 흥정이나 협상에 많이 쓰인다. 상인은 처음에는 비싼 가격을 부르고 그 다음에 가격을 내려 부름으로써 거래를 성사시킨다. 노사협상에서도 처음에 들고 나오는 조건은 까다롭기 그지없다. 상대방의 조건에 그대로 따르다간 큰 낭패를 보게 된다. 그래서 자기편의 조건을 관철시키기 위해 한편(노조)에서는 총파

▶ 노사 대표들이 협상을 타결한 뒤 악수를 나누고 있다. 배수진을 친 협상은 서로 한 발짝씩 양보함으로써 주로 '극적인' 타협을 보게 된다.

업을 불사하겠다고 으르렁거리고, 또 다른 한편(사용자)에서는 직장폐쇄로 위협한다. 그러나 대개는 시한을 얼마 남기지 않은 때에 '극적으로' 타협을 보게 된다. '극적인 타협'이라는 것도 알고보면 미리 짜여 있는 각본의 한 장면일 뿐이다. ¶

🤸 낮은 공 기법

그리고 '낮은 공 기법(lowball technique)'이라는 것도 있다.

¶ '문간에 발 들여놓기'와 '면전에서 문 닫기'는 상반된 기법이다. 이 기법들은 관계된 행동이 사회적으로 바람직한 친사회적 행동일 때 가장 효과적인 것으로 나타난다. 그러나 아쉽게도 각각의 기법이 어떤 상황에서 서로 효과를 나타내는지에 대해서는 알려진 것이 별로 없다.

이 용어는 야구에서 투수의 공이 낮게 들어오다가 갑자기 높아지는 것을 비유한 말이다. 타석에서 공이 갑자기 높아져 '스트라이크'가 되면 타자로서는 얼마나 황당하겠는가?

이 기법은 비교적 부담이 덜한 것에 동의하게끔 유도한 후, 개입이 이루어지면 부담의 양을 늘리는 것이다. 즉, 처음 조건과 나중 조건이 다른 것이다. 예를 들어 '전 품목 90% 세일'이라고 해놓고 막상 어떤 제품을 골랐을 때 "역시 안목이 높으시군요. 그 제품만 세일이 되지 않습니다"라고 둘러대는 식이다.

이 기법은 외판 판매에 많이 이용된다. 외판원들의 매력적인 조건에 고객은 솔깃해지지만 나중에는 조건이 달라졌다는 것을 알게 된다. 싼 가격에 좋은 차를 선택해 흡족해진 소비자는 '이 차에는 에어컨 가격이 포함되어 있지 않다'는 이야기를 나중에 듣게 된다. 그렇더라도 취소하는 것이 쉽지 않다. 대개의 사람들은 에어컨 값을 별도로 치르고 그 차를 구입하게 된다. 그 차 가격이 싼 것처럼 보이지만 실제로는 싸지 않은 것이다.

조언 한마디. 낮은 공 기법은 기분 나쁜 방법이다. 모르는 사람에게만 통한다. 친구를 잃지 않으려면 그에게는 써먹지 말아야 한다. 또 당신이 주당이라면 조심해야 될 경우가 길거리에서 호객하는 술집이다. '기본'이 싸다 하여 들어갔다가는 옷을 벗고 나와야 한다. '기본'의 술과 안주는 '코끼리에 비스킷 한 조각'밖에 되지 않는다.

여러분이 미혼이라면 특히 조심해야 될 경우가 미팅이나 맞선과 같은 만남 때다. 길거리에서의 '시간 있습니까?'식의 만남이라면 더욱 조심해야 된다. 잘 꾸민 얼굴과 옷맵시, 좋은 직장, 품위 있는 행동 등 처음의 조건들은 대개가 만족스럽다. 그러나 시간이 지나 헤어지는 것이 어려워졌을 때 그런 조건이 실제와 다르다는 것에 고민하게 된다. 매력적인 그 얼굴이 완전히 화장 때문이고, 값비싼 양복이 세탁소에서 빌려온 것이었다는 것을 알게 된다. 한쪽에서만 놀라는 경우도 있지만, 서로가 속였다면 둘 다 놀라게 된다. 때는 늦었다. 낮은 공은 이미 스트라이크 존으로 들어와 타석을 지났고 그 결과는 삼진 아웃이다.

이 외에도 비교적 최근에 연구되기 시작한 또 하나의 책략은 '그것이 전부가 아닙니다 기법(That's not all technique)'이다. 한 실험에서 연구자들은, 한 개의 케이크와 두 개의 과자를 75센트에 팔 때보다, 한 개의 케이크를 75센트에 팔면서 두 개의 과자를 추가로 준다는 말을 했을 때 더 많이 팔 수 있었다.

실제 상황에서도 이것은 상품판매에 많이 사용된다. 재래시장의 상인들은 정해진 양에다 한 줌을 추가로 주면서 여러분을 단골로 만들려고 한다. 또 여러분들이 마음에 드는 어떤 제품을 구입하고자 할 때 가격 때문에 잠시 망설일 때가 있을 것이다. 이때 판매원은 별도의 사은품을 증정하면서, '특별판매'나 '당신만을 위한' 어떤 것이라고 설명하면서 당신을 꼬이

▶ 재래시장 상인들은 정해진 양에다 덤을 얹어준다. '그것이 전부가 아닙니다 기법'을 사용하는 것이다.

려 들 것이다. 물론 원래부터 사은품이 그 제품의 가격에 포함되어 있을지라도 이 기법은 제품구매를 매력적으로 보이게 하고, 그 제품을 잘 샀다는 생각이 들도록 한다.¶

학살자 아이히만은 무죄? ─ 복종

모든 사회에서 어떤 개인은 한정된 범위 내에서 다른 사람보다 높은 권위를 지니고 있다. 교사는 숙제를 내고, 의사는 처방을 내리며, 교통경찰은 자동차를 세운다. 학생이나 환자, 운전자는 따를 수밖에 없다. 합법적인 범위 내에서 명령이 이루어지면 따라야 하는 것이 일반적이다.

그러나 그 범위를 넘어서는 것은 용납되지 않는다. 경찰관이 학생을 불러 세워놓고 왜 숙제를 하지 않았느냐고 따지는 것을 생각해보라.

■ "명령에 복종했을 뿐…"
베를린 장벽이 무너지기 9개월 전 동독 국경 경비대원 4명은 장벽을 넘어 서방으로 망명하려던 동독 청년 한 명을 사살하고 다른 한 명에게 중상을 입혔다. 그들은 그 공으로 특별휴가도 받고 상금도 받았다.

¶그것이 전부가 아닙니다 기법은 특히 반품을 어렵게 한다. 제품 구입시 제공되는 사은품은 주로 소모성 제품이라 곧바로 사용해버리는 데다가 똑같은 것을 시중에서 구하기가 어렵기 때문이다.

그러나 베를린 장벽이 무너지고 세상이 바뀐 뒤, 그들은 베를린 법정에 과실치사죄로 회부되어 최고 15년의 징역형을 선고받았다. 피고들은 '우리는 명령에 복종했을 뿐'이라고 변명했다.

■ 아이히만의 항변

독일에서 히틀러와 나치가 정권을 잡으면서, 나치는 인종청소라는 명목으로 유태인들을 체포하여 감옥에 수용하기 시작했다. 독일이 폴란드를 침공한 1939년경, 수십만의 유태인들이 수용소에 감금되었다.

아돌프 아이히만의 감독 아래 유럽 전역에서 잡혀 온 유태인들은 아우슈비츠 등의 수용소에서 굶주림이나 독가스로 죽어갔다. 1945년 2차 대전이 끝났을 때 6백만 명의 유태인이 죽었다. 독일에 점령된 나라에 살고 있던 유태인 네 사람 중 세 사람꼴로 목숨을 잃은 셈이다.

아이히만은 전쟁이 끝난 뒤 아르헨티나로 도망갔으나, 1961년 이스라엘 요원에게 붙잡혀 법정에 넘겨졌다. 살인죄로 기소당한 그는 유태인 학살에 책임이 없다고 항변했다.

▶ 방탄 부스 안에서 재판을 받고 있는 아이히만. 명령에 따라 유태인 학살을 '충실히' 수행한 그는 사형선고를 받았다.

단지 명령에 따랐을 뿐이라는 것이다. 아이히만의 항변(어떤 사람이 나쁜 짓을 저지르고 난 후 명령에 따라 했다고 변명할 때 이를 아이히만의 항변이라 부른다)은 기각되었고, 그는 사형선고를 받았다.

아이히만은 국제적 관심을 모은 전범재판의 피고가 되리라고는 상상할 수도 없는 평범한 삶을 살아온 사람이다. 학교 성적이 나빠 일찌감치 실업학교로 보내진 열등생이었으며 실업자로 전전하다 엉겁결에 군에 입대했던 사람이다. 그는 나치 친위대 장교였으나 히틀러의 『나의 투쟁』조차 읽지 않았다고 한다.

법정에 증인으로 나선 아우슈비츠의 한 생존자(예이엘 디무르)는 그를 보고 혼절하고 말았다. 정신을 차린 그에게 재판관이 "과거의 지옥 같은 악몽이 되살아났습니까?"라고 물었을 때 디무르는 고개를 내저으며 말했다.

"아이히만이 저렇게도 평범한 사람이라니. 저토록 평범한 인물이 그 많은 사람들을 가스실로 몰아넣었다니…. 나 자신도 아이히만이 될 수 있다는, 내 안에도 아이히만이 있을 수 있다는 사실에 충격을 받은 것입니다."

하이데거와 야스퍼스의 애제자이자 저명한 정치학자였던 아렌트는 미국 「뉴요커」 잡지의 특파원을 자원해 재판을 지켜보았다. 그녀는 재판이 끝난 뒤 '악의 평범성'이라는 개념을 발표해 전 세계 지성계의 뜨거운 논란을 불러일으켰다. 그녀는 아이히만의 악이 우리의 일상 속에 뿌리 깊게 자리하고 있음을 지적한 것이다.

경비대원이나 아이히만은 폭력적인 사람이 아니었다. 상관의 명령을 따른 평범한 사람이었다. 이것은 우리들 모두가 명령을 받는 위치에 놓여 있다면 행동의 정당성에 관계없이 그러한 악을 저지를 수 있다는 것을 시사한다. 심리학자 밀그램(Milgram)이 했던 유명한 실험을 보자.

예일 대학교의 밀그램은 신문광고를 통해 보통의 남녀들을 피험자로 뽑았다. 밀그램은 피험자들에게 그들이 교사의 역할을 담당하게 될 것이라고 했다. 교사의 역할을 하는 이 피험자들은 다른 학습자가 실수를 저지를 때마다 전기쇼크를 주는 임무를 담당했다. 이 피험자는 학습자가 전기의자에 묶이고 손목에 전극이 부착되는 것을 보았다.

그리고 난 후 이 피험자를 옆방으로 데리고 가 전기쇼크발전기 앞에 앉혔다. 쇼크발전기에는 '약한 쇼크(15V)'에서부터 '위험 : 심한 쇼크(450V)'에 이르기까지의 각 스위치들이 놓여 있었다. 스위치를 누르면 부저가 울리고 불빛이 나고 전압기의 바늘이 우측으로 움직였다. 실험자는 피험자에게 학습자가 실수를 연속으로 하게 되면 한 단계 높은 쇼크를 주라고 지시했다.

실제로 학습자는 전기쇼크를 받지 않는다. 그는 특별히 훈련받은 보조실험자였다. 실험이 시작되면 학습자는 미리 정해진 각본대로 실수를 범하게 되고, 교사의 역할을 하는 피험자들은 전기쇼크를 주기 시작한다. 쇼크가 점점 더 강해짐에 따라 학습자는 소리를 치거나 벽을 발로 차거나 혹은 더 이상의 쇼크에서는 실신한 것처럼 아무런 소리도 내지 않았다.

예상할 수 있는 바와 같이 많은 피험자들은 이런 실험에 반대하기 시작했으며, 실험을 중지해달라고 요청했다. 그러나 실험자는 "중지해서는 안 됩니다", "계속해주십시오", "계속해야만 됩니다"라면서 피험자로 하여금 실험을 계속하도록 요구했다.

권위에 대한 복종실험은 피험자가 계속하기를 거부한 바로 직전의 최대 쇼크량에 의해 측정되었다.

결과가 어떻게 나왔을까? 피험자들의 65%가 최대 쇼크량인 450V까지 갔다. 학습자가 벽을 발로 차기 시작한 시점인 300V의 쇼크에서 중지한 피험자는 한 사람도 없었다.

▶ 실험자와 함께 '학생'을 묶고 전극을 부착하는 피험자(상). 계속 실험해줄 것을 요구받는 피험자(중). 더 이상의 실험을 거부하는 피험자(하)

사람들은 밀그램의 실험결과를 들었을 때 '어떤 사악하고 가학적인 사람들을 피험자로 쓴 거냐'고 의심을 품었다. 실제로 다른 연구를 보면 사람들은 복종하는 피험자를 비난하는 경향이 있고, 실험상황 전반에 작용한 강력한 압력을 인정하려 하지 않고 그 개인의 탓으로 돌리는 경향이 많았다.

실험 전 조사에서 대부분의 전문가들은 150V 수준에서 멈출

것이라고 예상했으며, 4%만이 300V 이상 줄 것이라 답했다. 450V
까지 줄 것이라고 대답한 사람은 아무도 없었다. 하지만 왜 그런
결과가 나왔을까?

우리가 소속되어 있는 집단은 위계를 형성하고 있다. 집단의
목표를 위해서는 높은 사람의 요구나 명령이 있으면 복종
(obedience)해야 한다. 그래야 집단이 제대로 돌아갈 수 있다.
그렇기 때문에 우리는 자라나면서 권위에 복종하는 것이 미덕이
며, 또 그렇게 하도록 교육받는다. 그러므로 권위에 복종하는 것은
사회규범에 따르는 것이다. 복종하지 않으면 처벌을 받게 되고
복종하면 칭찬을 받는다. 또 결과가 나쁘게 나온다 하더라도 책임
을 전가할 수가 있다.

밀그램의 실험에서도 실험자는 합법적인 권위를 가졌다. 왜냐

한강교 폭파

1950년 6월 27일 전세가 불리하게
전개되면서 육군 긴급회의에서 채병
덕 총참모장은 서울 사수를 포기하고
육군본부의 서울 철수와 함께 한강다
리를 폭파하기로 결정했다. 당일 오
후 한강 인도교, 경부선 철교, 경인선
철교에 폭파 장치를 완료했고 하루
뒤인 1950년 6월 28일 서울 돈암동에 북한군 전차가 진입했다는 보고를 받
은 채병덕 총참모장은 최창식 공병감(대령)에게 한강다리를 폭파하도록 명
령했다. 새벽 2시 30분, 명령을 받은 최 공병감은 한강다리를 폭파했으나
너무 일찍 폭파함으로써 강 이북에 있던 국군 7만 5천여 명의 병력이 고립
되는 등 군사적인 면에서 막대한 피해를 입었으며, 1천 명에 가까운 민간인
인명 손실도 생겼다. 최창식 대령은 폭파 작전상의 실책에 대한 책임으로
총살을 당하나 1964년 부인이 제기한 항소심에서 재판부는 한강다리 폭파
는 상관 명령에 따른 것으로 판단된다며 최 공병감에게 무죄를 선고했다.

하면 이 실험자는 저명한 대학에서 실시하는 연구의 책임자였고, 피험자들에게 전문가라는 인상을 주었던 것이다. 또한 피험자들은 스스로 실험에 참가한 사람들이었지만, 시간당 4달러를 받아 피용인의 지위에 있었다.

사람들은 부당한 명령을 받게 될 때조차도 이성적으로는 복종할 수 없는 행동인 줄 알면서도 복종하지 않기가 힘들다.¶ 어떤 집단이나 조직에서든 계약이 있는데 일방적으로 깨기가 쉽지 않다. 또 그들이 자신의 '잘못'을 깨달을 때쯤에는 이미 덫에 걸려 중단할 수도 없는 지경이 되어버린다. 중단을 하게 되면 그 이전까지의 자기행동이 잘못이었다는 것을 인정하는 꼴이 된다. 그러므로 오래 끌수록 중단하기가 더 어려워진다.

적과의 동침―동맹

동맹은 둘 또는 그 이상의 사람들이 한 사람 또는 그 이상의 사람들에게 영향을 주기 위해 같이 행동하는 것을 말한다. '사람'을 '집단'으로 바꿔도 뜻은 같다. 동맹은 전쟁중인 국가뿐만 아니라 정치집단이나 기업체, 하다못해 한 지붕 세 가족이나 세 명의 형제간에도 나타날 수 있다. 사례를 보자.

¶ 몇 년 전 우리나라 육군훈련소에서 한 중대장이 훈련소 내 화장실 점검을 실시한 뒤 좌변기 20대 중 2대에서 물이 내려지지 않은 것을 확인하고 막사에서 훈련병 192명에게 인분을 손가락으로 찍어 입에 넣으라고 강요해 물의를 일으킨 적이 있었다. 당시 훈련병 가운데 절반가량이 이 명령을 이행했던 것으로 보도되었다.

4인 집단에 17개의 투표권이 주어졌으나 불공평했다. 한 사람은 8표, 다른 한 사람은 7표, 나머지 두 사람에게는 각각 1개씩의 투표권이 주어졌다. 승리를 차지하기 위해서는 과반수가 넘어야 했다. 어떻게 동맹을 맺어야 승리를 차지할 수 있을까?

네 사람에게 분배된 투표권의 수는 8, 7, 1, 1이고, 9는 이기기 위해 필요한 최소의 투표권 수다. 이때 승리할 수 있는 동맹은 8-7, 7-1-1, 8-1, 또 다른 8-1의 네 경우다. 어떤 동맹을 택해야 할 것인가?

중간의 복잡한 흥정과정은 빼버리자. 동맹의 대체적인 특징을 보면 셋 이상은 많다는 것이다. 승리에 필요한 최소한의 구성만 있으면 된다. 정치적 목적이 아니라면 8-1-1의 동맹은 거의 없다 (그래서 위의 네 경우에서 빠졌다. 8-7-1 동맹도 마찬가지다).

또 하나의 특징은 약한 것이 힘이라는 것이다(최소권력이론). 갖고 있는 자원이 너무 적어 힘을 못 쓰는 약한 상대라 하더라도 그 자원이 나에게 왔을 때 승리를 보장한다면, 이런 개인이나 집단이 매력적인 동맹자가 된다(최소자원이론). 이는 약한 쪽에서 보면, 강한 상대와 동맹을 맺어야 승리할(살아남을) 수 있다는 것을 깨닫고 있으며, 강한 쪽에서 보면, 약한 상대는 적게 기여했다는 것을 알고 있을 것이므로 '승리의 전리품'을 조금만 나누어 주더라도 만족해할 것이라고 기대하기 때문이다. 또 이 관계는 보다 오랫동안 지속될 것이라고 생각한다. 왜냐하면 강한 상대를 동맹으로 택하면 언제든지 이 강한 상대에게는 제3의 상대로부터 유혹의 손길이 뻗쳐오기 때문이다. '불침번'이라도 서야 하는 부담이 생긴다.

이와 같은 동맹의 특징을 한마디로 요약하면, 쾌락을 위해 사랑하지도 않는 사람과 하룻밤을 보내는 것이다. 보다 점잖고 비장하게 표현하면 '동상이몽을 꾸는 적과의 동침'이다. 동침과 이별이 반복될 가능성도 물론 있다.

동맹은 기본적인 문제들에서 많은 부분이 일치하지 않는다. 하지만 특정 목표의 달성을 위해 이런 불일치를 잠시 덮어둔다. 더 나은 매력적인 상대가 외부에서 나타날 수 있기 때문에 안팎으로 신경을 써야 한다. 다른 매력적인 상대가 나타나 뿌리치기 힘든 유혹이 들어오면 언제든 동맹은 박살난다.

우리나라 정치사에서 가장 훌륭한(?) 동맹의 사례는 1990년 1월의 3당합당이다. 국회의원 재적 과반수가 안 되던 집권당의 노태우(투표권 수 8)는 제1야당인 김대중(투표권 수 7)을 제쳐놓고 제2, 제3야당이던 김영삼(투표권 수 1), 김종필(투표권 수 1)과 동맹(합당)하였다(앞서 말한 것처럼 정치에서는 8-1-1의 동맹이 나타나기도 한다). 당시 세 사람의 정당 대표가 각각 어떤 동상이몽을 꾸었으며, 그 동침의 과정과 결과는 어떠했는지 위의 내용과 맞추어보길….

▶3당합당을 보도한 경향신문(1990. 1. 23). 합당 시 내각제 개헌 밀약 사실이 밝혀진다. 3당야합이라고도 한다. 이 사건은 동맹에 관한 전형적인 사례를 심리학에 제공했다.

자리가 사람을 만든다―권력

20명의 대학생들이 죄수생활게임에 참가했다. 실험이 시작되기 전 각 피험자들은 '죄수'와 '교도관'의 두 역할 중 하나에 무작위로 배치되었다.

'죄수' 역할을 할 사람들은 자기 집에서 체포되어 학교에 마련된 모의경찰서로 호송된 후 나체로 수색을 당하고, 지문을 찍고, 방역을 실시한 후 지하실 독방에 감금되었다. 피험자들은 자기가 맡은 역할에 대해 어떻게 하라는 지시도 받지 않았으며, '교도관'들은 '물리적 폭력 없이 법과 질서를 유지하라'고 들은 게 전부였다.

얼마 지나지 않아 '교도관'들은 믿기 힘들 정도로 포악하고, 거만하고, 공격적이고, 학대적으로 되어 갔다. 이들은 모든 '죄수'들이

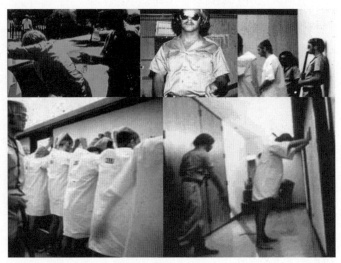

▶ 스탠퍼드 감옥실험의 실제 장면들 (사진 : www.zimbardo.com)

자신들이 만든 규칙에 맹목적으로 복종할 것을 주장했다. 사소한 불복종도 '맨손으로 화장실 청소하기'와 같은 굴욕적인 처벌이라든가 '먹고 잠자고 씻는' 권리를 없애는 것으로 다스렸다. 교도관들은 모두 권위주의적으로 변하고 권력의 남용에 몰입하고 있었다.

대부분의 죄수들은 처음에는 너그러운 마음으로 독단적인 규칙에 반응했으나, 규칙이 많아지고 학대가 시작되면서 수동적이 되고 쇠약해져 갔다. 4명의 죄수들은 4일째 만에 흐느껴 울거나, 분노를 삭이지 못하거나, 심각한 의기소침과 심리적 전신 발진으로 '훈방(실험 포기)'되었다. 이 실

▶ 엑스페리먼트(The Experiment, 2001). 이 영화는 1971년에 미국에서 실제로 있었던 악명 높은 '스탠퍼드 감옥 실험'(본문 사례)을 토대로 한 것이다. 실제 실험은 영화와 달리 살인은 없었지만, 수감자들의 심리와 불안, 교도관의 폭력적 태도로 6일 만에 미완성으로 끝났다. www.zimbardo.com에서 실제 실험을 사진과 함께 자세히 볼 수 있다.

험은 처음에 2주간 계속되는 것으로 시작되었으나 참가자들의 심리적인 변화 징후 때문에 6일 만에 끝나고 말았다.

사람들은 권력을 얻기 위하여 많은 수단을 동원한다. 반장선거든 국회의원, 대통령 선거든 선거 때가 되면 모든 입후보자들은 공복이 되겠다느니, 이 조직 이 나라의 발전을 위하여 한 몸 바칠 것이라고 하면서 한 표를 호소한다. 그들 중 누가 당선되든지 간에 공약만 제대로 지켜진다면 '멋진 신세계'가 열릴 것이다.

하지만 자리가 사람을 만든다. 멋진 신세계를 만들겠다는 우리

들의 영웅이 권력을 얻고 나면 잔인하고 파렴치하며 이권을 챙기고 비인간적으로 되어버리는 예를 많이 볼 수 있다. 급우 편에 서겠다던 반장은 선생님 편이 되어버리고, 국회의원은 제 맘대로 당을 바꾸며 뒷돈을 챙긴다. 급우나 지역구의 여론은 안중에 없다.

회사라 하여 예외가 될 수 없다. 진급이나 승진을 하여 보다 권력 있는 자리에 올라가는 것도 마찬가지다. 과장 승진을 하면 대리 때보다 목에 힘이 더 들어가고 아랫사람을 부르는 호칭이 달라진다. 걸음걸이가 느려지고 어깨를 펴면서 등이 뒤로 휘어 배가 나오게 된다. 옛날의 그 대리가 아니다.

권력자가 되면 권력 없는 사람들과 점차 거리를 두고, 권력 없는

▶ 이라크 아부 그라이브 교도소의 포로학대사진(좌, 2004)과 〈완장〉(우, MBC, 1989). 교도소 경계를 맡은 미군 헌병들은 각종 잔혹한 방식으로 포로들에게 고문과 모욕, 성적 학대 등을 일삼았다. 윤흥길은 자신의 소설 〈완장〉에서, 한 번도 큰 권력에 다가서지 못하고 권력에 의해 시달림 당해 권력에 한이 깊은 동네깡패 임종술이 차마 권력이라 말할 수조차 없는 하찮은 완장을 우연한 기회에 얻어 차고 난 후 벌이는 이야기를 통해 권력의식의 실체와 그 탄생, 소멸 과정을 여실히 그려냈다. 사진은 1989년 8부작 드라마로 탄생한 MBC 드라마 〈완장〉의 한 장면. 조형기가 임종술의 역을 맡아 열연했다.

사람들을 얕잡아 보며, 다른 사람들을 통제하는 데 그 권력을 사용한다. 방법도 설득보다는 강압이다. 그리하여 성과가 좋게 나오면 자신들의 통솔능력 때문에 좋은 결과가 나왔다고 생각한다.

　이제 일그러져 버린 우리들의 영웅은 자신의 권력에 대한 맛을 보게 된다. 한번 맛들인 현재의 권력은 보다 많은 권력을 획득하도록 자극한다. '일그러진 영웅'은 더 큰 권력을 가지려는 동기에 이끌려 권력을 추구하는 데에만 몰입한다. 은퇴도 있을 수가 없다.

　추운 날, 따뜻한 아랫목에 누워 있으면 아버지가 들어오더라도 자리를 내놓기 싫다. 버르장머리 없다는 소리를 듣더라도 한번 잡은 아랫목은 내놓기 싫은 것. 이것이 '우리들의 일그러진 영웅'의 모습이자 권력의 속성이다. 자기의 갈 길을 알고 돌아서는 자의 뒷모습은 아름답다고 말들 하지만, 권력에는 통하지 않는다. 그래서 권력은 타락한다. 절대권력은 절대로 타락한다.

도움행동

*도움행동(엄격하게는 이타행동)은 보수를 기대하지
않고 어떤 사람을 자발적으로 돕는 행위를 말한다.
사회심리학에서 다루는 개념이다.*

돕는 사람과 돕지 않는 사람—누가 돕는가

■ 일본판 쉰들러

1940년 여름, 나치 독일군이 폴란드를 침공해 오자 많은 유태인
들이 리투아니아로 피난해 왔다. 이미 리투아니아의 각국 영사관에
도 퇴거명령이 나와 있었다. 유태인들은 다시 여기서부터 다른 나
라로 탈출해야 했다. 그들에게는 비자가 필요했다. 그들이 찾은 곳
은 일본 영사관이었다. 절망적인 그들에게는 그곳이 마지막 희망이
었다.

스기하라 영사는 본국 외무성 장관 앞으로 암호전보를 쳤다. 그러

▶ 스기하라 치우네(杉原千畝, 1900~1986)

나 장관으로부터는 비자를 발급해주지 말라는 답신이 왔다. 독일과 협정을 맺고 있던 일본으로서는 독일측 비위를 건드릴 수 없다는 것이었다.

스기하라 영사는 다시 두 차례나 탄원의 전보를 쳤다. 회신은 같았다. 겁에 질린 채 영사관 앞에서 서성거리는 유태인들을 바라보면서 스기하라는 이틀 밤을 고민했다.

그는 인도적인 입장에서 저 사람들을 버릴 수 없다며 본국 훈령을 거역하고 비자를 발급해주기로 했다. 그는 리투아니아를 퇴거하는 마지막 순간까지 식사도 걸러가며 유태인들에게 비자를 발급해주었다. 이리하여 그는 6천 명의 유태인 목숨을 살렸다.

■ 타이태닉 최후의 날

1912년 4월 14일, 영국의 호화여객선 '타이태닉'호가 짙은 안개 속에서 빙산과 충돌하여 침몰했다. 이 여객선에는 2천2백 명이 타고 있었다. 그러나 구명보트의 수용능력은 1천여 명밖에 되지 않았다. 승무원과 승객 중 절반 이상은 가라앉는 배와 운명을 같이할 수밖에 없었다.

그런 생사의 갈림길에서도 승객들은 모두가 차례를 기다리면서 침착하게 구명정에 옮겨 타기 시작했다. 자기 차례가 오자 다른 사람에게 양보하는 늙은 신사도 있었다. 승객들을 구조하는 승무원들을 돕겠다고 굳이 배에 남기를 간청한 젊은이도 있었다.

1등객실 남자승객들에게는 구명보트가 우선 배정됐다. 그런데도 이를 거부한 승객들이 있었다. 그중에는 억만장자인 벤저민 구겐하임, 태프트 대통령의 군사고문인 아치볼트 배트, 당시 미국 최고의 부자인 존 아스터도 있었다.

■ 뉴욕에서 일어난 일

1964년 뉴욕. 한 여인이 밤늦게 직장에서 귀가하고 있었다. 그녀가 집에 들어서려는 순간 노상강도로 보이는 한 남자가 칼을 들고 그녀를 습격했다. 놀란 그녀는 도망가면서 도와달라고 소리쳤다. 습격자는 그녀를 쫓아가 칼로 찔렀다. 몇몇 아파트 가구에 불이 켜지고 사람들이 몰래 엿보고 있었다. 그러나 아무도 나오지 않았다. 경찰의 출동도 없었다. 30여 분의 저항 끝에 그녀는 살해당했다.

인근에 살고 있던 주민들 중 38명은 그녀의 비명소리를 들었다고 나중에 진술했다. 그러나 아무도 도와주러 나온 사람은 없었다. 경

▶ 키티 제노비스가 살해당한 뉴욕 퀸스 거리(좌). 같은 지역에서 2010년 4월 18일 새벽, 한 남자가 여성에게 강도짓을 하려다 이를 말리려던 다른 남자를 흉기로 찌르고 달아났다(우). 흉기에 찔린 남자(원안)는 이내 길거리에 쓰러졌다. 이후 1시간 20분 동안 무려 25명의 행인이 이곳을 지나갔지만 단 한 명도 죽어가는 이 남자를 돕지 않았다. 뒤늦게 구조대가 왔지만 그의 몸은 이미 싸늘한 상태였다.

찰에 전화를 건 사람조차 한 명도 없었다. 경찰에 신고된 것은 그녀
가 사망한 지 20분이 지나서였다. 경찰이 출동하고 구급차가 그녀를
실어갈 때조차 누구도 나오지 않았다.

전쟁이 끝나자 소련에 억류되어 있던 스기하라는 당연히 외무
성에 복직하려 했다. 그러나 일본 정부는 그에게 사직을 요구했다.
본국 정부의 훈령을 어겼다는 것이었다.

훗날 이스라엘은 스기하라를 기념하는 공원을 만들었고, 훈장
을 수여했다. 1985년에는 일본인으로서는 처음으로 홀로코스트
희생자를 기리는 의미에서 제정된 야드바솀상을 수상했다. 미국
에서는 그의 덕분으로 살아남은 유태인들이 뉴욕에서 감사의 모
임도 가졌고, 리투아니아에서는 수도 한복판의 큰 거리를 스기하
라거리라고 이름 붙였다. 그러나 스기하라는 1986년 명예를 회복
하지 못한 채 세상을 떴다. 많은 유태인들로부터 사랑을 받은 그가
자신의 조국에서 명예를 회복한 것은 세상을 떠난 지 7~8년이
지나서였다.

타이태닉호의 침몰과정에서도 또 한 사람의 일본인이 등장한
다. 42살의 공무원이던 그는 '자리가 둘 남았으니 두 사람만 타
시오'라고 승무원이 외쳤을 때 이 소리와 함께 구명정으로 뛰어
내린 사람이다. 두 달 뒤 그는 무사히 일본으로 돌아왔지만 그를
맞은 일본 사회의 눈은 냉담했다. 다른 사람을 밀어제치고 살아
남은 게 아니냐는 것이었다. 그는 직장에서도 물러나야 했고, 계
속되는 수난에 시달려야 했다. 그는 물론 그의 가족까지도 어깨
를 펴지 못하고 숨어 살다시피 했다.

1964년의 뉴욕사건(피해자의 이름을 따 키티 제노비스 사건이라 한다)은 보통사람의 상식과 너무나 엄청나 당시의 미국 사회에 큰 충격을 주었고 심리학자들의 관심을 끌었다.

사람들은 어떤 때에는 다른 사람들을 잘 도와주면서 또 어떤 때에는 전혀 개입하지 않으려 하는가?

이타적 유전자—왜 돕는가

■ 도마뱀의 생존

일본에서 벌어진 일이다. 지은 지 3년밖에 되지 않은 한 건물을 허문 적이 있다. 그 과정에서 꼬리가 못에 박힌 채 살아 있는 도마뱀 한 마리가 발견되었다. 건물을 지을 때 못에 박힌 것이 확실했지만 그토록 오랜 기간을 살아 있다는 게 믿기지가 않았다. 연구자들은 이를 밝히기 위해 도마뱀을 관찰했다. 그 결과 동료 도마뱀들이 매일 못 박힌 도마뱀에게 먹이를 가져다주었음이 확인되었다.

■ 간디의 신발 한 짝

막 출발하려는 기차에 간디가 올라탔다. 그 순간 신발 한 짝이 벗겨져 플랫폼 바닥에 떨어졌다. 기차가 이미 움직이고 있었기 때문에 간디는 신발을 주울 수가 없었다. 그러자 간디는 얼른 나머지 한 짝을 벗어 그 옆에 떨어뜨렸다.

함께 동행한 사람들은 간디의 그런 행동에 놀라지 않을 수 없었다. 그 이유를 묻는 승객에게 간디는 미소를 지으며 말했다. "어떤 가난한 사람이 바닥에 떨어진 신발 한 짝을 주웠다고 상상해보십시오. 그에게는 그것이 아무런 쓸모가 없을 겁니다. 하지만 이제는 나머지 한 짝마저 갖게 되지 않았습니까?"

동물 중에도 무리사냥에서 슬쩍 뒤로 빠지는 침팬지나, 적이 나타났다고 거짓경보를 울려 혼자 벌레를 독식하는 얌체 새도 있지만, 많은 동물들은 종족을 살리기 위하여 위험을 감수한다. 돌고래들은 부상당한 동료가 숨을 쉴 수 있도록 물 위에 뜨게 붙잡아주고, 흡혈박쥐는 2~3일 동안 피를 먹지 못하면 죽지만 동료를 살리기 위해 피를 토해 나눠준다. 병정개미는 침입자에 대항해 싸우고, 벌은 침입자를 향해 침을 쏘고 죽음을 맞이한다. 어미들은 자기 새끼들이 위험에 처하면 스스로를 희생한다.

▶ 호혜적 이타주의 이론에서는 미래의 어느 순간에 보답이 돌아오는 만큼 친척이 아닌 관계에서도 이익을 제공하는 심리적 메커니즘이 진화할 수 있다고 주장한다. 가령 먼 옛날, 사냥에 성공했을 경우 사냥에 실패하여 굶는 다른 사람에게 음식을 제공하면 나중에 자기가 실패했을 때 그로부터 음식을 얻을 수 있다는 것이다. (사진 : www.wit.co.kr)

사회생물학에서는 인간의 이타행동¶이 유전적으로 결정된 본성의 일부라고 주장한다. 남을 돕고자 하는 특성들이 세대를 거쳐 내려오면서 후세에 전해졌다는 것이다.

하지만 낯선 이들을 돕는 행동

¶ 이타행동(altruism) : 자신에게 아무런 이익이 돌아오지 않더라도 다른 사람들을 돕는 행동을 심리학에서는 이타행동이라고 한다. 도움행동은 이타행동의 한 부분이지만 독자의 이해를 돕기 위해 도움행동이라는 용어를 사용한다.

을 설명하기 위해 또 다른 학자들은 인간의 사회적인 진화에 초점을 맞춘다. 인간은 사회의 복지를 증진시키는 여러 기능들을 점진적이고도 선택적으로 진화시켜 왔으며, 이런 기능들은 사회적으로 유익하기 때문에 규칙과 규범이 되었다고 한다. 이 규범들 중 특히 사회적 책임, 상호성, 사회정의가 도움행동에 가장 중요하다고 한다. 실제로 이 세 규범은 뒤에서 보듯이 사람을 돕게 만든다.

누군가 돕겠지—왜 돕지 않는가

뉴욕사건(키티 제노비스 사건)의 경우 많은 사람들이 여자의 비명소리를 들었지만 아무도 경찰을 부르지 않은 것은 충격적이다. 사회문제 전문가들은 도덕적 타락과 소외의 결과라고 주장하기도 했다. 하지만 많은 타인들의 존재가 돕지 않은 이유가 될 수 있다.¶

¶ 주변인 효과(bystander effect) : 사람들이 더 많이 있을수록 어떤 한 개

도와줄 사람이 많이 있음에도 불구하고 도와주지 않는 것에 대한 하나의 설명은 책임이 분산되기 때문이라는 것이다.¶ 즉 어떤 사람이 곤경에 처해 있을 때 주위에 여러 명이 있으면 누군가 도와주겠지 하는 마음이 생겨, 결과적으로 아무도 그를 도와주지 않게 된다. 공동책임은 무책임이라는 것이다. 즉 사람들이 많이 있으면 있을수록 각자에게 돌아가는 책임의 양은 상대적으로 줄어들게 된다. 그래서 도와주려는 행동이 일어날 가능성은 더 낮아진다.

그렇기 때문에 사람들로 북적대는 명동이나 서울역에서 거지가 자리를 잡고 구걸하고 있더라도 지나가는 사람의 숫자에 비해 버는 돈은 그리 많지 않다. 명동이라고 다 명당자리는 아닌 것이다. 또 짐을 둔 채 자리를 잠시 비워야 할 경우 옆 사람에게 봐달라고 하면, 즉 책임을 부과하면 잃어버릴 가능성은 적어진다. 최소한 그가 도둑이 아니라면.

두 번째 설명은 상황에 대한 해석이 모호하기 때문이라는 것이다. 남자와 여자가 고함과 비명을 지르며 한바탕 소동벌이는 것을 부부나 애인간의 다툼 정도로 여길 수도 있다. 그 상황이 정말 자기가 끼어들어야 할 긴박상황인지 확신이 서지 않을 수도 있다. 게다가 다른 사람들도 개입하지 않는 것을 보면 그만한 이유가

인이 도움을 제공할 가능성이 더 적으며, 또한 도움을 제공하기까지의 시간도 더 긴 현상. 이 현상의 원인에 대한 설명이 책임의 분산과 상황의 모호성 등이다.
¶ 책임의 분산(diffusion of responsibility) : 다른 누군가가 행동을 취할 거라고 생각하는 경향. 이러한 가정은 종종 왜 사람들이 이타적으로 반응하지 않는가를 설명한다.

있을 것이라고 생각한다. 그래서 지하철에서든 버스에서든 치한으로부터 곤경을 당하는 여성의 가장 현명한 대처는 "당신 누군데 이러는 거야?"라고 외치는 것이다. 그래야 다른 사람들이 치한을 여자의 연인으로 보지 않고 성추행범으로 보게 된다.

　마지막으로, 자신에게 돌아올 이익보다 손해가 더 클 때 개입하지 않게 된다. 한 사람이 뭇매를 맞고 있더라도 뒷짐 진 채 보고만 있게 된다. 교통사고를 목격하고도 애써 못 본 체한다. 위급상황에 개입하게 되면 자신이 신체적으로 해를 입을 수도 있고, 나중에 증인 신분으로 경찰서에 불려가야 하는 등 여러 번거로움이 따르기 때문이다. 그래서 사람과 차량이 홍수를 이루는 시대를 살아도 뺑소니차는 잡아내기 힘들다.

▶ 시내에서 자주 볼 수 있는 목격자 탐문 현수막. 여러 이유 때문에 목격자는 나타나지 않을 수 있다.

괜찮으세요? ― 사람들이 도와줄 때

　"날씨에 따라 내가 변할 사람 같소?"라고 말하는 사람들도 날씨에 따라 도움행동이 다르게 나타난다. 여름이라면 비교적 선선한 날, 겨울이라면 비교적 따뜻한 날과 같이 쾌적할 때 잘 도와준다. 비오는 날보다는 화창한 날에, 밤보다는 낮에 더 잘 도와준다.

　기분이 좋아야 도움행동이 잘 나타난다. 하지만 그 기분을 심하게 해칠 위험이 있으면 주저하게 된다. 곤경에 처한 사람에게 공감을 느끼거나 자기와 비슷한 사람이라면 잘 도와준다. 그래서 어려움을 겪어본 사람이 잘 도와주고, 낯선 이국땅이라면 고국에서 온 사람을 잘 도와준다. 고속도로에서 화물차가 비상등을 켜고 길가에 서 있다면 다른 여러 대의 화물차가 사연을 듣기 위해 브레이크를 밟는다.

다행인지 불행인지 신체적으로 매력이 있는 사람이 더 많은 도움을 받는다. 주민등록증을 잃어버렸더라도 매력적인 사람은 크게 걱정을 하지 않아도 된다. ¶ 며칠만 지나면 우편함에 들어

장수하려면 베풀어라

남한테 베푸는 마음씨 좋은 사람이 자신만을 생각하는 사람보다 오래 산다는 연구결과가 있다. 미국 미시간 대학 사회연구소의 스테파니 브라운 박사는 다른 사람을 돕지 않는 노인은 돕는 노인보다 일찍 숨질 가능성이 두 배나 높다는 사실을 발견했다. 그는 1987년부터 423쌍의 노년 부부를 무작위로 뽑아 5년 동안 이들이 노년의 삶에 어떻게 대처하는지를 조사하며 친구·친척·이웃에 어떤 도움을 주는지 또는 어떤 도움을 받는지를 물어 사망률과 비교했다.

이 기간에 숨진 134명의 나이·성·건강 등 여러 요인을 감안해 분석한 결과, 남을 돕는 사람이 그렇지 않은 이들보다 오래 산 반면, 남한테 도움을 받은 사람은 오래 사는 것과 관련이 없었다. 브라운 박사는 "남한테 도움을 주는 것이 장수의 비결"이라며 "도움을 받는 것이 수명 연장에 도움이 된다는 이전 연구와는 배치된다"고 말했다. 이 연구 결과는 다른 사람과의 친밀한 사회적 접촉의 끈이 강할수록 건강에 큰 도움을 준다는 이전 주장과 일치한다.

있다.

친구와 같이 자기가 좋아하는 사람이라면 그를 위한 자기의 도움행동은 더욱 증가한다. 그러나 상대방의 경우 도움을 받았을 때 고마움의 표시는 모르는 사람으로부터 도움을 받았을 때보다 줄어들고, 대신 도움을 받지 못했다면 아주, 아주 섭섭하게 생각하게 된다.

또 사람들은 사회생활에서 자기에게 합당한 몫을 가져가려는 성향이 있다. 한적한 국도에서 마주 오는 차로부터 교통단속이 있다는 신호를 받으면 자기도 그 자리를 지나 다른 차에게 신호를 해준다. 받은 만큼 되돌려 주는 것이다(상호성). 또 자기가 기여한 것보다 대가를 많이 받게 되면 불공평을 느껴 적게 받은 사람에게 돌려주려 하고, 이로 인해 도움행동이 나타난다고 하는 설명(사회정의)도 있다. 그래서 친목 고스톱에서 제일 많이 딴 사람은 한턱을 내거나 돈을 잃은 사람에게 개평을 준다.

그러나 곤경에 처했다고 하여 누구든지 도움을 받을 수 있는 것은 아니다. 도움을 주려는 사람은 그 사람이 도움을 받을 만한 자격이 있는지를 따져보게 된다. 개인이 상황을 통제할 수 없었을 때에는 도움을 받을 만한 자격이 있다고 생각하지만, 상황을 통제

¶ 지갑을 훔쳐 갔던 도둑이 지갑 속 사진을 보고 반해 주인에게 지갑을 돌려줘 화제가 되고 있다고 중국 '신민 이브닝 뉴스'가 15일(현지시간) 보도했다. 지난 4월 지갑의 주인인 왕양은 슈퍼마켓에 가기 위해 자전거에 오르던 중 소매치기를 당했다. 곧바로 경찰에 신고했으나 도둑을 잡지는 못했다. 뜻밖에도 도둑맞았던 지갑은 편지와 함께 왕양의 손으로 되돌아왔다. 올해 32살인 왕양은 뛰어난 외모를 지니고 있으며 꾸미는 것을 좋아하고 유행에 민감해 실제 나이보다 훨씬 어려 보이는 것으로 알려졌다. (노컷뉴스, 2006. 5. 16)

할 수 있었을 때에는 사람들이 도와주지 않는다. 갑자기 아파서 쓰러진 사람(자신이 통제할 수 없었음)에게는 여러 명이 달려가지만, 술에 취해 쓰러졌을 때(자신이 술을 적게 먹음으로써 통제할 수 있었음)에는

▶ 대낮에 술 마시고 쓰러진 사람. 스스로를 통제하지 못한 사람에 대해서는 사람들이 잘 도와주지 않는다.

그렇지 못하다. 게을러서 놀고 지내는 사람이나 사지가 멀쩡한 사람이 구걸하면 역시 잘 도와주지 않는다.

고맙지만, 괜찮아요 — 도움의 거부

도움을 받으면 일단은 고맙게 생각한다. 그러나 곤경에 처했다 하여 모든 사람이 도움을 요청하는 것은 아니다. 다른 사람이 도와주려 할 때 이를 거부하기도 하며, 오히려 미워하기까지 한다.

사람은 자신의 선택과 행동의 자유를 최대한 유지하기를 바라고 있는데, 이것이 위협받게 된다고 생각하면 도움을 거부하게 된다. 사랑싸움이나 부부싸움을 할 때 곤경에 처한 사람조차도 말리는 사람에게 대들 때가 있다. 낯선 지방을 여행할 때 누군가가 친절히 다가와 안내를 해주겠다 하면 그다지 내키지 않는다(자유의 상실에 대한 반발).

도움을 받게 되면 남에게 빚을 지게 되어 부담이 생긴다. 그래서 나중에라도 도와줘야 할 상황이 생길 우려가 있을 때에는 도움을 거절하기도 한다. 축의금 명부를 꼼꼼히 챙겨둬야 하고, 공짜술 한잔 얻어먹기가 망설여진다(채무의 부담).

또 도움을 받는 것이 자신이 무능하고 의존적이라는 것을 의미한다면 도움을 받는 것은 우리의 자존심을 위협한다. 그래서 창피스럽고 부끄러움을 느낀다. 자기가 곤경에 처하게 된 것이 자기도 어쩔 수 없는 상황 때문이라면 자존심이 상하지는 않기에 도움을 받지만, 자신의 잘못 때문이라면 도움을 받으려고 하지 않는다. 버스에서 내리다가 넘어졌을 때 남이 밀어서 넘어졌으면 주저앉은 채 도움을 기다리지만, 자기 잘못으로 넘어졌다면 벌떡 일어난다. 그래야 자존심을 살릴 수 있기 때문이다(자존심의 위협).

군중행동

군중행동은 사회심리학에서 집합행동(collective behavior)이라는 용어로 다룬다. 집단역학(group dynamics)과 달리 집합행동은 진정한 의미의 집단이 아닌 무리(군중) 속에서 이루어진다.

1931년 미국, 젊은 흑인 남자가 백인 여성을 강간한 혐의로 남부의 교도소에 수감되어 있었다. 그가 사건현장 근처에 있었다는 것만 제외하면 그가 범인이라는 증거는 없었다. 많은 사람들이 교도소 밖에 모여들었다. 점점 그 숫자가 증가하기 시작하면서 흥분하기 시작했다. 몇몇 사람들이 그에게 린치를 가해야 한다고 소리쳤고, 그들은 감옥의 문을 부수고 들어갔다. 흑인을 끌어낸 군중은 그에게 몰매질했고 결국은 죽게 했다.

집단 속에서의 행동은 대개 일정하다. 학생들은 집단으로 수업을 듣고 있더라도 조용하며, 회사의 직원들도 자기 일을 묵묵히 하고 있다. 그러나 비교적 덜 조직화되어 있고 목표도 같지 않은 군중이 되면 양상은 달라진다.

사람들이 모여 군중이 되면 개인적으로 하기 힘든 일을 저지르기도 한다. 이때 사람들은 개인으로서 행동하는 것이 아니라 더 큰 무리에 속한 익명의 구성원으로 행동하게 된다. 군중 속의 개인이 되면 개체성을 상실하여 대개는 비이성적이고 야만적인 존재로 변하게 된다. 이것에 대한 하나의 설명은 익명성이다.

네가 나를 모를 때—익명성

여러분들은 친구들과 몰려다니면서 혼자서라면 하기 어려웠을 일을 한 일이 있을 것이다. 지나가는 이성에게 농담이라도 던지고 꽁초를 길바닥에 버리기도 한다. 큰 소리로 떠들고 주위의 눈치엔 아랑곳하지 않고 행동한다. 체육복 혹은 예비군복 같은 제복을 입고 있으면 증상은 조금더 심해진다.

보다 극적인 사례는 난동이나 소요, 폭동과 같이 훨씬 많은 인원이 있는 경우다. 이런 경우 사람들은 폭력을 행사하고 약탈을 하고 불을 지른다. 보통 때라면 생각지도 못할 행동들이다.

군중 속에 있을 때 사람들은 '원초적 인간'의 정서를 느낀다. 군중심리(엄격하게는 몰개인화¶)는 자신의 정체를 상실하고 집단의 정체를 느낄 때 나타난다. 그래서 개인은 자신의 가치나 행동

¶ 몰개인화(deindividuation) : 집단소속, 익명성, 책임감 상실, 흥분 등으로 인해 자기의식을 잃게 만들고 비전형적인 행동을 하게 만드는 경험 상태

에 덜 주의를 기울이게 되고, 대신 집단이나 상황에 초점을 두게 된다.

이런 군중심리의 핵심요소는 남이 자기를 모른다는 익명성이다. 익명성은 개인의 책임감을 상실하게 만든다. 익명성이 크면 클수록 그들이 느끼는 책임감은 상대적으로 줄어들고, 결과에 대해 생각을 하지 않게 된다. 거지에게 동냥을 하지 않아도 남들은 자기가 누구인지 모른다. 버스나 지하철에서 자리를 양보하지 않아도 남이 자기를 모른다면 죄책감은 순간적인 것일 뿐이다. 대신 앉아 갈 때의 편안함은 더 오래 지속된다.

▶ 누군가 나를 보고 있다는 표시는 익명성을 줄여준다.

책임의 상실은 보통 때 하지 않는 일도 하게 만든다. 규범이라든가 질서가 개인을 통제할 수 없게 되기 때문이다. 그래서 어떤 사람이 건물 꼭대기나 한강철교에서 투신하려고 하면, 몰려든 군중들은 그가 빨리 뛰어내리기를 바라고 있다. 그가 구조되거나 자발적으로 걸어 내려오면 군중들은 허탈해한다. 군중의 익명성(다른 사람은 자기를 모른다는 것)과 피해자의 비인간화(피해자는 호기심의 대상으로만 보일 뿐이다), 기다림으로 인한 좌절(감질만 나게 하면 군중들은 '열'받는다) 등이 뛰어내리기를 부추기기 때문이다.

이런 것이 흥분된 군중 속에 있게 되면 충동적이 되고, 자제하기가 힘들며, 또 폭력적으로 된다. 익명성은 체포될 위험성마저 줄여준다.

그러나 아는 사람이 한 사람이라도 있게 되면 상황은 돌변한다. 익명성이 없어지기 때문이다. 그래서 바람이라도 쐴 겸 명동에 나갔는데 누군가가 자기를 알아보고 이름을 부르면 멋쩍어진다. 익명의 인간에서 현실로 돌아올 때의 당혹감인 것이다.

2천 명을 뛰게 만드는 것—집단전염

갑자기 누군가가 뛰기 시작했다. 아마 급한 일이 있었으리라. 다른 누군가가 또 뛰기 시작했다. 그는 신문팔이 소년으로서 기분이 좋아 달리고 있었다. 또 다른 젊은 신사도 뛰기 시작했다. 아내와의 약속에 늦었기 때문이었다. 10분 이내에 길가의 모든 사람들이 뛰기 시작했다. 웅성거리는 소리가 '댐'이라고 변하기 시작했다. '댐이 무너졌다!'고 누군가가 소리쳤다. 2천 명의 사람들이 동시에 뛰기 시작했다. – 제임스 터버, 댐이 무너진 날, 1933

▶ 세 사람이 이야기하면 없던 호랑이도 생긴다(三人成市虎). 다수가 말하면 멀쩡한 댐도 무너진 것이 된다.

집단전염의 발생은 그리 드물지 않다. 옆 사람이 하품을 하면 자기도 모르게 하품을 하게

하품과 웃음은 불치의 전염병

하품은 누구나 한다. 하품은 누구도 빠르게 또는 느리게 할 수 없고 절반만 하다가 말 수도 없다. 임신 11주만 지나면 태아도 하품을 한다고 한다. 하품의 원인은 흔히 뇌의 산소결핍이나 피로, 기능이상 등으로 추측된다. 하지만 아직까지 정확한 원인은 밝혀지지 않고 있다. 메릴랜드대 심리학과 로버트 프로빈 교수는 사람과 고릴라를 대상으로 실험한 결과 "하품은 행

동의 변화와 동시에 뇌와 신체에 활동을 준비하게 하는 신호"라고 주장한다. 즉 하품은 두뇌활동을 활발하게 하고 피를 원활하게 순환시키고 심장박동을 빠르게 하므로 "어떤 일에 대한 준비 태세가 되어 있다"는 뜻이라는 것이다. 산소가 100% 충만한 상태에서도 피험자들이 하품을 하므로 산소부족 때문에 생기는 것은 아니라고 한다.

하품은 전염성이 대단히 강하다. 하품하는 사람을 보거나 하품에 대한 책을 읽고 방에서 혼자 하품에 대한 생각만 해도 하품을 하게 된다. 프로빈 교수는 "뇌 메커니즘이 하품하는 얼굴을 인지하면 바로 하품이 나온다"며 "일단 뇌 신경계가 작동하면 하품을 멈추는 것은 어렵다"고 설명한다.

전염성은 웃음도 마찬가지다. 웃는 사람들 사이에 있으면 웃게 된다. 일단 웃기 시작하면 멈출 수 없고, 웃지 않으려고 노력하면 웃음이 더 나오게 된다. 프로빈 교수는 "웃음은 집단 구성원을 결속시키는 접착제 같은 것"이라고 말한다.

된다. 대화 도중 누군가가 팔짱을 끼면 다른 사람도 팔짱을 낀다. 강의가 끝난 다음 질문시간에 처음에는 나서는 사람이 없다가 누군가 질문을 하면 나중에는 여기저기에서 손이 올라간다.

또 역사적으로 보더라도 사례는 많다. 십자군 전쟁은 남녀노소 누구나가 구원의 약속, 부자가 될 수 있다는 유혹으로 예루살렘에 모여들게 만들었다. 프랑스 혁명 때 파리 시민들은 관리를 살해

하고 공공재산을 파괴하면서 파리 시내를 돌아다녔다. 1969년 캐나다의 몬트리올 경찰이 17시간 동안 파업에 들어갔을 때 범죄활동이 급증했고, 밤이 되자 선량한 시민들도 폭동을 일으키기 시작했다.

이런 집단전염은 집단성원들이 다른 사람의 행동의 의미를 알지 못하고 상황을 잘못 이해하게 되면 나타난다. 이러한 오해에 근거하여 행동하면 집단 내의 다른 사람들도 상황을 잘못 해석하게 되며, 이것은 전염이 확산될 때까지 계속된다. 그래서 한 사람이 멍하니 하늘을 쳐다보고 있으면 여기저기 같은 사람들이 많이 나오게 된다.

이것은 뒤에서 보게 되는 공포행동에서도 나타난다. 집단 내 한 사람이 흥분하고 겁에 질린 행동을 하게 되면 근처에 있던 사람들도 무슨 일이 일어났다고 생각하게 되고 불안해한다. 처음에 불안해하던 사람은 다른 사람의 불안한 행동을 보고 더 불안해한다. 이런 과정은 증폭되어, 실제로 관여하지 않은 방관자들도 이에 말려들게 된다. 1995년 3월 서울 논현동 D빌딩 가스누출 사고는 집단전염의 한 예다.

서울 논현동 D빌딩 가스누출 사고는 당시 일본 도쿄 지하철역에서 발생한 독가스 테러사건의 모방범죄일 가능성이 있다는 의문이 사고 직후 일부 언론에서 제기돼, 검경은 물론 군 화생방부대와 안기부까지 나서 진상파악을 하는 소동을 빚었다.

고의적인 독가스 범행설이 사고현장에서 나돌기 시작한 것은 사고 후 한 시간이 지난 오후 5시경. 사고현장에 있던 한 여사원이

▶ 당시 사례의 사건을 보도한 신문(동아일보, 1995. 3. 23, 1면)과 1995년 3월 20일 오전 발생한 일본 지하철 독가스 테러사건(우). 일본 사건에서는 12명이 사망하고 5천5백 명이 부상당했다. 범행에 사용된 독가스는 청산가리보다 500배나 강한 것으로 알려진 사린이었다. 한번 깊이 들이마시는 것으로도 목숨을 잃을 수 있는 위험한 물질이다.

기자들과 인터뷰한 직후였다. D빌딩 18층에서 근무중 중독증세를 보여 바깥으로 대피한 여사원은 기자들에게 "가스에 중독된 것을 느끼는 순간 일본의 독가스사건이 연상돼 엘리베이터를 재빨리 타고 내려왔다"고 말했다.

이때 인터뷰 현장 근처에 있던 사람들이 여사원의 말을 제대로 듣지 못한 채 주위 사람들에게 "일본 독가스사건과 비슷한 사건이더라"는 소문을 내기 시작했다. 급기야 "이 빌딩에 건물을 폭파하겠다는 협박전화가 왔었다"는 소문으로까지 발전했다.

소문은 이때부터 눈덩이처럼 불어나기 시작했다. 일부 직원들이 최근 부도가 난 T그룹의 계열사가 일주일 전까지 이 빌딩에 입주하고 있었다는 사실을 기억하여 '협박전화와 T그룹'을 연결시키고, 'T그룹의 부도로 피해를 본 사람의 보복'이라는 말까지 나왔다. 이를 일부 언론이 철저한 확인작업 없이 오후 6시경부터 "이날 오전 D빌딩에 협박전화가 왔었다"고 보도하기 시작했다.

사고현장에 나와 있던 경찰과 소방서 측은 "고의적인 범행으로 볼 흔적이 발견되지 않고 있다"는 보고를 상부에 올렸지만, 안기부와 검찰은 뉴스를 접한 후 '단순사고가 아닌 범행'일 가능성이 있다고 보고 육군 모부대 화생방부대까지 동원, 현장조사에 나섰다.

청와대로부터도 현장수사본부에 확인전화가 걸려 왔다. 검경 및 안기부, 군관계자들까지 동원되자 현장에 있던 사람들은 더욱 자신들의 추측을 확신하게 됐다. 특히 병원에서 치료받은 후 곧 회복돼 귀가했던 사람들까지 뉴스를 접하고, "독가스가 아니냐"며 다시 병원으로 찾아가 입원하는 소동이 벌어졌다.

기자들과 경찰이 소문의 진원지를 찾아 나섰지만, 협박전화를 받은 사람이 없는 것은 물론, "그 같은 얘기를 누군가로부터 들었다"는 말만 꼬리를 물고 이어질 뿐이었다. 사고발생 6시간 만인 밤 10시경 병원측에서 "일산화탄소 중독 같다"는 혈액검사 결과가 나온 뒤 독가스 소문은 제풀에 꺾이기 시작했다.

– 동아일보, 1995. 3. 24

"화성인이 침공했다!" — 집단히스테리

어느날 초봄. 미국의 한 대학 전산센터의 키펀치실에서 근무하던 35명 중 대부분이 이상하게도 비슷한 질병에 걸렸다. 이들은 이상하고 지독한 냄새에 대해 불평했으며, 두통과 메스꺼움, 구토, 눈물로 고통을 받고 있다고 호소했다. 증상은 아주 심각하여 10명이 응급실로 실려 갔다. 많은 사람들은 이상한 가스가 원인이 되었을 것이라고

▶ 2004년 12월 24만여 명의 사망자를 낸 인도네시아 지진해일(사진)이 발생한 후 한 달도 채 되지 않아 칠레에서 지진이 발생했는데, 지진해일이 났다는 거짓말에 도시 전체가 혼란을 겪었다. 주민들은 자다 말고 뛰쳐나와 높은 곳으로 대피했고 차량들이 한꺼번에 쏟아져 도시가 마비되었다. 지진해일 소문은 몇 시간 뒤 거짓말로 드러났지만 주민들은 놀란 가슴을 진정시키지 못하고 병원을 찾았다.

의심하고 있었다. 대학은 의사와 학자로 구성된 조사단을 만들었다. 이 병은 곧 진정되었다. 연구자들은 환자들을 안심시키기 위해 근처 파워플랜트에서 날아온 연기로 인해 병이 났다고 거짓말을 했다. 그러나 실제 연구결과는 집단히스테리였다.

이 사례는 집단히스테리를 보여준다. 집단히스테리는 어떠한 실제적 또는 가상적 사건에 극도로 놀라거나 흥분하여 히스테리적 행동을 보이는 다수 사람들의 행위다.

이 '병'에 제일 먼저 걸리는 사람은 친구가 없거나 기절을 해본 적이 있는 사람들이다. 전형적인 집단히스테리의 경우, 동료나 급우들 사이에 기절이나 메스꺼움과 같은 증상이 일어난다. 이 증상은 실제적인 것이며, 꽤나 아프고 고통스러운 것이다.

스트레스에 관련된 증상들은 '이상한 가스'나 '독물질' 때문이라는 유언비어로 인해 더욱 심해진다. 이런 과정으로 말미암아 사람들은 증상을 실제 이상으로 받아들이게 되고, 스트레스나 근심 때문이 아니라 외부의 이상한 위협 때문에 병이 나게 되었다고 생각하게 된다.

심인성 집단병으로 불리는 이 현상은 심각한 스트레스에 대한 집단의 반응이다. 사례의 전산센터의 경우 단조로운 일상, 낮은 월급, 엄격한 규율로 인한 매일매일의 스트레스 때문이었다. 또 근처 공사장에서 들려오는 시끄러운 다이너마이트의 폭발음도 한 몫을 했다.

그 병은 곧 사라진다. 심인성 집단병은 병원체에 의해 발병되는 것이 아니라 심리적 요인으로 발병되므로 의학적으로는 이 병에 대해 설명을 하지 못한다.

또한 집단히스테리는 비현실적 사건으로부터 일어나기도 한다. 영화 〈시민 케인〉으로 유명한 영화감독 오손 웰스가 한 방송국에서 일할 때 그가 했던 실감나는 방송으로 인해 일어난 다음의 예는 이에 대한 극적인 사례다.

"아나운서 : 지금 이곳은 뉴욕시 방송국 옥상입니다… 지금 이 곳은 뉴욕시 방송국 옥상입니다. 지금 듣고 계신 종소리는 화성인이 오고 있기 때문에 사람들을 대피시키기 위한 것입니다. 지난 두 시간 동안에 3백만 명 이상이 북쪽 도로로 대피한 걸로 추정됩니다. 허치슨 리버 도로는 아직 열려 있습니다. 롱아일랜드 쪽 다리는 피하십시오. 꽉 막혀 있습니다. 저지 만과의 모든 통신은 10분 전에 끊겼습니다. 방어병력은 없습니다. 군대는… 전멸했습니다. 포병대, 항공대, 모두 다 죽었습니다. 이게 마지막 방송이 될지 모릅니다. 마지막까지 저희는 이곳을 지키겠습니다.

(노랫소리)

아나운서 : 아래층의 성당에서 사람들이 기도를 올리고 있습

니다.

(뱃고동 소리)

아나운서 : 항구 쪽을 보면, 모든 배가 사람들이 가득 찬 채로 부두를 벗어나고 있습니다. 거리에는 사람이 가득 차 있습니다. 마치 섣달 그믐날에 새해를 맞이하러 모인 인파 같습니다. 잠깐… 놈들이… 모습을 살짝 드러냈습니다. 팰리사이드 방향입니다. 다섯… 다섯 대의 거대한 기계들입니다. 선두가 강을 건너기 시작했습니다. 여기서 잘 보입니다. 마치… 도랑을 건너는 사람처럼 허드슨 강을 건너고 있습니다.

속보가 들어왔습니다… 전국에 화성인들의 우주선이 떨어지고 있습니다. 버팔로에 하나, 시카고에 하나, 세인트루이스에도… 시간을 맞춰 간격을 두고 떨어지고 있는 것 같습니다.

이제 선두의 기계가 강둑에 도착했습니다. 가만히 서서 도시를 둘러보고 있습니다. 머리는 금속빛의 고깔 같은 형태고 고층 건물과도 맞먹는 높이입니다. 다른 녀석들을 기다리고 있습니다. 도시 서쪽에 새로 고층 건물들을 세운 것 같은 모습입니다. 놈들이 손을 들어 올립니다. 이제 끝인 것 같습니다. 연기가 쏟아져 나옵니다. 검은 연기가… 도시 위를 떠돕니다. 길거리의 사람들이 그걸 봅니다. 이스트 리버 쪽으로 도망칩니다. 수천 명이… 마치 쥐떼 같습니다. 연기가 점점 빨라집니다. 타임스 광장에 도달했습니다. 사람들이 도망치려고 하지만 소

▶방송중인 오손 웰스

용없습니다. 사람들이 파리떼처럼 죽어나갑니다. 연기가 이제 6번가를 지나고 있습니다… 5번가… 아… 100야드까지 다가왔습니다. 이제 50야드…

(뭔가 떨어지는 둔탁한 소리, 이어서 경적소리, 호각소리 등등이 이어진다)

무전사 : 여기는 2X2L 아무나 응답 바람. 여기는 2X2L 아무나 응답 바람. 여기는 2X2L 아무나 응답 바람. 뉴욕 쪽에 아무도 없는가? 통신가능한 사람 아무도 없는가? 아무도 없는가? 여기는 2X2L…

(진짜) 아나운서 : 여러분은 오손 웰스의 머큐리 극장에서 '우주전쟁'의 드라마를 듣고 계십니다. 잠시 휴식 뒤에 방송을 계속하겠습니다. 여기는 콜롬비아 방송(CBS)입니다."

1938년 10월 30일 밤 8시, 뉴욕의 CBS방송은 『우주전쟁(The War of the Worlds)』이라는 소설을 극화하여 방송했다.

이 방송극의 한 부분인 '생방송 뮤직 댄스'라는 오락 프로그램이 전파를 타고 동부 해안 1천만 청취자의 귀를 막 때리고 있는 순간이었다. 갑자기 이 오락 프로그램이 중단되면서 임시뉴스가 나왔다. 화성의 표면이 폭발한 이후 정체불명의 비행접시가 지구로 날아와 뉴욕 근교 뉴저지 지방의 한 농가에 내려앉았다는 것이다.

더불어 현장의 특파원은 살인광선 무기로 무장한 화성인들의 모습을 상세히 설명하고, 저명한 우주선 전문가가 나와 화성인의 전면적인 공격이 개시되었음을 확인해주었다. …대부분의 사람들이 화성에도 지능이 높은 생물체가 생존할 수 있다는 사실을 믿어왔다는 얘기가 나올 즈음에 이르러 이 방송은 영락없이 무시무시한 현실로 느껴졌다.

이 방송극의 시작과 중간, 그리고 마지막 부분에서 아나운서가 '이 방송은 실제 상황이 아닌 가상극'이라는 사실을 확인시켜주었음에도 불구

▶ 당시 사건을 보도한 신문들(1938. 10. 31). 라디오 청취자가 전쟁드라마를 사실로 여겨 패닉상태에 빠졌다는 내용이다.

하고, 무려 1백만 명 이상의 청취자가 실제상황으로 믿고 있었던 것으로 후에 밝혀졌다. 극이 끝날 즈음 수천 명의 사람들이 히스테리적으로 거리에 모여 화성인의 침입뉴스를 퍼뜨리고 있었다. 이 상황을 친지에게 알리려는 전화의 홍수로 전화국의 모든 회선은 만원이 되었고, 경찰서에 확인전화가 빗발쳤다.

자동차를 타고 룸메이트와 같이 멀리 줄행랑을 쳤던 어느 대학생은 당시의 상황을 다음과 같이 회상했다. "…나의 룸메이트는 울면서 기도했다. 그는 나보다 훨씬 더 흥분해 있었다. 나는 액셀을 끝까지 밟았다. 상황이 끝나고서야 비로소 내가 얼마나 과속했나를 겨우 느낄 수 있었다. 시속 70마일(110km) 이하로 떨어진 적은 결코 없었다. 그것은 시간과의 경쟁이었다. …겁에 질린 것 말고는 당시에 내가 무엇을 하고 있었는지 도대체 생각이 나지 않는다."

― 윤근섭 외, 사회학의 이해, 삼우사

화재현장에서 압사한다? — 공포행동

1903년, 시카고의 한 극장. "불이야!" 하고 누군가가 비명을 질렀다. 무대에 있던 코미디언(에디 포이)은 흥분하지 말고 잠깐 기다리라고 했다. 하지만 관객들은 공황상태에 빠져들었다. 10분 안에 소방차가 출동하여 화재는 곧 진압되었다. 하지만 602명이 사망했다. 대부분의 사망자들은 출입구와 계단 주변에 뒤엉켜 있었다. 다른 사람에게 떠밀려 압사하거나 질식사한 사람이 대다수였다. 나중에 소방관들이 시신을 가지런히 했을 때 얼굴에 찍힌 신발자국이 참상을 그대로 말해줬다.

군중행동이 꼭 공격적인 것에만 한정되는 것은 아니다. 두려움도 무리 속에서 느끼면 공포가 된다. 위의 사례는 집단 속의 사람들은 아무도 예상할 수 없는 심각한 결과를 가져오는 방식으로 행동할 수 있다는 것을 보여준다.

▶ 2010년 7월, 독일의 한 야외 음악축제 현장에서 압사사고가 발생했다. 축제 인파가 공연장으로 가는 터널에 한꺼번에 몰리면서 참사가 벌어졌다(사진 : YTN). 우리나라에서도 2005년 한 지방도시의 축제공연에 사람들이 한꺼번에 몰리면서 압사사고가 발생하여 사망 11명, 부상 90여 명의 인명피해를 낸 사건이 있었다.

군중으로 꽉 찬 극장이나 나이트클럽 같은 곳에서 화재가 발생했을 때 모든 사람을 위한 제1의 해결책은 서로서로 믿고 협력하는 것이다. 그렇게 해야 희생을 최소로 줄일 수 있다.

그러나 이런 신뢰가 부족하면 각자는 제2의 행동을 하게 된다. 그것은 남보다 먼저 문으로 뛰어가 탈출하는 것이다. 그러나 이런 생각을 모든 사람들이 동시에 하고 있는 데 문제가 있다. 그래서 결국엔 모두가 비슷한 시간에 문에 도달하게 되고, 사람들로 혼잡한 가운데 끼여터지는 것이다.

그렇지만 두려움이 강하다고 해서 공포행동으로 나타나는 것은 아니다. 중요한 것은 탈출구에 대한 사람들의 믿음이다. 탈출구가 열려 있고 가까운 거리에 있으면 소떼가 우르르 몰려가는 것과 같은 공포행동을 하지 않게 된다. 반대로 탄광붕괴와 같이 탈출구가 완전히 막혀 있다는 것을 알면 두려움을 겪긴 하겠지만 공포행동을 나타내지는 않는다.

공포행동이 일어나려면 탈출구가 한정되어 있거나 열 수 있는 것이어야 한다. 이럴 때 개개인은 다른 사람들도 뛸 것이라고 믿고 남보다 먼저 뛰어야만 탈출할 수 있다는 것을 생각한다. 모든 사람이 이렇게 생각하면 공포행동이 나타난다.

공포행동은 다음과 같은 게임이론으로도 설명이 가능하다.

🏃 죄수의 딜레마 – 게임이론

두 사람이 은행강도 혐의로 체포됐다. 자백을 받아내기 위해 검사는 잔인한 방법을 생각해냈다. 검사는 한 사람씩 따로 불러 자백을 하든지 입을 다물든지 둘 중 하나를 택하라고 했다. 그러나 그 결과는 나머지 한 사람의 선택에 따라 크게 달랐다. 한 사람(A)이 자백을 하고 나머지 한 사람(B)이 자백을 하지 않는다면 자백한 사람(A)은

		침 묵	자 백
죄수 B	침 묵	A : 1년 B : 1년	A : 석방 B : 20년
	자 백	A : 20년 B : 석방	A : 8년 B : 8년

석방이 되나 나머지 한 사람(B)은 최고형인 20년형을 구형받게 된다. 둘 다 침묵을 지키면 각각 1년을 구형받으며, 둘 다 자백하면 적정형량인 8년을 구형받게 된다.

이럴 경우 죄수들은 어떻게 행동할까? 물론 둘 다 침묵을 지킨다면 서로에게 좋다. 그러나 상대방이 자기를 배반하지 않을 것이라고 어떻게 서로 믿을 수 있을까?

죄수 A가 자백하는 것은 죄수 B가 어떤 결정을 하든 침묵을 지키는 것보다 자기에게 유리하다. 다행히 B가 자백을 하지 않으면 자기는 석방되고, 설사 B가 자백했다 하더라도 자기는 20년이 아닌 8년을 감옥에서 살기 때문이다.

죄수 B의 경우도 마찬가지다. B가 전부 털어놓을 때 A가 침묵을 지킨다면 B는 둘 다 침묵을 지켰을 때보다 더 유리해진다(석방). 대신에 A는 불쌍하게도 20년을 감옥에서 썩어야 한다. 결국 각자에게 최선의 선택은 둘 다 털어놓는 것이 된다. 그러면 검사는 적정 형량인 8년을 구형한다(이 게임은 알 카포네를 감옥에 보낸 게임이다).

어찌 보면 그들의 선택이 최선이 아니었기에 불합리하게 보인다. 그러나 그렇다 하여 그들이 불합리하게 행동한 것은 아니다. 상대방이 자백할지 안 할지를 확신할 수 없었다는 것을 고려한다면 이들의 선택은 가장 합리적인 행동이다. 죄수의 딜레마의 경우 각자는 상대방의 선택에 관계없이 자신의 이익을 최대화하도록 행동한다.

이제 죄수의 딜레마를 화재현장으로 옮겨보자. 죄수 A를 자기, 죄수 B를 다른 사람, 구형량을 부상의 정도, 침묵을 질서 지키는 것, 자백을 먼저 탈출하는 것으로 바꿔놓으면 앞의 표는 다음과 같이 바뀐다.

		자기(A)	
		질서 지키기	먼저 탈출하기
다른 사람 (B)	질서 지키기	A : 경상 B : 경상	A : 무사 B : 치명상
	먼저 탈출하기	A : 치명상 B : 무사	A : 중상 B : 중상

죄수의 딜레마에서 밝혀진 것처럼 각자의 선택은 하나밖에 없다. 그것은 앞뒤 안 가리고 문으로 돌진해 가는 것이다. 가장 합리적으로 결정한 각자의 선택인 것이다. 많은 사상자를 낸 화재사건을 신문방송에서 보도할 때면 으레 이런 탄식이 나온다. '모두가 질서를 지켰더라면 사상자의 수가…' 하지만 생각대로 되어주지 않는 데에 문제가 있다. 아이러니가 아닐 수 없다.

꼭 위와 같이 목숨이 오가는 급박한 상황은 아니지만 비슷한 행동은 주변에서 심심찮게 일어난다. 몇 년 전 여름 휴가철 때 자정 넘어 영동고속도로가 막혀버린 일이 있다. 서울에서 강릉까지 24시간이 걸렸다고 한다. 모든 사람들이 '자정 넘어 출발하면 막히지 않겠지'라고 '합리적으로' 생각했기 때문이다. 또 명절의 귀향길 때 꽉 막힐 것이라는 보도가 나가면 의외로 잘 뚫린 일이 많다. 역시 모두가 '합리적으로' 그날을 피하기 때문이다.

금전적인 위험도 공포행동으로 나타난다. 우리나라의 주가지수가 1980년대 중반부터 급속히 올라 한때 1,007포인트까지 올랐다가 그 이후 600포인트대로 급락한 것, 부동산 값이 들먹이기 시작하면 '묻지 마' 투자가 횡행하여 정부가 쉽사리 안정시키지 못하는 것, 금융기관이 부도를 내면 '안심하라'는 정부의 약속에도 불구하고 돈을 인출하기 위해 새벽부터 은행 앞에 장사진을 치는 것 등이 그 예다. 정부가 어떤 경제정책을 쓸 때 효과를 못 보는 한 가지 이유는 개인이나 기업이 이용가능한 모든 정보를 동원하여 그 다음 단계를 '합리적으로' 예측하여 나름대로 대응하기 때문이다(이것이 경제학에서 이야기하는 '합리적 기대가설'이다. 이를 제창한 시카고 대학의 루카스 교수는 1995년 노벨경제학상을 수상했다).

다음은 애교로 봐줄 수 있는 공포행동이다.

옛날에 왕이 큰 잔치를 벌이기로 했다. 음식은 왕이 내고 참석자들은 제각기 포도주를 한 병씩 가지고 오도록 일렀다.

드디어 잔칫날이 왔다. 즐비하게 놓인 술독에 참석자들이 가지고 온 포도주를 쏟아붓기 시작했다. 그러나 그건 포도주가 아니라 물이었다. 사람들은 모두 자기 한 사람쯤 술 대신 물을 가지고 와도 모르려니 생각했던 것이다.

그러므로 '나 혼자쯤이야'라는 탐욕스런 생각이 결과적으로는 사회적 재난을 초래하기도 한다. '나 혼자쯤'의 새치기가 줄을 엉망으로 만들고, '나 혼자쯤'의 꽁초 버리기가 길을 더럽힌다. '나 혼자쯤 안 찍어도 그 사람이 당선되겠지'라고

▶ 소방서와 경찰서, 병원 차량 등 긴급을 요하는 차량에 길을 양보하는 것은 사회적으로 최대의 이익이 된다.

생각하고 투표소에 가지 않으면 엉뚱한 사람이 당선된다.

'나 혼자쯤'으로 '나 혼자'는 이득이 되지 않는다. '나 혼자쯤' 앞차 꼬리를 문 교차로 진입으로 다른 급한 차들이 가지 못한다. 하지만 '나'가 급할 때 또 다른 누군가의 '나 혼자쯤'으로 '나'는 큰 피해를 볼 수도 있다. 결국 '나 혼자쯤'의 미래의 최대 피해자는 바로 '나 혼자'다.

▶ 교차로 꼬리 무는 진입이나 좌석이 제한된 식당에서 가방 등으로 자리를 미리 잡아놓는 행위도 상대방에 대한 신뢰부족 때문이다. 내가 정지선에 설 때 상대방이 진입한다면 난 손해를 보게 된다. 내가 자리를 잡아놓지 않고 다른 사람이 잡아놓으면 내가 손해를 보게 된다. 하지만 질서를 지키면 모두에게 이득이 된다.

사회에서 상호간의 신뢰가 중요한 이유가 바로 여기에 있다. 제대로 된 법(악법은 법이 아니라 악이다)과 질서가 사회에 있고 모든 구성원들이 이를 지킬 것이라는 신뢰가 사회 전반에 깔려 있어야 사회적으로뿐만 아니라 개인적으로도 최대의 효과를 얻는다.

아니 땐 굴뚝에 연기 날까? ― 유언비어

제2차 세계대전이 한창이던 영국 런던. 한 아주머니가 밤길을 걸어 귀가하고 있었다.

마침 한 중년 사내가 아주머니에게 다가왔다. 그는 무척 피곤한 기색이었으며, 어딘가 아픈 듯했다. 그는 아주머니에게 꼬깃꼬깃 접은 한 장의 편지를 건네며 오늘중으로 이 편지를 전달해야 한다며 주소를 알려주고는 쓰러졌다.

그녀는 황급히 그 주소로 찾아갔다. 그러나 밤중인 데다 자신이 잘 모르는 곳이라 결국 찾지를 못했다. 편지내용이 궁금해진 그녀는 편지를 뜯어보았다. 거기에는 이런 문구가 쓰여 있었다. "오늘 고기는 이 사람으로 끝내겠소."

이 편지는 인육공장으로 가는 편지였으며, 편지의 전달자인 그 아주머니는 그날의 '고깃감'으로 찍힌 사람이었다.

놀라지 않아도 된다. 위 사례는 제2차대전 당시 런던에 떠돌던 유언비어다. 유언비어는 소문 또는 루머로 흔히 일컬어지는데,

우리의 일상생활에서 많이 사용되고 있다. 가까운 이웃이나 친구들 사이의 입소문, 좋아하는 연예인에 대한 스캔들, 인사이동 때나 선거 때의 루머, 혹은 기업의 부도설 등 확인되지 않은 것이 유언비어의 일종이다.

이런 유언비어의 특징 중 하나는 확실한 근거가 없다는 것이다. 그러나 아니 땐 굴뚝에 연기가 나지 않는 것처럼 유언비어는 근거 없이 발생하지 않는다.

이런 근거는 모호하고 불확실하다. 사람들은 주위환경이나 사건이 모호하고 불확실하면 긴장되고 불안한 느낌을 갖는다. 그래서 모호한 사건이나 환경에 대해 어떤 의미나 설명을 찾으려고 하면서 불확실한 것을 확실하게 만든다. 그래야 자신의 불안을 해소하고 안정을 찾을 수 있게 된다(승진, 시험 등과 같이 미래의 불확실한 사건에 대해서는 점을 봄으로써 앞일을 규정지어 불안을 해소하려고 한다).

그러므로 모호한 사건이 하나 있게 되면 이 사건에 대해 사람은 자기의 경험과 지식에 근거하여 나름대로 확실하게 규정을 짓고자 한다. 그렇게 되면 이 모호한 사건은 자기에게는 하나의 진실이 된다. 사람들은 위장된

▶ 공시 이전에 증시에 떠도는 풍문이나 보도 가운데 10개 중 7개는 어느 정도 근거가 있다. 금융감독원에 따르면 증권선물거래소가 올해 들어 지난 19일까지 상장사들에 총 49건의 풍문 또는 보도 관련 조회공시를 요구한 것으로 나타났다. 이 중 해당 기업이 사실이라고 공시하거나 '추진중' 또는 '검토중'이라고 미확정 답변을 한 경우가 전체의 71.4%인 34건에 달했다. (연합뉴스, 2006. 5. 21)

이런 정보를 친한 사람에게 전해주고 싶은 충동을 느낀다. 그러면서 "너한테만 몰래 이야기하는데…"라고 말하면서 서로서로 동질의식을 확인하고 일체감을 느낀다.

또 이런 '…하더라', '…했더라' 통신의 과정에서 비밀스럽고 은밀한 소문을 나눠 가짐으로써 서로서로의 관계를 더욱 돈독하게 만들고 친구의식을 키워간다. 뿐만 아니라 '이런 정보를 갖고 있는 내가 너보다 낫다'는 의식 또한 유언비어의 전달자를 기쁘게 한다.

그래서 소문은 주로 친하거나 관계가 있는 사람들 사이에 퍼진다. 한 기업의 자금악화설은 그 회사의 주식을 갖고 있는 사람들에게는 큰 사건이 되지만, 관계가 없는 사람들에게는 한낱 지나가는 말에 지나지 않는다(한때의 김일성 사망설이 아프리카의 한 국가에서는 어떤 의미가 있겠는가?).

불확실한 이런 정보는 여러 사람을 거치면서 또다시 어떤 부분

▶1999년 당시 인터넷에서 반짝했던 현대 괴담. 여고생이 자살 직전에 손톱으로 그린 그림이라고 해서 한국과 일본의 네티즌을 낚아댔다. 현대 괴담이 흔히 그렇듯 처음에 그런 소문으로 출발을 했다가, 화면을 뚫어지게 보고 있으니까 그림이 저절로 움직였다든지, 사진 파일을 저장해두었더니 다음날 아침에 바탕화면으로 되어 있었다는 등의 소문까지 생겨났다. 그러나 이 괴담의 실체는, 일본화가 유코 타츠시마가 1999년 2월에 발표한 작품 〈나는 이제 신부로 쓸 만하지 않습니다〉라고 한다. 작자는 당연히 살아 있고 왕성한 활동을 하고 있으며, 여고생의 자살 직전 그림이란 건 유언비어란 사실이 밝혀지면서 이 괴담도 종지부를 찍었다. (출처 : jampuri.egloos.com)

큰 사건 뒤 고개 드는 음모론

다이애나 비는 음주운전의 희생자일까 아니면 영국왕실의 희생양인가. 닐 암스트롱은 정말로 달표면에 착륙했을까 아니면 그냥 미국 네바다 사막의 영화 세트를 가로질렀을까. JFK는 누가 암살했을까. 러시아인, 쿠바인, CIA, 혹은 외계인?

음모론을 믿는 사람들은 갈수록 늘어나는 추세다. 지난 1968년 한 조사에 미국인의 3분의 2가 음모이론을 믿었지만 1990년에 들어 미국인의 10명 중 9꼴로 음모이론을 믿는다고 답변했다. 연구자들에 의하면 인터넷이 새로운 음모이론을 재빨리 만들어 전파하고 네티즌들이 끊임없이 이에 대해 논쟁하기 때문이라고 지적한다.

로얄할로웨이대 연구팀은 다음과 같이 설명한다. "일반인들은 대통령 암살이나 다이애나 비 사망과 같은 큰 사건에는 당연히 특별한 원인이 있어야 한다고 믿는다. 그런데 다이애나 비가 단순히 음주운전자에 의해 사망했다는 사실은 일반인을 혼란스럽고 불편하게 만든다. 대형사건의 원인치곤 너무나 일반적이고 평범하다. 앞으로도 이와 같은 불행한 사건을 예측할 수 없게 된다. 사람들은 예측가능하고 안전한 세상에 살고 있다고 생각하기를 선호하기 때문에 이런 점은 우리 모두를 불안하게 한다." 음모이론은 우리가 본능적으로 대형사건에 대해 예측가능한 설명을 선호하기 때문에 우리의 귀를 솔깃하게 한다는 설명이다.

특히 음모이론을 반증하는 새로운 증거가 나타나면 음모이론은 여기에 맞게 줄거리가 변하거나 정보 출처에 대해 의심하는 형태로 돌연변이를 거듭하면서 확대 재생산된다. 지난 1987년 레이건 정부의 '이란-콘트라 스캔들'처럼 음모이론이 사실로 판명되는 일도 있다. 그러나 돌연변이를 거듭하는 음모이론 대다수는 진실 규명을 어렵게 만들고 사회에 불신의 씨를 뿌릴 위험을 가지고 있다. 실제로 유태인 대학살이나 냉전시대 동서진영의 적대감 상승에는 음모이론의 책임도 크다.　　　(부산일보, 2009. 5. 30)

은 없어지거나 강조되고, 새로운 설명이 추가되면서 퍼져나간다. 이런 과정은 어떤 집단에 대한 일체감이나 소속감이 클수록 더욱 강력하게 나타난다. 뜬소문 때문에 건실한 기업이 망하기도 하지만 그 기업이 망했다는 사실만으로 사람들은 그 소문을 더욱 진실한 것으로 믿게 된다.

소문을 퍼뜨리는 사람들

음해성 루머를 퍼뜨리는 사람은 성격적인 장애가 있다고 정신과 의사들은 말한다. 이들은 일종의 피해의식으로 인해 자신이 낙오자라 생각하고 사회적으로 몹시 위축된 생활을 하고 있으며, 대인관계도 원만하지 못하다는 것. 이들은 자신들이 탈출구가 없는 꽉 막힌 공간에 갇혀 있다고 생각한다. 그들에  게 탈출구는 '다른 사람의 불행'이며, 자신이 나아질 수 없기 때문에 다른 사람이 불행해지는 것으로 대리만족을 하게 된다고 한다.

유언비어는 그럴 만한 근거는 있지만 정확한 정보가 없기 때문에 발생한다. 그러므로 사회가 어지럽거나 위기를 겪고 있을 때처럼 혼미한 상황에서 더욱 기승을 부린다. 유언비어를 없애는 길은 확실한 정보를 제공하는 것이다. 당나귀 귀의 임금님이 백성들 앞에서 자신의 귀를 드러내야 소문은 소문으로 끝난다.

환경

환경이 우리에게 그리고 타인과 우리의 관계에
어떻게 영향을 미치는지를 연구하는 심리학 분야가
환경심리학(environmental psychology)이다.
분야가 다양하지만 이 장에서 다루는 것은
개인공간과 좌석배치, 영역, 그리고 과밀이다.

그와의 거리는? — 개인공간

영국이나 미국인은 최대한 떨어져 이야기하려고 하며, 남부 유럽인은 가까이 서려고 한다. 또 라틴아메리카나 아랍인들은 최대한 붙으려고 한다. 그래서 떨어지려는 미국인이 붙으려는 아랍인과 만났을 때 어떤 광경이 벌어질지 예상해볼 수 있다. 아랍인은 미국인을 아주 냉정하고 우호적이지 못한 사람으로 보게 될 것이고, 미국인은 아랍인을 너무 우호적이고 징그럽게 구는 사람으로 보게 될 것이다.

여러분이 지금 정류장에서 버스를 기다린다고 하자. 그런데 어떤 낯선 사람이 와 바로 옆에 선다면 대개는 자리를 이동하게 된다. 또 공원의 벤치에서 그이를 기다리고 있는데, 그이가 와서 멀찌감치 떨어져 앉는다면 이상한 느낌이 들 것이다.

우리는 옆에 있는 사람이 가족인가 연인인가 사업상 만나는 사람인가 아니면 생면부지의 사람인가에 따라 그와 일정한 거리를 유지하려고 한다. 이것은 사람들이 사회적인 상호작용을 하는 데 있어 좋아하는 일정한 거리가 있다는 말이다. 사람들은 이런 공간을 마치 자신의 일부인 것처럼 느낀다. 이 공간이 바로 개인공간(personal space)이다. 사람들은 사회생활을 하면서 가까이 오는 것을 거부하기도 하며 또는 안락감을 느끼기 위하여 가까이 오도록 유도하기도 한다.

나 홀로 자가용이 줄지 않는 이유는?

대중교통 이용을 권장하는 정부 당국의 호소나 휘발유값 등락, 자동차 배기가스의 환경유해론 등에 아랑곳하지 않고 승용차를 혼자 몰고 출퇴근하는 사람이 많다. 교통체증이 더 악화되고 출퇴근 시간이 늘어나는데도 직장인들이 나 홀로 출퇴근을 고집하는 것은 자가용의 아늑함, 즉 자신만의 개인 공간을 즐기려는 경향이 높기 때문으로 풀이할 수 있다.

▶고유가에도 나 홀로 승용차는 줄지 않는다. 서울시내 차량 중 69.4%는 승용차이며, 승용차 중 78.6%는 나 홀로 차량이다(2007).

미국의 한 여론조사 결과에 따르면 미국 여성 운전자 가운데 92%가 차 안에서 식사를 하며, 72%는 화장을, 65%는 헤어스타일을 고치는 것으로 조사되었다. 자동차가 미국 여성들의 가장 편안한 개인공간인 셈이다.

개인공간은 다른 사람과 간격을 유지하려는 거리로 측정하여 네 가지로 나눌 수 있다. 하나는 친밀한 거리(intimate distance)로서 약 50cm 이내의 거리다. 이것은 연인들이라든가 어머니와 아기의 거리처럼 다른 사람이 파고들 여지를 주지 않는다.

두 번째는 개인적 거리(personal distance)다. 약 50cm에서 1.2m 정도로 친구와 이야기하기 좋은 거리다. 세 번째는 사회적 거리(social distance)다. 1.2m에서 2m 정도로 회의나 사업상 거래를 하기에 적당하다. 마지막은 공공거리(public distance)로서 3.5m에서 7.5m의 거리다. 큰 목소리가 필요하다. 강의나 거리의 약장수를 생각하면 된다.

이것은 물론 거꾸로 생각하더라도 마찬가지다. 서로 가깝게 붙어 있는 사람들은 그들이 친밀하거나 연인의 관계라는 것을 나타낸다. 어떤 남자가 여자에게 더욱 가까이 붙으려고 한다면 그가 그 여자를 사랑하거나 좋아하고 있다는 또 다른 강렬한 표현에 다름 아니다.

개인공간은 그 사람이 어떠한 사람인가에 대해서도 무엇인가를 말해준다. 내향적인 사람은 외향적인 사람보다 다른 사람과의 거리를 더 두려고 한다. 친근하고 긍정적인 인상을 받으려는 사람(예컨대 국회의원 후보자)은 거리를 적게 두며 또한 눈길의 마주침, 악수와 같은 행동을 함께 하기도 한다.

일반적으로 친밀하면 더 가까이 서려고 하지만, 만원버스 속에서와 같이 가깝다는 것이 꼭 친밀하다는 것을 나타내지는 않는다. 낯선 사람이 다른 선택의 여지가 전혀 없이(즉 고의성이 없을 때) 우리와 가까이 서 있을 때에는 그들의 침입을 무시한다.

그러므로 그 사람과 자기가 친밀한가 아닌가를 알아내기 위해서는 개인공간 이외의 요인을 함께 고려해야 한다. 그것은 눈길 마주침의 양, 화제의 친근한 정도, 그리고 서로 미소짓는 양이다. 어떤 사람이 여러분과 가깝게 앉은 상태로, 눈을 자주 마주치고, 미소를 지으면서 개인적인 화제를 이야기한다면 상당히 친밀하다고 할 수 있다.

▶ 가까이 있고 눈 마주침을 한다고 친밀한 것은 아니다. 다투거나 항의하는 사람들도 상대방 코앞에 바싹 붙어 선다. 심판에 항의하는 이치로 선수.

하지만 이 중 하나라도 빠지면 친밀을 보장할 수 없다. 항의하거나 싸우는 사람들도 상대방의 코앞에 바싹 붙어 서기도 한다. 이는 상대방의 개인공간을 침해함으로써 불쾌하게 만들려는 '작전'이다. 이 경우 주로 눈맞춤을 하고 미소도 띠게 되지만, 눈맞춤은 상대방을 압박하려는 '전술'이며, 미소 역시 상대를 깔보는 '기싸움'에 불과하다.

원탁인가? 사각 테이블인가? — 좌석배치

원형 테이블은 사람들간의 매력을 높여주고 또 모두가 같은 위치에서 대화를 하고 참가자 전원이 발언할 기회를 주기도 한다. 하지만 맞대면하는 사각 테이블은 대화의 자리뿐만 아니라 경쟁, 설득,

논쟁, 대결의 자리이기도 하다. 1967년 파리에서 열린 한 회담은 회담장의 좌석배치를 어떻게 하느냐는 문제로 몇 달을 끌었다.

개인공간과 밀접하게 연관되어 있는 문제 중의 하나가 좌석배치다. 강의실이나 극장, 버스, 공원, 레스토랑, 커피숍, 회의실, 공항이나 터미널의 좌석은 제각각 다른 모양을 하고 있다.

좌석에는 크게 두 가지 유형이 있다. 하나는 모여드는 좌석(사회구심적sociopetal 좌석)이며, 다른 하나는 내모는 좌석(사회원심적sociofugal 좌석)이다. 사회구심적 좌석은 눈맞춤을 자주 하게 만들고, 대화에 지장이 없도록 하며, 친밀감을 느끼도록 해준다. 레스토랑이나 거실처럼 둥글게 배치한 소파가 여기에 해당한다.

사회원심적 좌석은 사람들이 눈맞춤을 못하게 하고 대화를 못 나누게 만든다. 대합실, 병원, 교실, 대기실의 의자들이 여기에 해당한다. 이 의자들은 한쪽 방향인 극장식으로 배열되어 있거나 등을 맞대고 앉게 되어 있다. 심지어 마주보게 배열해놓았다 하더라도 너무 멀리 배치한 탓에 대화를 나눌 수 없게 되어 있다. 또 함부로 움직일 수도 없다. 너무 길거나 무거운 데다가 대개 움직일 수 없도록 볼트로 죄어져 있기 때문이다. 이런 배치는 낯선 이들과의 원치 않는 대화를 막고 자기 일만 보게 만든다.

▶ 내모는 좌석인 사회원심적 좌석은 마주보며 하는 편안한 대화를 어렵게 만든다.

좌석선정의 연구들을 보면 집단성원일 경우 사회구심적 배치를 선호한다는 것을 알게 된다. 그러나 이러한 경우에도 그 상황에서 수행하는 과제의 유형에 따라 좌석배치가 달라지기도 한다. 평범한 대화를 할 때나 어떤 문제를 협동해서 하거나, 경쟁하거나 혹은 서로 다른 과제를 동시에 수행할 때 좋아하는 배치가 다르다는 말이다.

그러면 여러 좌석의 배치를 보자.

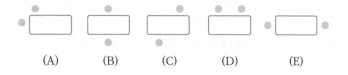

(A)   (B)   (C)   (D)   (E)

(A)와 (B)처럼 모서리-모서리 배치와 맞대면 배치는 대화를 할 때 선호하는 것이고, 나란히 앉는 배치(D)는 협동을 할 때 선호하는 배치다. 경쟁하는 짝들은 직접 맞대면하는 배치(B)나 대인거리를 멀리 두는 배치(E)를 선택하며, 눈길을 피할 수 있는 배치(C)는 서로 다른 일을 해야 하는 짝들이 좋아한다. 원형 테이블에서의 좌석배치도 사각 테이블과 비슷하다.

또 남녀간에는 선호하는 좌석에 있어 차이를 나타낸다. 남성들은 자신들이 좋아하는 상대와 마주앉는 위치를 좋아하고, 여성들은 옆자리를 선호한다. 더군다나 사람들은 그들이 좋아하는 상대를 위해 좋아하는 자리를 남겨놓는 경향이 있기 때문에 그 자리에 다른 사람이 앉게 되면 그 사람은 그만큼 더 거부당한다.

도서관에서 실시된 실험을 보면 남학생들은 자신의 맞은편에 지도자가 없는 회의석상에서 사람들은 주로 맞은편에 앉아 있는 사람에 바로 이어서 말하는 경향이 있다. 이는 잘 보이는 곳에서 말하는 사람(마주 앉은 사람)의 진술을 관찰하고 듣기 쉬우므로 더 강하게 자극을 받기 때문이다. 이런 경향성을 발견자의 이름을 따 '스타인조 효과(Steinzor effect)'라고 한다.

한편, 많은 구성원들과 눈맞춤을 할 수 있는 자리가 바로 상석이다. 모르는 사람들끼리 처음 만났을 때 고개를 돌리지 않고도 다른 사람들과 눈맞춤을 많이 할 수 있는 자리를 차지하면 지도자가 될 가능성이 커진다. 5명의 피험자를 2명과 3명으로 나눠 마주보고 대화하게 했을 때, 2명이 앉은 자리에서는 70%가 지도자로 배출되었으나 3명이 앉은 자리에서는 30%만 배출되었다. 3명 자리에서 주의집중하여 가장 잘 볼 수 있는 사람은 맞은 편 2명이기 때문이다.

앉은 낯선 사람을 가장 싫게 여기고, 여성들은 그들 옆에 앉은 낯선 사람에 대해 더 부정적인 반응을 보였다. 침범자가 없는 경우라도 남성은 자신의 정면에 책이나 물건을 둠으로써 개인공간을 지키려 했고, 여성은 양옆에 물건을 두는 경향이 있었다. 그러므로 상식이 가끔은 오해를 불러일으킨다. 낯선 여자에게 흑심을 품고 바로 옆자리로 돌진했다간 본전도 건지기 어렵다. 남성 자신은 위협적인 앞자리를 피하고자 옆으로 접근을 시도했는데, 여성의 위협적인 자리는 바로 옆자리이기 때문이다.

테이블의 형태가 원형인가 아니면 사각형인가 하는 것도 대화의 효과에 영향을 미친다. 교수가 학생을 면담할 때 어떤 테이블에서 이야기를 나누었는가에 따라 교수에 대한 학생의 인상이 달라진다. 원형 테이블에서 면담했을 경우 학생들은 교수가 공평하고 동정심이 깊고 개방적이며 권위적이지 않다고 생각했다. 그러므로 노사협상이나 남북대화처럼 긴 사각 테이블에 앉아 맞대면하는 현재의 좌석배치도 원형으로 바꾸면 보다 나은 결과를 바라볼 수도 있다.

도서관 자리 찜하기 — 영역행동

버스 안. 앉을 자리를 찾던 노인이 신사의 옆자리에 짐만 있고 사람이 없자 앉아도 되느냐고 물었다. 신사는 곧 올 친구의 짐이라며 앉지 못하게 했다.

버스가 출발해도 그 친구는 오지 않았다. 노인은 짐을 차 밖으로 던지고 자리에 앉으면서 말했다. "그 친구, 차를 못 탔을 텐데 짐이라도 잃지 말아야지."

시험 때가 되면 도서관은 아침 일찍부터 자리를 잡으려는 사람들로 북적댄다. 줄 선 사람은 서른 명이고 도서관 좌석은 백 개라 하여 느긋하게 생각하고 늦게 들어갔다간 자리를 못 잡고 만다. 이미 들어온 사람들이 빈자리에도 책을 펴놓거나 가방을 놓아 자리를 차지하고 있기 때문이다.

동물과 마찬가지로 사람에게도 영역이 있다. 사람들은 특별한 장소에 표시를 함으로써 자신의 것이라고 선언해버린다. 빈자리에 가방을 놓거나 화장실의 문을 잠그는 식으로 영역을 표시한다.

영역은 어떤 사람이나 집단에 의해 통제되는 범위다. 집단의 경우 영역의 크기와 위치는 그 집단에서의 위계와 관련되어 있다.

▶ 사람들은 영역을 지키기 위해 여러 방법들을 사용한다. 자신의 영역이 침범을 받으면 저항이 생긴다. (우하, www.wit.co.kr)

지위가 올라갈수록 더 넓고 호화롭게 치장된다.

개인공간이 신체적으로 한 사람에게만 관계되어 있다고 한다면, 영역은 신체와는 관계가 없다. 자리 비운 사장의 집무실에 들어가더라도 말단사원은 기가 죽고, 음흉한 생각 없이는 빈집이라도 들어갈 용기가 나지 않는다. 도서관의 좌석처럼 자신이 자리를 비워 신체적으로 떨어져 있다 하더라도 영역에 대한 주인의 지배는 계속되기 때문이다.

눈에 보이든 보이지 않든 자신의 영역은 정해져 있다. 거실의 소파에는 아버지의 자리가 있는가 하면 아들의 자리가 있기도 하다. 가장의 자리에 아들이 앉으면 꾸지람을 듣게 된다. 남성이 여성용 화장실에 들어갔다간 낭패를 당하기 일쑤고, 열차의 좌석이 비어 있더라도 자기의 자리가 아니라면 앉기가 망설여진다. 지정좌석이 없는 화장실이나 교실의 경우라도 꼭 자기가 앉던 자리에 앉게 된다. 또한 아무리 직급이 높더라도 하급자의 의자에 허락 없이 앉으면 그날로 높은 그분에 대한 존경심은 사라진다. 해군 함장의 의자는 주인을 제외하면 대통령만 앉을 수 있다.

자신의 영역이 침범을 받으면 마음속에서 저항이 생긴다. 그러나 겉으로 드러나는 저항은 그리 많지 않다. 늘 애용하던 화장실의 한 칸에 사람이 있으면 비켜달라 소리도 못한다. 하지만 다른 칸을 이용해야 한다면 '볼일'이 제대로 되지 않는다.

이런 영역행동은 사람들이 질서 있게 사회작용을 하도록 돕고 프라이버시를 지키도록 한다.

텃세 부리기―영역의 종류

영역에는 세 가지 종류가 있다. 첫 번째는 일차적인 영역으로서, 가정이나 개인 사무실처럼 한 개인이나 집단에 의해 배타적이고 독점되어 있는 영역이다. 개가 없더라도 '맹견주의'라는 푯말을 대문에 붙이는 것도 좀도둑의 접근을 막기 위해서이기도 하지만, 낯선 사람의 자기공간 침입을 방지하기 위해서이기도 하다.

울타리나 담장, 아파트의 현관은 영역의 범위를 나타낸다. 초대를 받아 방문을 했더라도 방문자가 그나마 자유롭게 움직일 수 있는 공간은 거실에 한정된다. 침실을 보자고 했다간 주인이 방문

▶ 대문과 담장은 일차적인 영역의 범위를 나타낸다(좌상). 비어 있는 주차구역이라
도 자신의 영역(거주자 우선주차)이 아니면 주차하기 어렵다(우상). 주인이 자리를
비웠더라도 영역에 대한 주인의 지배는 계속되기 때문이다. 옛날 대문에 많이 써
놓았던 "개조심"은 자기 영역에 대한 타인의 침입을 막기 위한 목적이기도 하다
(좌하). 요즘은 "개조심" 대신 다른 방식을 사용한다(우하).

자의 외투를 들고 온다. '그만 나가주시오'라는 뜻이다.

　권위적인 선배가 순종적인 후배의 가정을 방문하면 그 위치는
바뀌게 된다. 어떤 사람에게 따질 게 있어 이를 갈면서 갔다가도
막상 그의 집에서는 목소리가 잦아들고 만다. 자신의 영역이 아니
기 때문이다. 프로축구나 야구에서도 원정팀보다는 홈팀이 자기
영역인 홈구장에서 이길 확률이 더 높다. NBA의 시카고 불스는
1996년 3월 홈경기에서 41연승을 기록했다.

　두 번째는 이차적인 영역이다. 이것은 관련되어 있는 다른 사람

들과 정기적으로 함께 쓰는 영역이다. 그래서 소유관계가 확실하지 않다. 회의실이나 휴게실, 동아리방, 단골술집이 좋은 예다. 자기 혼자만 쓸 경우도 있지만, 대개는 다른 사람들과 함께 사용한다. 자기가 오기 전에 다른 사람이 있을 수도 있고, 자기가 간 다음 다른 사람이 있을 수도 있다.

그래도 영역은 영역이다. 용무가 없는 사람이나 잡상인들은 출입이 저지된다. 낯선 사람이 동아리방에 등장하면 경계의 눈초리를 받는다. 단골손님이 술집에서 큰소리를 치면 처음 온 사람은 기가 죽는다. 택시에 나중에 합승한 사람은 조금 멀리 돌아가더라도 불평을 못한다(택시는 원칙적으로는 합승이 허용되지 않기에 일차적인 영역이다).

마지막은 공공영역이다. 이것은 공원의 벤치, 대합실의 좌석, 공중전화부스, 도서관과 같이 모든 사람들이 접근할 수 있는 영역이다. 이것은 먼저 자리잡는 사람이 임자다. 강이나 산에서 야영

역시, 홈그라운드!

야구와 축구는 적지보다 안방에서 싸울 때 다소 유리하지만 경기장이 훨씬 좁은 농구와 하키는 홈 어드밴티지가 상당히 많다고 스포츠 심리학에서는 주장한다. 미국 프로야구 월드시리즈의 경우 1924년부터 1982년까지 5차전 이상을 가진 월드시리즈 경기를 분석한 결과 안방 승률이 60%로 적지의 40%보다 높게 나타났다.

심리학자들은 축구시합에서도 홈 어드밴티지가 많다고 한다. 동물의 텃세행동이 테스토스테론(남성호르몬의 일종)의 영향을 받는 것처럼 안방에서 싸우는 선수들의 몸에서 테스토스테론이 많이 분비된다는 것이다. 또한 관중의 응원이 심판의 판정에 영향을 미친다는 보고도 있다.

이 밖에 홈팀 선수들이 홈그라운드에 익숙해 패스 등의 정확도가 높아질 수밖에 없으며, 원정팀은 장거리 여행으로 인한 부담을 안게 된다는 분석도 있다.

할 때 먼저 텐트를 치면 자신의 영역이 된다.

　그렇다 하더라도 공공영역을 선택할 때 사람들은 다른 사람들과의 거리를 감안한다. 야영을 하더라도 먼저 온 사람 바로 옆에 텐트를 치지 않으며, 버스나 도서관에서도 타인과 멀찍이 자리를 잡게 된다.

　또 영역에 대한 소유감은 그 사람이 자리에 있은 시간과 비례한다. "당신은 내 자리에 앉아 있습니다"라고 말하면 앉은 지 1분도 안 된 사람은 자리에서 벌떡 일어서지만 10분 앉아 있은 사람은 저항을 하게 된다.

도시의 삭막함 — 과밀

　여러분은 지금 가로 2m, 세로 1.7m, 높이 2.3m의 좁은 공간에 열두 명의 다른 사람들과 함께 서 있다.

　이 공간은 창문이 없으며 환기도 제대로 되지 않는다. 그래서 아가씨의 화장품 냄새와 젊은이의 헤어젤 냄새, 점심을 막 끝낸 아저씨의 고기 냄새로 범벅이 되어 있다. 또 천장에 있는 전등은 아주 밝아서 앞에 선 사람의 비듬까지도 다 보인다. 게다가 모든 사람들이 정면을 향해 있으며 서로간의 대화도 없다. 모두가 정면 위쪽에 변하는 빨간 숫자만을 바라보고 있을 뿐이다.

　비단 몇 십 초만 그런 상황에 있긴 하지만, 여러분에게 이런 일이 닥친다면 아찔할 것으로 생각할 것이다. 이런 상황이 싫어 일부러 힘든 고생을 하는 사람들도 있다.

사례의 경우는 드문 것이 아니다. 바로 꽉 찬 엘리베이터 상황이다. 매일 수백만 명의 사람들이 이 좁은 공간을 들락날락한다. 뒤치락거리지도 못할 상황에서 사람들은 음악에 귀를 기울이기도 하며, 또는 '오늘의 명언'이라도 하나 붙어 있으면 철학자가 된 듯 그것을 보면서 이 복잡한 상황에 적응하려고 한다. 또 누구는 아예 눈을 감아버린다.

이것은 과밀의 문제다. 과밀(crowding)은 사람들이 빽빽한 환경 속에서 일어나는 스트레스의 한 형태다. 엘리베이터뿐만 아니라 출퇴근시간 때의 버스와 지하철, 바겐세일하는 백화점, 명절날의 터미널 등에서 과밀을 경험할 수 있다.

그러나 과밀은 주관적인 개념으로, 일정공간의 인구수를 말하는 밀도(density)와는 다르다. 극장이나 야구장, 유원지 등에서는 밀도는 높지만 과밀을 경험하지 않을 수도 있다. 또 단둘이 있고 싶어 호젓한 바닷가를 찾았는데 다른 한 쌍이 있다면 과밀

빠른 걸음걸이는 환경 탓!

세상에서 걸음이 빠른 사람 중 하나로 일본사람을 꼽는다. 일본인의 걸음걸이는 빠르다 못해 머리를 발보다 앞세워 자라같이 목을 앞으로 빼고 다닌다고 서양인들은 보고 있다. 그중에서도 성질 급한 오사카(大阪) 사람의 걸음걸이가 가장 빠르다고 한다. 어느 심리학자의 통계에 따르면 오사카 사람의 걸음걸이는 초속 1.6m로 일본에서 최고라는 보고가 있다. 오사카 사람의 이 같은 초스피드 보행습관은 각박한 주변환경 탓이라고 지적하는 사람들이 많다.

을 경험하기도 한다.

과밀상황이 되면 다른 사람들은 우리의 행동을 방해하고 지장을 주게 된다. 식사를 하기 위해 긴 줄을 서야 할 때, 지하철을 쉽게 빠져나갈 수 없을 때와 같이 우리의 자유를 제약한다.

또 과밀상황은 자극이 너무 많다. 대부분의 사람들은 적당한 수준의 자극을 좋아하는데, 과밀은 이 범위를 넘어선다. 그래서 사람들은 어떤 정보를 무시하고 행동을 제한함으로써 이 상황을 벗어나려고 한다.

▶ 과밀을 보여주는 한 주택의 도시가스 배관들(상)과 한가로운 해수욕장(하). 해수욕장이 한가롭더라도 한두 팀이 더 있으면 과밀을 경험하기도 한다. 과밀은 밀도와 달리 주관적인 개념이기 때문이다.

특히 도시의 삭막함도 이것으로 설명이 가능하다. 사람들의 인심이 삭막해졌기 때문이 아니라 자극이 너무 많기 때문이다. 도시에 많은 사람들이 살다보니 도시생활은 교통사고, 범죄, 프라이버시의 보호, 경쟁 등 사람들에게 많은 자극을 준다. 이 많은 자극들은 스트레스의 원천이 된다. 그래서 사람들은 자극을 줄임으로써 스트레스를 피한다. 그 결과 남의 일에 간섭하지 않고 자신의 일에만 신경을 쓰게 된다.

그러나 고밀도의 상황이긴 하지만 통제력을 갖고 있다면 과밀감을 덜 느낀다. 바꿔 이야기하면 통제력이 없으면 과밀을 더 느낀다는 이야기다. 레스토랑에 먼저 들어와 창가의 좋은 자리를 골라 앉은 사람은 그렇지 못한 사람보다 과밀을 덜 느낀다. 엘리베이터

▸ 이전에는 한 층의 모든 주민들이 엘리베이터와 계단을 함께 쓰는 복도식 아파트(좌)가 많았으나 요즘은 한 층의 두 집만이 그것을 사용하는 계단식 아파트(우)를 많이 짓는다. 주거의 쾌적성을 높이기 위해서다.

의 단추를 조작하는 사람 또한 다른 사람보다 과밀을 덜 느낀다.

경기장이나 유원지에 가는 것과 같이 우리는 고밀도를 경험하기 위해 찾아가기도 한다.¶ 그러나 일반적으로 과밀을 느끼게 되면 경쟁과 공격성이 증가하고 폭력적으로 되기 쉽다. 또 학습된 무력감을 느끼거나 사회적 접촉을 회피하게 되며, 심각한 스트레스를 경험한다.

그래서 공간배치나 건축설계를 어떻게 하느냐에 따라 과밀을 느낄 수도 있고 그렇지 않을 수도 있다. 사무실의 경우 칸막이를 설치하느냐 않느냐에 따라 능률에 차이가 있게 되고, 아파트나 기숙사의 경우 복도를 '一'자형으로 하느냐, 아니면 'ㄷ'자나 'ㄹ'자로 하느냐에 따라 주거의 쾌적성을 다르게 느낀다. 많은 사람들이 접촉하다보면 과밀을 느낄 수밖에 없기 때문에 요즘의 아파트들은 한 층의 두 집만이 쓰도록 계단이나 엘리베이터를 제공한다.

¶ 밀도-강도 가설(density-intensity hypothesis) : 고밀도가 불쾌한 상황은 더욱 불쾌하게 만들고, 유쾌한 상황은 더욱 유쾌하게 만든다고 하는 가설. 따라서 북적이는 놀이공원에 재미삼아 갔을 때와 억지로 갔을 때 느끼는 감정이 다르다.

진화

*진화심리학(evolutional psychology)은 인간
행동을 진화론적 관점에서 살펴보고자 하는 심리학
분야다. 남성과 여성의 행동상의 차이를 진화론적
관점에서 살펴보는 진화심리학은 가장 최근에
등장했다.*

태초에 차이가 있었다 — 진화심리학의 출발

· 남자는 마음속에 말을 남기고, 여자는 말 속에 마음을 남긴다.

· 남자는 모르는 것도 아는 체하고, 여자는 아는 것도 모른 체한다.

· 남자는 마음에 먹은 말을 하고, 여자는 마음에 떠오른 말을
한다.

· 남자는 꼭 알아두어야 할 일을 너무 모르고, 여자는 모를수록
좋은 일을 너무 많이 안다.

· 남자의 "사랑해"는 "현재는"이라는 단어가 생략된 것이고, 여
자의 "사랑해"는 "당신이 사랑하는 한"이라는 단어가 생략된
것이다.

남자와 여자의 행동의 차이에 관해 인터넷에서 떠도는 유머다. 이전에는 기껏해야 '남자는 누드에 약하고, 여자는 무드에 약하다' 정도였지만, 지금은 남녀의 차이에 대해 위와 같은 다양한 유머가 돌아다니고 있다.

그러면 왜 이러한 남녀간 행동의 차이가 나타나게 되었을까? 진화심리학에서 설명하는 이유를 알아보기 위해서는 우선 '호랑이 담배 피우던' 아주 오랜 옛날로 돌아가서 당시 상황을 살펴보아야 할 것이다. 그 시대에서 진화심리학은 출발한다.

오랜 옛날 인류는 동물을 잡아먹거나 과일 등을 따먹으며 살았다. 남자는 혼자 생활하면서 여성을 만나 자신의 유전자를 퍼뜨리려고 노력했고, 자신의 유전자가 인간으로 태어난 다음에는 또다시 자신의 유전자를 확산시키기 위해 노력했다. 따라서 남성에게 있어 동성은 자신의 경쟁상대였다.

여성 또한 인간보다 힘센 맹수가 우글거리는 위험한 상황에서 자신과 자신의 아기를 보호하기 위해서는 힘센 남성이 필요했다. 게다가 임신 기간 동안 식량을 구하기 힘든 여성에게는 식량을 구해주고 맹수를 감당할 수 있을 만큼 덩치가 크고 힘이 센 강한 남성이 필요했다. 당연히 여자가 남자를 선택하는 결정기준은 자신을 보호할 만한 힘이 있는가 하는 것이었다.

그 후 인간들은 자신보다 힘이 센 동물의 위협을 피하고 식량을 안정적으로 공급하기 위해서는 사람들끼리 모여 사는 것이 보다 효율적이라는 것을 알았다. 하지만 모여 살게 되면서부터 또 다른 걱정이 생겼다. 자기가 사냥을 나간 후 다른 남성이 자신의 유전자를 해치지 않을까 혹은 모계사회였던 당시 자신의 유전자를 낳은 여성을 범하여 다른 남성의 유전자를 키우게 되는 상황이 발생함으로써 자신의 유전자가 불이익을 받게 되지 않을까 두려워진 것이다. 모든 남성들에게 이런 고민은 공통된 것이어서 결혼이라는 제도를 만들어 해결하게 된다. 즉 여성과 남성을 연결시켜 정절을 지키는 제도로써 문제는 해결되었다. 이로써 남자는 안심하고 사냥에 전념하고 여자는 출산과 양육에 매진할 수 있게 되었다.

사냥을 나간 남성들은 주로 자기들보다 빠르거나 덩치가 크고 힘이 센 동물을 사냥했기 때문에 당연히 여럿이 협동할 수밖에 없었다. 사냥을 나가기 전에 미리 사냥의 대상과 장소, 포획방법, 각자의 역할 등을 연구하여 작전을 짜서 사냥을 함으로써 성공적으로 동물을 잡아 생활해나갈 수 있었다.

한편, 남성에 비해 신체적으로 약한 여성들은 출산과 양육에 다소 여유가 생기면 사냥에 비해 비교적 위험이 덜한 과일과 곡식 등을 채집하면서 식량을 모았다. 여럿이 혹은 혼자 여기저기 과일이나 곡식이 있을 만한 곳을 골라 두루두루 다니면서 이것들을 채집해 집단에 봉사했다. 이후 벼를 채집하던 집단의 한 여성이 실족사한 지 일 년 뒤에 발견되고, 이 여성의 주위에 벼가 무성하게 자라있는 것을 본 인류의 조상은 농업혁명을 일으키게 되었다. 이것이 수천 년 뒤에 산업혁명으로 이어지고, 정보혁명 시대의 우리에게로 이어지고 있다.

수십 만 년 전에 있었을 법한 이야기다. 그때부터 남성과 여성의 행동상의 차이가 나타나 진화를 거듭하면서 이것이 현대 인류에

게까지 전해지게 되었다는 것이 진화심리학의 설명이다.

그러면 그러한 행동들이 지금의 남녀 행동에 어떤 차이를 가져오게 되었을까?

밥 묵나?, 아는?, 자자! ─ 남자의 말, 여자의 말

먼 옛날, 사냥을 성공적으로 이루기 위해서 남성들은 그날의 먹잇감을 정하고, 사냥할 곳을 정해서, 역할을 분담해야 했다. 사냥감에 따라서 사냥할 장소와 각자의 역할이 서로 달랐기 때문에, 설사 사냥 가는 길에 또 다른 매혹적인 사냥감이 있다 하더라도 대의(?)를 위해 그냥 지나칠 일도 많았을 것이다. 계획과 달라지면 위험에 처할 가능성도 높았기 때문이다.

사냥과정에서도 남성들은 작전지시 이외의 말은 별로 하지 않았을 것이다. 불필요한 말은 사냥감이 눈치 채고 도망가게 하거나 오히려 사냥감에게 '적발'되어 자신들에게 위험이 따르기 때문이다.

이 때문에 현대에서도 남자들은 목적달성에 필요하지 않으면 말을 별로 하지 않는다. 경상도 출신 가장이 퇴근했을 때 집에서 하는 말은 "밥 묵나(먹었나)?", "아(아이)는?", "자자!" 단 세 마디라는 우스갯소리도 있다.

하지만 여성들의 경우는 달랐다. 그날 사과를 딸 것인지 딸기를 딸 것인지, 어디에서 딸 것인지, 누가 무엇을 따야 하는지 각자의 역할도 없었다. 무엇보다 그들의 일은 사냥에 비해 위험부담이 없었다. 오늘 사과를 많이 따야겠다고 생각했더라도 사과를 따러 가는 길에 딸기가 많으면 이것을 죄다 따왔다. 채집한 과일이나 곡식은 많이 있으면 그만이었다.

채집을 하면서 여성들은 심심함을 달래기 위해 서로 이야기를 많이 했을 것이다. 채집이라는 행동과 관계가 있든 없든 무료함을 달랠 수 있다면 어떤 화제도 상관없었을 것이다.

이런 습성은 현대 여성에게도 지속적으로 이어지고 있다. 여성들은 친구에게 뚜렷한 목적 없이 전화를 걸어 긴 시간 통화하기도 하고, 용건이 있더라도 그것만 말하고 바로 전화를 끊는 법이 거의 없다. 용건을 꺼내기 전에 서로의 안부를 물어야 하고, 공통으로 아는 친구의 소식도 말하고, 엊그제 본 TV 드라마 내용도 이야기한 뒤에야 비로소 전화를 건 용건이 나온다.

그래서 휴대폰 회사에서는 어렵사리 3명의 남성 고객을 유치하는 대신 그 절반의 노력으로 여성 고객 한 명을 유치하는 것이 더 이득이 된다는 사실을 잘 알고 있다.

전쟁놀이 대 소꿉놀이 — 목적지향 남자, 관계지향 여자

이러한 행동이 진화를 거듭하면서 현대에는 남성과 여성의 지향점이 달라지게 되었다. 남자는 목적지향적이고 여자는 관계지향적이라는 것이다. 영국의 한 여론조사기관이 이혼시 남녀가 부부의 공동재산을 나눌 때 가져가고 싶은 것을 조사했을 때 남자는 자동차, 노트북 컴퓨터, 디지털 카메라 등 자기의 일이나 생활에

여자 : 자동차 시동이 안 걸려.

남자 : 그래? 배터리가 나간 거 아냐? 라이트는 켜져?

여자 : 어제까지는 제대로 됐는데. 왜 갑자기 시동이 안 걸리지?

남자 : 엔진 트러블이면 곤란한데. 일단 배터리 문제인가부터 확인해봐. 라이트는 들어와?

여자 : 아이 참. 나 오늘 00까지 가야 되는데! 차 없으면 안 되는데….

남자 : 그거 큰일이네. 어때? 라이트는 켜져?

여자 : 아 분명히 어제 탔을 때는 괜찮았는데. 히잉. 이 고물차! 이럴 줄 알았으면 차 안 바꾸는 건데!

남자 : 라이트는 켜져? 안 켜지는 거야?

여자 : 0시에 약속이니까 아직 시간은 있지만, 걸어서 가기에는 넘 멀 어….

남자 : 그래. 그런데 라이트는 어때? 켜져?

여자 : 응? 미안. 잘 안 들렸어.

남자 : 아, 뭐. 라이트는 켜져?

여자 : 왜?

남자 : 아, 시동 안 걸리는 거 아니야? 배터리 나가서 그러는 걸 수도 있 으니까.

여자 : 무슨 말이야?

남자 : 응?

여자 : 에?

남자 : 자동차 배터리가 나갔을 수도 있으니까, 그거 확인부터 해보자구. 라이트 켜봐.

여자 : 그게 왜? 배터리 방전됐으면 라이트 안 켜지잖아?

남자 : 아니, 그러니까 그걸 알아보려는 거니까 라이트 좀 켜봐.

여자 : 혹시 지금 화내고 있는 거야?

남자 : 아니 별로 화 안 났어.

여자 : 화내고 있잖아. 왜 화내?

남자 : 그러니까, 화 안 났다고.

여자 : 뭐 내가 잘못했어? 말하면 사과할게.

남자 : 괜찮아, 화 안 났어. 괜찮아. 괜찮으니까.

여자 : 뭐가 괜찮은데?

남자 : 배터리 말이야.

여자 : 차 이야기 하는 거야?

남자 : 아, 그래 차 이야기.

여자 : 지금 차가 중요해?

필요한 것을 챙겨 가고 싶어 하지만, 여자는 애완동물, 가족과 함께 살던 집, 앨범 등 자신의 기억과 감정이 녹아 있는 물건을 계속 소유하고 싶어 했다.

아이들을 관찰해봐도 남자 아이들은 운동경기나 전쟁놀이 등 승부가 있는 놀이를 좋아하는 반면(목적지향), 여자 아이들은 소꿉놀이 같이 승부 없이 다정하게 어울려 노는 것을 즐긴다(관계지향). 이것은 나이가 들어서도 지속된다. 남성은 조직 속에서도 지위를 얻으려 노력하고, 여성은 조직 내에서 협동하는 경향이 강하다. 또, 운전만 하더라도 남자는 빨리 목적지에 도달하는 데에 목표를 두지만, 여자는 안전하게 가는 데에 목표를 둔다는 연구도 있다.

뿐만 아니라 이혼이나 별거 후에 자살할 가능성은 남자가 여자보다 2.5배 높다는 연구결과가 있는데, 이것도 사회적인 유대관계를 형성하는 방법이 남녀간에 차이가 있기 때문이라고 한다. 즉 남자는 단순히 함께 시간을 보낼 사람을 친구로 삼기 때문에 친밀관계가 그다지 깊지 않은 반면, 여자는 감정을 서로 나눌 사람을 친구로 사귀기 때문에 정신적인 관계가 깊다는 것이다.

스트레스, 달라! ─고통 참는 남자, 피로 견디는 여자

남자는 고통을 잘 참지만 여성은 피로를 잘 견딘다. 사투를 벌이는 남자들의 싸움에서는 피가 나도 아랑곳하지 않고 싸운다. 그러다 싸움이 끝나면 그때서야 고통을 호소하는 경우를 많이 볼 수 있다. 사냥을 나가서 남자가 아픔을 느낄 때 혼자 빠져버리면 사냥은 엉망이 된다. 그리고 채집을 나간 여자가 피곤하다 하여 쉬어버리면 채집하는 과일의 양은 얼마 되지 않을 것이다.

남자들이 사냥을 나가서 목적을 달성하지 못하면, 부양을 책임져야 하는 남자 입장에서 당연히 실패에 대한 스트레스를 받게 된다. 그러나 여자들의 경우 채집을 나간 곳에서는 모두가 비슷비슷한 양을 채집한다. 따라서 여성이 스트레스를 받는다면 채집한 양이 적어서라기보다는, 채집 과정에서 다른 여성들과의 사이에 생긴 불편한 대화 내용 탓이었을 것이다. 그 때문에 현대에서 스트레스를 받는 것도 남자의 경우에는 일과 관련된 것이, 여자의 경우에는 대인관계와 관련된 것이 가장 많다.

게다가 대인관계에서 감정적인 기억은 남자보다 여자들이 더

남자가 고통을 잘 참는 것은 호르몬 때문

미국 프린스턴대 생태 및 진화 생물학과 미카엘라 하우 교수팀이 유럽산 참새 수컷을 대상으로 한 실험에서 테스토스테론 덕분에 참새가 고통을 오래 참는다는 사실을 알아내 과학전문지 「호르몬과 행동」 2004년 6월호에 발표했다.

연구팀은 참새의 다리를 뜨거운 물에 담그게 하고 온도에 따라 참새가 발을 빼는 시간을 쟀다. 참새는 섭씨 51도까지 잘 견디다가 그 이상의 온도의 물에서 재빨리 발을 빼냈다. 반면 테스토스테론을 투여한 참새는 52도의 물에서도 7.5초나 버텼다. 테스토스테론을 투여하지 않은 참새보다 3배나 긴 시간이다.

또 연구팀은 테스토스테론의 효과를 막는 약을 투여해 반응을 관찰했다. 그러자 이 참새는 48.5도의 물에서 8초 만에 발을 뺐다. 약을 투여하지 않은 참새가 19초간 버틴 것에 비하면 절반도 안 되는 짧은 시간이다.

하우 교수는 "두 결과는 테스토스테론이 수컷 참새의 고통을 덜어준다는 뜻"이라며 "암컷을 두고 수컷끼리 싸울 때 테스토스테론이 부상으로 인한 통증을 둔감하게 할 것"이라고 논문에서 밝혔다. (동아일보, 2004. 6. 20)

운동 중 고통마비, 남녀차 있다

　　미국 펜실베이니아 주 하버포드 대학의 벤디 슈테른베르크 박사팀은 의학
전문지 「더 저널 오브 페인」 2월호에 발표한 연구보고서에서 경쟁의식에 따
른 긴장감 때문에 생기는 고통마비 현상이 남자가 여자보다 높다고 밝혔다.
　　연구팀은 이번 연구에서 어떤 스포츠가 고통마비에 효과가 있는가를 규
명하기 위해 대학 운동선수 41명과 일반 학생 22명을 대상으로 경쟁, 비경
쟁적인 활동과 고통마비와의 연관성을 조사했다.
　　이를 위해 연구팀은 육상경기대회, 수레바퀴 밟아 돌리기, 비디오게임을
각각 하게 한 후 참가자들을 얼음물에 팔을 담그게 해 고통마비 지수를 측
정했다.
　　조사결과, 예상대로 육상대회 참가자들의 고통마비 지수가 가장 높고 남
성이 여성보다 고통마비 지수가 높다는 사실을 발견했다.
　　더욱 놀라운 사실은 비디오게임은 남성의 고통마비 지수가 높은 반면 여
성에게는 효과가 없었으나 여성에게 효력이 있는 것으로 나타난 바퀴 돌리
기는 남성에게는 효과가 없었다는 점이다.
　　슈테른베르크 박사는 이런 결과가 여성이 비경쟁적이라는 것을 의미하는
것은 아니지만 비디오게임과 같은 특정 경쟁분야에서는 남성보다 취약할
수도 있다고 주장했다.　　　　　　　　　　　　　　　(연합뉴스, 2001. 2. 22)

강력하여, 남편은 까맣게 잊고 있는 부부간의 감정대립을 부인은
상세히 기억하고 있기도 하다. 시쳇말로 여자들은 '별걸 다 기억하
고 있는' 것이다.

　한편, 통증에 대한 뇌 반응도 남녀간에 다르다는 연구가 있다.
캘리포니아 대학 낼리보프 박사가 위통을 앓고 있는 남녀 환자를
대상으로 PET(양전자방사 단층촬영)를 통해 뇌의 반응을 관찰한
결과 여성은 감정중추인 변연계에서, 남성은 분석중추인 인식기
능 부위에서 각각 활발한 반응이 나타났다. 이것은 남녀 역할이
구분되었던 원시시대에 남녀의 스트레스 반응차이에서 비롯된 것
으로 생각된다고 낼리보프 박사는 말한다. 즉 남성은 위급상황에

처했을 때 '싸우느냐 아니면 도망가느냐'의 중대한 결정을 내려야 하기 때문에 인식기능을 담당하는 뇌 부위들이 활발히 움직이고, 여성은 아이들을 어떻게 보호해야 할지를 생각하기 때문에 감정 중추가 더 활발한 반응을 보인다는 것이다.

성질 급한 쇼핑객, 남자

여러분은 뭔가 살 것이 있어 백화점에 들렀을 때 어떻게 행동하는가? 그리 바쁘지 않더라도 여러분이 남성이라면 아마도 그 물건이 있는 층수를 알아내서 곧장 엘리베이터를 타고 올라가서 그 물건을 살 것이다. 그 다음에는 온 길로 되돌아서서(딴 길로 간다면 남성조차도 길을 헤매게 만들어 놓은 곳이 백화점이다), 다시 엘리베이터를 타고 내려와 다른 볼일을 보기 위해 백화점을 떠날 것이다.

여러분이 여성이라면 이처럼 행동하지는 않을 것이다. 여성들에게 남성들은 '성질 급한' 쇼핑객으로밖에는 보이지 않을 것이다. 이제 여성인 여러분이 쇼핑의 진수를 보여줄 차례다.

여러분은 그 물건이 몇 층에 있는지 물어보지도 않을 것이다(대개는 미리 알고 있다). 여러분은 백화점 꼭대기 층으로 올라가서 한 층씩 훑으면서 에스컬레이터로 아래층으로 내려올 것이다. 한 층을 내려온 후 다시 그 층을 둘러본 후 에스컬레이터로 다시 한 층을 내려올 것이다(반대로 아래층부터 위층으로 훑어 올라가는 경우도 있다). 이런 과정을 거치면서 백화점 전체를 훑게 된다.

쇼핑을 즐기는 남자친구를 뒀다면 그건 행운이다. 상당수의 남자들에게 쇼핑은 스트레스다. 그 정도가 어느 수준이냐 하면 작전에 투입되는 전투기 조종사 혹은 폭도를 상대하는 진압경찰이 느끼는 스트레스와 맞먹는다.

한 심리학자의 연구결과에 의하면 '호랑이를 마주쳤을 때의 뇌의 반응과 비슷하다'고 한다. 이러한 사실은 2일 디스커버리 채널에서 방영한 '쇼핑의 기술 : 소비자 유혹시대'에서 드러났다.

한편, 이 다큐에서는 행동과학자들이 쇼핑활동에 대해 연구한 내용을 함께 소개했다. 이 연구에 의하면 대형마트에서 물건을 고를 때, 인간은 야생동물이 사냥을 할 때 보이는 반응과 흡사한 반응을 보인다.

야생동물은 먹잇감의 형태와 색깔을 보고 그 다음은 주변의 위험을 살핀다. 쇼핑을 하는 사람도 마찬가지다. 수십만 개의 상품이 나열된 대형마트에서 이런 특성은 그대로 반영된다. 일단 형태와 색깔을 살피고 주변의 다른 물건을 훑어본다. 원하는 물건을 보게 되면 동공이 팽창하고 눈을 깜빡이는 횟수가 늘어난다. 사람이 물건을 구입하는 순간의 신체적 변화라고 할 수 있다.

방송에서 소개한 의외의 실험결과도 흥미롭다. 일반적으로 충동구매를 막기 위한 목적으로 쇼핑목록을 들고 가는 사람이 많다. 그러나 '쇼핑목록이 있다고 해서 충동구매를 하지 않은 것은 아니다'라는 연구결과가 소개됐다. 많은 소비자들이 쇼핑목록대로 물건을 구입하고 만족감을 느낀 후, 보상심리의 일종으로 다시 충동구매를 하는 것으로 나타났다.

그리고 쇼핑목록을 들고 있는 사람이 그렇지 않은 사람보다 상대적으로 매장에 더 오래 머무른다는 결과가 밝혀져 원래 의도와는 다른 결과가 나오기도 한다는 사실을 알 수 있었다.   (TV리포트, 2005. 2. 8)

그러면서 사러 온 것도 사지만 계획에 없던 물건을 사게 되는 경우도 있다. 그러다보니 한 번 쇼핑에 걸리는 시간은 최소 한 시간을 훌쩍 넘긴다.

이런 행동상의 차이 때문에 남성은 꼭 필요한 물건이 1만원짜리라면 2만원으로 바가지를 쓰더라도 그냥 사온다. 물건 사는 것이 목적이기 때문이다. 하지만 여성은 당장 필요하지 않은 2만원짜리 물건이라도 1만원으로 할인해준다면 살 가능성이 많다.

진화심리학에서는 이러한 남성과 여성의 쇼핑행태의 차이 역시 원시시대 수렵(사냥)과 채집을 남자와 여자가 각각 분담한 데서 연유한다고 주장한다. 원시시대의 사냥꾼이 야생동물을 사냥할 때에는 주변을 지나가는 작은 토끼에 신경을 쓰지 않고 오직 목표물을 향해 돌진해야 하며, 야생동물이 떼를 지어 있을 경우에도 특정한 한 마리를 목표로 하는 것이 효과적이다. 그래서 남성은 목표하는 물건을 향해 곧바로 가서 그것을 사는 방식을 취하는 것이 일반적인 쇼핑 행태다.

"남편과 쇼핑 땐 72분 넘지 말라"

영국 인디펜던트지는 최근 남녀가 사이좋게 쇼핑할 수 있는 '지침'을 보도했다. 이 신문은 영국 에식스대 쇼핑심리학자 팀 데니슨 박사팀의 연구결과를 인용, 남성들은 쇼핑을 평균 72분까지만 즐기는 반면 여성들은 28분간 더 쇼핑하길 원하는 것으로 나타났다고 전했다. 남녀가 짜증내지 않고 즐겁게 쇼핑하려면 72분을 넘겨서는 안 된다는 것.

연구진은 영국 유명 쇼핑센터를 찾은 2,000명 이상의 남녀 쇼핑객을 대상으로 설문조사를 한 결과 남성들은 72분이 지나면 인내심을 잃고 동행한 여성과 다투는 경우가 많은 것으로 나타났다고 밝혔다.

데니슨 박사는 "남성들은 '사냥꾼'처럼 원하는 상품의 이미지를 분명히 기억한 채 쇼핑에 나서기 때문에 망설이지 않고 상품을 산다"며 "혈압 측정 결과 남성들은 구매할 때 최고의 흥분을 느끼지만 그 직후 급격히 흥분이 가라앉는 것으로 나타났다"고 말했다. 반면 여성들은 분명한 상품 이미지를 갖지 않은 채 '수집가'처럼 어슬렁거리며 쇼핑을 즐긴다는 것. 여성들은 또 물건을 산 뒤에도 평균 15분 정도 만족감을 유지하는 것으로 분석됐다.

연구진은 이 같은 쇼핑습관의 차이가 '동굴인류' 시대 남성들이 사냥을 맡은 반면 여성들이 채집활동을 했던 데서 비롯된 것으로 추정했다고 이 신문은 덧붙였다.   (동아일보, 2003. 9. 14)

그러나 과일이나 곡물을 채집하는 여성의 경우 딸기를 따다가 수박을 발견하면 즉각 수박을 주워 담아야 하듯이 항상 주변의 모든 것에 신경을 쓰고 주위의 새로운 것에 민감하게 반응해야 한다. 그 때문에 여성은 쇼핑 시간이 오래 걸리고 이곳저곳을 둘러 보면서 원래 목적하지 않았던 물건도 사게 된다. 그래서 일반적으로 원시시대 채집 생활의 습관을 갖고 있는 여성들이 남성보다 주변의 변화에 민감하며 기회를 잘 포착할 수 있는 능력을 갖게 되었다고 지적한다.

자, 그러면 남성과 여성이 함께 쇼핑을 한다면 어떻게 될까? 백화점이나 시장에 갈 기회가 있다면 유심히 관찰해보기 바란다. 남성의 표정만 보고서도 그 커플이 쇼핑을 시작한 지 한 시간이 지났는지 그렇지 않았는지 알아낼 수 있을 것이다. 쇼핑을 시작한 지 한 시간이 덜 된 커플의 남성은 그나마 표정이 살아 있을 것이다. 하지만 한 시간이 넘은 남성은 얼굴 표정이 무뚝뚝하거나 지루한 표정을 짓고 있을 것이다. 게다가 가끔은 분노한 남성도 보게 되는데, 일반적으로 돈 나가는 지갑의 소유자가 남자인 경우가 많기 때문이다. 그에게 시간을 질질 끌면서 이것저것 다 사는 여성이 달가울 리가 없다.

요즘에는 남성용 휴게실을 설치하는 백화점이 늘고 있다. 2004년 하반기에 영국과 독일 등 유럽에서 설치되기 시작하여 호응을 얻은 백화점의 남성 휴게소는 우리나라에서도 유명 백화점을 중심으로 설치 붐이 일고 있다. 이로 인해 남성은 어느 정도 쇼핑 스트레스를 줄일 수 있게 되었다.

길은 남자에게 물어라 — 공간지각 능력의 남녀차

여러분은 낯선 곳에서 우체국을 찾은 일이 있었을 것이다. 또는 친구를 만나기로 한 카페를 찾기 위해 길을 물은 적이 있을 것이다. 그때 남자에게 물었을 때와 여자에게 물었을 때 답변이 다르다.

> 남자 : 이쪽으로 3분 정도 가면 ○○주유소가 있고 거기서 우회전해서 50미터 정도 가면 왼쪽에 있습니다.
>
> 여자 : 이쪽으로 쭉 가면 주유소가 있고 거기서 오른쪽으로 조금 가면 보입니다.

남자의 답변을 들으면 대략적인 방향과 예상시간을 알 수 있다. 게다가 주유소 상호까지 가르쳐주니 꽤나 명쾌하다. 그러나 여자의 답변에서는 얼마나 가야 하는지 알 수가 없다. 가까울 수도 있고 20분을 넘게 가야 할 수도 있다. 설사 주유소를 하나 발견했다 하더라도 한 블록 앞에 또 다른 주유소가 있다면 난감해질 것이다.

그러므로 여러분이 남자라면 남자한테 길을 물어야 답답하지 않을 것이다. 대신, 여러분이 여자라면 여자한테 길을 물어도 좋다. 여성들끼리는 서로 잘 통하므로 답답함이 남자보다는 덜할 것이다.

이것은 일반적으로 남자가 여자에 비해 공간지각 능력이 뛰어나다는 것을 보여준다. 이 때문에 여성 운전자들은 좁은 공간에서 정교한 조작이 필요한 주차에 애를 먹고, 지하철에서 출구방향을

남자가 길 잘 찾는다

낯선 지역에서 남자가 여자보다 길을 잘 찾으며 그 이유는 길을 찾는 데 사용하는 뇌부위가 다르기 때문인 것으로 밝혀졌다.

독일 울름 대학교의 신경학 교수 마티아스 리페 박사는 미국의 의학전문지 「자연신경과학」 최신호에 발표한 연구보고서에서 남녀 각각 12명을 대상으로 3차원 가상-현실 미로에서 빠져나오는 테스트를 실시한 결과 이러한 사실이 밝혀졌다고 말했다. 리페 박사는 이 테스트는 낯선 도시에서 특정 장소를 찾는 것이나 마찬가지로 이 미로를 빠져나오는 데 걸린 시간은 남자가 평균 2분 22초, 여자가 3분 16초로 나타났다고 밝혔다.

리페 박사는 이 테스트가 진행되는 동안 참가자들의 뇌 활동을 뇌조영 장치를 통해 관찰했는데 남녀가 길을 찾는 데 사용하는 뇌 부위가 일부 다르다는 사실을 발견했다.

이 차이는 길을 찾아가는 데 매우 중요한 역할을 하는 뇌 깊숙한 곳에 위치한 바나나 모양의 해마(海馬)에서 나타났다. 해마는 뇌의 오른쪽과 왼쪽에 각각 하나씩 있다. 참가자들은 남자는 오른쪽, 왼쪽 해마를 모두 사용하고 여자는 오른쪽 해마와 오른쪽 전전두엽피질(前前頭葉皮質)을 사용하는 것으로 밝혀졌다. 즉 여자는 왼쪽 해마를, 남자는 전전두엽피질을 전혀 사용하지 않는다는 것이다.

리페 박사는 이 결과는 남자와 여자가 자기 주변 공간에 관한 정보를 다루는 방법이 다르다는 것을 시사하는 것이라고 말했다. 리페 박사는 이러한 차이가 생물학적인 것인지 아니면 후천적으로 습득된 것인지는 알 수 없으나 쥐 실험에서도 똑같은 결과가 나타난 것으로 미루어 생물학적인 것일 가능성이 크다고 말했다.

앞서 발표된 한 연구 보고서에 따르면 길을 찾을 때 여자는 약국, 식품점 같은 경계표시물을 주로 이용하는 데 비해 남자는 "박물관은 저 건너에 있다"는 식으로 기하학적인 사고를 하는 것으로 밝혀졌다.

(연합뉴스, 2000. 3. 21)

잃고 헤매기 일쑤다. 또 낯선 곳을 여행할 때 지도를 보면서도 길 찾는 것이 쉽지 않다.

진화심리학에서는, 이런 현상도 그 옛날 남성과 여성의 역할에서 비롯되었다고 이야기한다. 남자들은 자기들보다 힘세고 빠른

"리모컨 어디 갔지?", "내 지갑 못 봤어?" 이런 말은 주로 남편의 입에서
나오고, 찾아주는 사람은 주로 아내다. 영국 워윅 대학교의 엘리자베스 메
일러 심리학 교수 등 연구팀이 방송사 비비시 웹사이트가 진행한 성별 뇌
특성 조사 자료 25만 건을 근거로 제시한 내용이다.

'물건 위치 기억 테스트'는 모니터상의 특정 대상이 어느 위치에 있는지
1분 안에 기억하게 한 후 테스트했는데 이 분야에서는 여성의 능력이 높게
나타났다. 이전에 본 물건의 위치를 여성이 더 잘 기억하고 잘 떠올리는 것
이다.

반면 남자는 공간 감각과 관련된 능력이 높았다. 하나의 이미지를 여러
각도로 돌려놓고 같은 것들을 찾는 테스트에서는 남자가 높은 점수를 받았
던 것.

전체적으로 여성은 뇌에 저장된 정보를 다시 끌어내는 능력이 높았고 남
성은 이미지를 조작하는 능력이 우월했다.   (팝뉴스, 2007. 5. 25)

동물을 사냥하기 위해 지형지물을 활용할 필요가 있었고, 그래서
여성에 비해 공간을 활용할 시간이 많았다는 것이다. 대신에 여성
들은 과일과 곡식이 많은 곳을 찾아 여기저기에서 채집을 하면
되었기 때문에 굳이 남성처럼 공간지각 능력을 발휘할 필요성이
없었다는 것이다. 대신 어느 곳에 과일과 곡식이 많은지 기억을
해놓아야 한다. 그 때문에 여성이 물건 찾는 데는 귀신이다.

여자, 거짓말 더 잘한다

여자는 타고난 수다쟁이다. 배 속에 있을 때부터 여자 태아가
남자 태아보다 입의 움직임이 많다. 임신 16주 때부터 여자 태아는
남자 태아보다 입을 약간 더 많이 놀리기 시작해서 20주가 되면

입의 움직임이 훨씬 더 많아진다.

태어나서도 이 경향은 지속된다. 2살 때부터 이미 여자 아이의 언어능력은 남자 아이를 능가한다. 2살 전후의 아이들이 사용하는 단어는 남자 아이가 44개인 데 비해 여자 아이는 52개라는 연구결과가 있다. 같은 가정에서 양육되는 남녀 쌍둥이의 경우에도 여자 아이가 훨씬 뛰어남을 보여준다.

뿐만 아니라 여자들이 남자보다 거짓말도 잘한다는 연구결과가 있다. 남자들은 말하는 도중에 여자들보다 거의 2배나 자주 중단하거나 머뭇거리지만, 여자들은 거짓말을 할 때도 혀가 덜 굳는다고 한다. 즉 "음", "아"처럼 침묵을 위해 사용되는 단어를 남자들이 더 많이 사용하며, 거짓말하는 도중에도 남자들은 단어 간의 간격이 길어진다고 한다.

거짓말 No.1!

기혼 남녀가 배우자에게 가장 많이 하는 거짓말이 남성은 '살 뺀다', 여성은 '화 안 낼 테니 솔직히 말해보라'라는 조사 결과가 나왔다.

인터넷 쇼핑몰 인터파크에 따르면 기혼 회원들을 대상으로 배우자에게 한 거짓말에 대해 조사한 결과 응답자 8,849명 중 남성 응답자의 47%가 결혼 뒤 가장 많이 한 거짓말로 '금연하고 운동해서 살을 뺄 것'이라고 답했다. 이어 '보너스 타면 당신 다 갖다줄 것'이 32%, '회사 동료가 상을 당해 상가에 간다'가 22%를 각각 차지했다. 여성 응답자는 56%가 '화 안 낼 테니 솔직히 말해보라', 25%가 '다이어트 중이니 오늘만 먹고 안 먹을 것', 19%가 '결혼 전 따라다니는 남자들이 줄을 섰다' 등을 꼽았다.

결혼 전 거짓말로는 남성의 경우 56%가 '결혼하면 내가 다 할게', 26%가 '세상에서 당신이 가장 예뻐', 18%가 '나 여자와 손도 못 잡아봤다' 등으로 답했다. 결혼 전 여성은 42%가 '세상에서 당신이 가장 멋지다', 30%가 '화장 하나도 안 했다', 28%가 '집이 엄해서 일찍 들어가야 한다' 등을 들었다.

(연합뉴스, 2005. 6. 8)

그러면 남자의 거짓말을 보자.

"다시 연락드릴게요."
"참 개성이 뚜렷하시네요."

당신이 남성이라면 미팅에서 만난 여성에게 이런 말을 할 기회가 있었거나 앞으로 있을 것이다. "다시 연락드리겠다"는 남성의 말은 "다시 만나고 싶지 않다"는 은근한 암시다. 정말로 여성을 다시 만나고 싶은 남성은 그렇게 말하지 않는다. 분명한 날짜와 시간 및 장소가 만나자는 말 뒤에 따라온다.

"개성이 뚜렷하다"는 말도 "당신은 못생기고 여자 같지도 않다"는 남성의 선고다. 남성들은 여성이 예쁘다고 생각하면 그냥 곧이 곧대로 "예쁘다"고 말하지, 개성이나 성격을 들먹이는 법이 없다.

이런 말들은 여성을 배려한 선의의 거짓말이다. 사회생활을 할 때 거짓말이 선의라면 반드시 나쁘지만은 않은 듯하다. 청소년을 대상으로 실시한 미국의 연구결과를 보면 선의의 거짓말을 잘하는 청소년들이 종종 가장 인기 있는 청소년으로 나타나기도 했다.

또 우리가 선물을 받을 때 "마음에 꼭 든다"고 하는 말은 십중팔구 진심이 아니라는 연구가 있다. 독일의 한 연구에 따르면 독일 사람이 선물을 받으면서 기쁘다고 하는 말은 89%가 거짓말인 것으로 나타났다.

설사 마음에 들지 않는 선물이라 할지라도 상대방에게 직설적으로 마음에 안 든다고 말하면, 즉 다른 사람들에게 항상 정직하기만 하다면 세상은 얼마나 썰렁해지겠는가? 이처럼 거짓말이라는

"난 거짓말 못해." 남자들의 이 말은 어쩌면 진실일지 모른다. 미국 잡지 코스모폴리탄이 'Let me see your body talk'의 저자 잰 해그레이브를 인용해 보도한 바에 따르면, 남자의 거짓말은 '사인'을 동반한다. 이 잡지가 전하는 '거짓말하는 남자 잡아내기 노하우'.

▶ 눈 비비기 : 눈은 마음의 창. 거짓말을 할 때 상대의 눈을 보고 하기란 쉽지 않다. 집게손가락으로 눈 바깥쪽을 비비면서 말하는 것, 코·귀를 만지거나 비비는 건, 심리적 죄책감을 덜려는 행동이다.

▶ 아랫입술 깨물기 : 입술을 윗니로 깨물면서 이야기할 경우, 진심이 아닐 확률이 크다. 진심이 튀어나올까봐 필사적으로 노력하면서 입술을 깨물게 된다는 것.

▶ 팔짱을 끼거나, 다리를 꼬거나 : 어린아이들은 거짓말을 할 때, '양심'으로부터 벗어나기 위해 팔을 비비꼰다. 이건 어른이 되어서도 비슷한 방식으로 나타난다.

▶ 귀 당기기 : 습관적으로 귀를 당기면서 말을 하는 건, 자신의 내면을 들키고 싶지 않다는 욕망의 표현. 거짓말을 할 때 피가 얼굴의 말단으로 쏠리는 경향이 있으므로, 말을 하면서 코나 귀를 긁는 것 역시 의심스런 행동이다. (조선일보, 2005. 10. 5)

것도 어떤 면에서는 타인과 잘 어울리게 도와주는 사회적 기술인 셈이다.

하지만 선의든 악의든 남성이 여성에게 거짓말을 했을 때에는 여성이 남성에게 거짓말을 했을 때보다 발각되기가 훨씬 쉽다. 여성들의 비언어적 기술이 남성보다 뛰어나기 때문이다.

여성이 남성의 움직임에 신체적으로 반응을 나타내는 데에는 불과 0.3초가 소요되나, 남성이 여성의 움직임에 신체적으로 반응하는 데에는 평균 1.2초가 걸린다고 한다. 여성이 남성에 비해 4배 정도로 비언어 의사소통에서 앞선다는 이야기다. 이 때문에 여성에게 하는 남성의 거짓말은 탄로 나기 쉽다. 그 때문에 남성이

제아무리 '폼'을 잡아 "다시 연락드릴게요"라고 말해도 여성은 기다리지 않는다.

예쁜 여자, 부자 남자—배우자의 조건

한 동갑 노부부가 남편의 60번째 생일을 축하하는 파티를 열고 있었다. 생일파티 도중 요정이 부부 앞에 나타나 말했다.

"당신들은 60세까지 부부싸움 한번 안 하며 사이좋게 지내셨으니, 제가 소원을 들어드릴게요. 먼저 부인의 소원은 뭐죠?"

"그동안 우리는 너무 가난했어요. 남편과 세계여행을 하고 싶어요."

그러자 '펑' 소리가 나며 부인의 손에 세계여행 티켓이 쥐어졌다.

다시 요정이 물었다.

"그러면 남편의 소원은 뭐죠?"

남편이 대답했다.

"나는 나보다 30살 어린 여자와 살고 싶습니다."

그러자 '펑' 소리와 함께 남편은 90살이 되었다.

남자는 젊고 예쁜 여자를 좋아한다. 진화심리학에서는, '아름다움은 다산의 척도'로 여겨지기 때문에 예쁜 여자일수록 종족보존 능력이 뛰어나다는 것이다. 그래서 남성의 구혼을 많이 받게 된다고 한다.

여자 또한 보다 우수한 유전자를 갖고 있으면서 자신과 자식을 보호해 줄 수 있는 강한 수컷을 원했다. 그러기 위해서는 수컷을 유혹할 미끼가 필요했다. 한 설명에 의하면 그것은 바로 아름다움이었다. 아름다움은 성적 매력을 높이고, 이러한 성적 매력은 종족보존에 유리하기 때문에 여성들은 이것을 진화시켜왔다. 즉 이 설명에 의하면 여성의 아름다움은 여성 자신을 위해 진화된 것이지, 결코 남성들을 위해 만들어진 것은 아니다.

아름다움을 보는 기준은 모든 문화권에서 보편적이며 인간의 타고난 본능임을 입증하는 여러 사례가 있다. 생후 3개월밖에 안된 아기도 성인들이 매력적으로 느끼는 얼굴 사진을 더 오랫동안 쳐다본다.

하지만 남자는 아무리 생존능력이 뛰어나도 파트너를 유혹해 자식을 낳지 못하면 자신의 유전자를 퍼뜨릴 수 없다. 따라서 당연히 경쟁이 있을 수밖에 없다. 자신이 경쟁상대보다 힘이 세고 식량공급능력이 뛰어나다는 것을 증명하기 위해 남성들은 키를 키웠다. 그래서 일반적으로 여자보다 남자가 키가 크게 되었다는 주장도 있다.

실제로 영국의 조사 결과를 보면 조사대상의 평균치인 177cm인 남자들에 비해 183cm인 남자들의 자녀수가 더 많았다고 한다. 뿐만 아니라 기업 최고경영자들의 평균키가 일반 직원에 비해 크다는 결과도 있다.

또한 미국의 한 대학에서 고대인의 화석을 분석한 결과, 석기시대 남성들은 근육이 발달했을 뿐만 아니라 현대인보다 평균 체중도 12% 더 무거웠던 것으로 밝혀졌다. 그것은 여성을 차지하기 위해 많은 시간을 다른 남성과 경쟁해야 했기 때문이다. 또 현대로 올수록 남성의 체중이 가벼워지고 있는 것은 사회구조가 여러 사람의 협동에 의한 사냥을 중시하는 쪽으로 진화했기 때문이라 한다. 즉 협동을 하게 됨으로써 큰 덩치가 그리 필요하지 않게

쿨리지 효과 : 수컷의 바람기

미국 30대 대통령 쿨리지가 부인과 함께 워싱턴 근교의 정부 시범농장을 방문했다. 농장에 도착한 대통령 부부는 각각 다른 코스로 시찰했는데, 양계장 옆을 지나던 영부인은 암탉과 교미하는 수탉을 보고 농장 안내원에게 수탉이 하루에 몇 번 교미하는가를 물었다. 안내원이 하루에도 수십 번이라고 답하자, 영부인은 그런 사실을 대통령에게 알려달라고 말했다.

…안내원의 이야기를 들은 대통령은 그 수탉이 같은 암탉하고만 교미하는가를 물었다. 안내원이 매번 다른 암탉과 교미를 한다고 답하자, 대통령역시 안내원에게 그 사실을 영부인에게 전해달라고 부탁했다.

성적으로 반응이 없던 남성이 새 파트너를 만나게 될 때 반응이 되살아나는 현상을 '쿨리지 효과(Coolidge effect)'라고 부른다. 실제 수컷 동물들이 자주 상대한 암컷보다도 새로운 암컷을 만났을 때 성적으로 빨리 반응하는 현상은 생쥐나 젖소, 물소, 고양이 등에서 증명된다. 사회생물학자들은 수컷들이 성적으로 습관화되기 때문에 새로운 파트너를 추구하는 반면, 암컷들은 습관화 경향이 없으므로 새로운 파트너를 추구하지 않는다고 주장하면서 인간도 마찬가지라고 설명한다.

미모는 나이를 커버한다

남성들은 젊지만 평범한 여자보다는 나이가 들었더라도 예쁜 여자를 더 선호한다는 연구결과가 있다. 영국의 진화심리학자 조지 필드맨 박사가 30세 안팎 남성 200명에게 20~45세 여성 9명의 사진을 보여주고 선호도를 조사한 결과 실험대상 남성 세 그룹이 각각 36, 41, 45세의 여성을 선택했다. 또 이들에게 오래 함께 살고 싶은 여성을 고르라고 하자 나이와 상관없이 모두 아름다운 여성을 선택했다. 실험에 쓰인 사진은 36세 여성이 예쁘고 20대 여성들은 대부분 평범한 외모였다.

필드맨 박사는 실험결과에 대해 남성들이 다산이 가능하다는 장점 때문에 젊은 여성을 선호할 것이라는 기존의 생물학적 추정이 오류임을 보여주는 것이라고 설명했다. 대부분의 동물은 파트너를 선택할 때 수컷의 경우 후손을 늘리기 위해 질보다 양을 선택하고 암컷은 반대로 질을 우선시하는 것으로 여겨지고 있다.

필드맨 박사는 "남성들이 나이 든 예쁜 여자를 고른 것은 아이를 낳는 능력보다 매력을 더 중요시함을 암시한다"면서 "또한 매력적인 여성을 파트너로 선택함으로써 자식이 더 예쁘게 태어나 삶을 잘 살 수 있을 것으로 생각한 측면도 있다"고 말했다. 그는 샤론 스톤이나 줄리언 무어처럼 나이는 들었지만 여전히 매력적인 여배우들이 인기를 구가할 수 있는 것도 이런 이유 때문일 것이라고 덧붙였다.

되었다는 것이다.

한편, 남성이 여성보다 빨리 사망하는 까닭도 종족번식 전략상 필연적으로 동성간에 경쟁을 벌여야 하고, 이 과정에서 여성보다 많은 에너지를 소비하기 때문이라고 한다.

개 미인계로 수캐를 유인해 팔아먹은 다음 사례는, 진화심리학의 동물계 응용의 예로서 기가 막힌 사례가 될 듯하다.

중국 장쑤(江蘇)의 한 농민 부부가 '개 미인계'로 개 14마리를 유인해 팔아넘겼다가 덜미를 잡혔다. 「젠차르바오(檢察日報)」는 이 부부가 빼어난 외모를 가진 암캐 1마리를 수캐를 유인하도록 훈련시켜 두 달 만에 개 14마리를 훔쳤다고 전했다. 개 도둑질로 벌어들인 돈은 2천 위안(약 26만원)에 달했다.

경찰에 따르면 이 부부는 무자본 창업(?)을 고민하다 개 도둑질을 생각해냈다고 한다. 낮에는 암캐를 잘 먹이고 치장한 후, 저녁에는 본격적인 개사냥에 나섰다. 미견(美犬)을 앞세워 유혹에 성공하면, 부부는 유인된 수캐에게 수면제를 먹여 포획했다. 두 사람은 절도죄로 유기징역 10개월과 각각 벌금 3천 위안(약 39만원)에 처해졌으며 미인계를 쓴 암캐는 3개월간 감금됐다.

— 헤럴드 생생뉴스, 2005. 6. 1

강한 할머니, 약한 할아버지 — 인생 역전

동물세계에서는 수컷이 암컷보다 화려한 경우가 많다. 종족번식을 위해 이성에게 매력적으로 보여 이성을 차지하기 위해서다. 현대의 남자들은 직업이나 경제력, 권력, 능력 등에서 여자에게 과시할 것이 많다. 하지만 역사적으로나 사회적으로 남성에 비해 열악한 환경에 놓였던 여성은 남성의 시선을 끌기 위해 섹시한 몸매 혹은 남성의 관심을 끌기 위한 꾸미기를 하나의 방편으로 삼았다.

옛날에 비해 훨씬 지위가 나아진 현대 여성들의 옷차림에서도 증거를 찾아볼 수 있다. 특히 남녀 정장의 목 근처 모양을 살펴보면 차이가 있다. 사람이든 동물이든 신체에서 가장 약한 부분이 목이다. 사자의 갈기가 목에 있는 것이나, 닭이 싸움을 할 때 목의 깃털을 부풀리는 것은 약한 부위를 감추려는 의도이기도 하다. 이곳을 공격당하면 싸움에서 지게 된다.

남성의 정장은 약한 이곳을 숨기거나 강하게 보이려고 의도한 디자인이다. 와이셔츠에 날을 세워(셔츠 칼라) 입는가 하면 그것도 모자라 칼 모양의 넥타이를 목에 걸고 있다. 하지만 여성의 정장은 대부분 목을 훤히 드러낸다. 뿐만 아니라 등이 완전히 드러나는 옷, 가슴이 패인 옷, 단추가 뒤에 달려 있는 옷 등 여성의 정장은 남성의 이목을 집중시키고, 옆에서 지켜주어야 할 대상이라는 생각을 갖게 만든다. 단추가 뒤에 있으면 여성이 단추를 풀어줄 누군가를 필요로 한다고 남성은 생각한다. 진화심리학은 이런 것도 남성의 시선을 붙잡기 위한 전략의 일환으로 본다.

한편, 위의 60세 노부부의 예에는 또 하나 짚고 넘어가야 할 것이 있다. 바로 아내가 원한 것이 세계여행 티켓이었다는 것이다. 왜 하필 세계여행 티켓이었을까?

관광지에서는 단체관광을 온 할아버지 할머니들을 쉽게 볼 수 있다. 자세히 살펴보면 할머니들이 깃발을 들고 앞장서 가고 할아버지들은 뒤에서 쫓아가는 경우가 많다. 할아버지에 비해 할머니들이 훨씬 활동적이고 적극적인 것이다. 이것은 나이가 들면서 생기는 성호르몬의 변화 때문이다.

남성호르몬은 남성을 남성답게, 여성호르몬은 여성을 여성답게 만드는 호르몬이다. 남성호르몬은 남성에게만, 여성호르몬은 여성에게만 있다고 생각하는 사람이 많겠지만, 남성에게도 여성호르몬이, 여성에게도 남성호르몬이 있다. 중년이 지나면서 남성은 여성호르몬의 비율이, 여성은 남성호르몬의 비율이 상대적으로 많아진다. 남성은 남성호르몬이, 여성은 여성호르몬이 적게 분비되기 때문이다. 때문에 나이가 들면서 남성은 여성적으로, 여성은 남성적으로 변해간다.¶

남성은 50대부터 여성적인 면을 보이기 시작해서 60대가 되면 행동과 태도에서도 여성적인 면이 굳어진다. 여성은 폐경 이후

¶ 남성과 가을 : 젊은 남성들은 유독 가을을 많이 타는데, 이것은 남성호르몬이 가을에 가장 많이 분비되기 때문이라고 한다.

여성호르몬의 분비가 급격히 떨어지지만 남성호르몬은 별다른 변화가 없기 때문에 남성화되어 간다. 독립적이며 적극적인 성격으로 변해가는 것이다. 그 때문에 노년 부부의 주도권은 대개 여성이 쥐고 있다. 젊었을 때 남성이 여성에게 잘 대해주고 잘 보여야 하는 이유가 이런 반전 때문이다.

참고문헌

가드너, 송기동 옮김, 『통찰과 포용』, 북스넷, 2007.

가드너, 임재서 옮김, 『열정과 기질』, 북스넷, 2004.

게릭·짐바도, 박권생 외 역, 『심리학과 삶』, 시그마프레스, 2009.

권석만, 『현대이상심리학』, 학지사, 2003.

글라이트만, 장현갑 외 역, 『심리학』, 시그마프레스, 1999.

김선 편저, 『기억에 대한 이해와 훈련 프로그램』, 교육과학사, 1998.

김영한·김종원, 『블루마켓을 찾아라』, 크레듀, 2005.

김정희 외, 『심리학의 이해』, 학지사, 1993.

김학준 편저, 『창의적 문제해결』, 경남대학교 출판부, 2003.

드 보노, 이구연·신기호 옮김, 『드 보노의 창의력 사전』, 21세기북
　　스, 2004.

루리야, 박중서 옮김, 『모든 것을 기억하는 남자』, 갈라파고스, 2007.

리드, 박권생 옮김, 『인지심리학: 이론과 적용』, 시그마프레스, 2000.

모리스, 장동환·김영채·손정락 공역, 『심리학입문』, 박영사, 1995.

박지영, 『유쾌한 기억의 심리학』, 너머북스, 2009.

박찬웅, 『뇌—학습과 기억의 구조』, 서울대학교 출판부, 1998.

박해룡 외, 『현대행정학』, 삼우사, 2006.

박희준, 『기억력을 기르자』, 해돋이, 1994.

서맥, 김영채 역, 『기억의 이론과 적용』, 양영각, 1983.

손욱, 『변화의 중심에 서라』, 크레듀, 2006.

스미스 외, 장현갑 외 공역, 『힐가드와 애트킨슨의 심리학 원론』,
　　박학사, 2004.

스턴버그, 김민식 외 옮김, 『인지심리학』, 박학사, 2005.

스턴버그, 류소·이상원 옮김, 『사랑은 어떻게 시작하여 사라지는

가』, 사군자, 2002.

앳킨슨 외, 홍대식 역, 『심리학개론』, 제9판, 양영각, 1993.

오브라이언, 박혜선 옮김, 『기억의 법칙』, 들녘미디어, 2003.

윙필드 외, 이관용 · 김기중 · 박태진 역, 『인간기억의 심리학』, 법문
　　　사, 1984.

윤영화, 『뇌과학에서 본 기억과 학습』, 학지사, 2001.

이수원 외, 『심리학 — 인간의 이해』, 정민사, 1993.

이정모 외, 『인지심리학』, 개정판, 학지사, 2003.

이태욱, 「수학아 놀자」, 한국교육신문, 2005. 8. 1, 8. 8.

이홍 · 전윤숙 · 박은아 · 한병철, 『지식과 창의성 그리고 뇌』, 청람,
　　　2005.

장영광 · 정기만, 『생활속의 경영학』, 신영사, 2009.

장재윤 · 박지영, 『창의성의 심리학』, 가산출판사, 2009.

정수진 · 고종식, 『산업경영심리학』, 삼우사, 2004.

정수진 · 김양호, 『현대조직행동론』, 삼우사, 2005.

정현숙 편역, 『기억력 소프트웨어』, 집문당, 1996.

치하루, 오희옥 옮김, 『기억력 10배 올리는 방법 47』, 북폴리오, 2005.

카네만 · 슬로빅 · 트발스키, 이영애 옮김, 『불확실한 상황에서의 판
　　　단』, 아카넷, 2001.

크래머, 염정용 옮김, 『벌거벗은 통계』, 이순, 2009.

키다, 박윤정 옮김, 『생각의 오류』, 열음사, 2007.

파킨, 이영애 · 박희경 옮김, 『기억연구의 실제와 응용』, 시그마프레
　　　스, 2001.

포시스 외, 서울대학교 사회심리학 연구실 역, 『집단심리』, 성원사,
　　　1992.

프로이트, 김성태 역, 『정신분석입문』, 삼성출판사, 1990.

프롬, 이경식 역, 『프로이트 사상의 재조명』, 전망사, 1981.

프롬, 황문수 역, 『사랑의 기술』, 문예출판사, 2006.

홍대식 편역, 『인간관계의 심리』, 양영각, 1992.

홍대식 편저, 『사회심리학』, 양영각, 1994.

홍사중, 칼럼 「홍사중 문화마당」, 조선일보, 1995~1997.

Baddeley, Alan, *Human Memory*, revised ed., Psychology Press Ltd., 1997.

Coren, Stanley, Clare Porac, and Lawrence Ward, *Sensation and Perception*, Academic Press, 1979.

Davison, G.C. & J.M. Neale, *Abnormal Psychology - an experimental clinical approach*, 3rd ed., John Wiley & Sons, 1982.

Feldman, Robert S., *Understanding Psychology*, 4th ed., McGraw-Hill. Inc., 1996.

Glass, Arnold L., Keith J. Holyoak, and John L. Santa, *Cognition*, Addison-Wesley Pub. Co., 1979.

Huffman, Karen, Mark Vernoy, and Barbara Williams, *Psychology in Action*, John Willey & Sons, 1987.

Lindsay, P.H. & D.A. Norman, *Human Information Processing*, Academic Press, 1977.

Lutz, John, *An Introduction to Learning and Memory*, Brooks/Cole Publishing Company, 1994.

Ruch, F.L., *Psychology and Life*, 7th ed., Scott, Foresman and Company, 1967.

Terry, W. Scott, *Learning and Memory*, 3rd ed., Pearson Education, Inc., 2006.

Wingfield, A., *Human Learning and Memory : An Introduction*, Harper and Row, 1979.

찾아보기

기타

저자소개 _

서울대 심리학과를 졸업하고 경상대 대학원 심리학과에서 석사와 박사
학위를 받았다. 기존의 과학적인 심리학의 테두리를 뛰어넘어 통합심리학
이나 생태심리, 진화심리학 등 학제를 넘나드는 인간의 마음과 행동 연
구에 깊은 관심을 갖고 있다.

지은 책으로는 〈생활속의 심리학〉, 〈유쾌한 기억의 심리학〉, 〈내 모자 밑
에 숨어 있는 창의성의 심리학〉(공저), 〈자기의 심리, 이런 거였어?〉, 〈남
친의 마음을 읽을 수 있다고?〉 등이 있으며, 논문으로는 "시가지도로의
동화상광고물이 운전자 행동에 미치는 영향", "노년층 교통참가자의 운전
특성 및 교육내용에 관한 연구" 등이 있다.

경상대에서 인지심리학과 언어심리학을 강의했으며, 학술전문 출판사인
신영사에서 편집국장으로 근무하고 있다.

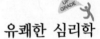

유쾌한 심리학

지은이 _ 박지영

펴낸이 _ 권영섭

펴낸곳 _ 신영북스

　　　　경기도 파주시 심학산로 12(서패동)
　　　　등　　록 : 2008. 4. 16 / 제406-2008-000071호
　　　　전　　화 : 031-946-2894(代)
　　　　F　A　X : 031-946-0799
　　　　e - m a i l : sys28945@naver.com

펴낸날 _ 2010년 9월 30일 초판 1쇄 발행
　　　　2023년 6월 30일 초판12쇄 발행

ISBN _ 978-89-961241-5-3

정가　　23,000원

• 잘못 만들어진 책은 바꾸어 드립니다.